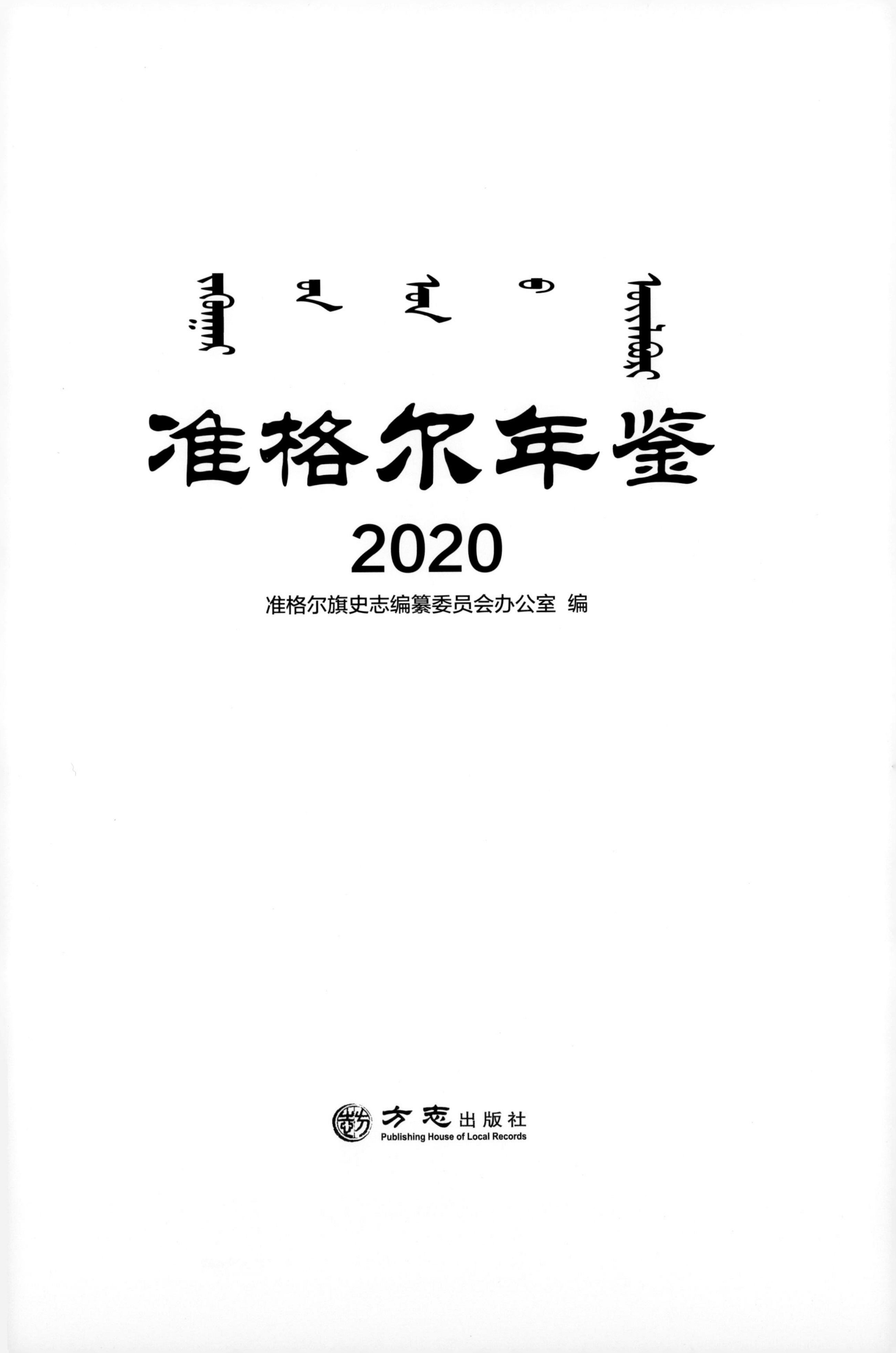

准格尔年鉴

2020

准格尔旗史志编纂委员会办公室 编

方志出版社
Publishing House of Local Records

图书在版编目（CIP）数据

准格尔年鉴，2020 / 准格尔旗史志编纂委员会办公室编．—北京 ：方志出版社，2020.12

ISBN 978-7-5144-4754-5

Ⅰ．①准… Ⅱ．①准… Ⅲ．①准格尔旗—2020—年鉴 Ⅳ．①Z522.64

中国版本图书馆 CIP 数据核字(2020)第269123号

责任编辑：丛珺
责任校对：刘玉霞
责任印制：梅中英
出 版 者：方志出版社
地　　址：北京市朝阳区潘家园东里9号（国家方志馆4层）
邮　　编：100021
网　　址：http://www.zgfzcb.cn
发　　行：方志出版社图书营销中心（010-67110500）
印　　刷：呼和浩特青雅图印刷有限公司
开　　本：787毫米×1092毫米 1/16
印　　张：22.5
字　　数：719千字
版　　次：2020年12月第1版
印　　次：2020年12月第1次印刷
定　　价：288元

《准格尔年鉴（2020）》编纂委员会

《准格尔年鉴（2020）》编务人员

主　　审：王誉杰

主　　编：乔利平

副 主 编：朱彦沣　贾焕中

执行主编：李海峰

责任编辑：奇俐臻　牛玉萍　韩耀光　肖　虹　李晨雨

刘　燕　王思敏

编 辑 说 明

一、《准格尔年鉴》是以马克思列宁主义、毛泽东思想、邓小平理论、“三个代表”重要思想、科学发展观、习近平新时代中国特色社会主义思想为指导，坚持辩证唯物主义和历史唯物主义的立场、观点和方法，由准格尔旗史志编纂委员会办公室组织编纂，系统记述全旗自然、政治、经济、文化、社会等方面的年度性资料文献。为各级领导资政提供翔实资料，向社会公众反映具体旗情。

二、《准格尔年鉴（2020）》参照国家颁布的国民经济行业序列和准格尔旗现行行政机构序列实行分类编纂，由类目、分目、条目三级标题组成框架结构。全书类目共设29个，条目是本书的基本单元，一个条目内如有多项内容，用楷体标题提示。

三、《准格尔年鉴（2020）》入编资料由全旗各苏木、乡、镇（街道办事处）、开发区（新区）、旗直各机关企事业单位及驻地机构提供初稿，报准格尔旗史志办编辑,全书由执行主编统稿、副主编审稿、主编终审定稿，报旗人民政府领导审核。撰稿人、编辑在（）内署名，入编单位审稿人未录入编委会编务人员名单。本书数字用法执行国家标准《出版物上数字用法》（GB/T 15835—2011），标点符号用法执行国家标准《标点符号用法》（GB/T 15834—2011）。书中组织机构、法律法规、文件会议等专有名称使用全称，计量单位用中文记载，统计数据以统计部门公布的法定数据为准，统计部门没有统计的采用业务主管部门的统计数据。本书共计收录入编单位212家。

四、《准格尔年鉴（2020）》所使用图片资料时间跨度范围为2019—2020年，由准格尔报社、准格尔旗文学艺术界联合会及部分入编单位免费提供，故统一不作署名。本书对一些常用行政区划名称使用简称，如准格尔旗简称为准旗。

五、为方便读者查阅，本书编制索引置于卷末。

民主政治

2019 年 11 月 5 日，旗委常委会领导在中共马栅区委革命活动展厅重温入党誓词

2019 年 2 月 20 日，十五届旗委常委会第 107 次（扩大）会议召开

2019 年 3 月 14 日，准格尔旗第十七届人民代表大会第三次会议召开

2019 年 3 月 15 日，新当选的旗人民政府旗长、人大常委会委员依法向宪法宣誓

2019 年 3 月 13 日，中国人民政治协商会议准格尔旗第十四届委员会第三次会议召开

2019 年 7 月 26 日，准旗交管大队支部党员开展“不忘初心、牢记使命”主题教育活动

2019 年 3 月，旗法院新入额法官向宪法宣誓

2019 年 9 月 27 日，薛家湾第十幼儿园举办庆祝新中国成立 70 周年主题活动

和谐社会

2019 年 11 月 11 日，旗委领导深入暖水乡调研农村饮水工程建设情况

2020 年 5 月 20 日，内蒙古自治区第七次全国人口普查综合试点启动仪式在准格尔广场举行

2019 年 10 月 28 日，旗委领导到贫困户刘方卜家走访

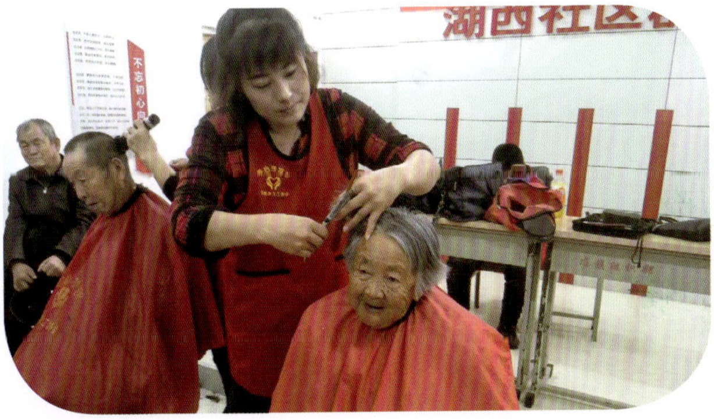

准格尔义工协会在湖西社区为居民义务理发

准格尔义工协会为贫困小学生发放爱心暖包

纳林川集约化种植发展区

准格尔黄河大峡谷风光

自治区级森林公园——阿贵庙天然林林区

榆树塔村林下经济带动农户增收

十二连城黄河岸边大批候鸟经过

大地游龙——太极湾

河边挂日——海子塔

大河玉肤——豹子塔

目　录

特载

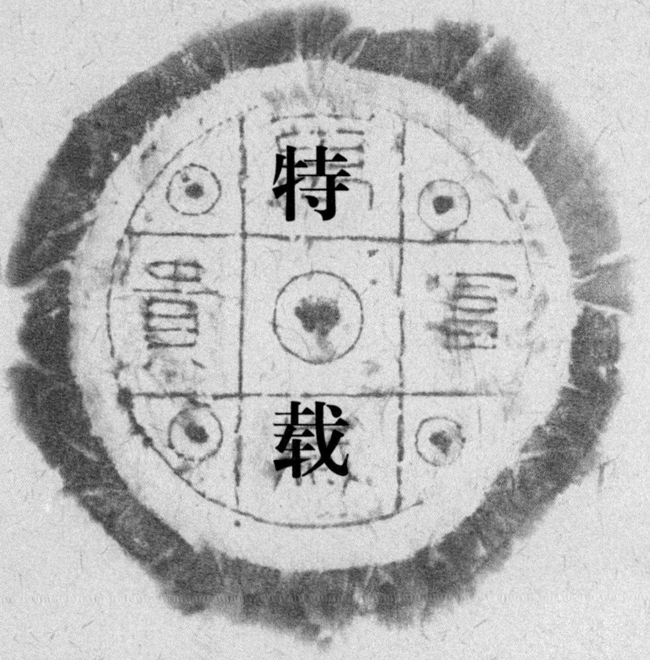

在旗委十五届十一次全会暨全旗经济工作会议第一次全体会议上的讲话

中共准格尔旗委书记 乔允利

（2020年1月15日）

同志们:

前不久召开的中央经济工作会议全面总结了2019年经济工作取得的成绩，深刻揭示了规律性认识，综合研判了国内外形势,明确提出了2020年经济工作的总体要求、政策取向和重点任务,为我们做好经济工作提供了根本遵循和行动指南。全区和全市经济工作会议,为我们做好经济工作进一步指明了方向、明确了重点。全旗上下一定要把思想和行动统一到中央、自治区党委和市委各项决策部署上来，认清形势、坚定信心，把握重点、系统推进，确保圆满完成各项任务。

一、准确把握当前经济发展形势和目标要求，坚定推动经济高质量发展的信心和决心

做好今年的工作，首先要认清形势、明辨大势、把握趋势。要以全局观念研判经济形势。当前，世界大变局加速演变的特征更趋明显，宏观环境仍然复杂多变，我国发展面临的外部环境不确定性更大、风险挑战更多。同全国、全区和全市一样，我旗正处在转变发展方式、优化经济结构、转换增长动力的攻关期，发展中不确定、不稳定因素还很多。但我们必须看到，我国经济稳中向好、长期向好的基本趋势没有改变，只要我们把思想和行动统一到中央对当前形势的科学判断上来，统一到中央、自治区党委和市委的部署要求上来，上下一心、真抓实干，集中精力办好自己的事情，就一定能够在攻坚克难中实现发展新跃升。要以战略视角抢抓利好政策。今年国家将继续实施积极的财政政策和稳健的货币政策，继续大力鼓励支持实体经济和民营企业发展。黄河流域生态保护和高质量发展已经上升为国家战略，国家将从政策措施、体制机制、项目安排等多个层面给予大力支持，自治区党委、市委也高度重视和大力支持准格尔发展。我们必须主动做好规划对接和实践探索，努力在“国字号”区域战略发展平台上纳入更多准格尔元素、拿出更多准格尔作为、彰显更多准格尔特色。要以辩证思维看待困难挑战。当前，我旗仍然面临着产业结构比较单一与生态环境保护任务艰巨的“双重倒逼”，经受着要素成本上涨与刚性约束增多的“双重压力”，承担着做大经济总量与加快转型升级的“双重任务”，这些都对我们的工作提出了更高要求。但辩证地来看，经过近年来的发展，全旗产业转型发展的思路越来越清晰，改革创新的活力越来越强劲，干部队伍激情奋斗的士气越来越高涨，上下齐心谋发展的氛围越来越浓厚。只要我们坚定信心、抢抓机遇，攻坚克难、苦干实干，就一定能夺取新的更大胜利。

2020年是全面建成小康社会和“十三五”规划的收官之年。做好今年经济工作，要以习近平新时代中国特色社会主义思想为指导，全面贯彻党的十九大和十九届二中、三中、四中全会精神，坚决贯彻党的基本理论、基本路线、基本方略，增强“四个意识”、坚定“四个自信”、做到“两个维护”，紧扣全面建成小康社会目标任务，坚持稳中求进工作总基调，坚持新发展理念，坚持以供给侧结构性改革为主线，坚持以改革开放为动力，推动高质量发展，坚决打赢三大攻坚战，全面做好“六稳”工作，统筹推进稳增长’促改革’调结构’惠民生’防

风险、保稳定，保持经济运行在合理区间，确保全面建成小康社会和“十三五’’规划圆满收官，得到人民认可、经得起历史检验。

主要预期目标是：地区生产总值增长4%左右，一般公共预算收入增长3%左右，社会消费品零售总额增长4%左右，城乡居民人均可支配收入分别增长7%和8%左右。这些目标的确定，综合考虑了2019年我旗经济运行取得的成绩，2020年经济发展的环境和基础、以及预期目标完成的可能性和可行性等因素。虽增幅平稳，但仍需全旗上下付出艰苦的努力才能完成。

实现上述目标任务，要着重把握好以下几个方面。

一要正确处理好“质”与“量”的关系。坚定不移贯彻新发展理念，是党中央对各级领导干部的政治要求。我们要自觉把贯彻新发展理念作为检验“四个意识”“四个自信”“两个维护”的重要尺度，牢固树立正确的政绩观，把握好“量”的积累与“质”的提升的关系，决不能再回到以破坏环境为代价搞所谓发展的做法上去，决不能再回到粗放式发展的模式上去，切实走好以生态优先、绿色发展为导向的高质量发展新路子，推动总量与质量“双升”，经济指标与生态指标“双优”，产业发展与绿色发展“双赢”。

二要正确处理好“稳”与“进”的关系。坚持稳中求进工作总基调是我们党做好经济工作的方法论和治国理政的重要原则″稳”是主基调和大局、是前提和基础，“进”是目标和方向，两者是辩证统一、互为条件的整体。我们既不能因“稳”而自缚手脚，也不能因“进”而盲动蛮干。该稳的要坚决稳住，谋定而动，确保经济持续健康发展和社会大局稳定；该进的要积极进取，主动作为，推动发展向更高层次更高质量迈进。

三要正确处理好“近″与″远”的关系。我们抓发展，必须正确处理好当前和长远的关系。要把“近”与“远”有机结合起来，立足当前谋长远，着眼长远抓当前。在扎实做好当前各项工作的基础上，善做慢工、肯干苦活，不急功近利、不劳民伤财，不追求短期政绩，多干打基础、利长远的实事，多办解民困、暖民心的好事，多出解难题、促发展的实招，努力创造无愧于新时代要求的新业绩。

二、聚焦重点领域和关键环节，全力推动经济社会高质量发展

当前改革发展稳定任务十分繁重，全旗上下要坚定不移贯彻落实新发展理念，紧扣全面建成小康社会目标任务，着力固根基、扬优势、补短板、强弱项，努力推动各项工作取得新进展新成效。

（一）着力打好三大攻坚战，夯实高质量发展基础。能否打好打赢三大攻坚战，决定着全面建成小康社会的成色和高质量发展的成败。我们必须坚定信心，下大力气抓重点、攻难点，全力以赴打赢这场输不起的战役。

一要坚决打赢脱贫攻坚战。今年是脱贫攻坚决战决胜、全面收官之年。全旗各级各部门要强化攻坚责任，保持攻坚态势，一鼓作气、乘势而上，确保如期全面完成脱贫攻坚任务。要在压实责任上下功夫。越是攻坚拔寨的时刻，越是考验我们干部的耐心和决心。要坚决落实五级书记抓扶贫责任，全面压实驻村工作队和帮扶责任人责任，持续加强行业部门脱贫攻坚合力，保持扶贫队伍稳定，保持帮扶力度不减，保持工作责任不松，推动各级各部门齐心协力把脱贫攻坚引向深入。要在巩固提升上见实效。严格按照“四不摘”要求，全面落实产业、就业、生态、教育、健康、社会保障各项脱贫举措，特别是要下大力气抓好产业扶贫，持续深化“百企帮百村”行动，加大政策、资金、项目扶持力度，促进已脱贫人口持续稳定增收。要认真抓好中央脱贫攻坚专项巡视和国家脱贫攻坚成效考核反馈问题整改，以高质量整改推动高质量脱贫。要在健全机制上做文章。建立贫困人口动态监测机制和帮扶机制，及时做好返贫人口和新发生贫困人口的监测和帮扶工作，防止脱贫人口返贫、边缘人口致贫。要推进脱贫攻坚与乡村振兴有机衔接，形成农村良性发展长效机制。

二要坚决打好污染防治攻坚战。良好的生态环境是最公平的公共产品，是最普惠的民生福祉。我们要以对人民群众、对子孙后代高度负责的态度抓好生态文明建设，打好蓝天、碧水、净土保卫战，努力让准格尔天更蓝、地更绿、水更净。统筹山水林田湖草系统治理。科学合理编制国土空间规划，严格执行生态红线区域保护规划。实施好京津风沙源治理、天然林保护等国家重点工程，巩固提升生态建设成果。狠抓矿区环境治理，建立矿区环境治理资金投入保障机制，推动矿区环境持续改善。严格执行产业准入、节能减排和环境安全标准，加大重点行业减排力度，持续改善空气质量。抓好农牧业面源污染防治，推进工业固废规范化处置。扎实抓好中央环保督察“回头看”整改落实，加快矿产资源领域突出问题整改，坚决把问题改到位、改彻底。深入推进黄河流域生态保护。坚持以水定地、以水定产，合理优化配置黄河水资源，推动用水方式由粗放低效向节约集约转变。加大水环境综合整治力度，加强集中式饮用水源地保护。深入开展河湖“清四乱”行动，实施塔哈拉川、黄甫川等河道治理工程，确保龙王沟七道節深度水处理项目建成投用。加强黄河沿线工业企业日常监管，严厉打击企业非法排污行为，确保污染物达标排放。大力推进沿黄生态廊道建设，加强黄河防洪减淤能力建设，实施河道防洪、中小河流治理、淤地坝除险加固及水土保持综合治理等工程，不断提升黄河流域水源涵养能力，让黄河成为造福人民的幸福河。

三要坚决打好防范化解重大风险攻坚战。要进一步强化底线思维和风险意识，按照坚定、可控、有序、适度的要求，坚持“开前门、堵后门”双管齐下，通过培植税源、清理欠税、盘活存量资金资产、争取上级转移支付等措施，积极稳妥化解存量债务，确保完成年度政府隐性债务化解任务。要严密防控金融领域风险，加大不良贷款处置力度，降低金融机构不良贷款率。深入开展金融诈骗、非法集资等专项治理，建立风险研判防控协同等机制，增强预警处置能力，坚决守住不发生系统性金融风险的底线。要树立正确的发展观政绩观，坚持一切从实际出发，一切从群众需求出发，尊重客观规律、尊重群众意愿，既不能靠高负债拉动增长，也不能只顾还债不顾发展。要牢固树立过“紧日子”思想，坚持勤俭节约办事情，坚决压缩一般性支出，所有支出都要精打细算，切实把钱花在刀刃上。

（二）着力加快产业转型升级，推动经济高质量发展。紧紧抓住黄河流域生态保护和高质量发展上升为国家战略、鄂尔多斯市创建国家可持续发展议程创新示范区的重大机遇，认真践行生态优先、绿色发展要求，大力推进产业延伸、产业多元、产业升级，着力构筑绿色产业新体系。

一要做大做强优势特色产业。牢记总书记"把现代能源经济这篇文章做好”的重要要求，大力延伸能源产业链、提高价值縺，推动能源产业高端化、产品终端化发展。大力推动煤炭安全绿色开采，全面推进绿色矿山建设，确保年内建成自治区级绿色矿山22座。鼓励和支持煤炭企业建设智慧矿山，逐步实现煤炭智能化开采。统筹做好边角煤炭资源开发，有序释放优质先进产能。大力推进现代煤化工产业向煤基清洁燃料、煤基新材料和精细化学品方向延伸，加快中石化煤制烯煙、伊泰煤制油、北控煤制气等国家级试验示范项目和久泰乙二醇等项目建设，进一步壮大煤化工产业规模，延伸煤化工产业链条，全力打造全国一流高端煤化工产业集群。积极发展煤电铝一体化循环经济产业，加快蒙西至天津南特高压输电通道配套电源点建设，力争珠江朱家坪、汇能长滩电厂建成投产。加强高铝粉煤灰资源化存储利用，加快国能准能高铝粉煤灰综合利用示范项目建设。大力推进陶瓷小镇建设，力争圣岳高岭土深加工等项目年内建成投产，华耐特陶瓷新材料等项目开工建设。加强煤矸石、煤泥、矿井水等资源综合利用，推动煤矸石深加工、低阶煤分质分级利用，不断扩大综合利用规模，提高综合利用水平。

二要培育新产业新动能新增长极。立足我旗现有产业基础和优势，加快培育壮大新能源、新材料、节能环保、装备制造等战略性新兴产业，全力加快易高碳材料、智新密闭糊、骏成碳纳米管及锂离子电池正负极导电剂等项目建设，力争协鑫纳米硅新材料产业园落地建设，积极推进铁辰工程机械装备制造等项目建成投产。依托沙漠荒漠、采煤沉陷区和露天煤矿复垦区，大力发展光伏风电产业，争取新能源特高压外送基地规划项目年内获批。加快数字经济与实体经济融合发展，积极推进5G、大数据、人工智能等新一代信息技术的布局应用。

三要加快发展现代服务业。依托我旗丰富的资源能源优势，大力发展现代物流业，推进暖水煤炭物流配送中心和大院东物流园建设，打造煤炭、煤化工等大宗商品物流集散地。大力发展文化旅游业，进一步完善旅游基础设施和配套服务体系，推进黄河大峡谷景区提质升级，全面提升旅游服务质量和水平。积极发展农村电子商务，配套建立物流仓储配送中心，加快建立旗乡村三级电子商务服务体系，打通农产品上行“最初一公里”。支持社会力量发展养老、育幼等社会服务业。大力发展休闲娱乐、生态观光等消费新业态、新模式，不断提升消费品质。

四要围绕改善供给扩大有效投资。聚焦调结构、补短板、增后劲、惠民生，精心谋划和实施一批产业转型、公共服务、生态环保、科技创新、基础设施等重大项目，推动形成现实投资量。积极争取上级预算内投资和地方政府债券，加快新增和专项债券兑付进度，保障政府投资项目建设。坚持把工业园区作为项目投资的主战场，强化“以亩产论英雄”的理念，推动重大项目向园区集聚、资源要素向园区集中、政策资金向园区倾斜，提高单位面积投资强度和产出效率。要认识到投资主体是多元的，不能一提项目建设就是政府买单，一说扩大投资就是政府掏钱。要以更大力度放宽市场准入，创新资本投资方式，强化政策引导和服务保障，打破“准入不准营”和“卷帘门’’“玻璃门”“旋转门”等问题,充分激发民间投资活力。

（三）着力统筹城乡协调发展，补齐高质量发展短板。城乡一体化是全面建成小康社会、推进高质量发展的必然要求。我们要把城市和农村作为一个整体统筹谋划，促进城乡在规划布局、要素配置、产业发展、公共服务等方面相互融合、协调发展。

一要大力实施乡村振兴战略。推进农牧业供给侧结构性改革，坚持质量兴农、绿色兴农、品牌强农，鼓励发展多种形式的适度规模经营，大力推进果蔬、杂粮、羯羊等优势特色产业发展，抓好农牧业品牌建设和产品营销，着力培育一批具有准格尔特色的名优特农畜产品品牌。推进国家级农村产业融合发展示范区创建加强农牧业创新和科技推广，推动农牧业新品种、新技术试验示范，着力发展高附加值、高品质农畜产品，提高农牧业综合效益和竞争力。坚持因地制宜、示范引领，科学有序推进乡村振兴示范村建设，打造市级乡村振兴示范村10个以上，由点向面逐步推开。深入推进农村人居环境整治三年行动，扎实开展重点区域环境乱象“百日攻坚专项行动”，不断改善农村人居环境。加强乡风文明建设，深化文明村镇创建活动，教育引导群众崇德向善、见贤思齐。大力培育农牧业产业化联合体、农民专业合作社、家庭农牧场等新型经营主体，加快培养一批有文化、懂技术、会经营的新型职业农民。要充分发挥政府引导和龙头企业带动作用，支持新型经营主体与小农户建立利益联结机制，促进小农户和现代农牧业发展有机衔接，带动小农户增收致富。

二要不断提升城市品质。着眼城市发展和群众实际需求，加’伽有粹蚤施短板。继续推进薛大一体化发展,加快矿业学院实验楼、旗党校等项目建设，完善大路新区市政区基础设施和便民服务体系，提升园区吸引力和集聚力。完善薛家湾市政区功能配套，实施人行天桥、停车场和管网改造等工程，加快乌兰桥、体育公园等项目建设，加大城区绿化亮化美化力度，不断提升城市品位。进一步加强苏木乡镇镇区建设，推进沙圪堵镇市政功能改造提升工程，努力让百年老镇焕发新的时代光彩。狠抓城市精细化管理，推进城镇公交运营改革，畅通市民出行“最后一公里”七深入推进垃圾分类工作，加快建设规范化废品回收市场流浪犬收容场所，狠抓集贸市场、城郊结合部等重点区域环境卫生整治，不断改善市容市貌。大力推进数字准格尔建设，提升城市管理水平。要全力打好全国县级文明城市测评复检攻坚战，确保蝉联这项来之不易的荣誉。

三要加强基础设施建设。推进交通、水利、电力等基础设施建设，加快铁路沿线集运站、专用线项目建设，力争罐子沟和四道柳集运站、青春塔煤矿铁路专用线年内建成。启动纳日松至龙口高速公路、柳青梁至长滩一级公路和薛家湾至柳青梁、柳青梁至城坡旅游专线等项目建设，确保大饭铺至龙口高速公路尽快建成通车。建好用好“四好农村路”，进一步方便老百姓出行。加强水利设施建设，实施苏木乡镇生态水源工程。开工建设香柏山110千伏输变电等工程，确保海子塔220千伏输变电工程竣工投用，不断提升供电保障能力。

（四）着力深化改革开放，增强高质量发展动力活力。习近平总书记指出，要在新常态下保持经济中高速增长，必须依靠改革。我们要进一步解放思想，以更大力度推进改革，以更宽视野扩大开放，不断增创发展新优势。

一要深化重点领域改革。围绕“巩固、增强、提升、畅通”八字方针，深入推进供给侧结构性改革。深化农村综合改革，完成农村集体产权制度改革，完善农村承包地“三权”分置，推动土地经营权有序流转，盘活用好农村各类资源。深化金融领域改革，稳步推进农村信用社改制工作，积极推动久泰能源内蒙古有限公司上市。推进增量配电改革试点，争取将大路工业园区和准格尔经济开发区列入国家增量配电改革试点。加快国有企业优化重组，探索国有企业薪酬制度和人事制度改革，激发国有企业发展活力，做强做优做大国有资本。认真抓好苏木乡镇街道改革，有序推进事业单位改革。继续深化公立医院综合试点改革，统筹推进教育、文化、社会保障等民生服务领域改革，努力为群众提供更加便捷高效优质的公共服务。

二要激发创新主体活力。坚持把创新摆在发展全局的突出位置，全面推进创新型县（市）建设。充分发挥政府科技投入的引导作用，强化企业创新主体地位，支持企业在煤炭、煤化工、煤电铝、陶瓷等重点产业和关键领域开展重大技术攻关和产品研发，形成具有自主知识产权和专利的研发成果，推动产业链和创新链“双向融合”。围绕我旗优势特色产业，着力培育一批“专精特新”中小企业和“科技型小巨人”企业。加强与国内外科研机构、高等院校、科技型企业的创新合作，吸引创新资源、科研成果为我所用。加快陶瓷研究院建设，力争打造成自治区级陶瓷研发中心。加快煤炭地下气化技术的推广应用。探索推进煤炭与煤化工产品“统一交易、一票结算”。建立更加灵活的科技人才引进和使用激励机制，培养引进一批科技领军人才和产业高技能人才、以人才驱动引领创新驱动。

三要大力优化营商环境。环境就是竞争力，就是生产力。要认真贯彻落实《优化营商环境条例》，聚焦企业办事的痛点、难点、堵点，进一步深化“放管服”改革，推进政务服务“一网、一门、一次”改革，让更多服务事项“最多跑一次”，甚至“一次也不跑”，切实提高行政审批效能。大力推进商事制度改革，全面落实“证照分离”“多证合一”改革，提高市场准入效率，激发市场主体活力。持续深化投资项目“一站式”中心建设，探索推行“项目管家''制度，为企业提供“管家式''服务，做到不叫不到、随叫随到、说到做到、服务周到。要毫不动摇支持民营经济做大做强，落实好减税降费等支持民营企业发展的各项政策，加快清偿政府拖欠民营企业中小企业账款，保护民营企业合法权益，让民营企业家放心投资、安心创业。

四要深化区域协同发展。认真贯彻落实习近平总书记在黄河流域生态保护和高质量发展座谈会上的讲话精神，主动融入晋陕蒙黄河区域协同发展，加强与山西、陕西等周边地区在能源、交通、生态、文化旅游等行业领域的交流合作，推动形成优势互补的差异化协同发展格局。积极参与自治区沿黄生态经济带建设，深度融入呼包鄂乌协同发展格局，实现跨区域产业分工协作。要抓住国家支持中西部地区承接国内外产业转移的重要机遇，深入开展精准招商、产业链招商，有针对性地引进一批延链补链强链的大项目、好项目，不断提升我旗综合实力。

（五）着力增进民生福祉，让广大人民群众共享高质量发展成果。人民群众对美好生活的向往，就是我们的奋斗目标。我们要始终坚持以人民为中心的发展思想，推进普惠性、基础性、兜底性民生建设，不断满足人民群众对美好生活新期待。

一要守住民生底线提升群众获得感。坚持把稳就业摆在突出位置，落实好促进就业创业政策，加强与旗内用工企业对接，切实抓好高校毕业生、建档立卡贫困户、返乡农民、退役军人等重点群体就业工作，确保零就业家庭动态清零。要全力维护劳动者合法权益，保障农民工工资及时足额发放到位。统筹做好社会保险、城乡低保、优抚安置等工作，认真落实好帮扶救助和关心关爱各项政策措施，推动公共资源向基层延伸、向生活困难群众倾斜，进一步织密织牢社会保障网。

二要优化公共服务提升群众幸福感。从群众关注的焦点问题入手，扎实办好民生实事，推动优质公共服务普惠共享。要坚持教育优先发展，加快推进准格尔旗第六中学、薛家湾第十二小学等项目建设，逐步消除“大班额”；推进义务教育“减负提质”工程,下大气力解决中小学生课业负担过重问题，保障学生身心健康成长；大力实施名优教师引进计划，办好人民满意的教育。要不断提高医疗服务水平，继续推进医疗机构建设，加强县域卫生健康综合服务能力建设，不断满足居民健康需求，推动国家卫生县城:提档升级。要不断优化公共文化供给，推进薛家湾综合文化活动中心等项目建设；发挥乌兰牧骑文艺轻骑兵作用，举办好文化惠民文艺演出；鼓励和支持文艺创作，讲好准格尔故事。加快实施天然气入户工程，有序推进城镇老旧小区和棚户区改造，着力解，决“办证难”等房地产历史遗留问题，努力把群众的操心事、烦心事、揪心事解决好。

三要强化社会治理提升群众安全感。全面推行村民说事制度健全矛盾纠纷多元化解机制，努力将矛盾纠纷消除在萌芽状态、化解在基层一线，不断提升基层社会治理水平。推进“雪亮工程’’建设，着力打造现代化治安防控新体系。深化扫黑除恶专项斗争，紧盯重点地区、重点行业、重点领域，探索建立综合治理、长效常治的制度机制。下大力气抓好安全生产、应急管理、食品药品安全等工作，坚决防范重特大事故发生。着力推进军民深度融合发展，依法加强宗教事务管理，巩固提升民族团结进步创建成果，维护社会大局和谐稳定。

需要强调的是，建设民生工程，既要尽力而为，又要量力而行，坚持实事求是、一切从实际出发，从保障基本权益做起，根据经济发展和财力状况逐步提高保障水平，多做雪中送炭的事情，不做华而不实的工作，防止超过承受能力搞“过度福利”，防止民生工程惹民怨、留后患。

三、加强党对经济工作的领导，推动高质量发展行稳致远。

坚持党对经济工作的集中统一领导，是实现经济社会持续健康发展的根本政治保证。要充分发挥党总揽全局、协调各方的领导核心作用，努力把党领导经济工作的制度优势更好转化为治理效能。

一要完善党领导经济的工作制度。全面贯彻党的十九届四中全会精神和中央、自治区、市经济工作会议精神，深化落实坚持和完善社会主义基本经济制度的部署要求，在推进治理体系和治理能力现代化上多下功夫。不断改进领导经济工作的方式方法，健全定期分析经济形势、研究经济工作制度，加强重大决策的调查研究、科学论证、风险评估，进一步强化工作合力，更好发挥党领导经济工作的制度优势，确保各项工作落地落实。

二要提高党领导经济的能力水平。全旗各级领导干部要牢固树立大局观念和全局意识，正确处理保证中央政令畅通和立足实际创造性开展工作的关系，自觉主动学习领会中央、自治区党委和市委关于经济工作的新思路新举措，把握发展大局，把好发展方向，确保工作不变形、不走样。要加强对经济社会发展重大问题的研究，高质量编制“十四五''规划纲要。要分级分类抓好干部教育培训，引导党员干部加快知识更新、加强实践锻炼，增强创新意识、服务意识，提升专业素养、专业能力，真正成为抓经济工作的行家里手。

三要树牢担当作为的鲜明导向。巩固和发展好“不忘初心、牢记使命”主题教育成果，进一步完善担当作为激励机制，充分发挥干部选拔任用和绩效考核指挥棒作用，不断增强担当实干者的荣誉感、归属感、获得感。全面落实“三个区分开来”要求，严肃查处诬告陷害行为，旗帜鲜明为担当者担当，为干事者撑腰。持续加强基层政治生态建设，大力开展“搞庸俗哲学、圈子文化”不作为、慢作为、假作为”和“四官”问题专项治理，着力营造风清气正的干事创业环境。

同志们，做好2020年经济工作，意义重大、任务艰巨。让我们更加紧密地团结在以习近平同志为核心的党中央周围，以习近平新时代中国特色社会主义思想为指引，凝心聚力、苦干实干，只争朝夕、不负韶华，全力推动全旗经济社会高质量发展，为全面建成小康社会和“十三五''规划圆满收官作出新的更大贡献！

准格尔旗2020年政府工作报告

2020年4月28日在准格尔旗第十七届人民代表大会第四次会议上

准格尔旗旗长 王枫

各位代表：

现在，我代表旗人民政府向大会报告工作，请予审议，并请旗政协委员和其他列席人员提出意见。

一、2019年工作回顾

2019年是新中国成立70周年，是决胜全面建成小康社会的关键之年。一年来，旗人民政府坚持以习近平新时代中国特色社会主义思想为指导，深入贯彻习近平总书记对内蒙古工作重要讲话重要指示批示精神，全面落实上级党委政府和旗委的各项决策部署，积极践行新发展理念，加快落实高质量发展要求，推动稳增长、促改革、调结构、惠民生、防风险各项工作不断取得新成绩、新成效，全旗经济持续健康向好，社会保持和谐稳定。

——县域综合实力得到新提升。全年完成地区生产总值820亿元、增长3.1%，固定资产投资增长16.1%，规模以上工业增加值增长2.1%，社会消费品零售总额128.5亿元、增长3.4%，一般公共预算收入82.6亿元、增长6.3%。公路和铁路货运量分别增长4%和5%，总体经济呈现稳中有进、稳中向好的发展态势，位列全国综合实力百强县市第30位、全国工业百强县第15位。

——新旧动能转换迈出新步伐。煤化工产能突破500万吨，煤炭就地转化3100万吨，煤化工、电力、陶瓷、装备制造等非煤产业占规模以上工业总产值的27.1%。稳步推进创新型县（市）创建工作，成功申报“内蒙古自治区知识产权强县工程试点县”，新增自治区级研发中心2家、高新技术企业8家，授权专利110项，入选全国科技创新百强县市。

——“三大攻坚战”取得新成效。化解政府隐性债务21.06亿元，处置银行不良贷款16.75亿元。精准打好脱贫攻坚战，投入各类扶贫资金7164万元。突出抓好产业、生态、消费等扶贫工作，年度脱贫任务全面完成。设立生态环境治理统筹资金，龙王沟等重点流域水质不断提高，集中式饮用水水源地水质达标率100%，中心城区空气质量优良率达到90.4%。

——改革创新释放新活力。重点领域改革持续推进，苏木乡镇街道改革全面铺开。坚决淘汰落后产能，吊销“僵尸企业”执照92户，消化商品房库存15.03万平方米，电力多边交易为企业节约成本1.47亿元。持续深化“放管服”改革，成立投资项目“一站式”服务中心，旗级权限事项50个工作日内办结。新增各类市场主体6081家、注册资本62.13亿元，增加就业15273人。严格落实减税降费政策，为企业减免税费25.68亿元。在全区率先探索开展“执监分离”执法监管模式。国家公立医院综合改革受到国务院通报奖励。

——民生事业实现新进步。按照新统计口径，财政用于民生支出45.5亿元，占一般公共预算支出的50.4%。城乡居民人均可支配收入达到51122元和19814元，分别增长6%和8.6%。实施人大代表票决民生实事项目试点，确定民生实事项目10项，总投资9.2亿元。人行天桥、通村公路项目建成投用，立体停车场正在调试，特殊学校、中心医院改扩建等6个项目全面开工，乌兰桥项目开工前准备工作基本完成。教育、卫生等社会事业发展更加充分，准一中多元化办学实现了“低进高出、低进优出”，世纪中学一本上线率达到51.7%的历史最高水平，职中本科升学率为自治区中职类本科平均升学率的4.5倍。顺利通过国家卫生县城复审，龙口镇、暖水乡成功创建国家卫生乡镇。荣获全国“七五”普法中期验收先进旗。扫黑除恶专项斗争取得阶段性成果，审查起诉涉黑案件1起、涉恶案件2起，各类刑事、治安案件发案率分别下降23.3%和17.7%，人民群众的获得感、幸福感、安全感明显提升。

一年来，我们团结一心、克难奋进，主要做了以下工作：

一是全力推动产业转型升级。编制完成《准格尔旗工业经济高质量发展规划》。围绕延伸拓展产业链条，签约引进项目20个，落地9个，落地资金74亿元。开复工亿元以上重点项目56个，久泰60万吨烯烃、中科合成油催化剂等6个项目建成投产。内蒙古工业陶瓷研究院在准格尔经济开发区挂牌成立。大路煤化工基地被确定为国家产业转型升级示范园区。成功举办杏花节等一系列文化旅游活动，全年接待游客155万人次、实现旅游收入21.6亿元，入选2019中国最美县域榜单。

二是大力实施乡村振兴战略。制定乡村振兴战略行动方案和产业振兴等5个专项配套方案。与中国邮政集团内蒙古分公司签订实施乡村振兴战略、推进脱贫攻坚战略合作协议。确定了“果蔬杂粮山羯羊”四大优势特色农牧业产业，并建成标准化生产示范区4.2万亩；2类农产品获地理标志保护，4类农产品获批国家名特优新农产品，黄河碱米通过有机认证和欧盟认证。大力培育农牧业新型经营主体，推动28家龙头企业与近万户农民建立了紧密型利益联结机制，带动农户户均增收2000余元。与自治区气象局签订飞机增雨服务协议，全年降水增加15%。着力优化农村生产生活环境，建成垃圾处理设施15处，污水处理设施7处，实施户改厕4996户；制定微治理十项措施及行政处罚文本，启动重点区域环境乱象整治“百日攻坚专项行动”，持续清脏、治乱、增绿，农村人居环境大幅改善；十二连城乡获评全国乡村治理示范乡镇。

三是不断完善基础设施网络。着力加快薛大一体化进程，快速通道病害治理工程稳步推进，照明工程完工。实施了准能生活区“三供一业”维修改造、市政道路改扩建和地下管网建设等工程，1万多户居民具备天然气入户条件，新增园林绿地41.48万平方米。沙圪堵、薛家湾两地棚户区改造及市政项目稳步推进。文明城市创建通过自治区复审。统筹推进基础设施建设，黄河二期防洪工程建成投用，蒙西至晋中特高压二期、海子塔220千伏输变电等项目有序推进。新建通村公路88.8公里，完成了榆树湾至马栅、薛魏线东段及万家寨黄河大桥维修改造工程，大龙高速主体完工。加快推进“公转铁”，四道柳、罐子沟等集运站建设进展顺利，青春塔煤矿铁路专用线主体完工，准朔铁路建成投运。

四是深入推进生态环境综合治理。优化生态空间规划布局，启动生态建设规划大纲编制，完成了第三次全国国土资源调查。稳步推进沿黄生态廊道等重大生态项目建设，完成林业生态和水土流失综合治理20.5万亩，森林覆盖率达到35.6%。加强地质环境恢复治理，完成矿区复垦2025公顷；建成绿色矿山16座，完成年度计划的160%。三级河长制体系全面见效，77条河流建立“一河一档”信息，河湖“清四乱”工作成效显著，重要水功能区全部达标，生态环境明显改善。

五是持续保障和改善民生。始终坚持教育优先发展，实行名优教师引进计划，招聘教师359名，建成投用教育类项目7个，被确定为国家义务教育质量监测样本县。牢固树立“大卫生、大健康”理念，组织实施了健康促进行动等一系列卫生惠民项目，成为国家紧密型医共体试点旗县。深入推进全民参保计划，基本养老保险参保率达到88.7%。为各类困难群体发放保障资金8430.3万元。公共文化服务供给水平不断提升，职工文体活动中心、综合文化活动中心项目有序推进，世纪中学等5处校园体育场所对外开放，漫瀚调音乐剧《牵魂线》荣获自治区精神文明建设“五个一工程”奖。

六是着力解决历史遗留问题。重拳整治历年土地例行督察、卫片执法检查中发现的土地违法问题，集中精力推进露天煤矿临时用地复垦还地工作，实现了应复垦尽复垦、应还尽还。清理拖欠民营企业中小企业账款12.87亿元，不断提振企业投资信心和活力，民营企业投资增长24.1%。集中精力解决了一批房屋权属登记、拆迁改造等房地产领域遗留问题，为35个小区、14634户居民办理了住宅产权登记，落实回迁安置房1438套，切实保障了群众合法权益。

七是全面加强政府自身建设。扎实开展“不忘初心、牢记使命”主题教育，不折不扣贯彻落实上级党委政府和旗委的决策部署。政府机构改革全面完成。严格执行人大及其常委会的决议决定，自觉接受政协民主监督和群众监督、舆论监督，100件人大代表建议、87件政协委员提案全部办结。全力完成各类巡视、督察反馈问题整改任务，深入推进政府系统党风廉政建设和反腐败斗争，严格办公用房和公务用车管理，强化审计监督，一般性支出压减10%。

与此同时，民族宗教、国防动员、新闻广电、史志档案、外事侨务、老龄科普、工青妇、红十字、残疾人等事业均取得新成效。

特别是新冠肺炎疫情发生后，全旗上下迅速响应，各级干部履职尽责、日夜坚守，医务工作者不畏艰险、迎难而上，社会各界积极参与、众志成城，合力打好疫情防控阻击战，生产生活秩序加快恢复，经济社会运行逐步趋于正常。

各位代表，这些成绩的取得，是习近平新时代中国特色社会主义思想指引的结果，是上级党委政府和旗委正确领导的结果，是旗人大、政协有效监督、大力支持的结果，也是全旗各族各界干部群众团结协作、不懈奋斗的结果。在此，我代表旗人民政府，向所有关心、支持、参与准格尔发展的各界人士，表示衷心的感谢！向所有奋战在疫情防控战线上的各族干部群众和社会各界朋友，致以崇高的敬意！

在取得这些成绩的同时，我们也清醒地认识到，我旗经济社会发展中还存在不少困难和挑战。主要是：产业“四多四少”问题还很突出，新动能、新产业尚未形成有力支撑；农牧业产业化、规模化、专业化程度不高，乡村产业振兴任重道远；“放管服”改革举措落实还不够到位，营商环境需要进一步优化；生态环境保护治理长效机制还不够健全，特别是矿区环境治理任务十分艰巨；社会民生领域还有不少短板，影响社会稳定的突出矛盾有待进一步解决；各级干部能力素质与国家治理体系和治理能力现代化要求还不相适应，不想为、不敢为、不会为现象不同程度存在。对此，我们要直面问题和挑战，增强忧患意识，采取有力措施，认真加以解决。

二、2020年目标任务和工作重点

当前，经济运行面临下行压力，发展环境中不确定、不稳定因素逐渐增加，各种长期和短期、内部和外部因素积累下来的矛盾正在显现。面对新形势、新任务、新挑战，我们要清醒认识当前经济运行稳中有变、变中有忧的复杂严峻形势，保持清醒头脑、增强忧患意识，坚定不移落实新发展理念，做到高质量发展的方向不改变、稳投资扩项目的抓手不改变、决胜全面建成小康社会的初心不改变，强化责任担当、凝聚攻坚力量，聚焦短板弱项、突破重点难点，探索走出一条以生态优先、绿色发展为导向的高质量发展新路子，推动自治区、市和旗委各项决策部署落实落细落到位。

今年是全面建成小康社会和“十三五”规划的收官之年，也是“十四五”规划的谋篇之年，做好全年工作意义重大。政府工作的总体思路是：以习近平新时代中国特色社会主义思想为指导，全面贯彻党的十九大和十九届二中、三中、四中全会和中央经济工作会议精神，全面落实习近平总书记对内蒙古工作重要讲话重要指示批示精神，按照全区、全市和全旗经济工作会议安排部署，紧扣全面建成小康社会目标任务，统筹推进新冠肺炎疫情防控和经济社会发展，在疫情防控常态化前提下，坚持稳中求进工作总基调，坚持新发展理念，坚持以供给侧结构性改革为主线，坚持以改革开放为动力，坚决打赢三大攻坚战，深入实施乡村振兴战略，全面做好“六稳”工作、落实“六保”任务，努力克服新冠肺炎疫情带来的不利影响，统筹推进稳增长、促改革、调结构、惠民生、防风险、保稳定，保持经济运行在合理区间，确保全面建成小康社会和“十三五”规划圆满收官，加快探索以生态优先、绿色发展为导向的高质量发展新路子。

主要预期目标：地区生产总值增长4%左右，一般公共预算收入增长3%左右，固定资产投资增长2%左右，规模以上工业增加值增长3%左右，社会消费品零售总额增长4%左右，城乡居民人均可支配收入分别增长7%和8%左右。

围绕上述目标任务，我们将重点抓好以下工作：

（一）全面贯彻新发展理念，构筑高质量实体经济体系。

提高项目投资质量效益。紧紧抓住鄂尔多斯市创建国家可持续发展议程创新示范区的重大机遇，谋划实施一批促转型、增后劲的重点项目，补齐发展短板、打通转型堵点、疏通发展脉络。全年计划实施亿元以上重点项目41项，完成投资100亿元以上。坚持精准招商，引进资金100亿元以上，争取去年引进的20个项目全部开工建设。优化园区基础设施，加强园区空间整合、资源整合、公共服务整合，清理闲置低效用地和“僵尸企业”，提升园区发展效益。围绕产业链条延伸和生产性服务业，加大招商引资和项目服务力度，加快建设主导产业清晰、比较优势明显、集聚效应突出的现代产业体系。

加速新旧动能转换。安排新旧动能转换发展资金1亿元，引导人才、技术、资金等创新要素集聚发展。加快传统产业转型升级，开滦40万吨乙二醇、久泰乙烯深加工等项目开工建设，智新碳素30万吨密闭糊、富世辉光稳定剂等项目建成投产。结合知识产权示范县和创新型县（市）创建工作，支持企业采用股权期权激励、技术入股、成果奖励等方式引进和留住各类人才。引导产、学、研机构紧密合作，加快中为地下煤气化等高新技术成果转化应用，推动产业向精细化、高端化迈进。打造一批国家和自治区级重点实验室、工程技术研究中心，年内新增自治区级研发机构1家、高新技术企业5家。

推动黄河流域生态保护建设。全面贯彻落实习近平总书记在黄河流域生态保护和高质量发展座谈会上的重要讲话精神，编制国土空间规划、黄河流域生态保护和高质量发展规划，科学统筹布局“三区三线”。启动黄河流域历史遗留废弃矿山修复治理工程，建设沿黄生态廊道，逐步有序退出黄河岸线1公里范围内的企业，并恢复生态。深入实施京津风沙源治理二期、草原生态保护等重点生态建设工程，完成林业生态建设7万亩。加强黄河防洪减淤能力建设，实施生态水源工程1处、水保综合治理6万亩，加快暖水乡砒砂岩裸露区生态综合治理项目建设，力争圪秋沟水保科技示范园获评国家级示范园，稳步提升生态环境质量。优先保障沿黄经济带环境容量、水指标、土地等发展要素供给，深入实施节水控水行动、黄河水权转换工程，加快形成集约高效的水资源循环利用制度机制。

（二）决胜三大攻坚战，全面建成小康社会。

坚决打赢脱贫攻坚战。聚焦精准脱贫、全面脱贫，统筹投入旗级扶贫资金4150万元以上，撬动各行业、各领域扶贫资金投入。突出抓好产业扶贫，进一步做实“企业+党支部+合作组织+农户”产业发展模式，推动脱贫攻坚与乡村振兴有机衔接。加强农企对接，引导境内企业积极履行社会责任，以购代销、以买代帮，做实做细消费扶贫。多措并举推进“百企帮百村”，进一步发展壮大村集体经济，收益突破10万元的村集体经济项目达到60个以上，整体经济效益突破1700万元。完善医疗保障和临时救助政策，落实 “三个一批”措施，全面推行“防贫保”，防止返贫致贫。加强扶贫同扶志扶智相结合，激发贫困群众内生动力。统筹好建档立卡贫困户与低收入群体的帮扶政策，建立稳定脱贫长效机制，完成脱贫攻坚各类问题整改，确保全旗人民共同迈入小康社会

推动生态环境质量持续好转。突出抓好矿区生态环境治理，管好、用活矿山地质环境恢复治理基金，在实施好已确定的孤山川水环境治理、包府线生态治理等项目的基础上，再统筹谋划推进一批矿区公共区域环境治理项目。加大露天煤矿复垦绿化和井工煤矿采煤沉陷区治理，完成矿区复垦绿化1000公顷。严格落实河湖长制，开展龙王沟、?牛川、皇甫川等重点流域水环境综合整治，确保年内水质得到明显改善。强化土壤污染管控和修复，实行污染地块名录及其开发利用负面清单制度，建立污染地块联动监管机制。大力推进节能减排，完成准格尔热电厂等9个电力机组、东华能源等7个大型工业锅炉超低排放改造和伊泰煤制油等9个浓盐水治理项目。全面整治“散乱污”企业，扎实开展农村面源污染防治和工业固废、城郊散煤治理等工作，继续推进垃圾分类试点，提高垃圾无害化处理率。全面开展决战决胜污染防治攻坚战十大行动，坚决完成中央环保督察及“回头看”和自治区生态环保大检查反馈问题整改。

防范化解重大风险。稳妥处置存量债务，打好培植税源、清缴欠税、盘活存量资金、优化支出等组合拳，年内化解政府隐性债务9.4亿元。强化政府投资项目审批和债务风险评估，严格落实地方政府债务限额管理和预算管理等制度，严防形成新的债务。积极争取上级资金和地方政府债券，保障项目顺利推进。牢固树立过“紧日子”思想，坚持厉行节约，继续压减一般性支出。加强金融监管能力建设，健全金融风险监测预警和应急处置机制，支持金融机构依法处置不良贷款、企业债券违约风险，坚持筑牢信息化条件下的保密防

线，严厉打击违法违规金融活动，守住不发生系统性、区域性金融风险底线。

（三）加快产业转型升级，推动经济高质量发展。

做强现代能源经济。继续在煤炭绿色开采、清洁输出、延伸链条、综合利用上狠下功夫，着力做好现代能源经济这篇大文章。推进煤炭绿色开采。巩固去产能成果，继续推进煤炭产能减量置换和减量重组，有序释放优质产能，将煤炭产量稳定在2.8亿吨左右。力争华兴唐家会、蒙泰不连沟等28座煤矿建成绿色矿山，酸刺沟、黄玉川煤矿建成智慧矿山。推进煤炭清洁输出。健全完善铁路集疏运体系，争取唐公塔、龙王渠煤炭装卸区和明望达、乾元等集运站项目开工建设，确保青春塔煤矿铁路专用线、四道柳集运站等项目建成投运，新增铁路集运能力1600万吨。支持好新组建注册的神华新朔铁路公司运营。推进煤炭就地转化。加快中石化80万吨煤制烯烃、伊泰200万吨煤制油等5个项目建设，力争朱家坪电厂、汇能长滩电厂等37个重大项目建成投产，新增煤化工产能40万吨、电力装机容量264万千瓦，煤炭就地转化3700万吨以上。推进资源综合利用。大力推进高铝粉煤灰资源化储存、神华30万吨氧化铝、圣岳高岭土深加工等项目建设，加强煤矸石和粉煤灰等工业固废资源综合利用。投入专项资金2亿元，支持陶瓷研究院科技研发和成果转化，进一步提升陶瓷产业的创新能力、竞争能力和发展能力。

做大新兴产业。紧紧围绕优势主导产业，配套发展煤机、化机、电力装备、安全设备等制造业和节能环保、科技研发等生产性服务业，积极发展煤基新型碳材料、高分子材料等新材料产业。充分利用配套电源点建设和电价成本优势发展光伏产业，围绕沙漠荒漠、采煤沉陷区和露天煤矿复垦区，规划建设260万千瓦光伏电站项目，争取新能源特高压外送基地规划年内获批。推进大数据产业发展，推动互联网、大数据同实体经济深度融合。

加快发展现代农牧业。立足“一河三川”和梁峁山区的自然条件，进一步优化农牧业区域布局和生产结构，新建高标准农田4万亩。出台具体的支持政策和措施，继续培育“果蔬杂粮山羯羊”等优势特色产业，申报“准格尔山杏”“准格尔海红果”地标保护和全旗公共区域品牌的注册推广。大力发展规模化种养业，力争富力100万头生猪养殖项目落地建设，确保恩河牧业奶牛养殖园区等项目建成投产。推动建立农畜产品合格证明制度和优势农畜产品产地追溯体系，实现规模以上重点生产经营主体追溯全覆盖。积极培育壮大新型农业经营主体，年内培育市级以上龙头企业2家，规范提升一批专业合作社和家庭农牧场。打造沿黄农牧业经济产业带，支持十二连城建设国家农村一、二、三产业融合发展示范园，不断提升农牧业科技研发和成果转化能力。

推动服务业提档升级。实施服务业重点领域高质量发展行动，促进教育、养老、科技、文化、体育、休闲等面向消费端的服务业提档升级。加快发展生产性服务业，促进制造业与现代服务业融合发展。出台加快现代物流业发展实施意见及优惠政策，完善物流基础设施网络体系，加快仓储配送中心、货运集散中心建设，全力打造服务京津冀、晋陕蒙的区域物流节点。加快商贸流通产业转型升级，推动传统销售模式向新型电商模式转变，构建旗级电子商务公共服务体系。全面推进能源化工线上交易平台建设，争取境内煤炭、煤化工产品“统一交易、一票结算”。培育文化产业市场主体，壮大文化产业规模，加快文化创意产业发展，推动创作一批精品剧目、文学艺术作品。树立全域全季旅游理念，进一步完善旅游基础设施和配套服务体系建设。推动黑岱沟露天矿工业旅游、布尔陶亥民族文化旅游和黄河大峡谷、准格尔召、油松王等旅游资源的融合发展。有序推进黄河大峡谷AAAAA级景区建设。全年接待游客170万人次以上、实现旅游收入23亿元以上。

（四）深入推进城乡区域协调发展，提高宜居宜业水平。

全面实施乡村振兴战略。年内整合投入资金1亿元、发放乡村振兴贷款10亿元，统筹推进农村产业、人才、文化、生态、组织振兴。深化农村综合改革，全面完成农村集体产权制度改革国家试点工作。上线运行农村土地草牧场流转信息平台，促进土地合理有序流转，新增土地适度规模化经营1万亩。安排专项资金1000万元，完善龙头企业与农民利益联结机制，促进农民稳定增收。继续打造市级乡村振兴示范村11个、旗级乡村振兴示范村6个，由点到面有序推进乡村振兴示范村建设。继续加强农村人居环境整治，推进农村生活垃圾、污水收集处理向专业化、产业化方向迈进，新建垃圾处理设施21处、污水处理设施26处，实施户改厕2000户以上。设立农村人居环境整治奖补资金，对有经验、有做法、有成效的先进村级组织给予资金扶持。持续加强乡风文明建设和基层社会治理，健全完善农村基础设施建设管护长效机制，实施农民素质提升工程，培养一支爱农业、懂技术、善经营的新型职业农民队伍，巩固美丽乡村建设成果。

不断提升城镇功能品质。加快“薛大一体化”进程，完善苏木乡镇政府所在地基础设施建设。加快乌兰桥、天然气入户等在建市政基础设施项目建设进度。启动实施农贸批发市场、准三中过街通道等市政区功能改造提升项目。新建改造公共停车场5处，探索建设地下立体停车场，新增公共停车位500个，有效缓解停车难、道路交通拥堵等问题。实施薛家湾湖东湖西片区景观绿化、准格尔客运站周边道路绿化工程和城郊结合部环境治理，新增和改造园林绿地50万平方米。实施准格尔东街改造提升工程，探索建设城市慢行系统。启动老旧小区加装电梯试点，实施老旧小区节能保温及地下管网维修改造工程。完成全旗农村房地一体确权登记工作。稳步推进棚户区改造，妥善解决回迁安置、房屋产权登记等房地产历史遗留问题。在沙圪堵和薛家湾启动实施一批房地产项目，缓解群众刚性需求。启动5G网络基础设施建设，加快人工智能融合应用，推动智慧准格尔建设，确保“准格尔家”城市综合服务平台上线运行。从严打击私搭乱建，强化交通秩序、市场秩序、环境卫生整治等工作，提高物业管理服务水平，促进城市精细化管理，不断巩固卫生县城、园林县城创建成果，确保蝉联全国县级文明城市荣誉。

持续改善基础条件。统筹推进水、电、路、讯等基础设施建设。启动建设纳日松至长滩高速公路、薛家湾至柳青梁至城坡旅游专线，确保大龙高速建成通车，新增高速公路40公里。结合黄河流域治理，统筹推进塔哈拉川河道及支沟综合治理工程。启动准格尔经济开发区供水系统改造工程。新建农村网络信号基站93座，实现4G网络全域覆盖。增强电力保障供应，力争香柏山110千伏输变电项目开工建设，确保海子塔220千伏输变电项目建成投用。有序推进增量配电改革，力争将准格尔经济开发区和大路煤化工基地列入国家增量配电改革试点。

（五）全面深化改革开放，不断增强发展动力和活力。

优化营商环境。全面贯彻落实《优化营商环境条例》，严格执行市场准入负面清单制度，推进“非禁即入”普遍落实。加快商事制度改革，全面落实“证照分离”“多证合一”改革，落实企业名称核准、市场主体退出便利化改革，提高市场准入效率，新增市场主体5000户左右，新增就业1.5万人左右。加快旗乡村三级政务服务体系建设，实现三级联动、全旗通办，政务服务事项网上可办率、“一窗”受理率均提高到80%以上。提升“一站式”审批服务中心效能，工程建设项目审批时间继续压减。探索建立“项目管家”制度，继续推行县级领导包联重点项目和定期调度机制，实现项目建设全周期服务。

深化重点领域改革。全面完成苏木乡镇街道和事业单位改革。实施乡镇财税体制改革，实现乡镇财权事权对等，提升乡镇自主发展能力。推进国家紧密型医共体试点改革和公立医院薪酬制度改革，扩大异地就医直接结算范围，巩固公立医院改革成果。加快国有企业重组及薪酬制度、人事制度改革步伐，激发国有企业活力。全面核查行政事业单位国有资产，做到账实相符，提高国有资产利用率，确保国有资产增值保值。推进教育、文化、养老等民生服务领域市场化改革，实施城镇公交运营改革，努力为群众提供更加便捷高效优质的公共服务。深化公共资源交易制度改革，确保公共资源线下无交易、线上全留痕、网上全公开。

激发民营经济活力。全面落实减税降费等鼓励和支持民营经济发展的各项政策措施，有效降低民营企业运营成本，支持民营经济健康发展，力争民间投资增长20%以上。全面兑现招商引资优惠政策，全部清偿政府部门拖欠民营企业中小企业账款。建立政银企定期对接机制，在实现信息对称的基础上，通过组建银团、发放债券和区块链应用等方式，切实解决项目融资难、融资贵问题，积极推动久泰能源、兴洋科技两家公司上市。

强化区域协同发展。牢固树立开放发展理念，深度参与“一带一路”以及中俄蒙经济走廊建设，积极融入京津冀协同发展，加强与长三角、粤港澳等地区的对接合作，主动承接国内外产业转移，打造优势产业集群。依托区位优势和产业基础，加强与山西、陕西等周边地区在文化旅游资源开发、生态环境恢复治理等方面的协作配合，争取在基础设施互联互通、产业协同互补互促、生态环境共治共保上有新的突破。深度融入呼包鄂及乌兰察布协同发展格局和呼包鄂榆城市群建设，努力实现跨区域产业分工协作、公共服务共建共享。

（六）着力增进民生福祉，更好满足人民群众美好生活需求。

坚持办好人民满意教育。持续推进教育深化改革，创新教育体制机制，落实立德树人根本任务。优化教育资源供给，确保薛十一小、特殊教育学校实现秋季招生，启动准格尔中学校址规划和党校新校区、大路中学建设，加快沙三小、沙七幼等项目建设，完善部分中小学、幼儿园改扩建工程。全面落实《准格尔旗引进优质教育人才实施办法》，不断强化师资力量建设。进一步规范学校办学行为，出台中小学生课后服务实施意见，逐步解决中小学生课业负担重等问题。完善校外教育办学体制机制，规范校外培训机构管理，持续开展城乡小区配套幼儿园治理、实现优质普惠性学前教育。统筹发展好民族教育、职业教育、特殊教育、民办教育。

着力促进文化事业繁荣发展。加强公民道德和精神文明建设，大力弘扬社会主义核心价值观，不断优化公共文化供给。加快推进大路新闻中心建设。强化乌兰牧骑建设管理，打造自治区一流乌兰牧骑，开展好文化惠民演出，发挥好红色轻骑兵作用。鼓励和支持文艺创作，以文艺的形式讲好准格尔故事。实施十二连城遗址文物保护工程，完成王爷府修缮加固工程。建成投用职工文体活动中心、综合文化活动中心，进一步提高乡村两级综合文化服务中心利用率，切实提升公共文化服务水平。

大力推进健康准格尔建设。抓紧抓实抓细常态化疫情防控，为人民群众生命安全和身体健康、经济社会秩序全面恢复提供有力保障。加快全民健康信息平台建设步伐，实现全旗医疗机构电子健康卡（码）全覆盖。实施大路镇中心卫生院等7个卫生基础设施项目，加快中心医院改扩建工程进度，提升县域卫生健康综合服务水平。加强医疗卫生人才队伍建设，建立“领头羊”激励机制，持续创建“名医工作室”，打造医疗卫生技术专业团队。逐步完善离岗乡村医生养老政策。扎实开展敬老孝老疾病预防和关爱女生健康进校园等卫生惠民工程。广泛开展全民健身活动，推动条件成熟的学校和企业体育场所设施向群众免费开放。

完善社会保障体系。实施更加积极的就业政策，提前对接落地项目用工需求，有针对性地开展技能培训和人才培养，确保零就业家庭动态清零，新增城镇就业4500人以上，城镇登记失业率控制在3%以内。积极推进社保标准化建设，统筹做好社会保险、城乡低保、优抚安置等工作，提高困难群体参保率和社会保险待遇水平。落实特困人员救助供养制度，确保社会综合福利中心建成投用。提高养老服务水平，完善养老服务补贴政策，发展壮大各类社会养老服务机构。制定出台生态移民、矿区移民就业创业和服务管理政策措施，保障转移人口移得出、稳得住、能致富。

保障社会大局和谐稳定。严格落实安全生产责任制，扎实开展安全生产隐患排查治理和重点行业领域专项整治，坚决遏制生产安全事故。加强应急管理能力和应急队伍建设，提高应急处突能力。建立完善旗乡村矛盾多元化解机制，妥善解决一批历史遗留问题。加大劳动监察执法力度，保障农民工合法权益。完善退役军人服务保障体系建设，加强退役军人就业创业扶持。深入持久开展民族团结进步创建工作，铸牢中华民族共同体意识。加强社会信用体系建设，全力营造一处失信、寸步难行的社会氛围。多举措打好扫黑除恶专项斗争攻坚战；加快“雪亮工程”建设，建立完善立体化、信息化、智能化社会治安防控体系，让违法犯罪无处遁形，人民群众生活得更加放心、安心、舒心。

三、加强政府自身建设

我们将不忘初心、牢记使命，始终坚持为人民服务、对人民负责、受人民监督，持续提升执行力和公信力，提高治理能力和治理水平，努力建设人民满意政府。

坚定正确政治方向。坚持以习近平新时代中国特色社会主义思想为指导，增强“四个意识”、坚定“四个自信”、做到“两个维护”，自觉在思想上政治上行动上同以习近平同志为核心的党中央保持高度一致。坚决贯彻落实习近平总书记对内蒙古工作重要讲话重要指示批示精神，全面推动中央、自治区、市和旗委的各项决策部署落地生根、开花结果。依法开展全国第七次人口普查工作，科学编制“十四五”规划，确保全旗各项事业始终沿着正确的方向前行。

加强法治政府建设。严格遵守宪法和法律，善于运用法治思维和法治方式开展工作。自觉接受人大的法律监督和工作监督，主动接受政协民主监督，高质量办理议案提案。广泛听取社会各界意见，强化审计监督，自觉接受司法监督、群众监督、舆论监督。全面强化政务公开、信息公开，切实保障人民群众的知情权、参与权、表达权、监督权。坚持科学民主决策，在苏木乡镇街道全面推行民生实事项目人大代表票决（会商）制。严格依法行政，认真落实法律顾问与专家决策咨询制度，运用法治思维提升依法履职能力，确保政府工作始终在法治轨道上运行。

加强廉洁政府建设。深入推进政府系统党风廉政建设和反腐败工作，认真落实中央八项规定及其实施细则精神和自治区、市、旗配套规定。紧盯重大工程、重点领域、关键岗位，强化廉政风险防控，深入开展矿产资源、脱贫攻坚、征地拆迁等领域突出问题专项整治，坚决打好煤炭资源领域违规违法问题专项整治这场硬仗，全面规范煤炭行业监管秩序。持续保持惩治腐败高压态势，严肃查处群众身边的腐败问题和不正之风。加强廉政教育和廉政文化建设，永葆为民务实清廉的政治本色。

加强政府作风建设。驰而不息整治“四风”，力戒形式主义、官僚主义。加强和改进调查研究，认真解决群众反映强烈的突出问题，推进服务型政府建设。进一步精简会议文件，严格规范督查检查考核。认真贯彻落实《内蒙古自治区纪委监委关于激励担当作为的实施意见》精神，健全容错纠错和激励机制，营造崇尚实干的良好氛围，教育引导广大干部学习新知识、掌握新本领，打造忠诚、干净、担当的高素质干部队伍。

各位代表！经过一代代准格尔人的不懈努力和奋斗，我们即将步入全面小康社会。展望未来，深感责任重大、使命光荣，但依然满怀信心。让我们更加紧密地团结在以习近平同志为核心的党中央周围，在旗委的坚强领导下，勠力同心、务实笃行，为全旗经济社会实现更高质量的发展，建设亮丽内蒙古、共圆伟大中国梦作出更大贡献！

大事记

大事记

1月

2日，朔（州）准（格尔）线10278次列车驶入准格尔旗龙口镇马栅站，标志着准朔铁路正式建成通车并进入试运行阶段。通车后，将为蒙、晋、陕三省区经贸往来增添新通道。

9日，“京东·高原露签约仪式暨启动发布会”在北京召开。京东云携手京东商城等京东优势资源，与内蒙古高原杏仁露有限公司签订战略合作协议。

17日，中国共产党准格尔旗第十五届委员会第八次全体会议暨全旗经济工作会在薛家湾召开。旗委书记乔允利，旗委副书记、政府代旗长王枫分别讲话。

30日，市委书记牛俊雁深入准格尔旗调研基层组织建设工作，旗委书记乔允利陪同。

2月

1日，市委副书记、代市长斯琴毕力格到准格尔旗督查“大棚房”清理整治工作，旗委书记乔允利陪同。

3日，准格尔旗16个行政机构举行挂牌仪式，标志着准格尔旗机构改革迈出实质性步伐。

23日，自治区落实中央环境保护督察“回头看”及草原生态环境问题专项督察反馈意见整改动员部署会议召开。自治区党委书记、人大常委会主任李纪恒出席会议并讲话，旗委副书记、政府代旗长王枫在准旗分会场参加会议。

3月

15日，政协准格尔旗第十四届委员会第三次会议在薛家湾召开，会议表决通过政协准格尔旗第十四届委员会第三次会议选举办法（草案），增选了政协准格尔旗第十四届委员会常务委员1名。

同日，准格尔旗十七届人大三次会议在薛家湾召开。会议选举王枫为准格尔旗人民政府旗长，补选准格尔旗十七届人大常委会委员5名。新当选的旗人民政府旗长王枫进行宪法宣誓。

20日，久泰能源（准格尔）有限公司年产60万吨烯烃项目建成投产仪式在大路煤化工基地举行。市人大常委会主任祁毕西勒图，市委常委、组织部部长刘瑞杰，旗四大班子主要领导出席。项目的投产对于加快本地煤炭资源转化利用、提升煤化工产业发展水平、构筑高质量实体经济体系具有重要意义。

4月

8日，自治区党委第十三巡视组巡视准格尔旗工作动员会召开。会前，自治区党委第十三巡视组组长吴艳刚主持召开与准格尔旗委书记乔允利和旗委副书记、政府旗长王枫的见面沟通会。

10日，自治区党委书记、人大常委会主任李纪恒到准格尔旗，围绕落实新发展理念、推动经济高质量发展进行调研。旗委书记乔允利，旗委副书记、政府旗长王枫陪同。

12日，全旗领导干部大会在薛家湾召开，宣布市委对准格尔旗人事调整决定。查干东不再担任旗委常委、组织部部长职务，吉日木图不再担任政府副旗长职务，鲁占清转任旗委副书记、政法委书记，希尼交流任旗委常委、办公室主任，尹占义任政府副旗长，张志远任旗委常委、组织部部长。市委组织部副部长、市公务员局局长乌东，旗四大班子主要负责人出席会议。

13日，以“醉美准格尔·自在乡村游”为主题的准格尔旗第五届乡村旅游杏花节在准格尔经济开发区开幕。

同日，鄂尔多斯绿色生态经济暨林果产业主推乡村振兴高峰论坛在准格尔旗举办。

28日，以“当好主人翁·建功新时代 庆祝新中国成立70周年”为主题的准格尔旗2019年劳动模范和先进工作者表彰大会暨全旗职工文艺会演颁奖晚会在薛家湾举行，旗委书记乔允利，旗委副书记、政府旗长王枫出席。

5月

9日，北控鄂尔多斯40亿立方米煤制天然气项目2019年春季开工仪式在大路工业园区举行。市委书记牛俊雁，市政协主席王建国，市委常委、组织部部长刘瑞杰，市委常委、秘书长史良，北控控股集团有限公司党委书记、董事长田振清，旗四大班子主要领导共同出席开工仪式。

13日，准格尔旗融媒体中心成立，旗委书记乔允利为中心揭牌。

6月

11日，准格尔旗人民政府与中国邮政集团公司内蒙古自治区分公司实施乡村振兴战略推进脱贫攻坚合作签约仪式在大路煤化工基地举行。旗委副书记、政府旗长王枫出席。

14日，市委副书记、政府市长斯琴毕力格深入准旗调研扫黑除恶工作，旗委副书记、政府旗长王枫陪同。

21日，准格尔旗委副书记、政府旗长王枫赴青岛参加2019中国煤化工产业高质量发展论坛暨鄂尔多斯市招商会，签约重点项目4个，协议总金额170亿元。

25日，准格尔旗“立家教、树家风、传家训”家庭教育宣讲暨“家家幸福安康工程”启动。

7月

1日，内蒙古自治区消防救援总队机动支队化工专业救援大队在大路煤化工基地挂牌成立。自治区消防救援总队党委书记、政委罗源，自治区消防救援总队参谋长徐向东，市政府副秘书长邱林，旗委副书记、政府旗长王枫参加揭牌仪式。

11日，全国构建和谐劳动关系先进表彰会在北京召开。大路工业园区获评全国劳动模范劳动关系和谐工业园区，成为呼包鄂地区唯一获此殊荣的园区。

25日，由内蒙古自治区残疾人福利基金会和安达救援共同举办的内蒙古自治区残疾人福利基金会安达救援助残基地授牌启动仪式在准格尔广场举行。草原英雄小姐妹、自治区残疾人福利基金会理事长玉荣参加。

同日，自治区政协党组成员、副主席其其格一行到准格尔旗就提高粉煤灰综合利用水平和加大粉煤灰污染防治力度进行调研。旗委书记乔允利，旗委副书记、政府旗长王枫，旗政协主席王源陪同。

29日，准格尔旗自然资源局举行揭牌仪式。

8月

3日，准格尔旗第三中学举行“全国书法教育名校”挂牌仪式。

10日，中国石化鄂尔多斯大路煤制烯烃项目在鄂尔多斯大路工业园区开工。自治区党委副书记、自治区主席布小林出席并宣布项目开工。

19日，自治区党委巡视组巡视准格尔旗反馈意见整改工作动员大会召开。旗委书记乔允利参加，旗委副书记、旗长王枫主持会议。

20—22日，第二届中国硅酸盐学会青年学者科研能力提升论坛在准格尔旗举行。中国硅酸盐学会副理事长晋占平、国家自然基金委主任陈克新和来自全国各地136名硅酸盐领域的专家学者参加论坛。

23日，旗委书记乔允利主持召开准格尔旗委审计委员会第一次会议，研究讨论《准格尔旗委审计委员会工作规则》《准格尔旗委审计委员会办公室工作细则》。旗委副书记、旗长王枫参加会议。

9月

5日，旗委书记乔允利主持召开准格尔旗委网络安全和信息化委员会第一次会议，审议通过《准格尔旗委网络安全和信息化委员会工作规则》《准格尔旗委网络安全和信息化委员会办公室工作细则》。

19日，市人大常委会执法检查组贺晋一行到准格尔旗就贯彻落实《内蒙古自治区蒙古语言文字工作条例》情况进行实地执法检查。

同日，庆祝新中国成立70周年精品文艺节目展演暨全旗漫瀚调器乐大赛颁奖晚会在旗会商中心举办。

30日，内蒙古工业陶瓷研究院在准

格尔经济开发区举行揭牌仪式，旗委副书记、旗长王枫，旗政协主席王源出席。

10月

7日，德国巴斯夫集团大中华区业务与市场发展高级副总裁郑大庆一行到准旗大路工业园区参观考察。

18日，建投国电准格尔旗能源有限公司国电建投长滩电厂2×660兆瓦机组工程项目开工仪式在魏家峁镇举行，标志着蒙西—天津南1000千伏特高压交流输变电工程准格尔旗配套电源点项目全部开工建设。

29日，山西省S40灵河高速晋蒙黄河大桥正式通车运营。

同日，旗委书记乔允利主持召开旗委农村牧区工作领导小组第一次会议，传达学习《中国共产党农村工作条例》，对全旗脱贫攻坚、乡村产业发展、农村人居环境整治等工作进行再部署、再强调。

11月

5日，准格尔旗委常委会深入龙口镇大口村红色教育基地中共马栅区委革命活动展厅开展“不忘初心、牢记使命”主题教育现场教学。旗委书记乔允利，旗人大常委会主任李银成，旗委副书记、旗长王枫，旗政协主席王源和旗委各常委参加学习。

7日，清华大学与久泰集团关于流化合成气一步法制芳烃（FSTA）成套技术开发合同签约仪式在北京清华大学举行。

27日，中为能源鄂尔多斯唐家会矿区煤炭地下气化技术工业化示范项目在准格尔旗兴隆街道帮郎色太村成功投产。

12月

2日，准格尔旗法学会成立暨第一次会员代表大会召开。

23—24日，国家级非物质文化遗产代表性传承人奇附林从艺50年漫瀚调专场晚会在薛家湾天泽岛大酒店举行。

28日，准格尔旗委宣传部和法院联合筹拍的，反映家事审判改革的法治微电影《挽爱》在呼和浩特市举行首映礼。

30日，准格尔旗第六届道德模范暨第五届美德少年表彰大会在旗会商中心举行。

旗情概览

行政区划

准格尔旗因地理位置得名。清顺治六年（1649年），将蒙古鄂尔多斯部划为左右两翼6旗，鄂尔多斯高原东部设左翼前旗，蒙古语俗称“准格尔旗”。

【地理位置】准格尔旗地处蒙、晋、陕三省区交界地带，位于内蒙古自治区西南部，鄂尔多斯市东端，北纬39°16′—40°20′，东经110°05′—111°27′。北、东、南分别与内蒙古自治区包头市土默特右旗，呼和浩特市托克托县、清水河县，山西省忻州市偏关县、河曲县隔黄河相望；南与陕西省榆林市府谷县为邻，西与内蒙古自治区鄂尔多斯市伊金霍洛旗、东胜区、达拉特旗接壤。旗政府驻地薛家湾镇，距鄂尔多斯市政府驻地康巴什区148公里。

【面积】准格尔旗东西最大距离115.2公里，南北最大距离116.5公里，总面积7550.7876平方公里，其中，陆地面积7358.1522平方公里，水域面积192.6354平方公里。2019年度人口密度每平方公里44.02人。

【历史沿革】准格尔地秦朝时属云中郡、上郡，上郡广衍县治今纳日松镇勿图门村。西汉时属云中、西河二郡，云中郡沙南县治今十二连城乡脑包湾村；西河郡治平定县城在今纳日松镇羊市塔村，领广衍、美稷等县，美稷县治今沙圪堵镇纳林村。东汉时属并州云中、西河二郡，西河郡美稷县设南匈奴单于庭。三国、西晋时属南匈奴；东晋时历属后赵、前秦、后秦、夏。南北朝时初属北魏夏、朔二州；次分属西魏、东魏；后分属北周、北齐。隋朝时初属云州榆林县，治今十二连城乡脑包湾村；次属胜州榆林、富昌二县，富昌县治今十二连城乡天顺圪梁村；后改胜州为榆林郡，治榆林，领榆林、富昌、金河三县。唐朝时历属关内道、朔方节度使、振武节度使之胜州，治榆林，领榆林、河滨二县，河滨县治今十二连城乡天顺圪梁村。五代时属振武节度使之胜州。宋朝时初分属辽西京道东胜、金肃二州和北宋河东路丰州，东胜州领榆林、河滨等县，金肃州治在今沙圪堵镇境内，丰州治今纳日松镇二长渠村；次分属金西京路宁边、东胜二州和西夏，宁边州治今龙口镇台子梁村；后尽归西夏。元朝时属中书省山西道大同路东胜州。明朝时初属山西省东胜卫，东胜右卫治今十二连城乡脑包湾村；后尽归漠南蒙古鄂尔多斯部。

清顺治六年(1649年)设鄂尔多斯左翼前旗，乾隆二年(1737年)鄂尔多斯七旗会盟伊克昭，准格尔旗属伊克昭盟。札萨克初驻扎勒谷(今沙圪堵镇贾浪沟村)，康熙晚期移驻乌拉素河(今沙圪堵镇乌拉素村)，咸丰二年(1852年)移驻刀劳乌日都(今布尔陶亥苏木铧尖村)，同治元年(1862年)在今布尔陶亥苏木大营盘建府邸。旗下初按人丁辖八参领四十二佐领，道光四年（1824年）始按地域设达庆、达尔古，逐渐取代参领、佐领，光绪二十年(1894年)辖十三达庆牌五十六达尔古牌。光绪三十二年(1906年)，旗南“黑界地”分作五段，仁、义二段归山西省河曲县代管，礼、智、信三段归陕西省府谷县代管。

1912年民国开元，准格尔旗属北洋政府辖，1914年属绥远特别行政区，1928年属绥远省；1916年东官府移驻杨家湾(今沙圪堵镇不拉村)，1932年旗政南北分治，东官府移驻神山(今沙圪堵镇神山村)辖西南旗地，西官府驻万和堂(今十二连城乡董三尧村)辖东北旗地；1918年仁、义二段划为山西省河曲县第四区，1934年收回陕西省府谷县代管礼、智、信三段。1939年抗战初，黄河北旗境属伪蒙古联盟自治政府，黄河南旗境属南京国民政府；黄河北托克托县衙1938年流亡塔并召(今十二连城乡召梁村)，1939年移驻蛮汉壕(今十二连城乡曼罕壕村)，1940年解散；同年山西省河曲县衙流亡四区十里长滩（今薛家湾镇长滩村）；1942年札萨克移驻恒胜玉（今暖水乡德胜西村）；1945年日伪投降，旗地全境收复。1948年1月晋绥解放军攻克国民党河曲县驻地长滩，4月陕甘宁边区解放军攻克国民党准格尔旗驻地神山，5月共产党在杨家湾建立准格尔旗民族自治政权；12月国民党在王保公(今包头市土默特右旗将军尧镇)建准格尔旗札萨克王府，1949年9月随绥远省当局和平起义，准格尔旗全境解放。

1949年10月1日中华人民共和国成立；1950年1月准格尔旗属绥远省伊克昭蒙古族自治区；6月山西省河曲县第四区划为绥远省伊克昭自治区十里长滩区；8月在沙圪堵成立准格尔旗人民政府，撤达庆建区，撤达尔古建乡、镇；9月十里长滩区划为准格尔旗第13区，全旗辖13个区83个乡、镇。1954年3月绥远省并入内蒙古自治区；5月黄河北2个区14个乡划归平地泉行政区萨拉齐县；6月撤伊克昭自治区设伊克昭盟，准格尔旗属内蒙古自治区伊克昭盟。1955年9月全旗辖12个区，63个乡、镇；1956年8月辖9个区，38个乡、镇。1958年12月撤区建人民公社，撤乡、镇建管理区，全旗辖8个人民公社31个管理区；1961年11月辖25个人民公社；1976年9月增设城关人民公社。1983年8月撤人民公社建乡、镇，全旗辖25个乡、1个镇；1986年8月增设榆树湾镇，1990年8月增设薛家湾镇；1998年7月，全旗辖24个乡、3个镇。1999年8月旗人民政府移驻薛家湾镇，10月设沙圪堵经济技术开发区，2000年8月更名为内蒙古沙圪堵经济技术开发区。2001年4月，全旗辖12个镇、8个乡；9月撤伊克昭盟设鄂尔多斯市，准格尔旗属内蒙古自治区鄂尔多斯市；2005年7月，全旗辖1个苏木、2个乡、6个镇；11月开发区再次更名为内蒙古准格尔经济开发区；2006年12月设大路新区，2008年1月更名为鄂尔多斯大路煤化工基地。2010年11月增设4个街道；2016年9月重设魏家峁镇，全旗辖1个苏木、2个乡、7个镇、4个街道，有3个嘎查、156个村、29个社区。

【政区划分】2019年，准格尔旗设内蒙古准格尔经济开发区、鄂尔多斯大路煤化工基地2个开发区；辖薛家湾、沙圪堵、大路、龙口、魏家峁、纳日松、准格尔召7个镇，十二连城、暖水2个乡，布尔陶亥1个苏木，蓝天、友谊、兴隆、迎泽4个街道，共14个乡级行政区；有156个村、3个嘎查、34个社区。

2019年准格尔旗行政区划表

表1

镇（乡、苏木、街道）	村（嘎查、社区）
薛家湾镇	东孔兑村　何家塔村　前房子村　房子滩村　二旦桥村　大沟村　城壕村　海子塔村　柳树湾村　白家渠村　巴润哈岱村　沟门村　宁格尔塔村　黑岱沟村　马家塔村　三宝尧村　大饭铺村　点岱沟村　柳青梁村　阳尧子村　城坡村　不连沟村　红台子村　大塔村　永胜壕村　牛光圪旦村　梁安窑村　百草塔村　阳塔村　勉圪令村　亭子墕村　杨四圪咀社区
沙圪堵镇	庙壕村　安定壕村　忽昌梁村　双山梁村　特拉沟门村　敖靠塔村　不拉村　福路村　五字湾村　纳林村　榆树塔村　速机沟村　常胜店村　刘家渠村　乌拉素村　寨子塔村　贾浪沟村　西营子村　打麻梁村　神山村　四道包村　石窑沟村　布尔洞沟村　张家圪堵村　乌素沟村　哈拉沟村　府兴社区　鑫鑫社区　迎宾社区　开源社区　富民社区　育才社区　民乐社区
龙口镇	台子梁村　马栅村　大口村　沙坪梁村　韩家塔村　公盖梁村　麻地梁村　红树梁村　沙墕村　南窑梁村　大圐圙梁村　哈拉敖包村　业林沟村　长滩村　龙口社区　祥和社区
准格尔召镇	黄天棉图村　乌兰哈达村　沙蒿塔村　铧尖村　忽吉图村　准格尔召村　炭窑渠村　四道柳村　民和社区
纳日松镇	红进塔村　勿图沟村　柳塔村　大路峁村　阿贵庙村　川掌村　乌兰哈达村　勿图门村　敖劳不拉村　二道柳村　羊市塔村　山不拉村　乌拉素村　奎洞沟村　大西沟村　老荒地村　二长渠村　松树墕村　纳林庙村
大路镇	小滩子村　乌兰不浪村　尔圪气村　老山沟村　常树梁村　白大路村　黑圪崂湾村

续表 1

镇（乡、苏木、街道）	村（嘎查、社区）
布尔陶亥苏木	铧尖村　李家塔村　朋五素村　孔兑沟村　公益盖村　枳机壕村 达坝席利嘎查　蒿召赖嘎查　尔圪壕嘎查 福泽社区
十二连城乡	天顺圪梁村　脑包湾村　巨合滩村　二道拐村　柴登村　召梁村　蛮汉壕村　广太昌村 西柴登村　蓿亥图村　东不拉村　西不拉村　杨子华村　五家窑村　董三窑村 兴胜店村　三十顷地村　康卜尔村 绿馨社区
暖水乡	哈必汉村　暖水村　水泉沟村　圪秋沟村　肯木肯村　榆树壕村　德胜有梁村 德胜西村　韩家塔村　昌汉不拉村　昌汉素村 聚心社区
魏家峁镇	范家峁村　魏家峁村　双敖包村　郑峁梁村　井子沟村　杜家峁村　四份村　柏相公村
蓝天街道	阿岱沟村 铁北社区　阳光社区　白云社区　贾家湾社区　张家塔社区　关地塔社区
友谊街道	长胜店村　苏计沟村　草场村 和泰社区　张家圪旦社区　御景社区　唐公塔社区
兴隆街道	薛家湾村　邦郎太村　王青塔村 中心社区　站北社区　鑫凯社区　周家湾社区
迎泽街道	巴汉图村 曙光社区　南山社区　湖西社区　湖东社区　南苑社区　广和社区

【人口】2019年末，准格尔旗户籍总人口149775户332352人。按居住地分，城镇70371人，乡村261981人；按性别分，男性167053人，女性165299人；按年龄分，0至17岁75670人，占总人口22.77%；18岁至34岁75072人，占总人口22.59%；35岁至59岁123231人，占总人口37.08%；60岁以上58379人，占总人口17.57%。本年度出生3934人，死亡2016人，人口自然增长率5.8‰；迁入2242人，迁出2346人。

2019年，准格尔旗有24个民族。其中：汉族296344人，占总人口89.16%；蒙古族33859人，占总人口10.19%；回族355人；满族1376人；朝鲜族69人；达斡尔族28人；鄂温克族8人；壮族67人；藏族39人；锡伯族3人；苗族44人；土家族12人；彝族77人；维吾尔族3人；其他少数民族68人。

自然环境

【地貌】准格尔旗地处内蒙古高原和黄土高原的接合部，位于鄂尔多斯高原东部。从垂直切面看，地势西北高、东南低，由西向东逐渐倾斜。从西部的神山到中部的坝梁起，向东到点素敖包一线略有隆起，为旗境南北分水岭，是南北自然差异的分界线。最高点在准格尔召镇库仑沟掌，海拔1584.6米；最低点在龙口镇马栅村黄河边，海拔820米。依地貌可分为四个地理单元，有“七山二沙一分田”之说。北部是黄河南岸冲积平原，地势平坦，一望无际，适宜现代农业开发建设；南部是库布齐沙漠东缘，植被茂盛、水草丰美，适宜发展现代畜牧业；西南部是砒砂岩丘陵区；东南部是黄土丘陵区，沟壑纵横，煤炭富集，适宜生态建设和矿山开发。

【气候环境】准格尔旗属中温带大陆性半干旱季风气候，光照充足，四季分明。冬季漫长寒冷，夏季炎热短促，春秋气温变化剧烈。年平均气温7.8℃；1月平均气温-10.6℃，极端最低气温-30.9℃(1971年1月11日)；7月平均气温23.4℃，极端最高气温40.4℃(2005年6月22日);平均气温年较差34.3℃;最大日较差29.7℃(2006年4月11日)。无霜期年平均152天;日照时数年平均2946.4小时。降雨集中在7月至9月,年平均降水量389.4毫米;年最大降水量640.8毫米(2016年),年最少降水量251.1毫米(2000年);日最大降水量91.1毫米(2012年7月21日)。年平均蒸发量1954.0毫米,年最大蒸发量2284.7毫米(2006年);蒸发量是降水量的5倍。

【水文特征】黄河从北部十二连城乡三十顷地村入境,经东部大路镇、薛家湾镇、魏家峁镇,到南部龙口镇大口村出境,环绕准格尔旗197公里;十二连城乡二道拐村为上游、中游分界线;头道拐水文站实测,年平均流量606.92米^3/秒,最大流量1092.44米^3/秒(1976年),最小流量316.69米^3/秒(1997年),多年平均过境水量258亿立方米;年平均含沙量4.69千克/米^3,最大日含沙量3千克/米^3(1994年7月27日),最小日含沙量0.023千克/米^3(1987年8月10日)。境内河流属黄河支流,总长3665公里,河网密度每0.25公里平方公里,多年平均流量2.8亿立方米,排涝量0.9亿立方米,最大排涝量1.54亿立方米。主要河流"三川一河":以库布齐沙漠为分水岭,向南流入黄河的支流从东到西分别是十里长川、纳林川、犋牛川,向北流入黄河的支流呼斯太河。最大河流纳林川,源于布尔陶亥苏木达坝席利嘎查,到沙圪堵镇特拉沟门村出境,从北向南纵贯旗地,长91.2公里,流域面积2142平方公里,多年平均流量1.3亿立方米。

【矿藏资源】准格尔旗探明有煤炭、石灰石、高岭土、硫铁矿、铁矿、铝土矿、油母页岩、石英砂、泥炭、黏土、铝矾土11种矿产资源。煤炭储量924亿吨,含煤面积占总面积75%以上。十里长川以东准格尔煤田属石炭纪、二叠纪煤层,为低硫、高灰分、发热量在5000大卡以上的长焰煤,是优质动力用煤;纳林川以西东胜煤田属侏罗纪煤层,为低灰、低硫、低磷、发热量6000大卡以上的不黏结煤,是优质化工用煤。全旗百余座煤矿以3亿吨级年产量成为全国第一产煤县域单位。高岭土储量60亿吨,主要有薛家湾镇的白色高岭土、龙口镇的红色高岭土、准格尔召镇的黄色高岭土。

【自然灾害】准格尔旗有干旱、洪水、冰雹、风沙等自然灾害。因地处半干旱季风区,蒸发量大于降水量,有"十年九旱"之说。春旱农作物无法下种,夏旱影响农作物生长,春夏连旱、夏秋连旱,造成农作物大面积减产,人畜饮水困难。因降水集中于夏、秋两季,洪涝区分布在东南部黄河沿岸和中西部丘陵沟壑区,当上游出现暴雨,下泻冲刷泥沙,往往形成洪水,威胁黄河沿岸和山区低凹地带居民生命财产安全。春季黄河开河时,因低纬度来水被旗境高纬度冰塞、冰坝所阻,也会导致沿岸凌汛泛滥成灾。因地处鄂尔多斯高原东部,夏季午后,暖湿气流上升,极易形成冰雹,是鄂尔多斯冰雹多发区。因植被稀疏,春季易发生沙尘暴。

经济建设

2019年,准格尔旗全年完成地区生产总值820亿元,同比增长3.1%;一般公共财政预算收入82.6亿元,增长6.3%;社会消费品零售总额128.5亿元,增长3.4%;规模以上工业总产值增长2.1%;城镇常住居民人均可支配收入达到51122元,较上年增长6%;农村常住居民人均可支配收入达到19814元,较上年增长8.6%;固定资产投资增长16.1%。

【农牧业】2019年,准格尔旗全年农林牧渔及服务业总产值19.36亿元。其中,农业产值11.02亿元;林业产值0.95亿元;牧业产值6.5亿元;渔业产值0.36亿元;农林牧渔服务业产值0.52亿元。

2019年全旗牲畜总数达到71.26万头(只),较上年增加16.92万头(只),其中,羊的总数为64.6万只;牛0.87万头;猪5.55万头;其它牲畜总数0.24万头(只)。

全旗完成农作物播种面积49665.3公顷。其中,粮食作物播种面积44749公顷；油料作物播种面积623.68公顷；蔬菜及食用菌种植面积1239.85公顷；瓜果类种植面积812.97公顷；青饲料播种面积367.57公顷；其它农作物播种面积1872.23公顷。全年粮食总产量21.94万吨，同比增长48.6%。

【工业】2019年，准格尔旗工业经济运行良好，煤化工产能突破500万吨，煤炭就地转化3100万吨，煤化工、电力、陶瓷、装备制造等非煤产业占规模以上工业总产值的27.1%。围绕延伸拓展产业链条，签约引进项目20个，落地9个，落地资金74亿元。开复工亿元以上重点项目56个，久泰60万吨烯烃、中科合成油催化剂等6个项目建成投产。内蒙古工业陶瓷研究院在准格尔经济开发区挂牌成立。大路煤化工基地被确定为国家产业转型升级示范园区。

2019年末，全旗规模以上工业企业119家，累计完成规模以上工业总产值809.23亿元，同比增长8.2%；累计完成销售产值805.35亿元，同比增长9.7%；工业产品产销率99.5%。全年规模以上工业企业实现主营业务收入884.64亿元，同比下降5.3%；利润总额235.22亿元，同比增长12.2%；亏损企业37户，比上年增加21户；亏损企业亏损额15.48亿元，同比增长122.7%。

【城乡建设】2019年，全旗建成区面积26.77平方公里，道路面积477.83万平方米。全旗燃气普及率达60.06%，污水处理率达97.1%，生活垃圾无害化处理率达98.42%。全旗建成区绿地率达40.67%，人均公园绿地面积达18.98平方米。

【交通运输】2019年，全旗实施续建项目4个，建设总里程70.441公里；实施新建项目2个，建设总里程97.216公里。全旗公路通车里程4458.7公里，其中高速公路里程229.1公里。铁路通车里程达673公里。

【金融】2019年末，全旗银行总数达到21家，各类营业网点105个；各项存款余额621.59亿元，增长11.8%。其中：城乡居民储蓄存款余额404.48亿元，增长12.6%；各项贷款余额402.28亿元，增长15.5%。

全年全旗保险业实现保费收入89508万元，同比增长8.4%。其中财产险保费收入31079万元，人寿险保费收入58429万元。全年保险赔付总额18385万元，下降12%。其中，财产险赔付11342万元，人寿险赔付7043万元。

【生态环保】2019年，准格尔旗着力优化生态空间规划布局，启动生态建设规划大纲编制，完成第三次全国国土资源调查。沿黄生态廊道等重大生态项目建设稳步推进，完成林业生态和水土流失综合治理20.5万亩，森林覆盖率达到35.6%。加强地质环境恢复治理，完成矿区复垦2025公顷；建成绿色矿山16座，完成年度计划的160%。三级河长制体系全面见效，77条河流建立“一河一档”信息，河湖“清四乱”工作成效显著，重要水功能区全部达标，生态环境明显改善。

全年完成水土治理面积20.5万亩，其中水保工程完成4.84万亩。全旗全年优良天数为322天，优良率达到89.9%，比2018年提高8.6%。

社会事业

【科学技术】2019年，准格尔旗稳步推进创新型县（市）创建工作，成功申报“内蒙古自治区知识产权强县工程试点县”，新增自治区级研发中心2家、高新技术企业8家，授权专利110项；入选全国科技创新百强县（市）。

全旗有效期内高新技术企业14家，自治区级企业研发中心8家，自治区级工程技术研究中心3家。

【教育、体育】2019年，准格尔旗新建特殊教育学校1所。公开招聘教师359名。全旗普通高中高考报名人数为1722人，文理科本科上线共计1422人，本科上线率82.6%。职业高中参加高考978人，本科上线218人，本科上线率为22.3%。

2019年末，全旗共有各类学校和幼儿园95所，在校学生及幼儿59800人，教职工5829人，专任教师5037人。其中：幼儿园55所，在园幼儿13653人，教职工1637人，专任教师1387人；小学25所，在校学生27500人，教职工2031人，专任教师1849人；初级中学11所，在校学生11130人，教职工1112人，专任教师1022人；普通高中2所，在校学生4765人，教职工783人，专任教师533人；职业高中1所，在校学生2752人，教职工256人，专任教师237人；特殊教育学校1所，在校学生0人，教职工10人，专任教师9人。

2019年末，全旗共有各类体育场地902块（片、间），体育场地总面积965467平方米，其中室内场地318个，总面积64827平方米；室外场地221个，总面积900640平方米。全民健身场地363块（个），其中全民健身中心1个，健身房22个，全民健身路径325条，健康步道15条，总长38113米。

【文化艺术】2019年，全旗拥有文化馆1个，乡镇文化站14个，公共图书馆2个，博物馆1个，艺术表演团体1个。围绕新中国成立70周年、乡村振兴等主题，新创大型晚会3台、剧（节）目34件。全年开展送戏下乡演出120场次、文艺辅导38次，惠及群众12.8万人次。

【医疗卫生】2019年，全旗有公立医院4家，妇幼保健机构1个，疾病预防控制机构1个，苏木乡镇卫生院13个，社区卫生服务中心6个，社区卫生服务站6个，固定村卫生室118个。全旗卫生机构床位数1610张，卫生技术人员2498人。

【社会保障】2019年，全旗参加城乡居民养老保险123688人；参加职工基本养老保险75548人；参加城乡居民医疗保险245508人；参加工伤保险51957人；参加生育保险38114人。为全旗12899名企业离退休（遗属）人员累计发放待遇38657万元；为全旗5850名行政事业离退休（遗属）人员累计发放工资43442万元；为全旗47024人发放城乡居民养老金及支付其他待遇28407万元。

2019年末，全旗享受城镇最低生活保障851人，享受农村最低生活保障6346人。城镇最低生活保障标准提高到675元/人·月，农村最低生活保障标准提高到514元/人·月。全旗公办社会福利机构2家，床位640张；民办社会福利机构3家，床位794张。

旅游景点

准格尔旗开发的旅游项目有：黄河大峡谷度假游，准格尔召、油松王祭祀游，库布齐沙漠运动游，准格尔国家矿山公园、大路煤化工基地工业游，百里长川、龙口乡村游；建成4个国家AAAA级旅游景区：库布齐沙漠神泉旅游区、水镜湖休闲度假旅游区、油松王旅游区、准格尔召旅游区；建成4个全国特色景观旅游名镇名村：布尔陶亥苏木、龙口镇、纳日松镇松树墕村、十二连城乡兴胜店村；有12家三星级标准饭店，20个乡村游客中心，123户农家乐，其中自治区星级乡村旅游接待户5户、市级典型旅游示范户11户；有鄂尔多斯市新远国际旅行社等5家旅行社，其中具有出境经营权的旅行社1家。全年接待游客155万人次，实现旅游收入21.6亿元。准格尔旗入选2019中国最美县域榜单。

【准格尔黄河大峡谷】黄河大峡谷位于黄河中游晋蒙段，是万里长城与九曲黄河握手之处，入围中国最美十大峡谷。准格尔旗开发小滩子、城坡、包子塔三大景区。城坡景区位于薛家湾镇城坡村，城筑于西夏，城外西夏古墓壁画，为黄河流域独有。清朝建察汗固少召，俗称“喇嘛洞”，1920年准格尔旗在此设局，处理地租、河防善后事宜；1938年东北挺进军暂编陆军骑兵第三旅驻善后局。

包子塔景区位于魏家峁镇杜家峁村，四面环水，一线通地，堪称鬼斧神工。此处天险筑崔成石寨，为明长城偏头关瞭望之所，派地方武装巡检司把守；清光绪三十一年（1905年），准格尔旗东协理丹丕勒武装抗垦在此被俘；1995年12月9日，黄河万家寨水利枢纽截流，这里突现高峡平湖景观。登高远眺，黄河九曲尽收眼底；舟行其间，两岸风光如入画廊；探访边塞，金戈铁马好比昨天。2017年10月16日，世界旅游城市形象大使全球总决赛走进包子塔，提升了包子塔知名度。2019年，黄河大峡谷景区换乘中心投入使用，包子塔至城坡旅游专线通车。

【中国油松王】油松王位于纳日松镇松树焉村，1979年中国林科院测定，这株油松高26米、胸径1.34米、材积13.5立方米、树龄893年，为北宋元祐四年（1089年）一粒天然落种而生，是中国树龄最长、积材最多的油松，故称“油松王”。树大成神、寿长成仙，当地人称“神树”，四时供奉，经声不断，香火鼎盛。油松王南建寺庙，前院三皇庙，后院松王庙、药王庙、经堂、祭台等；庙南建大戏台。逢农历初一、十五均有游人聚集，五月十三和七月十五为油松王庙会，游人云集，盛况空前。1996年5月，油松王被确定为内蒙古自治区第三批文物保护单位；2009年6月，油松王祭祀列入内蒙古自治区第二批非物质文化遗产名录；2013年10月，评定为国家AAAA级旅游景区。2019年，油松王景区提升软硬件设施，建成山门两侧垂花门、消防水池等设施；阿贵庙景区完成窟内佛像装藏工作。

【准格尔召】准格尔召位于准格尔召镇准格尔召村，俗称“西召”，为鄂尔多斯现存最大的藏传佛教格鲁派寺庙建筑群。始建于明天启三年（1623年），建成大佛殿、大经堂、莲花僧殿、弥勒佛殿、四大天王殿5座庙殿，是漠南蒙古三大寺庙之一，藏语名“嘎丹夏珠达尔杰朗”，蒙古语名“额尔德尼布力日图苏莫”，明朝赐名“秘宝寺”，清朝赐名“宝堂寺”。1920年，扩建重修，建成经堂、佛殿、佛爷商、白塔、红塔等设施34座，喇嘛僧舍200多间，形成占地2000多亩，兼容蒙、汉、藏建筑风格的庙宇建筑群，有常住喇嘛600多人，下属召庙18座，与北京雍和宫、山西五台山和青海塔尔寺有宗教联系。“文化大革命”期间遭到破坏，仅剩大独宫、舍利独宫、五道庙、诺彦商、观音庙、佛爷商、千佛殿、大常署、二常署9座庙宇，住召喇嘛19人。改革开放后，对庙宇抢救维修，恢复每年农历四月玛尼经会、七月雅尼会；1986年5月，确定为内蒙古自治区第二批文物保护单位；2009年6月，准格尔召经会列入内蒙古自治区第二批非物质文化遗产名录；2014年12月，评定为国家AAAA级旅游景区。

【库布齐沙漠神泉旅游区】库布齐沙漠神泉生态旅游景区地处黄河上游与中游地理分界线，战国时左岸建云中古城，隋唐时右岸设榆林古郡，明朝时设东胜卫把守左右，君子古津联通两岸。今左岸位于呼和浩特市托克托县河口镇郝家窑村，在黄河湿地建设古典园林景区，景区占地面积42万平方米，因一眼地下矿泉得名“神泉”；右岸位于鄂尔多斯市准格尔旗大路镇黑圪崂湾村，在库布齐沙漠开发沙漠体验旅游，景区占地面积300万平方米；架设跨越黄河845.5米空中索道将两岸连为一体。是内蒙古神泉园林建设发展有限公司投资3亿元开发建设的综合性旅游景区，2010年8月开业；2010年9月被评定为国家AAAA级旅游景区。2015年10月引进蒙古国大型马术实景剧《永远的成吉思汗》常年驻景区演出，真人真马表演的蒙古铁骑征战节目，成为吸引游客的亮点。

【水镜湖休闲度假区】水镜湖休闲度假区位于布尔陶亥苏木李家塔村，是鄂尔多斯市水镜湖农业旅游开发有限公司开发呼斯太河源头沙漠甘泉，打造的休闲农业旅游景区，占地面积240万平方米。建有仿老北京四合院、原生态小木屋情侣村、种植采摘区、生态养殖区、四季观光园等体验参观点；湖心岛位于水镜湖中心，岛上建有百鸟园、农耕博览园。到此可在湖边悠然垂钓，乘船湖中戏水，登湖心岛品尝美味，到四季园观赏热带植物，到温室大棚采摘有机瓜果，赴百鸟园感受鸟语花香，亲临仿老北京四合院，入住原生木建情侣屋。度假区于2011年9月开业，2013年9月被评定为国家AAAA级旅游景区，12月公司被认定为全国休闲农业与乡村旅游示范点，确定为内蒙古自治区农牧业产业化重点龙头企业。2019年，新建8公里景区道路（游客步道），旅游厕所、入口门景、吊桥码头、污水处理设施都已完工，漂流项目、博物馆投入运营。

【准格尔国家矿山公园】准格尔矿山公园位于国家能源准能集团有限责任公司黑岱沟、哈尔乌素露天煤矿采区排土场，规划面积16.91平方公里。2005年黑岱沟露天煤矿原煤产量突破2000万吨，成为全国单坑产量最大露天煤矿，2013年哈尔乌素露天煤矿生产原煤3319.6万吨，成为全国露天煤矿新的领跑者。两个煤矿生产的准格尔绿色煤炭，源源不断运往全国各地，漂洋过海走出国门。到这里游览，领略钢铁恐龙抛掷爆破、吊斗铲倒堆采煤工艺；见证两采区319.59 万平方米复垦绿化成果，展示绿色矿区宜种宜养、休闲娱乐的可持续发展前景。准格尔矿山公园于1999年被评为全国水土保持生态环境建设先进单位，2011年3月19日成为首批国家绿色矿山，2017年12月27日入围第四批国家矿山公园。

【百里长川西口文化长廊】百里长川南起西口古渡龙口镇大口村，途经薛家湾镇长滩村、海子塔村、白大路村，北至布尔陶亥苏木尔圪壕嘎查，是清末晋陕汉民“走西口”的重要通道。2015年启动百里长川西口文化长廊建设，2016年8月举办准格尔旗乡村文化旅游节暨首届那达慕大会，到2017年成为连续3届盛会指定参观线路。尔圪壕嘎查那达慕再现游牧文明，白大路村户外休闲观赏遍野花海，海子塔村博物馆展示农耕文明，百年古镇十里长滩遗存晋陕民风，鸡鸣三省之地大口村铭刻红色传奇；沿川拓展训练营、农业观光园、果蔬采摘园、风味农家乐，尽情领略西口古道乡村美丽风光，成为呼包鄂乡村旅游重要目的地。

漫瀚调艺术

漫瀚调因汉族百姓“走西口”而生。清康熙三十六年（1697年），清朝开放边禁，允许晋陕汉民出边租耕蒙荒，逐渐在准格尔旗形成蒙汉杂居、农牧兼营格局，蒙古草原的牧歌与黄土高原的民歌水乳交融，孕育了独具地域特色的民间艺术奇葩“漫瀚调”，正如漫瀚调歌词所唱：“准格尔是晋陕蒙的三交界，漫瀚调是蒙汉人民的牵魂线；漫瀚调是一颗混种种瓜，蒙汉人民用心血浇灌了它。”

漫瀚调是准格尔旗的流行歌曲。漫瀚调旋律源自鄂尔多斯蒙古族短调民歌和晋陕周边的汉族民歌的相互渗透；歌词大多用准格尔乡音土语，依信天游的格式即兴编成；内容广泛，叙事反映时代变迁，抒情吐露男女爱情，有根深蒂固的群众基础和经久不衰的艺术魅力，男女老幼皆可出口成韵，一气呵成。“漫瀚调是那肚肚里的油，装满心事才往外流。”它从“走西口”唱到21世纪，从山乡田间地头唱到国家艺术殿堂，成为准格尔人不可或缺的精神食粮。

漫瀚调唱得准格尔旗出了名。1964年民歌手张美蓉、奇二秃参加全国少数民族群众业余艺术观摩演出会，漫瀚调首次唱进北京城；1993年3月人民音乐出版社出版专著《漫瀚调》，漫瀚调被载入国家音乐史册；1996年准格尔旗被文化部命名为中国民间艺术（漫瀚调）之乡；1997年起，准格尔旗每三年举办一届漫瀚调艺术节；2007年漫瀚调歌王奇附林被命名为中国民间文化（漫瀚调）杰出传承人；2008年漫瀚调被列入第二批国家级非物质遗产名录；2015年第七届漫瀚调艺术节千人同台吟唱漫瀚调获世界纪录认证；2016年电影《漫瀚调》荣获世界民族电影节最佳原创音乐奖、最佳影片提名奖；2017年6月26日，漫瀚调音乐剧《牵魂线》入选国家艺术基金资助项目。

2019年，漫瀚调歌舞戏《漫瀚情缘》获第八届全国优秀小戏小品展演优秀组织单位奖和优秀剧目奖；漫瀚调音乐剧《牵魂线》获内蒙古自治区精神文明建设“五个一工程”奖；漫瀚调情景表演唱《美好家园人情厚》晋级全国群星奖决赛。

中国共产党准格尔旗委员会

综合党务

【全面建成小康社会】 2019年，全旗地区生产总值820.05亿元，可比价增长3.1%；固定资产投资增长16.1%；一般公共财政预算收入82.6亿元，增长6.3%；一般公共预算支出90.18亿元，增长2.1%；社会消费品零售总额128.46亿元，增长3.4%；城镇和农村居民人均可支配收入达到51122元、19814元，分别增长6%、8.6%。规模以上非公有制企业实现产值615亿元；生产原煤29764万吨，增长7.7%；发电326.79亿千瓦时，增长4.8%；生产甲醇、油品等煤化工产品262.61万吨，实现产值100.73亿元；粮食产量2.2亿公斤；牲畜存栏总头数67.33万头（只）；准格尔经济开发区销售收入197.16亿元，大路煤化工基地销售收入535.84亿元。

2019年，上级和本级财政投入扶贫资金7164万元，巩固提升1919名建档立卡贫困人口脱贫成果，实现3户7人国家标准线下贫困人口正常脱贫。新增城镇就业4535人，其中安置准旗籍高校毕业生1318人，城镇登记失业率2.24%。累计发放城乡低保、特困人员、优抚等各类救助补贴资金11503万元，救助补贴3万人次。新建、续建卫生类项目11个，人口出生率为7.73‰。新建、续建、改建学校幼儿园项目13个，招聘中小学、幼儿教师359名。安排科技应用研发经费3000万元，新增2家自治区级企业研发中心，8家企业通过高新技术企业认定，中为能源唐家会煤炭地下气化技术工业化示范项目成功投产。建成各类食药示范街（店）14家，成功注册“准格尔羯羊”“准格尔糜米”两个国家地理标志证明商标，实现地理标志证明商标“零的突破”。准格尔小米、荞麦粉、大米、羯羊入选2019年第四批全国名特优新农产品名录，被确定为“内蒙古自治区知识产权强县工程试点县”。

2019年，全旗新创大型晚会3台、剧（节）目34件、文艺演出120场次。漫瀚调音乐剧《牵魂线》入选自治区第十四届精神文明建设“五个一工程”奖。成功举办庆祝中华人民共和国成立70周年群众性主题文化活动和第五届乡村旅游杏花节等18项主题文旅活动，全年共接待游客155万人次，旅游收入21.6亿元。

【全面深化改革】 2019年，深入推进供给侧结构性改革，分类处置60万吨以下煤矿4座，房地产去库存15.03万平方米，降低企业运行成本1.8亿元。深入推进“放管服”改革，新增各类市场主体5121户，组建投资项目“一站式”服务中心，全面推行审批“马上办、网上办、就近办、一次办”服务。深化医药卫生体制改革，建立旗级医院和基层医疗机构远程会诊系统。公立医院改革被国务院办公厅通报表扬，获评“2018年落实国务院重大政策措施真抓实干成效明显地方”。

【全面依法治旗】 2019年，全面推进法治政府建设，聘请律师团队为政府决策及相关行政行为提供法律服务。组建旗委全面依法治旗委员会，统筹推进严格执法、公正司法、全民守法，及时研究解决全面依法治旗重大事项、重大问题。集中培训725名行政执法人员，开展集中宣传活动103场次，发放普法资料20万余份。积极推动国家机关建立健全宪法宣传责任落实机制，优化营商环境，全面清理规范涉企行政事业性收费，实行收费目录清单制度，依法保护民营企业自主经营权。社会信用体系建设有序推进，部门联合惩戒和企业信用修复作用彰显。在“第三届中国城市信用建设高峰论坛”活动中，准旗推送的《信用铸就文明城》微视频，获得“最佳传播效果奖”，是内蒙古自治区唯一获奖作品，也是全国县（旗）级唯一获奖作品。

【全面从严治党】 2019年，旗委深入推进全面从严治党，党的建设水平进一步提升。严格落实党委主体责任、书记第一责任、班子成员“一岗双责”。扎实开展“不忘初心、牢记使命”主题教育。将“学习教育、调查研究、检视问题、整改落实”贯穿始终，累计举办各类读书、学习、研讨、讲座428次，集中轮训711名基层党组织书记。召开专题民主生活会，旗委常委班子及成员深刻检视剖析存在问题，通过“开门纳谏”等方式征集意见67项，已完成整改57项。建立干部教育培训系统，分级分类举办干部教育培训班86期，培训1.4万余人次。制定人才资金管理办法和引进教育人才、卫生人才实施办法。获评自治区领军人才1名，企业经营管理人才1名。通过大学生创业园、返乡农民工创业园、“创业苗圃”等平台，带动就业1000多人。择优选派475名专家开展“百名专家服务基层”活动。

2019年，旗委把党风廉政建设主体责任纳入全旗总体工作布局，与中心工作同推进、同部署、同落实、同考核。旗委常委会坚持每月研究党风廉政建设工作，及时解决党风廉政建设和反腐败重点难点问题。严格执行中央八项规定及其实施细则精神和自治区、市配套规定，狠抓作风建设。加强政治监督和日常监督，持续纠正“四风”，对36个单位、57名党员干部通报批评，约谈领导干部14人，给予11人党纪政务处分。深入开展扫黑除恶、扶贫领域腐败、民生领域腐败、人防系统腐败、违建别墅、矿产资源领域腐败等专项治理工作。着力提升审查调查质量和数量，处置问题线索532件，立案202件，给予党纪政务处分171人，留置5人，移送检察机关5人。打好净化基层政治生态“组合拳”，建立“科技+制度+惩治”的“三务”公开运行体系，受理问题线索202件，立案33件，给予党纪政务处分24人；主动排查信访矛盾101件，立案2件，给予党纪政务处分4人；开展“清风干部”选树活动，评选“清风干部”534名。

【重要会议】 中共准格尔旗第十五届委员会第八次全体会议暨全旗经济工作会议　1月17日，中共准格尔旗第十五届委员会第八次全体会议暨全旗经济工作会议召开，主要任务是深入学习贯彻党的十九大精神、中央经济工作会议精神，市委四届七次全会暨全市经济工作会议精神，总结全旗2018年经济工作，分析当前形势，部署2019年经济工作。

中共准格尔旗第十五届委员会第九次全体会议　1月18日，中共准格尔旗第十五届委员会第九次全体会议召开，主要内容是以习近平新时代中国特色社会主义思想为指导，深入学习贯彻党的十九大和十九届二中、三中全会精神，深入学习贯彻习近平总书记关于深化党和国家机构改革的重要论述精神，全面落实党中央、自治区党委、市委关于深化地方机构改革的部署要求，传达学习市委、市政府批准的《准格尔旗机构改革方案》，审议《准格尔旗机构改革实施意见（讨论稿）》，对准旗机构改革工作作动员部署。

中国共产党准格尔旗第十五届纪律检查委员会第五次全体会议　1月23日，中国共产党准格尔旗第十五届纪律检查委员会第五次全体会议召开，主要内容是贯彻落实中国共产党第十九届中央纪律检查委员会第三次全体会议精神、自治区十届纪委五次全会精神和鄂尔多斯市四届纪委五次全会精神，研究部署2019年全旗党风廉政建设和反腐败工作任务。

中国共产党准格尔旗第十五届委员会第十次全体会议　10月29日，中国共产党准格尔旗第十五届委员会第十次全体会议召开，主要内容是深入学习贯彻习近平新时代中国特色社会主义思想和党的十九大精神，贯彻落实习近平总书记考察内蒙古重要讲话精神，研究进一步推动经济高质量发展，保障和改善民生、保持社会大局稳定，做好“不忘初心、牢记使命”主题教育思路举措，安排部署下一阶段工作任务。

【荣誉】 2019年5月10日，准格尔旗公立医院改革被国务院办公厅通报表扬并获评“2018年落实国务院重大政策措施真抓实干成效明显地方”；12月11日，准格尔旗被全国普法办评为全国“七五”普法中期先进旗。

（撰稿 段有为　编辑 牛玉萍）

【办文办会】 2019年，旗委办公室严格落实中央、自治区党委、市委和旗委关于改进工作作风的有关要求，认真做好文件和会议的审核把关工作，着力转变文风会风，努力做到少发文、发短文，少开会、开短会。着力转变文风，严格控制数量、提高质量，年内共印发旗委及办公室文件111件，同比下降42.8%；共办理中央、自治区、市来文及下级来文1921件，办结率达100%；共办理领导干部外出请示报告事项208次。认真落实“无会周”制度，以旗委名义召开的全旗性大型会议5次、旗委常委会会议37次。坚持精益求精、优质高效，不断提高文稿服务水平，为旗委适应经济发展新常态，提供有针对性、前瞻性、方向性、可操作性的文字材料，2019年共起草各类重要的会议材料、领导讲话、汇报材料等130余篇、200多万字。

【信息调研】2019年，准格尔旗委办公室始终把信息工作作为基础性工程来抓，为旗委决策提供全方位、宽领域、多角度的信息服务。全年上报信息903条，被自治区、市两级采用128条。

【督查工作】2019年，准格尔旗委办公室始终把抓落实作为服务大局的核心和关键。围绕旗委政府重大决策部署、重大项目建设、扫黑除恶、“三大攻坚战”等重点工作展开督查。定期对旗委常委会、书记专题会等重要会议议定事项落实情况进行跟踪督查，助力各项决策部署落地生根。及时转交旗委书记批示件并认真督促落实，2019年共办结批示件238件、办结人民网“地方领导留言板”网民给自治区党委书记留言3件，办结率100%，切实做到件件有回音、事事有着落。2019年开展实地督查28次，形成《落实与反馈》《督查信息反馈》《批示落实情况报告》等督查专刊46期，在推动落实中央、自治区党委、市委和旗委重大决策部署上发挥应有的职能作用。

【深化改革】2019年组织召开旗委全面深化改革委员会议4次、主任办公会暨联络员会议6次，开展督察5次。全旗72项改革任务完成58项，长期推进3项，等待顶层设计11项。准格尔旗承担的国家级、自治区级、市级试点改革任务6项，已完成3项，其他3项改革试点稳步推进。其中，公立医院改革被国务院办公厅通报表扬，被确定为全市可复制可推广的改革项目。坚持以创新促改革、以评估促改革的工作要求，邀请北宸智库主任、研究员裴聚斌等人到准旗开展改革效果评审工作。未成年人刑事检察线上线下工作新模式、公立医院综合改革、投资项目“一站式”服务等改革项目顺利通过评审。全面宣传准格尔旗全面深化改革的典型做法和成效，市《改革动态》刊发准格尔旗3篇改革经验总结并面向全市推广。

（撰稿 任茂汀 编辑 牛玉萍）

组织工作

【概况】 2019年1月，将准格尔旗老干部局并入旗委组织部，加挂中共准格尔旗委员会老干部局牌子；将准格尔旗人力资源和社会保障局的公务员管理职责划入旗委组织部，加挂准格尔旗公务员局牌子。

旗委组织部内设科室10个，分别为办公室、党建办秘书室（巡视巡察工作联络办公室）、干部室、干部教育监督室、公务员局、干部实绩考核室、人才室、组织一室（旗党代表大会代表联络办公室）、组织二室（旗直属机关工作委员会办公室、旗非公有制经济组织和社会组织党建工作委员会办公室）、老干局办公室。下设3个事业机构，党员教育中心（副科级）、准格尔旗老干部服务中心（股级）、薛家湾老干部局服务中心（股级）。

截至2019年底，全旗有党组织844个，其中党组37个，派出的工作委员会7个（街道党工委4个，大路煤化工基地党工委1个，旗直机关工委1个，旗非公党工委1个），基层党组织800个（其中党委39个、党总支40个、党支部721个）。共有党员16216名。其中女党员4122人；少数民族党员1542人；大专及以上学历党员8803人；35岁及以下党员4279名，36至45岁党员3409名，46至55岁党员2722名，56至60岁党员1256名，60岁以上党员4550名（65周岁以上3135名）；新中国成立前入党老党员17名（农民党员10名，离休党员7名）；流动党员627人；农民党员6102名，机关党员3298名，企业党员1779名，其他社会阶层党员89名，离退休党员2172名。全年新发展党员264名。

2019年，全旗表彰先进基层党组织59个，表彰优秀共产党员50名，表彰优秀党务工作者50名。

【“不忘初心、牢记使命”主题教育】2019年，按照党中央统一部署，开展“不忘初心、牢记使命”主题教育，累计举办读书班、集中学习研讨、辅导讲座、现场教学等428次，对全旗697名基层党组织书记开展集中轮训，原原本本学习习近平新时代中国特色社会主义思想和党的十九届四中全会精神，并结合大学习大讨论，撰写调研报告34篇，编发学习资料2万余册、调查问卷3万份。由县级领导干部带队组成14个调研组，深入各领域基层开展专题调研，访谈党员群众3979人，征求意见320条。通过学习自查、开门纳谏、调研走访、上级反馈等方式收集意见和建议63件。派出14个巡回指导组，有力推进任务落实。搭建手机课堂，每周向全体党员推送学习信息。

【干部队伍建设】2019年，制定《干部选拔任用工作操作办法》《干部选拔任用考察工作操作细则》等配套制度，对干部选任动议、推荐、考察、决定任用等环节及任前公示、任前谈话、任职试用期等作出明确规定。在干部考察中增加干部政治素质测评，全面掌握干部政治表现、工作表现、作风表现等情况。从严监督管理干部，建立纪检、组织人事、公检法等相关单位信息通报制度，持续开展违规因私出国（境）、“吃空饷” 和违规兼（任）职等整治。2019年，调整科级干部7人。结合自治区巡视反馈问题整改，落实提醒、函询、诫勉制度，提醒谈话11人。建立领导班子和领导干部信息化考评系统。推行公务员职务与职级并行制度，截至2019年底，69个单位430人完成职级套转。

2019年，贯彻落实2018—2022年全国和全区干部教育培训规划，构建源头培养、跟踪培养、全程培养的干部素质培养体系，加强年轻干部、女干部、少数民族干部和党外干部的教育培养。举办讲座、讲堂、培训班83期，培训党员干部1.4万余人次。选派173名优秀年轻干部到嘎查村驻村，选派一批干部到区外、群团部门和嘎查村挂职，多渠道、多方式培养锻炼干部。

【老干部工作】认真落实老干部“四项待遇”。走访慰问老干部288人次，组织学习考察11次，为36名老干部进行体检。创新“立足家庭、依托社区”新型居家养老模式，建设“四位一体”社会化服务网络。在社区开设老年大学课堂24期，为老干部老有所学提供就近服务。

【人才队伍建设】 2019年预算各类人才资金8542万元。截至2019年底，获评享受国务院特殊津贴专家3名，全国技术能手10名，自治区草原英才11名，领军人才1名，优秀科技工作者、技术能手8名。表彰奖励各类人才96名。实施高层次人才编制待遇留人身份挂靠机制，建立事业单位性质煤化工研究所1处，引进紧缺高层次研究人员10名。建成国家级博士后科研创新工作站1个、重点实验室4个、企业技术研发中心3个、技能大师工作室1个；自治区级高层次人才创新创业基地3个、产业创新人才团队7个、企业技术及研发中心10个；市级高层次人才创新创业基地4个、产业创新人才团队6个。大学生创业园、返乡农民创业园、创业苗圃等入驻大学生257人，创办企业99家，孵化项目18个，带动就业800多人。选派50批次475名人才专家服务基层一线，解决农林牧水、科教文卫关键技术问题。

【农村党建】 2019年，推进村级组织规范化建设，全旗159个嘎查村进行全面整改。新建嘎查村阵地5处、维修改建13处，党群服务中心建设村村通网实现全覆盖。对大塔村等8个基层党组织进行专项整改，由20名县级领导干部带队排查，开展集中整治，形成台账159份。对全旗新任嘎查村干部进行3轮联审，清理违法违纪村干部15名。制定出台嘎查村干部绩效管理办法、集体经济组织财务管理办法。截至2019年底，全旗村集体经济收入5万元以上嘎查村达115个。率先开展嘎查村党组织和党员网格化管理改进社会治理方式试点，搭建乡、村、社三级网格，开展党员全员全时全面服务。

【园区和城市党建】2019年，在园区建立党建工作联系督导制度，园区党（工）委对辖区机关、企业党组织定期督导指导，开展党群共建活动8次。在城市构建“一核多元、融合共建”党建模式，累计实施服务项目700多个，服务党员群众9万余人次。与包头市青山区、呼市赛罕区建立友好结对共建关系，选派4名街道社区和非公有制企业党务干部参与挂职交流。解决2个社区租赁阵地、3个社区阵地改造提升项目。试点开展“三社联动”，推进“全科社工”培养。城市基层党建“五位一体”

2019 年 2 月 13 日，白云社区组织开展主题党日活动

（构建组织体系、划分责任区域、制定服务项目、明确责任人员、完善评判标准）服务模式案例获评全区首届基层党建创新典型案例评选活动创新案例。

【机关党建】持续深化机关党建特色品牌创建，深入挖掘“活力党建、聚力铸魂”机关党建品牌主题，成功打造10个示范机关党组织。推进5个联合党委工作规范化、制度化，不断加强机关党建区域一体化进程。

【非公有制经济和社会组织党建】2019年，以“两个覆盖”（组织覆盖和工作覆盖）提质增效为重点，通过网格化管理，实施“五个帮建”（帮建一批党组织、帮建一支好队伍、帮建一个好品牌、帮建一个好阵地、帮建一套好制度），推动党建业务同频共振、企地共建共享。准格尔义工协会党支部被评为自治区先进基层党组织和“双强六好”党组织。

【党员教育管理】2019年，认真贯彻落实《党员教育管理工作条例》，实施“领头雁”工程，利用农村干部教育培训基地，采取“线上+线下”“主会场+分会场”的形式，对嘎查村干部进行全员轮训，储备村级后备干部632名。制定出台不合格党员处置、嘎查村党员积分化管理等办法，制发党员证、党员户牌匾，让党员亮身份、做表率。38个三年以上未发展党员嘎查村整改率达87%。举办红色教育122场，教育党员7500余名，6万余人参与党内法规和规范性文件网络答题2次。制作专题片36部，其中《脱贫攻坚之我是第一书记》《力戒形式主义我们在路上》在全区党员教育电视片评比活动中分别荣获自治区第一名和第二名，旗委组织部在此活动中被评为全区比赛组织奖。

（撰稿刘丽梅 编辑牛玉萍）

宣传工作

【机构调整】2019年1月，旗委宣传部统一管理新闻出版和广播电视工作。将旗文化和旅游局的广播电视管理职责以及相关部门的新闻出版和电影工作职责划入旗委宣传部，对外加挂旗新闻出版广电局牌子。

【理论学习】2019年，准格尔旗宣传部规范各级中心组学习,以“书香机关”为抓手推进学习型党组织创建，累计23个单位打造机关书屋。举办准格尔学习讲堂讲座9期，编印《理论学习资料汇编》等10余种资料。开展各类主题宣讲160余场次，受众达2万余人。“学习强国”坚持每日一排名、每月一通报。

【新闻外宣】2019年，准格尔旗广播电视台播发新闻2655条，《今日准格尔》共发行146期。准格尔乡村教师刘美贤事迹、准格尔杏花节、巴润哈岱水土保持建设和坝系治理工程被新华社、人民日报、中央电视台等主流媒体进行了宣传报道。以生态文明建设取得的成就为题材拍摄三集纪录片《绿染准格尔》在新华社客户端播放量达到70万次以上。全年在区级以上主流媒体发稿540篇。

【社会宣传】年内，以新中国成立70周年、脱贫攻坚、扫黑除恶专项斗争为重点，共制作更新道旗1000余幅，桥体广告、擎天柱近100处，建筑围挡3万多平方米。

【精神文明建设】2019年，举办全旗第六届道德模范暨第五届美德少年颁奖大会，表彰道德模范和美德少年各8人，全年推树“中国好人”1名、“内蒙古好人”3名，举办道德模范、身边好人、文明家庭基层巡讲5场、巡演12场。

【文化建设】2019年，出台《准格尔旗文学艺术精品创作扶持奖励办法（试行）》，对符合条件的117件申报文艺作品、3个申报扶持项目进行扶持奖励。开展庆祝新中国成立70周年群众性文化活动，组织开展“我爱你中国”——庆祝中华人民共和国成立70周年大型合唱比赛、大型成就展、全民阅读系列活动、下基层综合服务活动、全旗青少年书法绘画摄影展、红色文化收藏展等活动。

【荣誉】2019年，全国文明城市和未成年人思想道德建设工作测评蝉联全区双第一；漫瀚调音乐剧《牵魂线》获自治区精神文明建设“五个一工程”奖。

（撰稿 苗永泉 编辑 牛玉萍）

统战工作

【机构调整】2019年1月，将准格尔旗民族宗教事务局的宗教事务职责划入旗委统战部，对外加挂旗宗教事务局牌子；将旗有关部门侨务管理职责划入旗委统战部，对外加挂旗政府侨务办公室牌子。

【统战理论宣传】2019年，制定出台《关于加强统一战线重点工作宣传报道的通知》，将统战领域宣传报道纳入全旗宣传工作计划。印发《全旗统一战线意识形态工作责任制实施方案》，同时在准格尔统一战线微信公众号推出“统战红课堂”“统战历史上的今天”等栏目。

【党外人士】2019年，准格尔旗有党外干部2419人，其中县级干部4人，副科级以上领导职务60人，非领导职务36人。党外干部中，有民主党派成员3名（农工党成员2名、九三学社成员1名）。此外，举办党外干部培训班1次，并建立党外干部联系制度。举办准格尔旗统一战线“不忘初心、牢记使命”主题教育暨全旗统一战线庆祝新中国成立70周年活动。

【民族宗教】2019年，落实旗乡两级宗教工作责任制，健全宗教三级工作网络，完善宗教教职人员信息数据库；开展中央及自治区宗教督查反馈问题和自查发现问题整改工作，开展苏木乡镇党委落实宗教工作主体责任和伊斯兰教“三化”问题的专项督查，制定《准格尔旗新形势下宗教工作实施意见》和《准格尔召去商业化长效机制》等制度性文件，为准格尔召宝堂寺办理相关证件和手续，实现了准格尔召商业资本的剥离；开展全旗宗教领域工作情况专题调研，制定《准格尔旗民间信仰事务管理的实施办法（试行）》。对旗内乱建寺庙和基督教私设聚会点等问题进行专项整治；举办宗教“三支队伍”培训班，印发各类宣传手册2500余份。

【侨联】年内，自治区、市、旗三级侨联走访慰问贫困归侨侨眷53户，累计发放慰问金4万元。开展侨务工作现状及侨务对象调查摸底工作，并形成调研报告1篇；组织参加全市第四次归侨侨眷代表大会。

【统战调研及信息】2019年，完成18篇市级理论调研文章和8篇自治区理论文章。上报自治区统战部和市委统战部信息126篇。

（撰稿 王娜 编辑 牛玉萍）

政法工作

【机构调整】中共准格尔旗委员会政法委员会成立于1983年7月25日，是旗委领导和管理全旗政法工作的工作机关；机关内设股室7个，办公室、维稳指导室、综治督导室、执法监督室、反邪教协调室、法治室、社会服务管理信息化中心。2019年1月，不再设立旗社会治安综合治理委员会及其办公室、旗维护稳定工作领导小组及其办公室，有关职责由旗政法委员会承担。

【维护国家政治安全和社会稳定】严密防范和打击敌对势力的渗透破坏活动，强化处置工作。加强反恐怖工作，完善反恐应急处置预案，全面落实反恐防范措施，进一步提高应急处突能力。

【扫黑除恶】2019年，成立由64个单位组成的专项工作领导小组，设立6个专项整改推进组，全面加强统筹调度工作，召开各类调度部署会议13次，切实推动扫黑除恶专项工作有序开展。针对中央督导组反馈问题，主动认领65个具体问题，结合准旗实际制定3个整改方案、1个问责清单，分解细化195项整改措施，扎实推进整改工作。对黄赌毒和黑恶势力问题开展专项整治，形成监管查处的高压态势；对行业乱象及违法行为，依据各类制度及时整治，为人民群众营造良好的生产生活环境，并形成长效工作机制。

【社会服务】村民说事室 2019年，全旗建

2019年11月6日，旗委书记乔允利（左4）调研扫黑除恶专项斗争工作

成村民说事室179个、覆盖197个嘎查村社区，实施村民说事制度，信访数量明显下降，矛盾纠纷得到有效解决。

网格治理 2019年，构建一、二、三级网格治理体系，将全旗划分为2091个网格，每个网格配备1名网格员，明确信息收集、安全巡查、治安协管、服务到位、情报上报五大功能，将治安管控能力、服务群众能力得到提升。

矛盾纠纷化解 2019年，制定出台《旗乡村三级矛盾调处中心完善矛盾纠纷多元化解机制的实施方案》，组建旗乡村三级矛盾调处中心，促进基层社会安定有序，保障人民安居乐业。

【信息化建设】分批建设旗乡村三级综治视频网络，建成5个乡镇街道视联网视频终端，有效处置突发事件、排查灾害隐患、治安巡防等作用。

（撰稿 乌力吉 编辑 牛玉萍）

机构编制

【机构调整】2019年1月，将旗机构编制委员会改为旗委机构编制委员会，为旗委议事协调机构。旗委机构编制委员会办公室为旗委机构编制委员会的办事机构，承担旗委编委日常工作，为旗委工作机关，归口旗委组织部管理；中共准格尔旗委员会机构编制委员会办公室挂准格尔旗事业单位登记管理局牌子。内设综合室、机构编制室、监督检查室；下设综合保障中心（副科级事业单位）和事业单位登记中心（股级事业单位）。

【机构编制管理】2019年，严格遵照“撤一建一”原则进行机构设立，确保机构数量只减不增；坚持执行空编使用报批、新增人员报批等制度，确保人员编制管理合法合规。完善机构编制实名制信息系统数据库的建设，做好机构编制信息的即时更新，构建实时准确的机构编制管理系统。

【机构设置】根据《鄂尔多斯市委办公厅、市人民政府办公厅关于印发（准格尔旗机构改革方案）的通知》[鄂党办字〔2019〕3号]要求，2019年1月，准格尔旗党委机构设置工作部门9个（改革前9个），其中党委机构不再保留旗委老干局和农村牧区工作部，单设旗委保密机要局和巡察领导小组办公室，保留纪委监委、旗委办、组织部、宣传部、统战部、政法委、编委办。政府机构设置工作部门28个（改革前25个），工作机构新增5个，即政务服务局、退役军人事务局、医疗保障局、信访局、国有资产监督管理委员会；新组建机构12个，即发展和改革委员会、工信和科技局、民族事务委员会、自然资源局、住房和城乡建设局、水利局、农牧局、文化和旅游局、卫生健康委员会、应急管理局、能源局、林业和草原局；保留机构11个，即政府办公室、教育体育局、公安局、民政局、司法局、财政局、人力资源和社会保障局、交通运输局、审计局、市场监督管理局、统计局，旗城管局调整为综合执法机构，不再保留旗环境保护局（调整管理体制后上划为市垂直管理部门）。

苏木乡镇党政机构设置 各苏木乡镇党政机构由改革前的3个（党政综合办公室、社会事业办公室、经济发展办公室）调整为改革后的6个（党政综合办公室、基层党的建设办公室、乡村振兴办公室、社会事务办公室、平安建设办公室、城市管理办公室）。事业单位由改革前的1个相当副科级公益一类事业单位（综合行政执法局）和4个股级公益一类事业单位（农牧水服务中心、文化广电服务中心、计划生育服务中心、财政所）调整为改革后的3个相当副科级公益一类事业单位[党群服务中心（挂便民服务中心、退役军人服务站、新时代文明实践所牌子）、综合行政执法局、综合保障和技术推广中心]。

街道办事处党政机构设置 各街道办事处党政机构由改革前的3个（党政综合办公室、社会事务办公室、城市管理办公室）调整为改革后设置5个[党政综合办公室、基层党的建设办公室、社会事务办公室、城市管理办公室（挂乡村振兴办公室牌子）、平安建设办公室]。事业单位由3个股级公益一类事业单位（社区建设服务中心、劳动保障服务中心、计生服务中心）调整为1个相当副科级公益一类事业单位[党群服务中心（挂便民服务中心、退役军人服务站、新时代文明实践所牌子）]。

规范领导职数配备 按照市委编委《关于核定鄂尔多斯市各苏木乡镇街道所属事业单位领导职数的通知》[鄂党编字〔2019〕42号]文件，全旗10个苏木乡镇所属事业单位核定副科级领导职数40名，4个街道办事处所属事业单位核定副科级领导职数4名，总计44名，苏木乡镇综合行政执法局均核定副科级领导职数2名，其他事业单位均核定副科级领导职数1名。

【综合行政执法改革】2019年，将交通运输、安全生产监管、煤炭安全生产监管、劳动保障、卫生计生5个领域多支执法队伍进行整合归并，统一由一支队伍行使，实现“一个行业一支队伍管执法”；在市场监管、城乡建设管理、文化旅游、农牧水务4个领域探索实行跨部门综合执法，实现“一个领域一支队伍”。将苏木乡镇市场监督管理所、国土资源所、动物卫生监督站等基层站所职能整合，成立综合行政执法局，集中行使行政处罚权，实现“一个区域一支队伍”。

【事业单位登记管理】2019年，年检254家，变更登记的22家，初始登记7家，已注销登记2家，不需要年检21家。截至2019年底，经旗事业单位登记管理局登记，取得事业单位法人资格的375家。

【车辆编制管理】2019年，全旗党政群机关、公检法司核定公务用车编制100辆；全旗具有独立法人事业单位重新核定车辆编制491辆。

（撰稿 王鑫 编辑 牛玉萍）

巡察工作

【机构设置】2017年4月，成立巡察工作领导小组，下设巡察工作领导小组办公室，科级建制，隶属旗委工作部门；内设综合室、督查室两个机构。设准格尔旗委巡察工作数据管理中心，股级建制，事业性质。旗委巡察机构的主要职责是对旗委所管理的党组织进行巡察监督。

【巡视整改】2019年，自治区党委第十三巡视组对准格尔旗委巡察工作开展专项检查反馈意见，切实抓好整改工作。成立整改领导小组，制定巡视整改方案，研究出台各项制度，确保真改、实改、改到位。自治区党委第十三巡视组反馈的5个方面、12个问题已全部完成整改。

【巡察整改】 2019年，开展了十五届旗委第五、第六轮巡察工作，两轮完成对20个单位党组织的常规巡察，8个乡镇部门党委（党组）脱贫攻坚专项巡察，4个乡镇街道党（工）委的33个嘎查村社区党组织延伸巡察，共发现各类问题286个，发现问题线索55件，追缴兑付各类资金8520.69万元。

十五届旗委第五轮巡察 2019年3月25日至6月25日，旗委派出4个巡察组对8个单位党总支、党组、党支部开展常规巡察，共发现7个方面60个问题。2019年3月25日至6月25日，旗委派出4个巡察组对4个苏木乡镇党委、4个单位党组开展脱贫攻坚专项巡察，共发现在脱贫攻坚专项工作11个方面存在59个问题，督促立行立改问题9个，移交问题线索10件。

十五届旗委第六轮巡察 2019年9月15日至11月22日，旗委派出4个巡察组对12个单位党组织常规巡察，对4个乡镇街道所辖33个村（社区）进行村级延伸巡察，共发现党的政治建设等6个方面172个问题。

【整改督查】十五届旗委第四轮巡察整改督查工作 2019年2月12日至3月8日，巡察工作领导小组派出2个督查组，对第四轮巡察反馈意见整改落实情况和落实前几轮巡察情况通报精神情况的24个单位党组织进行督查。督查组采取听取汇报、民主测评、查阅资料、谈话了解等方式，对被巡察单位整改责任落实情况、整改任务完成情况、整改成果巩固情况逐项核查评分。第四轮被巡察单位党组织立行立改问题共计38个，巡察反馈问题132个，已全部完成整改；书记点人点事15件，完成15件；通过整改落实，新建、修订制度91项；以提醒谈话、通报批评、书面检查等方式追责问责12人次。

十五届旗委第五轮巡察整改督查工作2019年10月14日至11月7日对第五轮被巡察、部分第四轮被巡察和部分未巡察的共20个单位党组织进行了督查。督查组严格按照《十五届旗委第五轮巡察反馈意见整改落实情况督查方案》，采取听取汇报、民主测评、查阅资料、谈话了解等方式，对被巡察单位整改责任落实情况、整改任务完成情况、整改成果巩固情况逐项核查评分。第五轮被巡察单位党组织立行立改问题共计32个，已全部完成整改；书记点人点事15件，完成14件；通过整改落实，新建制度23项，修订制度37项；以提醒谈话、通报批评、书面检查等方式追责问责50人次；应追缴兑付款8538.23万元，已追缴兑付8520.69万元。

（撰稿 马培峰　编辑 牛玉萍）

党校工作

【岗位培训】 2019年，准旗党校共举办主体班次14期，培训共计2500余人。培训内容为：党的十九大和十九届四中全会精神，习近平新时代中国特色社会主义思想，全国两会和习近平总书记参加内蒙古代表团审议时的讲话精神，习近平总书记考察内蒙古重要讲话精神，党章党规、党史国史、意识形态、脱贫攻坚、扫黑除恶、总体国家安全观等内容。

【基层党员教育培训】 2019年，党校配合组宣部门、妇联到基层开展理论下基层巡回宣讲工作，共17场次，受众约1700余人，教师受邀外出宣讲61场，受众6000余人。宣讲内容为习近平新时代中国特色社会主义思想，党的十九届四中全会精神，全国两会精神，中央一号文件精神，"不忘初心、牢记使命"、党章党规、国史党史、脱贫攻坚、扫黑除恶、家风家教等内容。印制《"不忘初心、牢记使命"主题教育资料汇编》《习近平总书记重要讲话及文章》学习资料2册400本，并及时发放。

（撰稿 柴少华 编辑 牛玉萍）

2019年中共准格尔旗委员会党校科研成果统计表

表2

姓名＼内容	题　目	发表及获奖等级	发表书籍刊物名称
高凤兰	《新时代增强农民法治观念的路径思考》	省部级（内蒙古人民出版社）	《增强全面法治观念 推进法治社会建设》
高凤兰	《辉煌七十年 腾飞准格尔》	地市级	《宝塔之光》2019年增刊
吴晓慧	《增强全民法治观念—践行中国法治道路》	省部级（内蒙古人民出版社）	《增强全面法治观念 推进法治社会建设》

续表 2

内容 姓名	题 目	发表及获奖等级	发表书籍刊物名称
郝二霞	《以乡风文明建设为抓手加强农村法治宣传教育》	省部级（内蒙古人民出版社）	《增强全面法治观念 推进法治社会建设》
	《改革开放以来鄂尔多斯经济发展的几点启示》	国家级	《中国资源综合利用》2019年第2期
	《呼包鄂协同发展战略的几点建议》	国家级	《中文信息》2019年第12期
柴少华	《奋进中的准格尔2018》	省部级（内蒙古人民出版社）	《回眸2018的鄂尔多斯》
	《建设法治社会要抓牢其根本》	省部级（内蒙古人民出版社）	《增强全民法治观念 推进法治社会建设》

档案工作

【机构调整】1959年2月，成立准格尔旗档案馆，隶属准格尔旗人民委员会办公室，1962年6月隶属旗委办公室。1979年5月，成立准格尔旗档案局，与档案馆合署办公，一个机构、两块牌子。1993年2月，撤销准格尔旗档案局，设准格尔旗档案馆，为准科建制，隶属旗人民政府办公室；1996年5月，准格尔旗档案馆划归旗委办公室，增挂准格尔旗档案局牌子，一个机构、两块牌子。2009年11月，升格为科级建制。2017年11月，与旗史志编纂委员会办公室整合，重新组建档案局，挂档案馆、史志编纂委员会办公室牌子，隶属于中共准格尔旗委员会。2019年1月，将旗档案局的行政职能划入旗委办公室，对外加挂旗档案局牌子。旗档案史志馆为旗委直属事业单位。

【档案收集】2019年，准格尔旗档案馆共接收各门类档案15529卷（件、盒、册），其中文书档案15474卷（件、盒、册），寄存工程档案55卷。截至2019年底，馆藏各门类档案达到360904卷（件、盒、册、本）。

【档案利用】2019年，共接待社会各界档案利用者2272人次，调阅档案7619卷，有效调卷量3489卷（件）。

【档案业务指导】2019年，档案局日常指导与专项指导相结合，继续跟进指导机构改革单位的档案，指导大路煤化工基地管委会党政办、检察院、政府办、发改委、公安局、民政局、财政局、水利局、农牧局、医保局、矿区生态建设发展有限责任公司、鄂尔多斯市生态环境局准格尔旗分局、原国税局等单位的档案工作。协助国家档案局开展档案项目审计工作；配合相关部门开展了准格尔旗农村土地承包经营权确权登记颁证工作成果市级核查工作；协同相关部门对黄河二期应急防洪工程档案进行了验收。

【档案宣传与培训】6月9日国际档案日，在准格尔广场开展“新中国的记忆”主题宣传活动，发放档案宣传资料1000余册，同时在建业大厦、党政大楼、农兴大厦、街道办事处、镇区利用挂图、电子屏、宣传车进行档案宣传。此外，鼓励干部职工参加国家档案局和同方知网共同举办的国际档案日档案科普知识竞赛。派出2名干部参加内蒙古自治区档案局举办的档案专业技术人员继续教育培训，派出4名干部分别到乌海市和呼和浩特市参加全区档案人员在职教育兼职教师考核及培训；派出1名干部参加2019年全国青年档案工作者学术论坛。

【档案建设】2014年至2019年，准格尔旗档案局（馆）共完成馆藏永久档案、30年期限档案全文扫描5865527页，档案目录514758条。2019年，档案全文扫描1470750页，录入档案目录65132条。

（撰稿 郝中华 编辑 牛玉萍）

党史与地方志

【党史编研】2019年，完成《中国共产党准格尔旗简史》资料整理；整理编辑《中国共产党准格尔旗组织史资料（1995.1—2013.12）》第三编。

【地方志编纂】 2019年，准格尔旗史志编纂委员会办公室编撰18个单位地方志书初稿；完成煤田开发、大路新区2个专记；完成方言、人物2个课题。

【地方综合年鉴】《准格尔年鉴（2018）》系统记述准格尔旗2017年政治、经济、文化、社会等方面的年度资料，首次新增索引部分，方便读者查询；设27个类目，入编单位240余家，成书40万字，2019年12月由线装书局出版。《准格尔年鉴（2019）》统稿完成。

【史志宣传】2019年，发放《准格尔年鉴（2017）》139册、《准格尔人物志》112册，举办史志文化专题讲座11次；准格尔旗方志馆全年接待参观30余批次千余人次，接待史料查询百余人次；准格尔史志微信公众号全年发稿3万字，点击量超万次，粉丝520余人。准格尔旗史志编纂委员会办公室协助拍摄的《中国影像方志·准格尔旗篇》，9月3日在央视纪录频道首播；参与湖西党建展厅升级改造，编写《风采准格尔》一书，献礼中华人民共和国成立70周年大庆。

（撰稿 韩耀光 编辑 牛玉萍）

准格尔旗人民代表大会

人大会议

【人民代表大会会议】2019年3月13日至15日，准格尔旗十七届人大三次会议在薛家湾镇会商中心召开。会议听取和审议政府工作报告；审查准格尔旗2018年国民经济和社会发展计划执行情况与2019年国民经济和社会发展计划草案的报告，审查和批准2019年旗国民经济和社会发展计划；审查准格尔旗2018年预算执行情况和2019年预算草案的报告，审查和批准2019年旗本级预算；审查准格尔经济开发区2018年预算执行情况和2019年预算草案的报告，审查和批准了2019年准格尔经济开发区预算；审查大路煤化工基地2018年预算执行情况和2019年预算草案的报告，审查和批准了2019年大路煤化工基地预算；听取和审议了旗人大常委会工作报告、旗人民法院工作报告、旗人民检察院工作报告。听取和审议了旗十七届人大三次会议人民代表提出的建议、批评和意见审查情况的报告。会议依法选举王枫为准格尔旗人民政府旗长，依法选举王美美、刘丽、李五根、辛飞、郝红为旗十七届人民代表大会常务委员会委员。

【人大常委会会议】准格尔旗十七届人大常委会第八次会议　2019年1月14日，旗十七届人大常委会第八次会议听取《旗十七届人大常委会第八次会议选举办法（草案）》、关于《旗十七届人大常委会第八次会议选举办法（草案）》的说明，表决了《旗十七届人大常委会第八次会议选举办法（草案）》，补选王枫、杨荣明为鄂尔多斯市第四届人民代表大会代表。

十七届人大常委会第九次会议　2月2日，旗十七届人大常委会第九次会议在会议中心西厅召开。会议任免吴文科等40名科级干部。

十七届人大常委会第十次会议　2月18日，旗十七届人大常委会第十次会议确认乔允利、王枫、韩涛、郝红的代表资格有效；接受杨伟民、韩斌林、闫琦浩、鲁宝玉、越永清、付裕、王耿昀因工作岗位调整，自愿辞去旗十七届人民代表大会代表职务。

十七届人大常委会第十一次会议　3月8日，旗十七届人大常委会第十一次会议表决了准格尔旗2018年国民经济和社会发展计划执行情况与2019年国民经济和社会发展计划草案的报告，准格尔旗2018年财政预算执行情况和2019年财政预算草案的报告，准格尔经济开发区2018年财政预算执行情况和2019年财政预算草案的报告，大路煤化工基地2018年财政预算执行情况和2019年财政预算草案的报告，旗十七届人民代表大会财政经济委员会关于旗国民经济和社会发展计划2018年执行情况与2019年计划草案的初步审查报告，旗财政、准格尔经济开发区财政、大路煤化工基地财政预算的调研报告和初步审查报告，2019年旗人民政府民生实事候选项目及形成情况的报告，关于旗第十七届人民代表大会第三次会议有关事项的议案，旗人大常委会工作报告（稿），旗人大常委会2019年工作要点（草案），补选李建文、刘丽、刘彦平、郭萍、辛飞、王美美、郭永林、赵树理、鲁建国9人为人大代表。

十七届人大常委会第十二次会议　5月10日，旗十七届人大常委会第十二次会议在会议中心西厅召开。会议表决免去鲁占清旗人民政府副旗长职务，古日木图旗人民政府副旗长职务；会议决定任命尹占义为旗人民政府副旗长。

十七届人大常委会第十三次会议　5月31日，旗十七届人大常委会第十三次会议在会议中心西厅召开。会议表决通过了对旗十七届人大代表采取监视居住刑事强制措施和依法进行取保候审议案。

十七届人大常委会第十四次会议　7月31日，旗十七届人大常委会第十四次会议在会议中心西厅召开。会议表决通过了《准格尔旗人民代表大会代表履职考评办法（试行）（草案）》、《准格尔旗人民代表大会代表小组定向视察活动暂行办法（草案）》、《准格尔旗人民代表大会常务委员会关于代表建议办理工作评议办法（草案）》；会议决定任命王建华为旗人民政府副旗长。

十七届人大常委会第十五次会议　9月20日，旗十七届人大常委会第十五次会议通过了全旗国民经济和社会发展“十三五”规划纲要调整方案（草案）的报告、2018年旗本级财政决算草案、2018年准格尔经济开发区财政决算草案、2018年大路煤化工基地财政决算草案、《准格尔旗人民代表大会常务委员会预算审查监督办法（草案）》、《准格尔旗预算联网监督办法（草案）》。

准格尔旗十七届人大常委会第十六次会议 11月29日，旗十七届人大常委会第十六次会议接受杨国君、王澜、苏永江辞去旗十七届人民代表大会代表的职务。

准格尔旗十七届人大常委会第十七次会议 12月18日，旗十七届人大常委会第十七次会议通过了《旗十七届人大常委会第十七次会议选举办法（草案）》，会议补选张志文为鄂尔多斯市第四届人民代表大会代表，接受张俊彪辞去旗十七届人民代表大会代表的职务。

主要工作

【人事任免】2019年，人大常委会依法任免国家机关工作人员95人次，任命人民陪审员141人次，接受12人辞去旗十七届人民代表大会代表职务。

【法律监督和执法检查】2019年，准格尔旗人大常委会开展了《中华人民共和国草原法》《内蒙古自治区草原管理条例》《中华人民共和国安全生产法》贯彻实施情况的执法检查。

【议案、建议和批评意见办理】2019年，旗十七届人大三次会议期间共收到代表提出的建议、批评和意见108件。其中100件建议交由旗人民政府负责办理，已全部答复，办结率为100%（其中已解决或列入解决计划的93件，占建议总数的93%；因条件限制或其他原因目前不能解决的3件，占建议总数的3%；当作参考的4件，占建议总数的4%）；8件建议交由旗委办公室负责办理，已全部答复办理。

（撰稿 赵帅 编辑 牛玉萍）

准格尔旗人民政府

经济社会发展

【县域经济概况】2019年，完成地区生产总值820亿元，同比增长3.1%；一般公共财政预算收入82.6亿元，同比增长6.3%；社会消费品零售总额128.5亿元，同比增长3.4%；规模以上工业总产值同比增长2.1%；城镇常住居民人均可支配收入达到51122元，较上年增长6%；农村常住居民人均可支配收入达到19814元，较上年增长8.6%；固定资产投资同比增长16.1%。工业经济运行良好，煤化工产能突破500万吨，煤炭就地转化3100万吨，煤化工、电力、陶瓷、装备制造等非煤产业占规模以上工业总产值的27.1%。围绕延伸拓展产业链条，签约引进项目20个，落地9个，落地资金74亿元。开复工亿元以上重点项目56个，久泰60万吨烯烃、中科合成油催化剂等6个项目建成投产。内蒙古工业陶瓷研究院在准格尔经济开发区挂牌成立。大路煤化工基地被确定为国家产业转型升级示范园区。稳步推进创新型县（市）创建工作，成功申报“内蒙古自治区知识产权强县工程试点县”，新增自治区级研发中心2家、高新技术企业8家，授权专利110项，入选全国科技创新百强县市。成功举办杏花节等一系列文化旅游活动，全年接待游客155万人次、实现旅游收入21.6亿元，入选2019中国最美县域榜单。

【基础设施建设】2019年，加快薛家湾大路一体化进程，快速通道病害治理工程稳步推进，照明工程完工。实施准能“三供一业”维修改造、市政道路改扩建和地下管网建设等工程，1万多户居民具备天然气入户条件，新增园林绿地41.48万平方米。沙圪堵、薛家湾两地棚户区改造及市政项目稳步推进。文明城市创建通过自治区复审。统筹推进基础设施建设，黄河二期防洪工程建成投用，蒙西至晋中特高压二期、海子塔220千伏输变电等项目有序推进。新建通村公路88.8公里，完成榆树湾至马栅、薛魏线东段及黄河大桥维修改造工程，大龙高速主体完工。加快推进“公转铁”，四道柳、罐子沟等集运站建设进展顺利，青春塔煤矿铁路专用线主体完工，准朔铁路建成投运。

【生态建设】2019年，优化生态空间规划布局，启动生态建设规划大纲编制，完成第三次全国国土资源调查。稳步推进沿黄生态廊道等重大生态项目建设，完成林业生态和水土流失综合治理20.5万亩，森林覆盖率达到35.6%。加强地质环境恢复治理，完成矿区复垦2025公顷；建成绿色矿山16座，完成年度计划的160%。三级河长制体系全面见效，77条河流建立“一河一档”信息，河湖“清四乱”工作成效显著，重要水功能区全部达标，生态环境明显改善。

【社会建设】2019年，财政用于民生支出45.5亿元，占一般公共预算支出的50.4%。实施人大代表票决民生实事项目试点，确定民生实事项目10项，总投资9.2亿元。镇小学和商业楼人行过街天桥、通村公路、立体停车场3个项目建成投用，特殊学校、中心医院改扩建等6个项目全面开工，乌兰桥项目开工前准备工作基本完成。坚持教育优先发展，实行名优教师引进计划，招聘教师359名，建成投用教育类项目7个，被确定为国家义务教育质量监测样本县。深入推进全民参保计划，基本养老保险参保率达到88.7%。为各类困难群体发放保障资金8430.3万元。顺利通过国家卫生县城复审，成为国家紧密型医共体试点旗县。龙口镇、暖水乡成功创建国家卫生乡镇。防范化解重大风险，处置银行不良信贷16.75亿元，化解政府债务21.06亿元。

【乡村振兴】2019年，制定乡村振兴战略

2019年4月16日，市领导到准旗调研乡村振兴工作

行动方案和产业振兴等5个专项配套方案。与中国邮政集团内蒙古分公司签订实施乡村振兴战略、推进脱贫攻坚战略合作协议。确定“果、蔬、杂粮、山羯羊”四大优势特色农牧业产业，并建成标准化生产示范区4.2万亩；2类农产品获地理标志保护，4类农产品获批国家名特优新农产品，黄河碱米通过有机认证和欧盟认证。大力培育农牧业新型经营主体，推动28家龙头企业与近万户农民建立了紧密型利益联结机制，带动农户户均增收2000余元。与自治区气象局签订飞机增雨服务协议，全年降水同比增长15%。着力优化农村生产生活环境，建成垃圾处理设施15处、污水处理设施7处，实施户改厕4996户；制定微治理十项措施及行政处罚文本，启动重点区域环境乱象整治“百日攻坚专项行动”，持续清脏、治乱、增绿，农村人居环境大幅改善，十二连城乡获评全国乡村治理示范乡镇。

（撰稿 贾成群 编辑 牛玉萍）

综合政务

【办文办会】2019年，全年共制发政府及办公室公文1200件、政府常务会议纪要20件，收传上级来文2090件，处理下级来文1994件；精心组织筹办各类会议，加强会议场地、会务管理，筹办旗长办公会议、专题会议、党组会议、协调会议等各类会议770余次。

【信息调研】2019年，共编发领导参阅251期；向市政府办公厅报送信息1648条，采用66条，全市旗区排名第一；向内蒙古自治区政府系统办公业务平台报送信息714条，采用22条。办理答复人大代表建议、政协委员提案187件。组织开展各类调研活动12次，撰写调研报告9篇。

【依法行政】按照《准格尔旗人民政府法律顾问工作制度》，公开选聘爱德律师事务所、准格尔律师事务所作为旗人民政府常年法律顾问单位。2019年，两家律师事务所提供法律服务47件，审改合同协议和规范性文件并出具审改意见11件；解答法律咨询并出具法律咨询意见26件。

【督查督办】2019年，紧紧围绕旗委、政府重大决策部署、重大项目建设、保障和改善民生、巡视巡察整改、信访、安全生产、“三大攻坚战”、扫黑除恶等重点工作展开督查。定期对政府常务会、旗长专题会等重要会议议定事项落实情况进行跟踪督办，助力各项决策部署落地落实。形成《督查专报》3期，跟踪督办领导批示件41件、会议议定事项52件。

（撰稿 贾成群 编辑 牛玉萍）

政务服务

【机构设置】2019年1月，成立准格尔旗政务服务局，科级建制。内设办公室、政务管理股，负责旗人民政府政务服务、电子政务、政务公开等工作。

【政务服务大厅建设】2019年，旗政务服务大厅进驻单位42家，可办理行政权力事项和公共服务事项628项，进驻人员185人，设有6个专业大厅。进驻各部门自有系统共30多种，使用智慧政务云平台系统的单位有13家。2019年大厅共办理事项约100万件。各乡镇街道均有150—400平方米不等的便民服务中心，窗口数量8—15个不等，办理事项20多项，主要涉及民政、社保等民生类事项。嘎查村代办点全旗已建成144个；社区代办点建设普遍相对规范，有具体的办事大厅、有窗口工作人员，可办理包括党员服务、社会事务、民生类约15项事项。对42个单位涉及的行政许可、行政确认、行政奖励、行政给付、行政征收、其他行政权力和公共服务等七大类事项进行了逐项梳理，重新编制政务服务事项收件要点（材料清单）570份、示范样表231份，摸清了改革的台账家底。

【电子政务】2019年，政务服务局推进一体化政务服务平台、“互联网+监管”平台建设和应用。组织全旗38个相关单位的审批、监管环节人员分三批进行了集中培训和办公，集中办公期间在一体化平台编制实施清单490项。“互联网+监管”平台中认领监管目录584条，编制监管实施清单517项，监管行为采集系统完善执法部门信息20条，录入执法人员135人，通过行为采集目录清单申请471个，检查行为录入处罚信息96条。

【政务公开】制定印发了《2019年准格尔旗政务公开工作要点》，及时主动公开信息。2019年，网站共发布信息4842条。准格尔旗信息采编系统审核信息2381条，发布信息2087条。及时处理全国政府网站信息报送系统中纠错留言，保质保量完成政府信息公开工作年度报告编写和发布工作，配合做好全旗各部门财政预决算公开工作。及时受理、转办、答复依申请公开件，受理34件，全部办结。组织开展了政府网站与政务新媒体自查、抽查、整改工作，开展了政府网站国徽使用情况自查和政府网站域名清理整顿。帮助4家单位注销网站域名。

【政务服务中心】2012年6月11日，成立准格尔旗政务服务中心，科级建制，事业性质；内设办公室、管理室、信息技术室3个股室；机关驻地开源路南出口西侧。准格尔旗政务服务中心大厅设立窗口160个，在册工作人员218人（包括AB岗）。2019年，进驻政府部门45家(应进驻46家，公积金中心未进驻，进驻率98%)，其中25家成立审批办并整建制进驻，进驻审批和服务事项805项（应进驻808项，公积金抵押贷款业务、驾驶证业务和机动车业务未进驻，进驻率99%），其中“最多跑一趟”事项由原来的22项增至652项，占比81%。全年办理各类业务90万余件次，办结率100%。

（撰稿 贾敏 高嘉梅 编辑 牛玉萍）

信访工作

【信访总量】2019年，全旗四级信访总量同比下降10%左右。“三率”情况：信访部门网上受理信访事项222件，及时受理率99.55%，满意率97.47%，参评率62.82%；责任单位网上受理信访事项228件，及时受理率100%，按期办结率100%，满意率98.18%，参评率62.55%，“三率”达到全市平均水平。

【积案化解】按照旗委、政府关于《准格尔旗集中开展民生领域信访矛盾排查化解工作实施方案》工作要求，对近年来涉及的民生领域的问题线索进行大排查、大起底，并按照“四结合”（信访矛盾化解工作要坚持属地管理与分级负责相结合，坚持事要解决与注重预防相结合，坚持区别对待与分类指导相结合，坚持齐抓共管与各方协作相结合）、“五到位”（对存在腐败问题要查处到位，反映作风问题要纠正到位，群众诉求合理的要解决到位，不合理诉求的要思想教育到位，生活困难的要帮扶救助到位）工作要求，对排查出的114件民生领域信访问题进行攻坚化解，年底办结98件。积极发挥信访工作联席会议协调议事作用，召开信访联席会议13次，解决疑难复杂信访问题30件。

【交办案件】2019年，办理自治区党委第十三巡视组转办非巡视受理范围信访事项242件（来访146件、来电71件、来信18件、网络信件7件），办结241件，办结率99.5%；化解解决市级领导包联督办案件4件。

【保障工作】2019年，通过开展矛盾隐患大起底、县级领导包联包案、各级领导干部接访下访等工作，圆满完成各项任务。

（撰稿 何志勇 编辑 朱彦沣）

公共资源交易

【概况】2019年，累计组织各类政府投资交易项目238项，进场交易总额5.58亿元，中标（成交）金额5亿元，节约资金0.58亿元。其中，建设工程方面，共组织政府投资交易项目50项，进场交易总投资额2.94亿元，中标总金额2.68亿元，节约资金0.26亿元。政府采购方面，共组织招标采购项目188项，预算金额2.64亿元，中标总额2.32亿元，节约资金0.32亿元。

【平台建设】2019年，鄂尔多斯市准格尔旗公共资源交易中心打造完成一间标准规范的远程异地评标室，新增远程异地评标机位6台，并纳入全市远程异地评标系统统一管理，实现两级评标场地互联互通，共组织建设工程项目远程异地评标46场次，其中主场16次、副场30次。

（撰稿 王 鹏　编辑 牛玉萍）

接待工作

【概况】准格尔旗接待办公室前身为1998年1月13日成立的准格尔旗人民政府接待办，相当于副科级，隶属于政府办公室。2005年9月，更名为准格尔旗接待办公室，科级建制，事业单位，隶属于旗人民政府。2017年10月，因事业单位机构改革，调整为副科级建制，隶属于旗委办公室。负责全旗的公务、商务、外事接待工作，同时负责到访的政务、商务考察团体的接待工作，承办或协办国家、自治区、市、旗召开的会议和有关活动的接待工作，负责管理和统筹组织协调本级党政机关公务接待工作，指导和监督检查各苏木乡镇、街道和旗直各部门、各单位公务接待工作。

【接待量】2019年，共接待512批10560人次，其中承办北控春季开工现场会、全市净化基层生态现场会、全市农村牧区电商培训现场会、中石化大路煤制烯烃项目开工现场会、全市乡村振兴现场会、绿色矿山现场会，省部级接待任务16批608人次，司地厅局级接待任务94批2253人次，县处级接待任务270批4190人次，企业商务接待132批2029人次，专项督查组3批210人次。

（撰稿 王一凡　编辑 牛玉萍）

机关事务管理

【概况】1999年7月，成立准格尔旗人民政府机关事务服务中心，隶属旗人民政府办公室二级事业单位；2017年机构改革，更名为准格尔旗机关事务管理局，科级建制，隶属旗人民政府直属事业单位。内设办公室、财务股、综合股、基建股、餐饮管理股5个职能科室。主要负责薛家湾党政办公楼和大路新区建业大厦的后勤管理、保障、服务，以及全旗公务用车管理、办公用房使用、公共机构节能管理等工作。

【办公用房】2019年，对大路新区建业大厦及薛家湾部分单位办公室进行了维修，为新成立单位调配办公用房及办公设备。另外，通过公开选聘的第三方机构测量各单位办公用房面积，并将各单位的办公室、服务用房、设备用房、附属用房及业务用房等使用情况录入信息化平台进行统一规范管理。

【公务用车】2019年，建立科学、合理调配车辆制度，保障各项公务用车正常运行，同时为医保局、退役军人事务局、暖水乡政府等单位购置、更换、调拨公务用车。按照市里公务用车信息监督管理工作要求，完成公务用车信息化平台建设，应急机要通信车辆、执法执勤车辆安装北斗定位，实现了“全区一张网”信息化平台管理。此外，制定并印发《准格尔旗事业单位公务用车制度改革实施方案》等相关文件。

【公共机构节能】2019年，通过张贴宣传海报、播放节能宣传片、发放宣传图文资料等形式，传播节能理念、普及节能知识。

（撰稿 刘晓艳　编辑 牛玉萍）

应急管理

【概况】 准格尔旗应急管理局2019年2月3日挂牌成立，正科级建制，原为准格尔旗安全生产监督管理局，为旗人民政府工作部门。内设8个股室：办公室（审批办、政工办）、应急办公室、安全生产综合协调股、危险化学品安全监督管理股、安全生产基础股、火灾防治管理股、综合减灾股、防汛抗旱股；下设5个事业单位：旗安全生产监管综合执法局、应急指挥中心、矿山救护队、消防应急救援大队和地震局。

2019年，全旗共有危险化学品生产企业16家，危险化学品经营企业151家，非煤矿山企业63家，冶金工贸企业34家，烟花爆竹批发经营企业4家，烟花爆竹零售店145家。全旗共发生生产安全事故8起、死亡8人，其中：煤矿事故3起，死亡3人；生产经营性道路交通事故5起，死亡5人。同比事故起数减少2起，死亡人数减少5人，分别下降20%和38.5%，安全生产形势总体平稳。

【应急救援信息化改革】 2019年，应急管理局将智慧安监系统升级为智慧应急系统，对企业基本信息、安全生产信息、人员证照、设施设备等数据进行维护，加入应急救援预案上传功能，已上传预案290个；对录入系统的376家企业进行行业分类；对视频综合管理平台接入的视频数据进行优化。继续对重点化工企业的关键装置、重点部位进行在线动态监测。全年共收到有毒可燃气体监测报警信息2.39万次，及时反馈2.3867万次，反馈率99.86%，有效降低事故发生率。通过应急救援信息化改革，初步完成应急指挥调度系统信息化。按照“平战结合”的原则，实现平时对应急资源数据的有效管理；战时实现对各类应急资源的迅速指挥和调度。通过应急救援指挥车的车载指挥调度系统，将现场处置情况实时上报总指挥，运用视频会议系统终端发起应急会议。应急救援车辆配备宽带集群通信系统和卫星通信系统，可保障在恶劣环境下的工作调度。

【安全生产执法检查】 2019年，召开全旗安全生产工作会议，全面部署安全生产大检查及督查工作，印发《全旗安全生产大检查工作方案》，成立16个安全生产督查组，深入2个园区和各苏木、乡、镇、街道开展督查工作。从5月起，部署开展为期3个月的安全生产大检查和安全隐患排查专项治理工作，共排查和整改安全隐患915项。全年累计出动检查人员1000余人次，检查生产经营单位428家次，排查发现并整改各类安全隐患1849项。

【安全生产集中整治】 2019年，按照国务院安委会部署的安全生产集中整治要求，旗安委办印发《准格尔旗安全生产集中整治工作实施方案》，安排部署为期3个月的集中整治。共派出24个检查组，检查企业95家次，查出一般安全隐患743项，整改完成476项，整改率64.1%。对1家违反安全法规的企业作出罚款3万元行政处罚，责令企业停产整顿2家。全年累计作出行政处罚罚款149.05万元，责令19家企业停产整顿，处罚责任人42名。

【重点行业专项整治】 2019年，围绕春节、两会、国庆等重要时间节点，突出煤矿、危险化学品、烟花爆竹、非煤矿山、交通运输、油气管输、人员密集场所消防、民爆物品等重点行业、重点区域和重

2019年6月27日，准旗开展建筑工程应急救援演练

要环节，安排部署隐患排查和专项整治行动。配合国务院安委办开展危险化学品重点县专家指导服务工作，对5家危险化学品生产企业进行专家指导服务，在全国53个危险化学品重点县综合评价中，准格尔旗名列前三。开展危险化学品重点企业安全隐患专家会诊工作，对12家重点危险化学品生产企业进行安全隐患排查专家会诊，查出问题及隐患618项，对9家存在违法行为的企业依法进行行政处罚。开展七十周年国庆期间安全生产专项整治行动，检查各类生产经营单位企业291家，排查整改各类安全隐患892项。全年共检查各类生产经营单位2909家次，排查各类隐患11207项，整改10872项，整改率97%。

年内，落实国家产业政策，淘汰落后产能，关停小电石生产企业24家，促进全旗产业转型升级。

【安全生产培训教育】2019年，组织安全生产培训班114期，培训人员4032人次。筹资600万元，建成自治区第3家安全培训实操基地，方便园区及周边企业就近培训，为企业每年节约外出培训经费约300万元。

【应急资源摸排整合】 2019年，应急管理局对全旗规模以上企事业单位和各类社会救援组织的应急救援队伍建设和应急救援装备配备情况进行摸底排查，共核查规模以上企事业单位和社会应急救援组织150余家，编制《准格尔旗应急救援手册》。年内，争取国家预算内资金1500万元，用以购置充实应急救援设备设施。

【应急救援专家库】 2019年，应急管理局制定出台《准格尔旗安全生产及应急专家库管理办法》，完善应急救援专家库建设，明确安全生产及应急专家库在日常运行管理方面的相关要求。截至年底，专家库共有专家65名，涵盖消防、化工工艺、煤矿、非煤矿山、建筑、冶金工贸等12个行业类型。

【应急救援演练】 2019年，组织开展1次全旗综合性应急演练、12次专项应急演练。演练后及时总结演练成果，并对应急预案中存在的问题进行及时修订完善。

【防火救灾】 2019年，准格尔旗消防大队紧盯火灾隐患整治的薄弱环节和关键节点，深入开展“防风险保平安迎大庆”的消防安全检查、“安全生产月”等专项行动，多次联合旗卫计局、民政局、文化局、教体局等部门开展联合检查，切实将社会单位存在的消防安全隐患清除。制定《关于开展居民小区楼内堆放杂物消防安全专项治理工作的方案》，对辖区居民小区楼内堆放杂物开展检查；为推进辖区“防风险保平安迎大庆”的消防安全检查专项行动。2019年，旗消防大队共检查单位1429家，发现隐患2670处，整改隐患2670处，下发《责令改正通知书》526份、《行政处罚决定书》12份，责令“三停”2家。全年共接警277起，其中火警199起、抢险救援67起、社会救助11起，财产损失62.6万元。同比上年，接警起数上升14%。

【消防宣传】 2019年，旗消防大队为加强群众消防安全意识，组织开展消防宣传活动，对社会单位开展消防宣传培训100余次、对外开放消防站54次、开放消防科普馆25次、张贴消防宣传单5000余份，协调移动、电信、联通公司，向辖区手机用户发送消防安全宣传短信；建立酒店、KTV等人员密集场所微信群，发放宣传信息并及时沟通相关工作；通过旗电视台，向群众告知生活中，如何避免火灾的发生和火灾扑救方法。特别是在“119”消防宣传月期间，旗消防大队开展了“119”消防宣传月启动仪式、向中小学生推广消防疏散救生操、组建“妈妈消防宣讲团”、开展消防书法绘画作品征集活动、展播消防微电影、利用快递车进行消防宣传等10项活动，进一步扩大消防宣传面。

【专业救援】 2019年7月1日，全区机动支队化工专业救援大队揭牌仪式在准格尔旗消防二中队举行，此次揭牌标志着化工专业救援大队正式投入执勤。旗消防大队和大路管委会共同制定出台《大路煤化工基地应急救援联勤联动工作实施方案》，建立健全火灾事故社会联动机制，保障化工专业救援大队与企业专职队的联勤联动机制有效运作。旗消防大队邀请专业人员为化工专业队讲授石油种类、油罐类型、油品火灾危险性等基本知识，定期开展针对不同化工装置的联合训练演练，确保发生灾害事故能够第一时间调动、第一时间处置。5月14日，自治区消防总队在大路煤化工基地举办“全区石油（煤）化工企业工艺处置队建设现场会”，规范全区化工工艺处置队建设标准。旗消防大队联合大路管委会举办“首届化工专业救援队暨工艺处置队操法技能大赛”，共有14支队伍参加，进行10项科目比赛，提升化工灾害事故处置能力。

【应急保障】2019年，旗消防大队协调大路管委会，新建10个消防水鹤、1座应急物资储备库，购买灭火药剂17吨，提升消防队伍处置突发灾害事故的能力，确保大路化工企业的消防安全。

（编辑 朱彦沣）

2019 年 5 月 23 日，准旗消防二中队在旗图书馆开展消防安全培训

政协准格尔旗委员会

政协会议

【全委会议】2019年3月13日至15日，政协准格尔旗第十四届委员会第三次会议在薛家湾会议中心召开。会议听取和审议政协准格尔旗第十四届委员会常务委员会工作报告；听取和审议政协准格尔旗第十四届委员会常务委员会关于第十四届二次会议以来提案工作情况的报告；列席准格尔旗第十七届人民代表大会第三次会议、听取和讨论政府工作报告及其他有关报告；审议通过政协准格尔旗第十四届委员会第三次会议政治决议、关于常务委员会工作报告的决议、提案审查委员会关于十四届三次会议提案审查情况的报告；表彰2018年度优秀政协委员、委员优秀提案、界别活动先进组、委员下乡村活动先进联络组；增选政协准格尔旗第十四届委员会常务委员1名。

【常委会议】*旗政协十四届五次常委会* 2019年3月8日，政协准格尔旗第十四届委员会常务委员会第五次会议在薛家湾南山宾苑召开。会议听取了旗人民政府关于旗政协十四届二次会议以来提案办理情况的通报；审议通过了郝红等3人辞去政协准格尔旗第十四届委员会常务委员、委员资格的决定；讨论通过政协准格尔旗第十四届委员会第三次会议召开时间地点（草案）、会议议程（草案）、会议日程（草案）、会议各次大会主持人、会议报告人名单（草案）、会议秘书长和副秘书长名单（草案）、会议提案审查委员会组成人员名单（草案）、会议编组办法和讨论组召集人名单（草案）、会议委员讨论编组名单（草案）、会议选举办法（草案）、会议列席单位和人员名单（草案）、会议工作机构、负责人和工作人员名单（草案）；讨论通过表彰2018年度优秀政协委员、委员优秀提案、界别活动先进组、委员下乡村活动先进联络组名单（草案）；讨论通过政协准格尔旗第十四届委员会常务委员会工作报告（征求意见稿）、政协准格尔旗第十四届委员会常务委员会关于十四届二次会议以来提案工作情况的报告（征求意见稿）。

旗政协十四届六次常委会 2019年3月14日，政协准格尔旗第十四届委员会常务委员会第六次会议在薛家湾会议中心西厅召开。会上，旗政协十四届三次会议各讨论组召集人简要汇报了小组讨论情况；审议通过政协准格尔旗第十四届委员会第三次会议政治决议（草案）、关于常务委员会工作报告的决议（草案）；审议通过政协旗第十四届委员会提案审查委员会关于十四届三次会议提案审查情况的报告（草案）；审议了政协准格尔旗第十四届委员会第三次会议选举办法（草案）及政协旗第十四届委员会常务委员候选人名单（草案）。

旗政协十四届七次常委会 2019年7月23日，政协准格尔旗第十四届委员会常务委员会第七次会议在薛家湾南山宾苑召开。会议听取旗人民政府2019年上半年全旗经济社会发展情况的通报；审议政协准格尔旗委员会关于准旗乡村旅游发展情况的调研报告、关于准旗农牧民与龙头企业利益联接机制的调研报告、关于准旗土地规模化经营情况的视察报告。

旗政协十四届八次常委会 2019年12月10日至11日，政协准格尔旗第十四届委员会常务委员会第八次会议在薛家湾南山宾苑召开。会议期间，参会人员视察了准旗城镇居民食品安全工作；听取2019年度委员下乡村活动联络组和界别活动组活动开展情况汇报；民主评议旗财政局、教体局、卫生健康委员会、农牧局、市生态环境局准旗分局五个政府部门工作；审议政协准格尔旗委员会关于准旗公立医院综合改革运行情况的调研报告、关于准旗民营企业转型升级情况的调研报告；专题协商了准旗城市道路交通建设情况；审议通过了刘彦平等5人辞去政协准格尔旗第十四届委员会委员资格的决定，同意增补付裕等12人为政协准格尔旗第十四届委员会委员。

主要工作

【提案办理】2019年，旗政协共收到提案115件，经审查立案96件。在立案的提案中，围绕经济建设和乡村振兴方面的提案23件；围绕社会管理创新和法治建设方面的提案9件；围绕社会事业发展和保障改善民生方面的提案51件；围绕文化事业和旅游产业发展方面的提案7件；围绕生态文明建设和环境保护方面的提案6件。截至2019年11月，所有提案全部办复完毕，绝大多数提案者对提案的办理和答复结果表示满意。

【协商民主】针对群众普遍反映的镇区交通拥堵、停车位少的问题，与旗政府及相关部门围绕城市道路交通建设议题开展专题协商，就加强镇区道路交通规划引导、优先发展公共交通、加大道路交通基础设施建设等5个方面提出30多条建议，委员们提出的建设人行天桥、规划立体停车场等意见建议得到转化应用。全体会议上，安排5名委员围绕推进乡村振兴战略、打好脱贫攻坚战、提升文化旅游产业融合度、建设健康准格尔、促进民营经济高质量发展等课题进行大会发言整体协商，部分协商成果转化为相关部门工作思路举措。发挥界别优势，12个界别组结合自身专业特长，就优化营商环境、推进露天煤矿征地与复垦绿化、少数民族特色产业发展与产业扶贫结合、农村电商物流发展、人居环境整治和乡村振兴等课题开展了界别协商活动，形成了一批有深度、有质量、有见地的协商成果，为辅助决策、深化工作提供了重要参考。

【调研视察】2019年，准格尔旗政协组织委员开展专题调研和视察活动7次，专题调研及视察课题涉及城镇居民食品安全、农村土地规模化经营、煤矸石开发与综合利用、民营企业转型升级、农牧民与龙头企业利益联结机制建设、乡村旅游发展、公立医院综合改革运行等事关改革发展问题，形成调研报告6件。

【建言献策】政协准格尔旗第十四届委员会第三次会议期间，大会发言5人次。

【委员管理】细化完善了政协委员履职评价办法，对委员参加政协活动、撰写提案和反映社情民意等履职工作进行量化考核，对年度优秀政协委员、委员优秀提案、界别活动先进组、委员下乡村活动先进联络组进行表彰奖励，进一步激发委员履职热情，逐步形成了“不能闲”“不想闲”的新常态。2019年，全体政协委员在界别活动和下乡村活动中，积极开展扶贫帮困、捐资助学、文化下乡、送医送教送法下乡等公益活动100余场次，协调落实帮扶资金300余万元，用于帮助联络村修路、打井及解决贫困户生产生活方面的资金难题。委员活动成效显著，充分展现了人民政协为人民的良好社会形象。

【文史出版】2019年，完成了《准格尔典藏》四十六卷，共计1500万字，全面系统地记述了准格尔历史文化脉络，在推广地方特色、扩大宣传影响方面发挥了积极作用。

（撰稿 张俊峰　编辑 牛玉萍）

纪检·监察

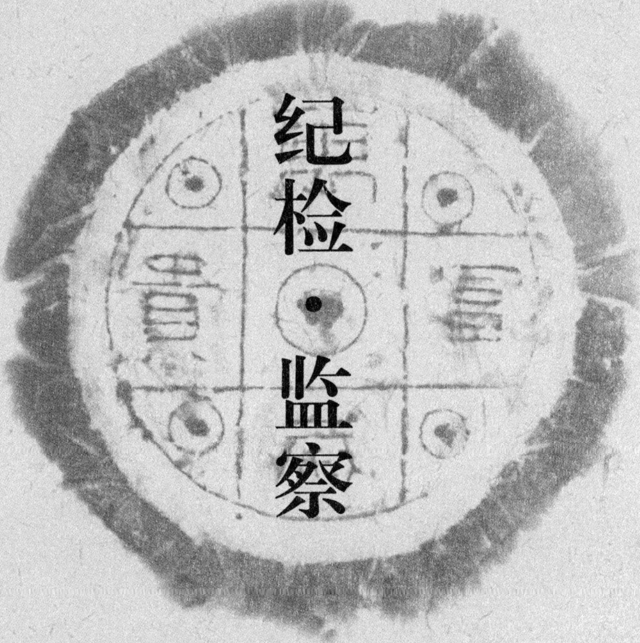

廉政建设

【党风廉政教育】2019年，开展各类警示教育宣讲27场次，围绕净化政治生态、扫黑除恶，开展《亮剑“四官” 净化政治生态》《涉黑涉恶腐败和“保护伞”典型案例》警示教育巡回宣讲，针对自然资源、银行系统和在全旗支部书记培训班，开展警示教育专题讲座。选取本地区发生的15个典型案例，编印《以案为鉴 警钟长鸣 用身边事教育身边人——准格尔旗违纪违法典型案例警示录》7000册。

【作风建设】2019年，查处违反中央八项规定精神问题4件，给予党纪政务处分11人。深入整治形式主义、官僚主义问题，立案96件，给予党纪政务处分84人。

执纪监察

【监督执纪】2019年，运用“四种形态”处置680人次，其中第一种形态处置504人次、第二种形态处置144人次、第三种形态处置25人次、第四种形态处置7人次。

【监察】2019年，向全旗各苏木乡镇（街道）派出14个监察办公室，共办理监察立案案件34件。

【案件查办】2019年，共处置问题线索532件，立案202件，留置5件，给予党纪政务处分171人，移送检察机关6人，主动投案3人，追缴违纪资金3733.8万元。

【党风政风监督】2019年，查处违规接受礼品礼金、公车私用、违规举办生日宴等问题4起，处理党员干部12人。

【信访】2019年，受理信访举报754件，承办上级纪委交（转）办信访件264件（其中要结果信访件37件、阅处件227件）、本委受理信访件217件、其他部门移送16件；自治区党委第十三巡视组受理178件、中央第十五督导组受理79件。

（撰稿 杨茂青　编辑 牛玉萍）

2019年1月23日，中共准格尔旗第十五届纪律检查委员会五次全会召开

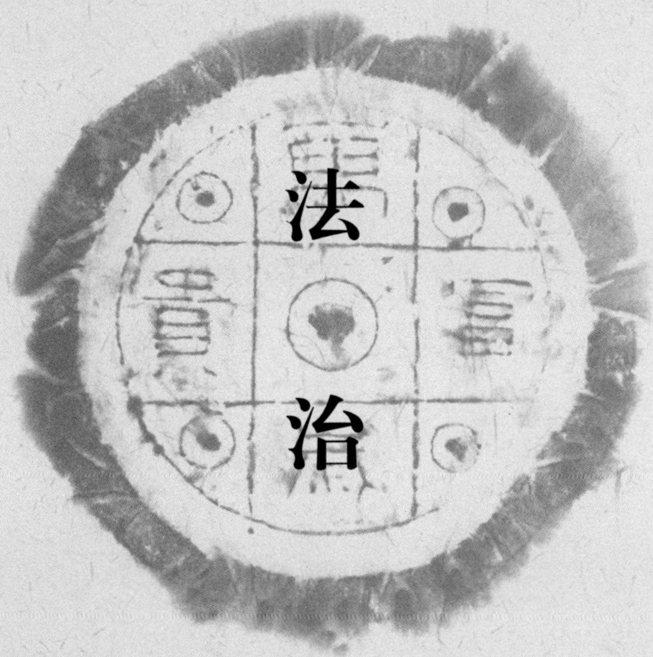

法治

公 安

【概况】2019年，准格尔旗公安局，内设机构44个，分别为：5个综合管理部门、20个执法勤务部门、18个派出所、1个看守所。

【人口数量】2019年，辖区户籍人口数量332352人，登记流动人口数量149473人。

【刑事案件】2019年，全旗共发各类刑事案件604起（包括毒品案件18起、经济案件30起、食药环旅案件26起），与上年同期相比下降183起，下降23.3%；共破获各类刑事案件297起，破案率49.2%，抓获各类逃犯88名。

【命案侦破】坚持“命案必破”方向不动摇，严格落实命案工作机制，快侦快破命案和有广泛社会影响的严重暴力案件。2019年全旗发生命案5起，破获5起。

【盗窃、抢夺、诈骗等侵财案件】2019年，准旗公安局始终保持主动进攻、严打严防的高压态势，切实保障人民群众财产安全。全旗共发盗窃、抢夺、诈骗等侵财案件469起，与上年同期相比少发126起，下降21.2%；破案176起，破案率37.5%；先后破获“2019-07-18”特大电信诈骗案、“2019-05-23”抢劫案、系列强奸案、系列盗窃办公室案、“2019-01-22”特大电信诈骗案、入室抢劫案等一批有较大影响案件。

【打击电信诈骗】2019年，全旗共发电信诈骗案件93起，破案16起，抓获嫌疑人17人，冻结涉案账号157个，冻结资金3521656元。

【严打涉毒犯罪】2019年，全局共破获毒品刑事案件18起（其中，部目标案件2起、厅目标案件1起），抓获毒品犯罪嫌疑人48人；缴获海洛因约19.6609克、冰毒829.7272克、麻古50.4305克、安纳咖26.7327千克、咖啡因2447.281千克、鸦片膏36.64克，铲除毒品原植物罂粟3913株。

2019年8月2日，旗公安局巡逻防暴大队举行徒步拉练活动

【严打经济类犯罪】2019年，始终坚持服务经济建设、服务改革发展稳定大局，严厉打击经济领域违法犯罪活动。全年共受理经济案件46起，立案30起，破案23起，抓获犯罪嫌疑人22人，移送起诉43起，挽回经济损失838.2165万元。

【严打食药环违法犯罪】加强与环保局、综合执法局、煤炭局、市场监督管理局、农牧业局等相关部门的协作配合，建立联勤联动机制，加大重点地区、重点行业执法检查力度，及时发现违法犯罪线索，严厉打击销售有毒有害食品、销售假药、非法采矿、污染环境等违法犯罪行为。共立食药类案件4起，破案4起；立资环类案件22起，破案18起，办理行政案件4起，行政拘留6人。

【治安案件】全旗共受理治安案件2956起，与上年同期相比少发597起，下降16.8%；查处2764起，查处率为93.5%，查处违法人员2043人。

【扫黑除恶】旗局按照“有黑扫黑，无黑除恶，无恶治乱”的工作思路，开展扫黑除恶专项斗争，深入排查整治涉黑涉恶犯罪、治安乱点，始终保持对黑恶势力的严打高压态势。2019年，共收集线索354条，已查结239条，在侦115条，移交27条。

（撰稿 何玉龙 贺金瑞 编辑 朱彦沣）

【鄂尔多斯市公安局交通运输治安分局】鄂尔多斯市公安局交通运输治安分局成立于2011年12月，由鄂尔多斯市公安局薛家湾分局和东乌治安分局撤并整合而成，负责全市地方铁路的治安管理工作。分局机构级别为副处级，核定行政编制113名；现有局领导8名，民警82人；内设机构10个，铁路派出所14个。管辖大准铁路、准东铁路、东乌铁路、东铜铁路、准池铁路等线路，里程总长达1000多公里，铁路线横跨2个省（自治区）、5个地级市、12个旗（县、区），铁路年运量达3亿吨，旅客6万余人。

表 3　2019 年准格尔旗公安局集体和个人荣誉一览表

姓名	获奖名称	颁奖单位	所在部门
刘乐	二等功	内蒙古公安厅	准旗公安局禁毒大队
任波	全区公安机关“拜师学艺”“模范师徒”	内蒙古公安厅	准旗公安局魏家峁派出所
陈小刚	全区公安机关“拜师学艺”“模范师徒”	内蒙古公安厅	准旗公安局魏家峁派出所

2019年，分局荣立70周年大庆安保集体三等功，“5·29”扫黑除恶专案组受到集体嘉奖；3人荣立个人三等功，56人受到嘉奖，2个部门、10名民警和辅警被公安厅、市公安局评为各类先进集体、先进个人。

【案件侦破】2019年，鄂尔多斯市公安局交通运输治安分局共立各类行政案件17起（其中殴打他人5起，损毁铁路设施设备4起，危害铁路安全4起，其他4起），查处17起；打击处理违法人员15人（其中拘留5人、罚款7人、警告3人），收缴罚没款0.14万元。立刑事案件13起（敲诈勒索7起，强迫交易4起，故意伤害1起，寻衅滋事1起），破案13起；抓获犯罪嫌疑人40人，刑事拘留23人，提请逮捕10人，批准并执行逮捕10人，移送起诉13起40人，刑拘逮捕率43.5%，批捕率100%。

【铁路治安管理】2019年，分局以重大活动安保工作为牵引，以查隐患防事故保安全为着力点，加快完善立体化、信息化社会治安防范网络，深入开展治安隐患源头治理工作，全面落实重要目标和人员密集场所安全防范措施，最大限度防止重特大公共安全事故的发生。

客运车站管理　严格执行旅客人身、物品、液体“三个100%”和“逢包必检、逢液必检、逢疑必问”工作要求，确保旅客进站上车“人干净、物干净”，杜绝危险违禁品进站上车。2019年共接发客运列车180余列次，安全运送旅客6万余人次。

线路动态防控　2019年，铁路沿线发生铁路交通事故1起，造成1人死亡。组织开展巡线2000余次，发现和查处案件8起，消除线路隐患140余处。

消防监督检查　开展消防安全检查168次，下发整改通知书56份，发现和整改隐患200余处；组织消防宣传培训和灭火演练14次，参与职工5000余人，铁路沿线未发生火灾事故。

【扫黑除恶】2019年，投入专项经费10万余元，开展大型扫黑除恶专项斗争集中宣传14次；在神华准能集团有限责任公司电视台连续播放扫黑除恶通告300余次，利用52个铁路站区LED显示屏滚动播放扫黑除恶标语300余天。打掉涉恶犯罪团伙2个，抓获团伙成员39人，破获刑事案件12起（其中敲诈勒索7起、强迫交易4起、寻衅滋事1起），扣押、冻结涉案资产150余万元。

【执法规范化】2019年，分局组织18名民警参加执法资格考试。组织参加准格尔旗公检法联席会议6次。审核测评刑事案件13起，行政案件17起，发现和纠正各类问题200余处；接处警信息录入率、案件网上流转率和案件测评率全部达到95%以上，办案区使用率、执法音视频录制率均达到100%。举办公安业务知识轮训班2期155人次，开展网络警校考试6次333人。

（撰稿 杨国梁 编辑 朱彦沣）

【交通事故】2019年，准格尔旗共发生道路交通事故3176起，死亡18人，670人受伤，直接经济损失1632.82万元，与上年相比，事故总起数增加1207起，上升62.38%，死亡人数减少1人、下降5.26%，受伤人数增加219人、上升48.56%，直接经济损失增加59.465万元、上升3.78%。全年共调解案件153起，涉案金额1366.7914万元。利用交管“12123”“快处快赔”处理轻微道路交通事故2700起，调解金额达700余万元，其中通过“警保联动”由辖区各大保险公司直接手机上传的交通事故案件达670起。道路交通事故法庭共受理案件351起，已结案328起，涉案金额达3784.7523万元；结案率达到94%。

【交通秩序整治】2019年，鄂尔多斯市公安局交通管理支队准格尔旗大队立足辖区实际，着力从易致祸、危害大的交通违法管起，部署开展国省道交通秩序整治、公路交通安全整治、“两防三保”专项行动、“逢五”“逢十”和周末夜查、“除隐患、防事故、保大庆”华北片区区域联合整治、打击假牌套牌专项治理、货车违法改装等14个专项行动，常态化开展严重交通违法行为专项治理，全面净化辖区道路通行环境。全年共查处各类交通违法行为24万余起，其中简易程序处罚18.8万起，一般程序处罚4476起（其中饮酒328起、醉酒310起），非现场处罚4.8万起。

【道路交通设施建设】2019年，大队共施划标线50830平方米，增加交通标志牌55面，维修护栏5640米，更换护栏228米，新施划停车位436个。争取旗人民政府200万元的资金支持，购买17辆警用车辆和20辆警用摩托车，充实到路面一线开展道路交通安全管理工作。

【车驾管业务】2019年，大队按照公安部部署，强力推进 “放管服”改革10项新举措，在简化申请材料、优化业务流程、拓展网络服务、打通地域壁垒等基础上，实现驾驶人考试、车辆登记检验等5类业务“异地通办”，车辆抵押登记、临牌发放等5项服务“便捷快办”，全面提升服务效能。全年，共办理机动车业务17868笔，驾驶人业务24625笔。

【创新管理模式】2019年，大队为坚决遏制学校及周边道路交通事故的发生，创新交通管理勤务模式，由机关部门和岗路勤中队承包学校的方式在薛家湾镇区、沙圪堵镇区、大路新区22所中小学设立“护学岗”，上下学高峰时段在学校门前及周边道路指挥交通，规范车辆停放，引导学生安全过马路，确保学生安全。

【道路交通安全宣传】2019年，大队共开展各类形式的宣传活动253场次，印制、发放宣传资料6万余份，印制张贴宣传海报580张，悬挂标语横幅68条次，制作摆放宣传展板100余块次，利用大队自有电子屏和辖区重点场所电子屏播放宣传标语105条次，邀请媒体随警作战47次，在中央级专业媒体刊稿17篇，自治区级媒体刊稿100篇，市级媒体刊稿30篇，开展交警执法直播活动10场，制作各类交通安全微视频22条，设置小喇叭63个、电子屏21处。

【智能化应用】2019年3月，大队在109国道、薛魏线启用了缉查布控系统，对途经辖区的假牌套牌假证等严重交通违法行为进行精准打击，扎实推进智能交通系统建设应用。

（撰稿 辛凤鸣 编辑 朱彦沣）

检　察

【概况】准格尔旗人民检察院正式成立于1955年8月，1968年1月1日起实行军管，到1978年9月恢复重建。2019年4月完成内设机构改革，有内设机构6个。有政法专项编制干警39名，旗财政供养人员27名，书记员11名。实有检察人员77名。2019年，被自治区精神文明建设委员会评为“第九届自治区文明单位”。

【刑事检察】2019年，准旗检察院共受理公安机关提请批准逮捕案件166件190人。经审查，批准逮捕140件161人，不批准逮捕25件27人。共办理立案监督案件76件。

【民事检察】2019年，办理民事检察监督案件125件，提请抗诉1件、提出再审检察建议1件、提出检察建议82件，其余41件为终结审查或不支持监督申请决定。

【行政检察】2019年，受理行政检察监督案件36件，审结16件，其中提出检察建议5件，其余20件于2020年2月办结。

【公益诉讼】2019年，围绕保护国家利益和社会公共利益，积极部署开展违规大棚房整改、“河湖清四乱”、网络餐饮第三方平台食品安全等公益诉讼专项活动，共发现公益诉讼案件线索59件，立案59件，提起公益诉讼1件，发出诉前检察建议57件，行政机关回函57件；限期拆除违规建筑4处，挽回被占用耕地44.74亩，清理被占用河道18.5公里，下线网络餐饮平台问题商户251家、规范各类信息公示问题646家，督促收缴人防易地建设欠费277万余元。

【未成年人检察】2019年，完成建设面积2000多平方米的未成年人法治体验中心，上线“未成年人权益保护云平台”，推出未成年人保护题材微电影《风筝》。

【控告申诉检察】2019年，共接待群众来访237次。其中，申诉类信访事项5件、民事行政监督14件，司法救助1件，刑事赔偿3件，刑事申诉5件，其他不属于检察机关管辖范围的来信、来访209件，均已直接答复并做释法说理。

【刑事执行监督】2019年，准旗检察院办理羁押必要性审查案件42件42人，社区矫正检察监督提出纠正意见36次，刑罚执行和监管活动提出纠正意见26次。

【检察技术】2019年准格尔旗人民检察院办理同步录音录像案件5件，技术协助案件2件；配合市院刑执部门办理案件1件，同步录音录像4次。

【法警工作】2019年，准旗检察院提押犯罪嫌疑人、被告人和罪犯67次，出警134人；送达法律文书562次，出警1124人；保护执行死刑临场监督检察人员安全1次，出警2人；协助远程提审6次，出警12人；协助调查取证18次，出警36人。

【案件管理】2019年，共计受理审查批准逮捕案件154件218人、审查起诉案件705件931人、民事行政案件161件，受理律师阅卷151次，涉案款项共入库112.26385万元，涉案物品入库1704件。

（撰稿 周婧 编辑 朱彦沣）

法 院

【概况】2019年2月，准格尔旗人民法院完成内设机构改革任务，有内设机构9个，分别为：立案庭（诉讼服务中心）、民事审判第一庭、民事审判第二庭、刑事审判庭、行政审判庭（综合审判庭）、政治部（机关党委）、综合办公室、执行局、审判管理办公室（研究室），下设机构1个：司法警察大队。监察科与6个基层法庭未参与此次改革。有干警267人，其中中央政法专项编制干警97人；财政供养人员99人，政府购买服务人员21人，新招录聘用制书记员40人，临聘人员9人；全院共有员额法官47人，参照公务员管理审判员10人。

2019年，旗法院共受理各类案件11775件（其中新收10761件、旧存1014件），新收案件同比增长19.93%，审执结案11293件，结案率为95.91%，同比增长5.32%，结收比为104.94%，核心业务指标名列前茅，审执质效不断提升。

【刑事审判】2019年，共受理刑事案件717件，审结678件，结案率94.56%，依法追缴罚没款1452万元，切实提升公众安全感。严厉依法打击贪污受贿、失职渎职犯罪，依法审结有重大影响的腐败案件7件10人，彰显压倒性态势，惩治腐败分子。使用刑事速裁程序审理刑事案件301件，不断提高审判效率，节约司法资源。

【民商审判】2019年，共受理民商事案件7864件，审结7607件，结案率96.73%。审结婚姻家庭案件480件，促进新时代家庭文明建设。旗法院筹拍的反映家事审判改革的法治微电影《挽爱》在2019年“我和我的祖国”优秀影视作品展评活动中荣获“年度影响力影片”。妥善化解物业纠纷3582件，促进纠纷源头治理和物业服务规范化。审结劳动合同、工伤赔偿等劳动争议案件150件，结案率92.02%，促进劳资关系和谐稳定。

【行政审判】2019年，法院深入推进跨行政区划集中管辖行政案件试点工作，设立行政巡回审判工作室、行政争议调处点，配合开展“巡回审判+行政争议调处中心”的行政诉讼集中管辖模式。全年共受理非诉行政审查案件32件，切实化解行政争议，助推法治政府建设。

【服务地方经济】助力打好“三大攻坚战”，围绕打好防范化解重大风险攻坚战，重点打击金融领域犯罪活动，审结涉金融领域犯罪案件2件。围绕打好精准脱贫攻坚战，完善司法服务措施，审结涉扶贫领域职务犯罪案件2件。围绕打好污染防治攻坚战，审结涉环境资源犯罪案件34件，不断完善提升生态环境司法保护长效工作机制。服务和保障民营企业发展，营造法治化营商环境，2019年，共受理涉及民营企业案件4686件，审结4580件，结案率97.78%，涉案标的额4.99亿元，办理涉及民营企业职务侵占犯罪案件共2件，涉案金额共计2710万元。分别向辖区煤矿、洗煤厂等近130家企业开展法制讲座，与大路新区13家企业召开座谈会，促进“送法进企业”活动常态化。

【扫黑除恶】组建精干团队，强力推进扫黑除恶专项斗争。牵头制定《法、检两院关于办理重大疑难案件提前介入公安机关侦查工作机制》，共召开“大三长”会议8次、“小三长”会议24次。审结以王某为首的黑社会性质组织犯罪案件1件8人，依法审理以王某某为首的恶势力犯罪案，不断壮大扫黑除恶声威。坚决铲除黑恶势力经济基础，有效对接审判、执行阶段财产查控，集中力量推进“打财断血”工作。延伸审判职能，针对行业乱象发送司法建议29篇，推动社会综合治理。严惩“黄赌毒”等犯罪活动，助力维护辖区治安平安有序。

【司法为民】司法救助　召开2次司法救助委员会会议，对18名符合救助条件的困难群众，按规定给予司法救助，共计为生活困难当事人发放司法救助金58.7万元。进一步规范诉讼费缓、减、免的适用条件及审批程序，对经济确有困难的当事人，依法缓、减、免交诉讼费用10.5万元。

解决执行难　组建7个执行组，挑选执行业务骨干担任执行组长，全年开展强制腾房、涉金融等多轮执行专项行动。同时，利用“老赖”春节返乡时机，开展“执行拘捕”专项行动，拘传、拘留“老赖”40余人，执行到位案款50余万元，进一步提升执行质效。率先提出“执行助推器”理念，加大民事案件自执力度，共成功自执案件447件，总标的达到4382万元。2019年，共受理执行案件3035件，结案2853件，结案率为94%，兑现案款近4亿元。依法突出执行强制性，公布失信被执行人名单649人，限制高消费2124人，使被执行人规避执行、抗拒执行等现象得到有效遏制，实现了从“基本解决执行难”到“切实解决执行难”的跨越，赢得社会各界的高度赞誉。

服务民生　以司法改革为契机，坚持和发展新时代“枫桥经验”，派遣专业审判团队进驻旗一站式多元解纷中心，促进从源头上预防化解矛盾纠纷，推进社会治理现代化。探索“法治美丽乡村”基层治理新模式，引导推动多元解纷资源下沉到乡村网格。在前期建成4个矛盾调处中心的基础上，已覆盖全旗197个嘎查村社区，调处村民矛盾个案190多起，有效引导村民依法解纷维权。

（撰稿　李静雯　编辑　朱彦沣）

2019年准旗法院获得集体荣誉情况表

表4

获奖集体	颁发单位	所获荣誉
民事审判第一庭	最高人民法院	全国法院先进集体
民事审判第一庭	全国妇联	全国维护妇女儿童权益先进集体
司法救助委员会办公室	最高人民法院	全国法院司法救助先进集体
微电影《寻心》创作团队	人民法院新闻传媒总社等	全国法院第六届微电影微视频评选活动优秀奖
微电影《寻心》创作团队	人民法院新闻传媒总社等	全国法院第六届微电影微视频评选活动最佳原创音乐奖
行政审判庭	内蒙古自治区高级人民法院	全区法院行政审判工作先进集体
执行指挥中心	鄂尔多斯市中级人民法院	全市法院先进集体
准格尔旗人民法院	鄂尔多斯市中级人民法院	2018年度全市法院先进单位
薛家湾法庭	准格尔旗妇联	全旗巾帼文明岗

2019年度准旗法院获得个人荣誉一览表

表5

获奖个人	颁发单位	所获荣誉
斯琴	最高人民法院	全国法院办案标兵
高晓辉	内蒙古自治区高级人民法院	2018年度全区法院行政审判优秀裁判文书调研类成果一等奖
高跃	内蒙古法制报社	2019年度内蒙古法制报社优秀通讯员
马桂英	中共鄂尔多斯市政法委员会	十大法治人物
王捷	鄂尔多斯市中级人民法院	全市法院办案标兵
李杰飞	鄂尔多斯市中级人民法院	全市法院执行能手
赵东升	鄂尔多斯市中级人民法院	全市法院执行能手
李应春	鄂尔多斯市中级人民法院	全市法院优秀司法警察
张娟	鄂尔多斯市中级人民法院	全市法院先进工作者
王伟	鄂尔多斯市中级人民法院	全市法院调解能手
张伟	鄂尔多斯市中级人民法院	全市法院优秀书记员
贺光毅	鄂尔多斯市中级人民法院	全市法院优秀法官助理
郝辰熹	中共准格尔旗委员会	准格尔旗先进工作者
贺春龙	中共准格尔旗委员会	准格尔旗优秀共产党员
刘艳霞	准格尔旗妇联	全旗三八红旗手

司法行政

【概况】2019年准格尔旗司法局根据“三定”规定重新核定内设机构9个：办公室（科技信息化股）、行政复议应诉股、行政执法协调监督股、普法与依法治理股、社区矫正管理股、人民参与和促进法治股、公共法律服务管理股（行政审批股）、律师工作股、政治警务部；挂牌机构2个：准格尔旗委全面依法治旗委员会办公室、秘书室（承担委员会具体工作）；下设股级事业单位1个：准格尔旗法律援助中心。管辖16个基层司法所，1个公证处，6个律师事务所，9个法律服务所。2019年准格尔旗司法局有政法专项编制44个，事业编制24个。有在岗干部职工66人，其中局机关23人、法律援助中心5人、司法所38人。

【人民调解】2019年，制定出台《准格尔旗坚持发展“枫桥经验”实现矛盾不上交三年行动实施方案》，开展“大排查、早调解、护稳定、迎国庆专项活动”，基本实现小事不出村（社区），大事不出乡镇（街道）。全旗共排查受理矛盾纠纷836起，调解成功814起，调解成功率达97.36%，案件涉及总金额19011.22万元。为10个苏木乡镇及消费者纠纷调解委员会共配备22名专职人民调解员，截至2019年底，专职人民调解员共成功化解矛盾纠纷192件，涉及金额1318.16万元。加强人民调解组织队伍建设，健全人民调解队伍管理，规范人民调解工作，保障了人民调解工作的长足发展。全年录制《准格尔调解》栏目24期。

【普法教育】2019年，利用元宵节、“3·15”国际消费者权益日、“6·26”国际禁毒日等重要时间节点组织工作人员开展大型普法宣传与法律咨询。与旗委办、宣传部、政法委联合举办了准格尔旗2019年全民国家安全教育日集中宣传活动1次。在薛家湾镇北山片区建成一处以宪法宣传为主的法治文化公园。全年开展宣传活动128次，法治宣传讲座20场，接受群众法律咨询4000余人次，发放普法宣传资料、传单10万余份（册）。2019年准格尔旗荣获全国“七五”普法中期先进旗（市、区）荣誉。

【社区矫正】2019年，推动社区矫正各项工作规范有序开展。加强对服刑人员监管力度，全面落实服刑人员下载正行通APP工作要求，安装率已达到了100%，切实做到了服刑人员底数清、情况明、信息准。2019年准旗共衔接刑释解教人员130名，帮教130人，安置105人，无脱管、漏管和重新犯罪现象发生。

【扫黑除恶】2019年，积极开展扫黑除恶宣传活动78次。组织各司法所、律师和法律援助工作人员分别深入苏木乡镇、嘎查村（社区）、校园、企业等，通过悬挂横幅、设立宣传展板和咨询台、发放宣传材料6.8万余份广泛宣传扫黑除恶相关知识。在“准格尔司法”微信公众号定期发布扫黑除恶相关信息160余条，点击量为7万多次。开展“依法扫除黑恶势力 共建和谐平安准格尔”主题有奖知识竞答活动，共有26166人参与答题，3300多人进行分享转发。深化社区服刑人员对扫黑除恶专项斗争的认识，严防在矫人员参加涉黑涉恶违法犯罪活动。

【法律援助】2019年，准旗法律援助中心共办理案件369件，其中刑事法律援助案件203件，民事法律援助案件166件，行政法律援助案件1件，接待来人来访806余次，参与调解的非诉讼案件1件，为当事人代写法律文书185份。

【律师事务】努力提供优质法律服务和法律保障，不断优化营商环境。2019年准旗6家律师事务所共为政府机关、企事业单位担任法律顾问20家，刑事辩护和代理56件，民事代理451件，行政诉讼代理15件，非诉讼法律事务5件，提供法律援助189件，咨询和代书1197人次，开展仲裁业务6件。

【公证服务】开展公证服务“最后一公里”活动。通过上门服务、预约服务、延时服务，进一步缩减办证时间，努力为民营企业提供优先、优质、优惠服务。对经营确有困难的民营企业申办涉及金融机构的融资类合同公证事项（如抵押贷款合同、融资租赁合同、股权质押合同等），通过酌减公证费、延后缴纳等降低企业成本。2019年准格尔旗公证处共办理各类公证1349件。

（撰稿 乔彦蓉 编辑 朱彦沣）

军事

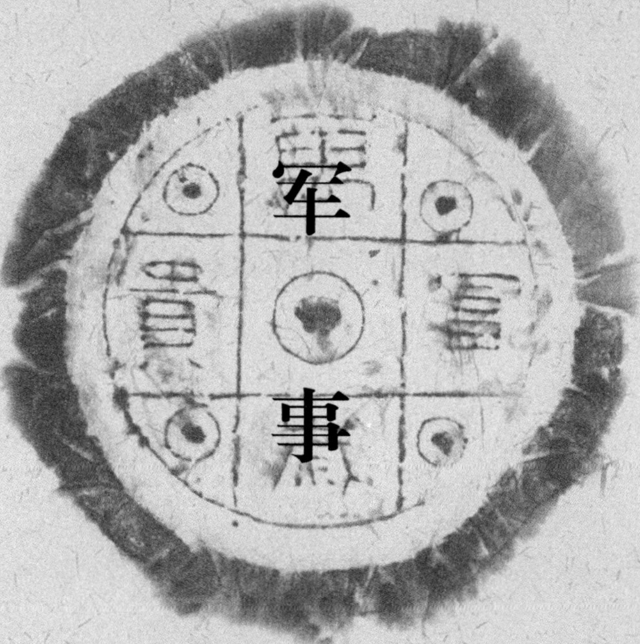

人民武装

【概况】中国人民解放军内蒙古准格尔旗人民武装部隶属于中央军委国防动员部，受上级军事机关和旗委、政府的双重领导。下辖准格尔旗民兵训练基地和准格尔旗民兵武器装备仓库两个股级建制单位。

【思想政治建设】坚持以理论武装为根本，突出首位首抓。开展“传承红色基因、担当强军重任”和“不忘初心、牢记使命”两大主题教育，坚持不懈抓好党委中心组带机关理论学习。坚持分散学习与集体学习相结合，个人自学与上级领学相结合，把加强干部职工经常性思想教育作为思想政治建设的基础工程来抓，做到政治理论经常学，政治警钟经常敲。

【战备训练】坚持以军事斗争准备为导向，强化战备训练。修订完善各类战备方案计划，严格落实日常战备制度，与旗公安、信访、防汛、气象等部门建立情报协作机制，将应急分队纳入旗应急管理体系。军地联合拟制《2019年民兵整组工作的通知》，完成普通民兵编组任务，扎实推进民兵调整改革。坚持以考促建，组织应急连点验，对基层单位民兵整组情况进行检查验收。组织专武干部到东胜区罕台镇武装部观摩学习，在薛家湾镇武装部召开基层武装部规范化建设推进会。组织民兵应急连进行冬季基础训练，提升军事训练质量。2019年7月，组织民兵参加全市第二届群众性练兵比武竞赛，取得1项创纪录奖、2项个人专业全能第一名、2项集体专业第二名、1个现役干部全能第三名和1个精神文明奖的好成绩。

2019年5月29日，旗人武部开展军事主题“六一”亲子活动

【国防教育】充分发挥国防教育主题公园、国防教育一条街、人武部国防教育展厅宣传阵地作用，同时利用兵役登记、民兵整组等时机，发放宣传挂历、制作宣传图板、设立国防教育宣传橱窗、悬挂宣传标语等形式，适时开展国防教育宣传活动。利用“两微一端”推送国教宣传片。组织旗党政领导过“八一”军事日，邀请边海防学院教授为县以上领导作专题讲座1次。国庆期间组织开展第19个全民国防教育日系列活动。

【征兵工作】一是坚持全面宣传，广泛动员。通过印制海报传单、悬挂标语条幅、流动宣传车等形式开展征兵宣传活动；利用征兵服务站，对适龄青年进行面对面宣传；对大学生采取短信、电话等方式进行“一对一”宣传动员。二是严格规范征兵执纪运行，在体格检查、政治考核、审批定兵各环节，全程接受社会各界监督，全程阳光透明廉洁征兵，完成新兵征集任务。及时组织新兵回访和征兵“微腐败”调查回头看，没有出现退兵和违反廉洁征兵纪律现象。

【双拥共建】2019年，继续坚持做好双拥共建和精准扶贫工作，联合旗退役军人事务局开展军人全程精准服务工作，为2名准旗籍官兵送立功受奖喜报。发动民兵积极参与驻地生态建设，组织民兵应急连和布尔陶亥苏木民兵应急排在民兵治沙生态基地种植松树9000余株。积极参与脱贫攻坚，投入10万元用于精准帮扶，结对帮扶一村一户，经过军地共同努力实现全面脱贫。春节期间看望慰问5户贫困家庭，为少年军校捐赠价值2.6万元的爱心书包，团职干部每人资助1名贫困学生。

（编辑　朱彦沣）

武警

【概况】 中国人民武装警察部队准格尔中队从公安机关转隶于新组建的武警伊克昭盟支队，名称为武警伊克昭盟支队准格尔旗中队；2001年9月伊克昭盟改称为鄂尔多斯市，部队隶属关系不变，更名为中国人民武装警察部队准格尔旗中队；2018年1月，武警部队归中央军委建制，不再列国务院序列，中队更名为中国人民武装警察部队准格尔中队；主要担负着准格尔旗看守所外围武装看守任务，兼有准格尔旗地区突发事件处置和社会稳定维护及配合当地公安机关打击各类违法犯罪活动的任务。

【思想政治建设】 2019年，中队党支部坚持以习近平新时代中国特色社会主义思想和习近平强军思想为指导，大力加强思想政治建设，充分发挥党支部战斗堡垒作用和党员先锋模范作用，重点抓好“两个群众组织”（团支部、军人委员会）和“三支队伍”（干部队伍、党员队伍、士官队伍）建设，搞好骨干培训，确保部队建设正确方向。中队紧跟时代前沿、紧贴形势任务、紧扣思想脉搏开展思想政治教育，牢固树立政治作首位意识，着力培育“四有”革命军人。扎实开展“传承红色基因，担当强军重任”主题教育，认真组织课后讨论，教唱革命歌曲，组织观看《将改革进行到底》《强军》《不忘初心 继续前进》等央视政论片，开展“每周强军故事会” 活动，培塑身边典型，引导官兵坚定理想信念，争当强军先锋。强力推进“四心工程”，大力开展“深知兵、真爱兵”“懂得战士、尊重战士、成就战士”等活动，始终做到“三个关心”（ 关心战士生活、关心战士困难、关心战士成长），努力为培养官兵成长成才打下坚实思想基础。全队官兵紧紧扭住“听党指挥、能打胜仗、作风优良”的强军目标，紧随改革强军步伐，把党的先进理论积极投身于多样化军事任务实践，牢记使命、苦练本领、忠于职守、勤奋工作，圆满完成上级赋予的各项任务。

【军事训练】 2019年，中队按照《军事训练与考核大纲》，坚持每月支部议训，每周分析训练形势和安全工作。结合上级各类培训、集训等措施，加强中队军事人才队伍建设，注重发挥教练员“酵母”作用，大抓干部士官训练，提高干部士官组织指挥和教学能力，以干部士官训练带动中队整体训练水平。同时严格奖惩制度，坚持从难、从严训练，充分利用“五小练兵”“军事竞赛”等活动，强化官兵基础体能和“比学赶帮超”的训练氛围，激发官兵训练热情，提升官兵遂行多样化军事任务的能力。

【后勤保障建设】 2019年，中队始终以官兵是否满意为工作的出发点和落脚点，围绕服务大局、服务中心开展工作，不断提升后勤保障综合效益，狠抓后勤制度完善，搞好后勤经费物资管理，落实账目及财务公开。后勤工作是保障部队遂行任务，推动自身全面建设的重要部分。按照“保障有力”的总要求，立足于提高现代条件下综合保障能力，加强队伍建设，实施规范化管理，落实达标要求，改善官兵生活条件，不断加大投入力度，使后勤建设基本实现队伍专业化、管理规范化、设施不锈钢化、膳食营养化等目标，为官兵创造良好环境，为部队完成中心任务提供有力保障。

（撰稿 胡一凡 编辑 朱彦沣）

群众团体

工会

【概况】准格尔旗总工会属于群众团体，正科级建制，受旗委的领导，内设4个职能股室：办公室、组宣部（女工部）、经济建设与权益保障部、困难职工帮扶中心，下辖1个事业单位：职工培训中心。共有干部职工12人，

【工会组织建设】2019年，坚持“面向基层、服务为先”，贴近职工群众的需求，切实提高群众对工会项目的知晓度、参与度和满意度。结合“强基层、补短板、增活力”活动开展，扎实推进“六有”工会建设和“双创优”工作。全旗650名货车司机等“八大群体”职工加入工会组织，新建基层工会组织56家，其中百人以上企业建立工会组织5家；变更、换领法人资格证21家。全旗基层工会组织累计达到660家。

【职工民主管理】落实职工代表大会制度，深化职工民主管理工作。组织召开全旗深化厂务公开民主管理工作会议，通过建立厂务公开民主工作联系点，推动企业建立公开栏等形式，拓展厂务公开工作面，对企业生产经营管理的突出“难点”、职工普遍关心的“热点”、领导班子和党风廉政建设的“关键点”进行实时公开，实现厂务公开民主管理制度化、规范化。全旗国有和规模以上企业厂务公开和职代会建制率达90%，非公有制企业厂务公开和职代会建制率达90%。开展创建和谐劳动关系活动的企业达18家。

【工资集体协商】以工资集体协商为抓手，完善利益协调机制，坚持开展工资集体协商“集中要约行动”。全旗建会企业新签续签集体合同163家，工资专项集体合同196家，区域性集体合同6家，行业集体合同2家，覆盖企业386家涉及职工2.3万余人。印发《企业工资集体协商条例》宣传手册2000册。通过在工会微信平台宣传《企业工资集体协商条例》，切实提高社会知晓率，为工资集体协商工作开展提供有效指导。发挥工资集体协商专职指导员作用，完善全程参与，指导企业开展集体协商等工作，引导企业和工会广泛开展工资集体协商要约行动。

【关爱职工】2019年“两节”期间，投入资金138.32万元，走访慰问企业49家，慰问一线职工及困难职工837人。春季举办由86家企业参与的大型“春送岗位”招聘活动，为大学生和农民工提供125个工种2000多个就业岗位。“夏送清凉”投入资金14.3万元，慰问1700多名奋战在高温酷暑一线的劳动者、10家一线职工集中的企业。“金秋助学”投入资金3.2万元资助15名困难职工子女圆了上学梦。有序推动职工医疗互助保障工作。2019年组织动员全旗187家单位参加职工医疗互助保障，参保职工达19223人，收缴职工医疗互保金 190 余万元，完成市总工会下达目标任务160%。加大关爱特殊群体工作力度。国庆期间同市总工会联合开展“市旗两级工会送温暖慰问活动”发放慰问品1300余份，慰问一线农民工1300余人，发放慰问金15.3万元。通过多措并举解困脱困城镇困难职工107户。新建环卫工人爱心驿站24处，筹资23.6万元为472名环卫工人进行免费体检。开展女职工关爱行动，建成爱心妈咪小屋1家，举办女职工健康讲座5期，全旗118个行政企事业单位760名女职工聆听讲座。

【法律维权】强化法治宣传培训，推进依法治会。组织工会系统干部职工重点学习《中华人民共和国工会法》《中华人民共和国劳动法》《中华人民共和国侵权责任法》等法律法规。在旗总工会的统筹安排下，各苏木乡镇（街道）企业工会组织普遍举办了主题为“遵法守法，携手筑梦”服务农民工公益法律行动，为400多名农民工提供法律维权服务。共发放普法宣传材料1.2万多份。

【劳动竞赛】2019年，组织全旗371家企事业单位开展“当好主人翁、建功新时代”职工劳动和技能大赛，参赛职工达3.2万人（次），参与覆盖面达到85%。与旗应急管理局联合开展“安康杯”知识竞赛，评选表彰安全生产工作先进班组5个和先进个人10名。

【文体活动】2019年，以庆祝新中国成立70周年为主题，举办庆“五一”大型职工文艺会演、全旗第四届职工运动会、全旗职工象棋围棋、乒乓球比赛、“安康杯”

2019年4月17日，庆祝新中国成立70周年全旗职工文艺会演举行

安全知识竞赛、“安全在我心中”演讲比赛、职工冬季长跑等各类活动20余场次，进一步丰富职工精神文化生活。

【劳模评选】2019年，推荐评选全国工人先锋号1个、自治区“五一劳动奖章”2人、市“五一劳动奖章”3人，市“五一劳动奖状”1个、市“工人先锋号”3个。评选表彰了20名旗级劳动模范（先进工作者）。

【素质拓展】2019年，为切实提高新时代、新常态下全旗广大干部职工的综合素质，根据中华全国总工会制定印发的《全国职工素质建设工程五年规划》精神和旗委要求，旗总工会投入资金165万余元，举办职工素质拓展培训班56期，全旗3239名职工参加了拓展培训。

【阵地建设】开展高技能人才创新工作室创建，2019年新创建职工创新工作室3家，其中1家被评为市级创新工作室。承担建设总投资7592.39万元的“准格尔旗职工文体活动中心”建设项目，主体工程于10月中旬封顶，年底已完成60%的整体工程量。分别拨付30万元和40万元补助款，支持力量煤业有限公司、久泰能源有限公司建成职工活动阵地亮点工程2处。

（撰稿 路 瑶 编辑 朱彦沣）

共青团

【概况】共青团准格尔旗委员会是参照公务员法管理的群团组织，正科级建制。机关内设机构为办公室，组织宣传权益部，青工农、学校、社区部。核定编制8个，其中行政编制5个、工勤编制1个、事业编制2个；配备书记1名、专职副书记1名，兼职和挂职副书记各2名。

【思想教育】2019年，围绕学习贯彻习近平新时代中国特色社会主义思想，特别是习近平关于青年工作的重要思想，全旗各级团组织举办学习宣传贯彻习近平总书记在纪念五四运动100周年大会上重要讲话精神活动122场次，覆盖7000余人；印发《习近平论青年工作材料汇编》等学习资料1500册。开展庆祝新中国成立70周年暨五四运动100周年网络有奖竞答，3.5万余人次参与。广泛动员全旗团员青年积极参与“青年大学习”，将爱国和爱党、爱社会主义高度统一，全年累计学习达10.6万余人次。引导各级团组织深入学习全国两会精神、党的十九届四中全会精神和习近平总书记考察内蒙古重要讲话指示精神，切实增强“四个意识”，坚定“四个自信”，做到“两个维护”。开展“弘扬雷锋精神、培育时代新人”暨2019年准格尔旗学雷锋志愿服务集中示范活动，推动学雷锋志愿服务活动常态化，注重价值观塑造。举办以“缅怀革命先烈、弘扬民族精神”为主题的清明节祭扫活动，引导青年认知革命传统、热爱伟大祖国。强化典型引领，选树“青年文明号”“农村青年致富带头人”等“青”字号工作典型，获评市级“优秀青年文明号号长”1人、市级“青年致富带头人”4人，市级“青年安全生产示范岗”2家。

【青春建功】举办“保护母亲河、爱我鄂尔多斯”2019年青少年植绿护绿统一行动并新建“准格尔青年林”一处；组织动员青年社会组织和新型领域80余名青年开展了“筑梦青春、建功北疆”绿色徒步行环保活动。深化志愿服务行动，为全市组织系统第五届组织工作文化活动、准旗第五届乡村旅游杏花节、农民丰收节等重大活动提供50余名优秀青年志愿者。全年累计举办13场志愿服务活动，有效调动1600余名青年志愿者展现新作为。招募24名大学生西部计划志愿者服务基层一线。

【组织建设】切实履行主体责任，抓好意

识形态工作，积极探索基层建设新路径。推进“不忘初心、牢记使命”主题教育，组织集中学习研讨13次，党支部书记讲党课1次。组织“我和我的祖国”国旗下的演讲和中国共产党成立98周年暨“守初心、担使命，找差距、抓落实”主题党日，不断加强作风建设。扎实抓好意识形态工作，持续推进从严治团，推进基层团组织标准化、规范化建设。2019年，4个街道全部建成区域化共建委员会，建成1个乡镇实体化大团委，17家非公有制企业成立了团组织。

【服务青少年】依托青年爱里等阵地，组织青年志愿者和宣讲员到基层进学校开展法律维权、心理咨询、兴趣培养、安全防护等活动近10场次。联合东南大学团委、旗教体局实施“蒲公英”圆梦计划，开展“至善科技”夏令营活动；联合准格尔旗青少年教育实训基地举办了大型恐龙科普展，有效丰富学生的“第二课堂”。针对青年职工需求，先后举办2场青年交友联谊会，有效解决青年婚恋交友难的问题；深入开展“共青团与人大代表、政协委员面对面”工作，反映青年诉求，推动各方面重视和解决青年成长发展过程中的问题。开展“青创易贷”项目，推荐创业青年73人、落实贷款624万元。联合培训机构举办2场面试公益培训活动，为近百名准旗籍备考青年进行免费培训讲解。

（撰稿 白瑞勤 编辑 朱彦沣）

妇联

【概况】准格尔旗妇女联合会是党领导下的社会群众团体，是党和政府联系妇女群众的桥梁和纽带，代表和维护妇女利益，促进男女平等，教育、引导广大妇女，增强自尊、自信、自立、自强的精神，全面提高妇女素质，促进妇女人才成长，维护妇女儿童合法权益。内设5个部室，即办公室、组宣部、发展联络部、权益部、家庭和儿童工作部，旗妇女儿童工作委员会设在妇联，并配有专职工作人员。

【妇联活动】 2019年，举办“芳华半边天·追梦新时代”全旗庆祝“三八”国际妇女节109周年颁奖礼，全旗领导干部、各行各业的妇女代表760余人共庆佳节，对三八红旗手、巾帼建功标兵、巾帼致富标兵、优秀创业女性等27名先进个人和三八红旗集体、巾帼文明岗等12个优秀集体进行了表彰。举办“提升魅力、绽放优雅”女性形象礼仪培训班，全旗70余人参加。举办“巾帼心向党·礼赞新中国”——世界因你而美丽、新中国高自尊的新女性专题讲座2场，200余名干部群众听讲。引导各级妇联组织积极参与全旗脱贫攻坚、乡村振兴和农牧区人居环境整治工作，常态化持久开展“栓整人家”“精巴媳妇”“美丽庭院”创建评比活动，成功推荐21户家庭为全市“美丽庭院”示范户。

【宣传教育】2019年，妇联利用“妇联通”APP，大力宣传我旗各级妇联特色亮点工作。在微信公众平台组织176名网评员、5名网宣员对上级妇联的直播活动、视频进行跟帖、转发、讨论、点赞宣传800余次。在人民网、新华网、内蒙古妇女网、准格尔之窗等各大网站发稿22篇次。

【创业就业】2019年，举行妈妈制造合作社揭牌暨手工编织培训班，为现场100余名无业妇女进行编织、刺绣、手工串珠、摆件等手工技能培训。组织妇女参与农牧民妇女网络教育培训，3000多名妇女参加培训。联合旗就业局举办电商实务培训班，50多名学员报名参加培训。300名妇女参加为期15天准格尔旗母婴护理师培训班，就职业道德、职业礼仪、产妇护理、婴幼儿日常生活照料及护理等方面的培训。与就业局、团委联合举办女性创业分享沙龙活动，助推城乡妇女创业就业、脱贫致富。

【妇女维权】2019年，共接访家事调解案件195件（含诉前调解165件），调处率85%，结案率100%。联合旗法院聘任14名基层妇联主席为家事调查员，全程参与涉家事案件调查审判工作。联合旗司法局建立覆盖全旗所有村社区的“婚姻家庭纠纷调解室”，形成“旗维权中心+基层站点”上下联动的旗乡村三级维权工作网络，基本实现为妇女儿童提供法律咨询、矛盾纠纷调解、法律救助等“一站式”服务。举办“提高法律素质、增强维权意识”维权能力培训，260余名妇联干部参训。

【家教宣导】2019年，妇联投入12万元重点建设湖西社区、和泰社区“妇女之家”“儿童之家”。争取市妇儿工委办资金1.5万元，实施“一米阳光与爱同行”项目，开展活动12场次，受益人数1785人。启动“家家幸福安康工程”，提升全民家庭教育水平。举办“立家教、树家风、传家训”大型家庭教育进基层宣讲15场，3500余名家长听讲。举办“父母进课堂，携手共成长”家庭教育讲座，160多名家长听讲。在各社区、学校中广泛开展“给妈妈写一封信”“亲子阅读”等活动，成功申报自治区级亲子阅读体验基地1处。

【助学济困】2019年妇联向上级妇联争取救助金，为29名患病妇女发放“两癌”救助金29万元，发放“母亲邮包”40个。争取“贫困母亲一对一帮扶”资金18万元，资助贫困母亲18人。慰问贫困妇女、“两癌”患者等弱势群体24人，发送慰问金2.4万元。开展一帮一“助学、筑梦、铸人”项目进校园“大爱暖冬、新年新衣”服务活动，投资1万元为50名贫困儿童发放过冬爱心暖包。

（撰稿 张茹 编辑 朱彦沣）

科协

【概况】准格尔旗科协是旗级群团组织，隶属于准格尔旗委，科级建制。根据《中国科协章程》以及内蒙古在自治区颁布的《内蒙古自治区科学技术普及条例》规定，准格尔旗科协是自然科学、技术科学、区级学会、协会、研究会和工委、乡（镇）、街道科协、基层科协组成的科技工作者群众组织，是中共准格尔旗委领导的人民团体，是党和政府联系科学技术普及的主力军。准格尔旗科协现有编制内人员8人，编制外人员2名。

【科普宣传】2019年，组织科普宣传6场（次），开展科普大篷车（流动科技馆）进乡村、社区活动12次，进校园活动8次。完善乡村、社区、校园科普e站建设工程，共注册科普信息员390多名，234个乡村、社区、校园科普e站已全部挂牌并正常运转。结合“百名专家科普基层行”活动，组织邀请自治区和旗内科普专家深入十二连城乡、沙圪堵镇、龙口镇等地开展农牧业实用技术讲课4场次，培训农牧民技术员300余人次。开展社区居民科普讲座1期，培训社区居民200余人。印制折叠科普宣传册3万余册、科普宣传手提袋、围裙2万多个。全年科普宣传直接受益9万人次。

【青少年科普】2019年，邀请全区知名青少年科技创新专家到准旗讲课2场次，共培训中小学生1000多名，青少年科技辅导员50多名。开展以资料发放、仪器展示、图板展示、科技咨询进校园活动3次，举办青少年科技创新大赛及全旗青少年科普书法大赛，并组织向市科协、自治区科协申报推荐优秀作品等工作。组织青少年参加市科协举办的贫困家庭学生恩格贝夏令营活动和内蒙古自治区科协、市科协举办的机器人大赛，准旗小学、初中、高中组获得优异成绩。为科技馆新增12万余元的科普仪器32件，不断满足准旗青少年对科技教育的个性化需求。举办青少年创新讲座2场次，共培训青少年科技辅导员50余名、中小学生1000余名。

【科普阵地建设】2019年，新建社区、农村科普图书室2个，示范科普e站30个，科普宣传栏16处。加强科普网络书屋完善工程，保证建成的100个科普网络书屋的正常运行。继续在准格尔电视台开办“科普大篷车”专栏；继续在旗广播电台不定期开办专栏；继续在《今日准格尔》报开设“科普园地”专栏。及时更换科普宣传栏内容，定期宣传科普知识。继续发挥手机科普短信平台作用，定期向全旗副科级以上干部及大学生村干部发送科普知识。继续发挥“准格尔公众科普”平台方便快捷的优势，让全旗人民足不出户，了解科普工作动态及百姓关心的科普知识等。

（编辑 朱彦沣）

工商联

【概况】准格尔旗工商业联合会于1987年恢复组建，挂旗总商会牌子。是中国共产党领导的以非公有制企业和非公有制经济人士为主体的人民团体和商会组织，是党和政府联系非公有制经济人士的桥梁纽带，是政府管理和服务非有公有制经济的助手。科级建制。设2室1部，即办公室、财务室、经济服务部。2019年底工商联共有工作人员10名，其中行政编制6人，工勤编制1人。截至2019年底，全旗工商联共有个人会员230个，老会员4人，现有基层组织15个，其中乡镇商会13个、行业商会2个。

【思想政治建设】2019年，组织15家非公企业参加由旗委统战部组织的“同心同德，立德圆梦”读书会，会上对习近平总书记在民营企业座谈会上的讲话精神和内蒙古自治区关于促进民营经济高质量发展若干措施进行了解读。9月，组织10位优秀非公企业家代表参加全旗组织的庆祝中华人民共和国成立70周年升国旗仪式，激发和提升了非公经济人士的爱国热情和民族自豪感。组织党员干部前往准格尔旗看守所预防职务犯罪警示教育基地和湖西社区准格尔旗党建工作展厅参观学习。组织37名非公经济人士赴广州起义纪念馆、孙中山纪念馆、黄埔军校红色教育基地参观，学习党的革命精神，重温党的光辉历程，追寻红色记忆，接受红色精神洗礼。

【培训调研】2019年，配合市调研组举办“坚持党建领航助推高质量发展”主题调研及培训会，90多家非公企业参加培训。举办主题为“民营企业法律风险提示与防范”的讲座1次。组织部分乡镇部门负责人、非公企业负责人组成调研组，对我旗“百企帮百村”暨民营企业助力脱贫攻坚和乡村振兴战略工作开展情况进行调研，先后深入内蒙古漠菇生物科技有限公司、鄂尔多斯市景观田农业开发有限公司进行实地调研，考察企业生产经营、重点项目建设进展等情况，并与企业负责人进行交流，详细询问企业在生产经营过程中遇到的突出问题和实际困难，共同探讨企业今后的发展思路，形成《准格尔旗中小微企业发展情况的调研报告》。

【脱贫攻坚】发挥工商联联系广渠道多的优势，为脱贫攻坚项目推进作出贡献。联络163家企业结对帮扶161个嘎查村和农村社区，推进开展“百企帮百村”精准扶贫行动。到位资金3304.52万元，共实现效益收入752.9万元。

（撰稿　杨彩霞　编辑　朱彦沣）

文联

【概况】准格尔旗文学艺术界联合会成立于1991年，是中共准格尔旗委、政府联系全旗文艺工作者的桥梁和纽带。文联内设办公室、文艺部、编辑部，属于正科级建制单位。设有作家协会、青年作家协会、书法家协会、美术家协会、音乐舞蹈影视剧协会、漫瀚调协会、硬笔书法家协会、民间文艺家协会、诗词学会、准格尔经济开发区书画协会、准格尔旗检察官文学艺术联合会，现有会员2000多人。文联创办文学刊物《准格尔地》，每期发稿8万多字。

【文学刊物】2019年，准格尔旗文学艺术界联合会坚持“面向本土，扶持新人”的办刊宗旨，以“关注准格尔、发现准格尔、挖掘准格尔、讴歌准格尔”为目标，以刊发本土作家文学作品及本部门工作动态、大型活动等内容为主，认真做好《准格尔地》期刊的编辑印制工作。全年编印《准格尔地》4期，发表不同体裁的文学作品200多篇（首），总字数36万字左右。

【文艺活动】2019年，准旗文联组织旗部分作家、摄影家一行30余人深入龙口镇大口村开展“杏韵准格尔”诗歌摄影创作采风活动。4月13日，在“醉美准格

尔 自在乡村游”第五届乡村旅游杏花节期间，承办了“诗韵准格尔”诗歌品鉴分享会、书画展。主办本土作家张秉毅《烽火美人》新书签售会。开展“到人民中间去”，弘扬乌兰牧骑精神下基层活动。深入蓝天街道贾家湾社区、迎泽街道湖西社区、兴隆街道王青塔村，魏家峁镇杜家峁村、十二连城乡五家尧村等村和社区，对自创刊物《准格尔地》、自编图书《准格尔诗歌选》等书籍千余册进行宣传发放。承办“鄂尔多斯我的家——家国情怀高原风·奋笔诗书准格尔”第四届诗歌那达慕活动。活动内容包括原创诗歌比赛、诗歌朗诵大赛和书写大赛。收到原创诗歌作品242篇，书法作品62幅，诗歌朗诵作品84件，经过初赛决赛激烈角逐，对评选出的各类作品及作者进行表彰奖励。并选送12篇诗歌、22幅书法作品、12名朗诵选手参加全市诗歌那达慕比赛。其中获得二等奖2名，三等奖4名，优秀奖13名。

【书籍编印】2019年准格尔旗文学艺术界联合会整理编印《准格尔旗俗语谚语》一书。全书包含准格尔俗语、谚语的内在联系、历史起源、文化内涵、语言特色、现实意义等内容，选录“准格尔俗语”1240条，“准格尔谚语”1820条。编印《百里长川》诗文集，收录了旗内外21位作家关于“百里长川”的文学精品力作142篇（首）。编印《准格尔本土诗歌年选》（2016—2019），编录了准旗9名诗人的178首诗歌。

（撰稿 王 文 编辑 朱彦沣）

残联

【概况】准格尔旗残疾人联合会是由准格尔旗残疾人及其亲友和残疾人工作者组成的人民团体，代表残疾人共同利益，维护残疾人合法权益；团结教育残疾人，为残疾人服务，管理和发展残疾人事业。截至2019年底，准旗有持证残疾人14362人，其中农村残疾人12103人，占残疾人总数的84.27%，城镇2259人，占残疾人总数的15.73%；按残疾等级分，一级残疾人有1454人，二级残疾人有3578人，三级残疾人有4723人，四级残疾人有4607人；全旗共有“老残一体”人员7801人，有建档立卡贫困残疾人3户、3人。

【精准康复】2019年，为精准康复服务系统中有需求的717名残疾人提供康复服务，筛查出辅具需求137件（套），并进行送辅具上门服务，康复服务率达100%。实施白内障复明手术476例，补贴手术经费64.78万元。免费发放轮椅99台（其中电动轮椅12台、儿童轮椅2台）。发放验配助听器补贴127台。发放其他生活、医疗辅助器具221件（套）。为14名上肢残疾人安装假肢，为27名残疾儿童适配矫形器。投入资金149.5万元，为108名脑瘫、言语、孤独症、智力障碍、低视力残疾儿童发放康复训练补贴。

【残疾人保障】2019年共为肢体三级残疾人发放生活补贴588.1万元，全部通过“一卡通”发放到位。为2540人重度残疾人发放城乡居民医疗保险补贴54.095万元，通过财政“一卡通”系统发放，补助标准为220元/人·年（其中蒙古、鄂温克、鄂伦春、达斡尔4个少数民族补助标准为70元/人）。为8779名非重度残疾人缴纳意外保险21.94万元，缴纳标准为25元/人·年。

【残疾人扶贫】2019年，投入资金122.27万元，资助贫困残疾学生和残疾人子女上高中、中专、特校、大专、本科、研究生1012人次。对全旗3户建档立卡贫困残疾人家庭生产生活进行入户走访调查，为3户贫困户每户给予1万元生产生活补贴。做好包扶村贫困户的脱贫巩固工作。为薛家湾镇业林沟村村集体养殖场拨付扶持资金7万元。通过线上审核系统共审核3911个企事业单位，审核率为56.47%，核定金额为3909.47万元，入库金额为3827.46万元。为9户残疾人自主创业户和10户个体经营户发放补贴37万元为全旗残疾人脱贫巩固户中的258户（其中少数民族23户）扶持产业发展脱贫对象发放产业发展补贴资金53.9万元，全部通过财政“一卡通”系统发放到位。

【组联工作】2019年度全旗残疾人基本服务状况和需求数据动态更新工作，组织全旗14个苏木乡镇街道残联理事长、193个嘎查村社区残疾人协会专职委员举办2期动态更新业务知识培训班。完成14430名持证残疾人的数据采集工作。通过“残疾人服务”APP进行数据采集，采集率达到96.02%，按照市残联转发《关于印发内蒙古自治区残疾人证清理工作实施方案的通知》精神，对全旗各机关、企事业单位在职工作人员、离退休人员和社会人员持有残疾人证以及目测评定持证人员进行清理核查，全旗机关企事业单位持证残疾人参加清理核查1390人，社会人员持证残疾人参加清理核查2392人，目测评定持证残疾人参加清理核查619人，清理核查率为30.5%。

【残疾人维权】2019年，为206户残疾人家庭实施无障碍设施改造，其中为28户残疾人家庭安装卧室扶手、走廊扶手、卫生间扶手，为178户残疾人家庭安装坐便器、热水器。共接到上级转办信访事件2件，已妥善处理，切实维护了残疾人的合法权益。

【助残宣传】2019年，与旗图书馆联合举办了庆祝中华人民共和国成立70周年“文化助残•共享芬芳”为盲人讲电影活动。举办“爱的味道•心的传递”助残活动。联合准格尔旗红烛公益协会、旗文明办、团旗委、旗八小和旗残疾人艺术团，开展“扶残助残，有你有我”为主题的一对一帮扶活动，为20户贫困残疾人送去米、面等慰问品。全国残疾预防日期间，印制宣传海报1000份。选送4名残疾人参加市残联举办的“不忘初心、牢记使命”巡回宣讲活动，张建华、项颖分别荣获第二名和第三名。“准格尔旗残疾人联合会”微信公众号正式投入使用，关注总人数达930人次，累计公开发布消息27次，阅读总量达14158次。

（撰稿 刘唐兵 编辑 朱彦沣）

红十字会

【概况】准格尔旗红十字会组建于1994年5月，当时为准格尔旗卫生局下设股室，2007年4月单设，科级建制。核定编制7人，2019年有工作人员4人。

【募捐】2019年，“博爱 一日捐”捐款335.83万元，其中行政事业单位捐款131.24万元、企业捐款204.59万元，捐款数额高居全自治区各旗县区之首。专项募捐207.72万元，其中“平安校园行”项目筹资167.80万元、扶贫专项捐款39.92万元，已用于准旗各中小学校平安校园建设及扶贫工作。全年捐款合计543.55万元。

【救助】2019年，在全旗范围内集中开展“博爱送万家活动”，采购面粉47.50吨，价值22.2万元，分发到各乡镇开展了“博爱送万家”活动。救助受灾、大病、特困等困难群体2556户，累计使用善款62.36万元，受益6000余人。预留备灾救灾储备金67万元。

【应急救护培训】2019年，先后在魏家峁北方电力运输公司、景泰发电有限责任公司、中铁三局有限公司运输分公司、安达救援队、准旗三中、龙口镇小学等单位开展应急救护培训，累计培训50多场次，培训救护员613人，普及培训2970人。

【造血干细胞】2019年，先后在准格尔经济开发区、大路煤化工基地、薛家湾镇开展了7次无偿献血、造血干细胞知识宣传和血样采集入库活动。共有42名志愿者留取造血干细胞血样，发放宣传资料2000余份。全年完成362人造血干细胞志愿者回访任务，回访率100%。全旗成功捐献造血干细胞6例。

【遗体捐献】全旗有15人咨询遗体与器官捐献事项，1人成功捐献了遗体，1人成功捐献了器官及遗体。

【政策宣传】2019年，在5.8国际红十字日、5·12防震减灾日、6·14世界献血者日，9·14世界急救日等固定宣传日，开展《中华人民共和国红十字会法》等红十字相关知识及防灾减灾知识的宣传和普及活动，累计发放各类宣传材料1万余份。在准旗第三中学、龙口镇小学开展国际人道法知识讲座，累计培训2970人。组建宣传筹资、无偿献血和造血干细胞捐献、社会服务、急救知识普及、遗体捐献等志愿服务队，吸收志愿者39名，对志愿者服务队进行相关培训，完善相关制度。

【示范校建设项目】2019年，在准旗龙口镇小学实施红十字会示范校建设项目。制定了实施方案，建立了组织机构。投资0.6万元，在教学楼内张贴了红十字知识宣传标牌。配备了除颤仪、轮椅、助行椅、脊柱板、急救箱等设备，并对部分工作人员和学生进行了急救知识培训，开展应急救护知识竞赛。资助金额0.3万元，救助困难学生10名。

【“博爱家园”项目】2019年，投资10万元为巴润哈岱村修建一段“林果基地爱心路”，投资5万元，按照六有标准组建了巴润哈岱村红十字会，建起了村急救角，配备轮椅、助行椅、脊柱板、急救箱等设备。投资0.97万元，在沙圪堵镇民乐社区建立急救角，配备轮椅、助行椅、脊柱板、急救箱等设备。投资3.2万元，在沙圪堵汽车站建立1个急救点。

（撰稿 王根云 编辑 朱彦沣）

经济管理

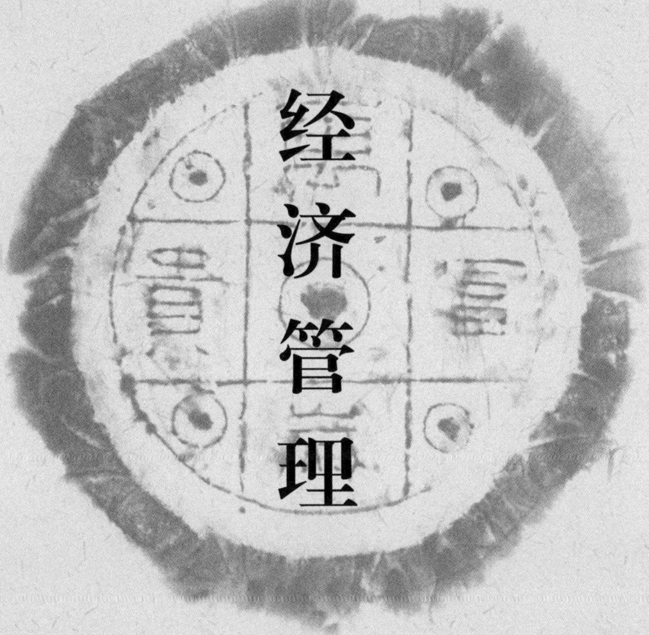

发展改革

【概况】 准格尔旗发展和改革委员会是准旗经济社会发展战略、规划、总量平衡、结构调整、经济体制改革的旗人民政府综合职能部门，内设综合办公室（行政审批办）、固定资产投资股、产业协调和社会信用建设股、区域经济合作股、价格认证中心（价格股）、粮食与物资储备股，下设准格尔旗经济信息中心。

【综合经济指标】2019年，准格尔旗全年完成地区生产总值820.05亿元，同比增长3.1%。从三次产业看，第一产业实现增加值11.51亿元，增长1.2%；第二产业实现增加值562.92亿元，增长2.8%，其中工业增加值完成541.64亿元，增长2.3%，建筑业增加值完成21.28亿元，增长18.7%；第三产业实现增加值245.62亿元，增长4.0%。一、二、三次产业经济结构比例为1.4：68.6：30。

全年完成固定资产投资92亿元，同比增长16.1%；一般公共财政预算收入82.6亿元，同比增长6.3%；一般公共预算支出90.18亿元，同比增长2.1%；社会消费品零售总额128.46亿元，同比增长3.4%；城乡居民人均可支配收入达到51122元、19814元，同比分别增长6.0%、8.6%。

【重点项目】项目审批 2019年，全旗受理申报项目424项，其中审批类118项、备案类190项、节能报批11项、节能上报10项、核准上报3项、价格收费事项92项。

项目调度 2019年，全旗308个重点项目开复工163项（新建107项、续建56项），完成投资136.05亿元，开复工率53%；77个亿元以上重点项目开复工56项（新建27项、续建29项），完成投资122.13亿元，开复工率73%；列入市级亿元以上的33个项目全部开复工，完成投资98.11亿元。

项目储备 2019年，全旗储备策划类项目173项。其中，储备类100项，总投资486亿元；策划类73项，总投资2726亿元。

项目进展 2019年，明旺达红进塔铁路专用线项目获得自治区发改委核准，正在办理开工前各项手续。中石化80万吨煤制烯烃项目、神华30万吨高铝粉煤灰项目、智新30万吨密闭糊项目、骏成900吨碳纳米管及1.8万吨锂离子电池正负极导电剂建设项目、龙王渠集运站项目等开工建设。大龙高速、久泰50万吨乙二醇项目正在建设中。鄂尔多斯市华兴能源有限责任公司煤炭地下气化技术研究与产业化试验示范项目、中科合成油内蒙古有限公司1.2万吨煤制油催化剂副产物高效转化项目已完工。

【易地扶贫搬迁】2019年，按照《内蒙古自治区发展和改革委员会关于部分调整自治区易地扶贫搬迁中央预算内投资计划的函》（内发改地区函〔2019〕536号），准格尔旗调整易地扶贫搬迁工程不符合国家相关规定而无法整改的43户134人，两次调整后的易地扶贫搬迁任务为324户812人，搬迁对象涉及9个乡镇，其中大路镇20户56人、龙口镇99户244人、纳日松镇18户54人、暖水乡4户10人、沙圪堵镇80户173人、十二连城2户8人、魏家峁45户120人、薛家湾镇48户125人、准格尔召镇8户22人。建设集中安置点3个（大路苗家滩集中安置点、沙圪堵镇福路集中安置点、沙圪堵镇西营子集中安置点），集中安置（10户以上）108户263人；自建房安置搬迁户117户318人；迁入集中点47户111人；进城进镇购房安置搬迁户19户61人；投亲靠友安置搬迁户33户59人。

【价格】2019年，旗发改部门共审核行政事业性收费单位65家，注销收费单位2家；核审经营性收费单位26家，注销5家。取消行政事业性收费1项；降低行政事业性收费标准2项；减免行政事业性收费标准3项。完成价格认定案件194起，涉及金额16582.4927万元。其中刑事涉案财物认定85起，涉及金额15795.4681万元；行政案件42起，涉及金额262.326万元；其他价格认定案件67起，涉及金额524.6986万元。年内，分两批次降低一般工商业电价，平均每千瓦时降低0.091元，累计为企业减负810万元。

【项目资金】 2019年，准格尔旗全年共争取上级投资项目6项，争取上级投资

6727万元，其中中央预算内投资6295万元、自治区预算内投资324万元、市级资金108万元。其中用于准格尔旗中心医院改扩建项目5000万元、京津风沙源治理二期工程1010万元、饮水安全巩固提升工程355万元、准托清工业园区产业合作试点前期工作35万元、准格尔陶瓷小镇建设前期费用42万元、薛家湾镇老旧小区（西苑小区）配套基础设施改造项目285万元。

【发展规划】2019年，编制完成《准格尔旗实施乡村振兴战略行动方案》《准格尔旗农村人居环境整治实施方案（2018-2020年）》《准格尔旗关于深入开展消费扶贫助力打赢脱贫攻坚战的实施方案》《准格尔旗易地扶贫搬迁产业发展实施方案》；编制完成《准格尔旗新能源产业发展规划（初稿）》和《准格尔旗生态保护和高质量发展实施方案（讨论稿）》；提出并上报《呼包鄂及乌兰察布产业指导目录——鄂尔多斯》实施意见。

【返乡创业贷款项目】 2019年，准格尔旗实施的返乡创业贷款项目有：内蒙古恩河牧业有限公司沙漠生态农业示范园区建设项目、内蒙古农乡丰工贸有限公司一万吨小杂粮加工扩建项目、内蒙古佳汇新材料科技有限公司6万吨耐火材料项目、鄂尔多斯市蒙融农牧开发有限责任公司基础设施及市场开发项目。

【资源型经济改革试点】2019年，资源型经济创新发展综合改革试点完成《准格尔旗多规融合总体规划》、技术报告、项目指导书、规划成果数据标准、图册、数据库（GIS）等成果。持续完善《准格尔旗多规融合发展规划》，以“多规合一”智慧政务平台为基础的“智慧准格尔”项目及大数据发展中心正在建设。

（撰稿 李 龙　编辑 李海峰）

2019年准格尔旗主要经济指标统计表

表6

指标名称	单位	（1—12月）累计	同比增减（%）
地区生产总值	亿元	820.05	3.1
第一产业增加值	亿元	11.51	1.2
第二产业增加值	亿元	562.92	2.8
全部工业增加值	亿元	541.64	2.3
第三产业增加值	亿元	245.62	4.0
固定资产投资总额	亿元	92	16.1
社会消费品零售总额	亿元	128.46	3.4
财政总收入	亿元	287.41	16.7
公共财政预算收入	亿元	82.6	6.3
公共财政预算支出	亿元	90.18	2.1
农村常住居民人均可支配收入	元	19814	8.6
城镇常住居民人均可支配收入	元	51122	6.0

审计

【概况】 准格尔旗审计局是旗人民政府的职能部门，负责全旗的审计监督工作。内设7个股室，分别是办公室（法规审理股）、财政金融审计股、行政企事业审计股、农业农村及资源环境审计股、经济责任审计股、固定资产投资审计股、社会保障及民生审计股，1个直属事业单位（旗经济责任审计领导小组办公室）。旗委审计委员会办公室设秘书室与局办公室合署办公。

2019年，准格尔旗审计局全年完成经旗人民政府批准实施的年度审计项目计划36个，审计查出主要问题金额175571.55万元，其中违规金额6200.19万元，管理不规范资金169371.36万元，审计发现非金额计量问题69个，审计处理处罚3624.02万元，审计追缴资金674万元，移送处理事项14件（移送纪检监察机关4件，移送主管部门10件），移送处理金额8060.07万元，提出审计建议102条，推动建立健全制度19项。出具审计报告和审计结果报告46篇，编发审计信息55篇，被旗级以上媒体采用13篇。全年未发生违纪、违法事件和审计行政复议事件。

【重大政策跟踪审计】 2019年，准格尔旗审计局完成全旗减税降费、清理拖欠民营企业中小企业账款和城镇市政基础设施建设等重大政策跟踪审计项目及整改情况，审计发现违规金额5729万元，管理不规范资金1027.62万元，非金额计量问题6个，提出审计建议13条。

【财政预算执行审计】 2019年，准格尔旗审计局完成旗财政局、准格尔经济开发区管委会财政局、大路煤化工基地财政局、沙圪堵镇、纳日松镇和铁路办等5个单位的预算执行情况审计，审计发现违规金额280.61万元，管理不规范资金164655.55万元，非金额计量问题20个，移送处理事项3件，提出审计建议23条。

【资源环境审计】2019年，完成水利局领导干部自然资源资产任中审计，审计发现非金额计量问题2个，提出审计建议5条。

【经济责任审计】2019年，完成沙圪堵镇、纳日松镇、布尔陶亥苏木、旗统计局、旗农牧业局、旗委农工部、旗科技局和蓝天街道8个单位10名主要领导干部的经济责任审计，发现违规金额132.98万元，管理不规范资金1958.9万元，非金额计量问题26个，移送处理事项7件，提出审计建议29条。

【行政事业审计】2019年，完成旗政协办公室、旗人民法院、旗委政法委、旗委统战部、旗委办和旗交通运输局等6个单位的行政事业审计，发现违规金额41万元，管理不规范资金1182.56万元，非金额计量问题7个，移送处理事项4件，提出审计建议22条。

【政府投资项目审计】2019年，完成湖西经一路（西段）道路及管网工程、大路新区第二小学和和苑D1区3号楼职工宿舍装修工程竣工结算审计和纳林幼儿园竣工决算审计，审计发现违规金额16.61万元，管理不规范资金546.74万元，提出审计建议8条。完成工程结算审计（审核）90项，送审金额63681.78万元，审定金额60668.41万元，核减投资额3013.36万元，核减率4.73%。审计决定落实率达92%以上。

【专项审计】2019年，完成市审计局统一组织的交叉审计任务——达拉特旗保障性安居工程审计和扶贫资金（乡村振兴、惠农补贴“一卡通”）审计项目；完成准格尔旗化解政府债务和2015年至2019年9月支付债券使用情况审计调查；完成旗委组织部党费收缴使用管理审计，审计发现非金额计量问题8个，提出审计建议2条。

【审计委员会】2019年3月，旗委成立审计委员会，审计委员会办公室设在审计局。8月23日，召开了旗委审计委员会第一次会议，出台《准格尔旗委审计委员会工作规则》和《准格尔旗审计委员会办公室工作细则》，加强新时期党对审计工作的领导。

（撰稿 杨 雄 编辑 李海峰）

统计

【经济运行监测】2019年，准格尔旗统计局按月向旗委、政府上报各项经济指标完成情况，并对全旗经济运行情况全面分析研判，为旗委、政府决策提供参考依据。全年全旗地区生产总值实现820.05亿元，居全市首位，按第四次全国经济普查修订数据后的同口径可比价计算，比上年增长3.1%。全旗500万元以上固定资产投资同比增长16.1%。社会消费品零售总额完成128.46亿元，增长3.4%。全旗城镇和农村常住居民人均可支配收入分别为51122元、19814元，分别增长6.0%、8.6%。

【第四次全国经济普查】第四次全国经济普查是一项重大国情国力调查，主要是摸清全旗各类单位和个体户的基本情况，全面查实二、三产业家底，全面更新覆盖国民经济各行业的基本单位名录库。2019年4月30日，准格尔旗统计局完成第四次全国经济普查入户登记工作，登记上报普查单位5336户、个体工商户1.9万户。

【夏季畜牧业调查】准格尔旗统计局按照自治区统计局要求，按时完成2019年夏季畜牧业调查。2019年全旗牲畜总头数为712581头。

【人口抽样调查】2019年人口抽样调查工作于10月15日开始，11月25日结束，准格尔旗统计局完成对全旗11个样本村（社区）的人口抽样调查工作。

【统计信息化建设】2019年，准格尔旗统计局利用“四经普”法人单位资料，梳理更新基本单位名录库中已有单位信息，补充新增单位，剔除消亡单位，并对各类单位分类标记。年内，共新上线企业53家，其中工业企业28家、投资项目及房地产企业17家、商贸企业5家，服务业企业3家。开通开发区（园区）、苏木乡镇街道统计专网，为旗乡两级统计干部配备专用计算机，加强基层统计规范化建设。规范全旗所有城乡常住居民可支配收入调查户的记账流程，电子记账开户率从51.7%提升到81.6%，调查户收支情况达到“应统尽统”，从源头遏制了漏记、少记等问题。

【自然资源资产统计监测台账】2019年，准格尔旗统计局对自然资源资产“一张图”进行年度更新；完成全旗自然资源资产管理平台的硬件建设；建立了2016—2018年统计监测基层台账。

【统计法治建设】2019年，准格尔旗统计局按照《中华人民共和国统计法》要求，督促全旗各企业建立完善统计档案，包括企业原始记录、统计台账、统计制度等统计资料。针对“四经普”拒报、瞒报的企业及不按时限报表的企业开展了统计执法检查，共检查企业6家。同时，组织专业人员对全旗334家限上企业和281家限下企业统计档案的数据进行核查比对，进一步保证统计数据质量。

【统计服务】2019年，准格尔旗统计局及时向旗委、政府上报全旗各项主要经济指标完成情况，撰写《决策参考》16期，专题报告2期，对全旗经济运行情况进行全面分析研判，对第四次全国经济普查提供决策性建议，为加强和改善宏观调控，深化供给侧结构性改革，科学制定中长期发展规划提供科学准确的统计信息支持。同时，与中国社会科学院财经战略研究院一道，完成全旗县域经济发展评估工作，评估结果准格尔旗荣居2019年中国西部地区县域经济发展第1位、位居全国县域经济百强县第22名。

年内，统计人员深入开展调查研究，撰写各类统计分析信息报告388篇，采用率位居全旗第一名。全旗两会期间，向人大代表、政协委员发放《2018年准格尔旗国民经济和社会发展统计公报》，为全旗各界人士及时了解准格尔旗经济社会发展状况提供法定资料。

【准格尔旗统计局】准格尔旗统计局属旗政府工作部门，正科级建制，主要承担统计调查、分析、经济运行监测三大职能。下设城乡社会经济调查队，内设综合办公室、政策法规股和国民经济综合统计股（国民经济核算股）3个股室，设综合、工业、能源、建筑业和房地产、固定资产投资、服务业、商贸、农牧业、科技及信息化、劳动工资，城乡住户调查、价格调查、基本单位名录库维护等统计专业。

（撰稿 宋锦春　编辑 李海峰）

财政·税务

财政

【准格尔旗财政局】 准格尔旗财政局是准格尔旗政府综合经济管理部门，负责编制并组织执行全旗年度预算、管理全旗财政收支、组织非税收入及贯彻落实财政政策、法规等多项工作。现有准格尔旗非税收入管理局、准格尔旗采购管理办公室、准格尔旗工资发放中心、准格尔旗建筑工程审定中心、准格尔旗农村牧区综合改革领导小组办公室5个二级单位，办公室、预算股、国库股、行政政法股、教科文股、工业交通股、农财股、综合经建股、社保股、会计股、监督检查股、国有资产管理委员会办公室、债务管理办公室14个股室。

【概况】 2019年，全旗一般公共预算收入完成826020万元（其中：旗本级761529万元、准格尔经济开发区28934万元、大路煤化工基地35557万元），同比增长6.3%，加上上级转移支付收入193224万元（其中：一般性转移支付79187万元、专项转移支付114037万元），新增债券收入38200万元，上年结转收入84466万元，调入预算稳定调节基金34719万元，各项收入合计1176629万元。全旗一般公共预算支出完成901821万元，加上上解上级财政支出156897万元（其中：体制上解155786万元、专项上解1111万元），安排预算稳定调节基金82379万元，各项支出合计1141097万元。收支相抵年终结余35532万元。

【民生事业支出】 2019年，全旗民生领域支出454560万元，占财政总支出的50.4%。

教育　投入129337万元，用于教师待遇落实、教师招聘引进、新（续）建学校幼儿园等重点项目建设，教育标准化建设水平进一步提高。

文化旅游体育与传媒　投入12811万元，用于图书馆总分馆、职工文体活动中心、文化服务综合活动中心等建设，公共文化体育服务功能不断增强。

社会保障和就业　投入86253万元，用于推进全民参保计划和城乡低保、养老保险等社会保障补助标准，全面支持落实退役军人各项优抚安置政策。

卫生健康　投入56861万元，用于新建、续建卫生类项目，健康卫生资金得到有效保障。

民生实事　投入25639万元，用于推进人大代表票决民生实事项目建设，群众热切盼望的民生实事项目稳步推进。

【三大攻坚战】 2019年，累计化解全口径债务213267万元，完成全年化解任务的224%；累计清偿134882万元，完成拖欠账款总额的66%，提前完成政府部门拖欠民企账款清欠任务，超年度清偿任务32215万元。全年累计投入各类扶贫资金7164万元，其中上级下达扶贫资金3064万元、旗级安排扶贫资金4100万元；发放各类惠农惠民补贴资金54783.08万元，涉及8个领域41类52项，惠及58.12万人次，实施与农民生产和生活息息相关的“一事一议”项目19个，总投资933.54万元，惠及8个苏木乡镇的15个嘎查村，9921户2.46万人受益。

【财政监管】 2019年，旗财政局对农民工等人员返乡创业培训学校建设项目、民盛园住宅小区项目等84个预算项目进行评审，报审值为111187.8万元，审定值为101247.3万元，审减9940.5万元，审减率8.94%。

（撰稿 张明杰　编辑 刘　燕）

税务

【概况】 2019年，国家税务总局鄂尔多斯大路煤化工基地税务局完成各项税费收入93958万元，其中税收收入72662万元、非税收入5089万元（残疾人保障金761万

2019年5月10日　旗税务局为旗四大班子领导上“县长税课”

元），社保费14471万元、工会经费1254万元、职业年金482万元，一般公共预算收入32315万元，园区级收入32091万元。

国家税务总局内蒙古准格尔经济开发区税务局完成各项税费收入131809万元，其中税收收入112267万元，中央级39190万元、省级30493万元、市级14988万元、旗县级2435万元、开发区28765万元，市级以下公共预算收入46185万元、旗县级以下公共预算收入31197万元、开发区公共预算收入28765万元。

【减税降费】2019年，国家税务总局鄂尔多斯大路煤化工基地税务局共为1052户小微企业减免税费183.24万元，为472户管户新增减免税费12268.04万元，其中新增减税11348.21万元、新增社会保险费减免919.83万元。

国家税务总局内蒙古准格尔经济开发区税务局累计减免税费10075万元，其中税收减免9557万元、社保费减免518万元，深化增值税改革减免税收6676万元、提高增值税小规模纳税人免税标准155万元，调整个人所得税减除费用和税率1199万元，小微企业普惠性政策减税570万元、放宽小型微利企业标准加大企业所得税优惠力度减免税收108万元，地方性免税政策减免税收1077万元。开展企业所得税汇算清缴，实际参加清缴712户，汇算清缴面100%；企业所得税实际税收负担率1.97%、所得税预缴率70.88%，企业盈利面9.8%、亏损面35.77%，共减免企业所得税7961.89万元，占企业所得税汇算清缴应纳税款85.58%。

【征管改革】2019年，国家税务总局鄂尔多斯大路煤化工基地税务局实现新版电子税务局“一网”办税、政务大厅“一门”办税、138项涉税事项“一次”办税；实行新办纳税人“套餐式”服务，15项涉税事项当场办结；推出清税注销“套餐式”服务，符合即办流程的纳税人“一次性办结”；推行“发票社会化服务”，做到“领票不跑腿、快递送到家”；开展税法“六进”活动，走进个体、企业、社区、校园、车站、市场，对减税降费、个人所得税等优惠政策进行广泛宣传。

国家税务总局内蒙古准格尔经济开发区税务局全面推行综合窗口，实现“走进一扇门、来到一个窗、办好一切事”；推行i税平台，以座谈会、税企联络群、钉钉群等形式扩宽企业维权渠道，延伸办税服务触角。

【国家税务总局鄂尔多斯大路煤化工基地税务局】2018年9月，原鄂尔多斯市地方税务局大路煤化工基地分局和原鄂尔多斯市准格尔旗国家税务局大路煤化工基地税务分局合并组成国家税务总局鄂尔多斯大路煤化工基地税务局。内设办公室、税政股、收入核算股、税源管理股、党建工作股、纪检组6个股室，负责大路煤化工基地的税收征收管理工作，驻大路新区中小企业创业大厦办公。

【国家税务总局内蒙古准格尔经济开发区税务局】2018年10月，鄂尔多斯市准格尔经济开发区国家税务局和原鄂尔多斯市地方税务局准格尔经济开发区税务局合并组成国家税务总局内蒙古准格尔经济开发区税务局。内设办公室、人事教育股、纳税服务股、税政股、政策法规股、税源管理股、征收管理股、风险管理股、收入核算股、社保费和非税收入管理股10个股室及纪检组和党建工作股，负责准格尔经济开发区的地方税收、社会保险费及其他政府性基金的征收管理工作，驻沙圪堵镇办公。

（撰稿 屈 博 戚润憨　编辑 刘燕）

国有资产投资经营

【概况】 内蒙古准格尔国有资本投资控股集团有限公司（原准格尔旗国有资产投资经营有限责任公司）以国有资产保值增值为目标，接受政府委托，承担经营性项目投资,涉及城市基础设施建设、保障房、文化旅游、现代农牧业、燃气热力、水务、交通投资、煤炭运销等各领域。拥有16个全资子公司、6个控股公司、8个参股公司和1支有限合伙基金（准格尔旗清洁能源产业发展投资基金）。

【融资】2019年，公司向通用环球国际融资租赁（天津）有限公司以售后回租的方式融资0.75亿元，期限5年；取得上海证券交易所《关于对内蒙古准格尔国有资本投资控股集团有限公司非公开发行公司债券挂牌转让无异议的函》（上证函〔2019〕1666号），同意公司非公开发行公司债券16亿元，可分期发行，批文有效期为1年；向中国银行间市场交易商协会申请公开发行中期票据，拟发行总额度不超过15亿元（含15亿元），可分期发行，期限不超过5年，主承销商为民生银行股份有限公司；向光大银行贷款1亿元，年利率5.15%，期限3年；由国投集团公司作担保，文化旅游公司、国兴能源公司、国惠公司、国盛公司分别向准旗联社贷款2600万元，共10400万元，年利率7.2%，期限1年。

【债务兑付】 2019年，公司本级累计完成债务兑付119511.12万元，其中兑付二期企业债券本息40670.8万元、国泰融资租赁本息15665.01万元、皖江融资租赁本息4190.22万元、环球融资租赁本息5321.41万元、通用环球融资租赁本息1851.05万元、中信银行借款本息13914.98万元、准煤联社贷款本息17875.55万元、准旗联社贷款本息10842万元、广发债券利息4747.2万元、光大银行贷款利息32.9万元、PPN（非公开定向债务融资工具）利息4400万元。

国盛公司完成建行贷款本息兑付2164.169792万元。国惠公司完成各项债务兑付12895.3284万元，其中兑付准格尔旗棚户区“城中村”改造项目中国农业发展银行准格尔旗支行贷款本息4879.6372万元、鄂尔多斯市2016年第一批棚户区改造项目鄂尔多斯市保障性住房建设投资运营有限公司贷款（国开行贷款）本息572.6576万元、准格尔旗棚户区改造建设项目中国工商银行鄂尔多斯准格尔煤田矿区支行贷款本息427.3989万元、准格尔旗2017年度棚户区改造项目中国农业银行准格尔旗支行贷款本息7015.6347万元。

【工程项目建设】 2019年，公司承担薛家湾镇文化服务综合活动中心装修改建工程、大路新区新闻中心装备装修工程、大数据发展中心建设工程3个续建项目，总投资约57616.89万元。

薛家湾镇文化服务综合活动中心装修改建工程 项目于2011年开工建设，总建设面积66041.72平方米，总投资约25187.6万元。2019年，新增投资9297.96万元，用于设计、使用功能、消防规范变更后消防、强弱电、结构加固、建筑改造、采暖及空调、10千伏配电6项工程建设。

大路新区新闻中心装备装修工程 项目于2009年开工建设，总建设面积19305.16平方米，总投资约10952.98万元。2019年，新增投资2079.54万元，用于设计、使用功能、消防规范变更后消防、强弱电、采暖、结构加固4项工程建设。

大数据发展中心建设项目 项目位于准格尔旗新闻会展中心二层，总建设面积5400平方米，总投资约8467.21万元。2019年，新增投资1631.6万元，用于设计、使用功能、消防规范变更后装饰装修、结构加固、消防主系统、配电4项工程建设。

【集团运作】 2019年，公司拥有16个全资子公司、6个控股公司、8个参股公司。公司资产总额250.37亿元，净资产168.55亿元。

国安驾驶员培训有限责任公司 2019年，公司共招收驾驶证学员961人，组织科目一考试106场、科目二考试20场、科目三考试24场，培训合格学员747人；招收营运车资格证学员356人，培训合格学员304人。年营业收入约330万元。

国众人力资源服务有限责任公司 公司参与准格尔旗政府购买人力资源服务工

作，2019年招聘共50人，全部上岗工作。

众祥担保有限责任公司 2019年，公司共完成3900万元担保业务，期末在保余额7018万元，委托贷款业务余额16500万元。年收入109.47万元。

国翔混凝土有限责任公司 2019年，公司完成混凝土生产配送任务1884.5立方米，完成产值53.594万元。

（撰稿 何彦杭　编辑 刘　燕）

农业

农牧业

【概况】准格尔旗农牧局原名准格尔旗农牧业局。2019年1月因机构改革，将旗委农村牧区工作部、旗农牧业局的职责以及旗发展和改革局的农业投资项目、旗财政局的农业综合开发项目、旗国土局的农田整治项目、旗水务局的农田建设项目等管理职责整合，组建农牧局，为准格尔旗人民政府组成部门，科级建制。旗委农村牧区工作领导小组办公室设在旗农牧局。机构改革后农牧局内设办公室、财务室、政策法规股、发展规划科教股、农村牧区社会事业股、种植业管理、畜牧兽医股、综合股、农技推广中心、水产管理站、药械饲料管理站、农畜产品质量安全监督管理站、农村合作经营管理站、家畜改良工作站、种子管理站、农业投资项目管理办、农田建设办、乡村振兴办、仲裁办19个机构，辖巨合滩渔种站、纳林果园、牛奶场、准格尔旗农牧业综合服务管理中心、沙圪堵农牧业管理中心5个二级场站中心。全局在职干部职工62名。其中，行政管理人员12人，参照公务员管理人员9人，专业技术人员41人。

【农牧业综述】2019年，全旗总耕地面积120万亩，全年全旗完成农作物播种面积93.8万亩，其中：粮食作物播种面积67.63万亩（玉米播种面积49.51万亩、马铃薯等薯类播种面积3.75万亩、杂粮播种面积6.44万亩、豆类7.93万亩）；经济作物播种面积3.14万亩（油料作物播种面积0.83万亩、瓜果蔬菜播种面积2.15万亩、麻类甜菜药材等作物播种面积0.16万亩）；饲草料（苜蓿）播种面积23.03万亩。粮食产量1亿千克以上，粮经饲种植比例达到58：8：34，粮食作物、经济作物与上年基本持平，饲草料作物有所增加。

全旗牧业年度牲畜存栏67.33万头只。其中：存栏羊59.9万只、存栏生猪6.67万头、奶肉牛0.57万头。出栏生猪2.99万头、肉羊14.96万只、肉鸡3.93万只，肉类总产量6081吨，羊毛羊绒总产量457吨。全旗完成绵羊改良配种13万只，山羊改良配种7.5万只，推广良种鸡40万羽。至2019年底，全旗累计建成肉羊、生猪养殖园区12处，培育养殖大户77户，培育种养加流通企业37家，发展农牧业产业化重点龙头企业23家，注册农畜产品商标68个。落实水产养殖总面积3万亩，其中池塘养殖面积2万亩，改造池塘面积400亩。全旗水产品总产量为3608吨，其中捕捞产量8吨，养殖产量为3600吨。渔业经济总产值9446.76万元，共投放鱼种550吨，渔业从业人员1492人。

【乡村振兴】 2019年，编制出台《全旗乡村振兴“1+5”系列实施方案》，确定17个乡村振兴示范村，制定示范村乡村振兴实施方案，明确工作目标及建设任务。17个示范村中，4个村规划编制已完成，8个村已完成初稿，剩余5个村正在编制。配合开展全市“五星达标，特色培育”示范村创建工作，完成对11个示范村的自查评定和实地核验。制定并印发《准格尔旗2019年乡村产业振兴实施方案》《准格尔旗农牧产业扶贫实施方案》《准格尔旗2019年脱贫攻坚巩固提升实施方案》。重点培育“果蔬杂粮山羯羊”四大特色产业并完成35个项目。

2019年5月17日，十二连城乡脑包湾村进行盐碱地水稻种植

【农村人居环境整治】 2019年，制定并印发《准格尔旗2019年农村人居环境整治实施方案》《准格尔旗村庄清洁行动实施方案》。安排拨付农村人居环境整治专项奖补资金1914万元（农维费）；分配拨付自治区新增债券资金8000万元；拨付市级下达“农维费”472万元。制定出台《准格尔旗农村人居环境整治村庄清洁“微治理”十条指导措施(试行)》《准格尔旗农村人居环境整治村庄清洁“微治理”工作考核方案》，定期考核全旗各苏木乡镇街道人居环境整治工作。全年完成村庄绿化80.4万株，增设垃圾箱(桶) 4605个，133个嘎查村已建立固定的保洁队伍，累计清理农村生活垃圾76561

吨，清理村内水塘929口，清理村内沟渠1333.8公里，清理村内淤泥22820.9吨，清理畜禽养殖粪污等农业生产废弃物17214.8吨，清理残垣断壁1099处。农村户改厕累计完成4367户，新建旅游厕所1座，建成农村公共水冲则所13座；建成垃圾压缩站7座，其中1座投入运行（勿图门村）；建成5个垃圾焚烧降解炉，其中4个投入使用；1处大型污水处理设施实现主体完工。

【农牧业清洁生产】 2019年，实施2.086万亩耕地轮作任务，发放肥料补贴面积5500亩，发放地上滴灌补贴面积4500亩，回收秸秆1.6万亩，回收农膜覆盖面积3万亩。实施绿色防控40万亩，覆盖率达到35%以上。在十二连城乡蓿亥图村、沙圪堵镇纳林果园建设2个农牧业科技示范展示基地，占地500亩，种植品种138个。完成5个生猪、1个肉牛、1个蛋鸡规模化养殖场防雨防渗粪便堆放场和污水储存池配套建设。3万亩高标准农田建设项目和1万亩的盐碱地改造项目完成前期调研、规划设计、招投标工作。

【农畜产品质量安全监管】 2019年，旗农牧局与全旗各苏木乡镇街道签订《2019年度准格尔旗农畜产品质量安全监管工作责任书》，并与农牧业企业、专业合作社、种植养殖大户签订责任书及农畜产品质量安全承诺书650余份，发放国家禁用和限用农药名录1000余份，抽样384个，检查农药经营户46余家，未发现农药超标现象。为健康养殖示范场和养殖大户印发《水产养殖生产记录》，与养殖大户和合作社签订《水产品质量安全承诺书》，发放《禁用渔药大全》《无公害食品、渔用药物使用准则》等资料200余份。共出动60余人次，车辆12台次，对全旗范围内的种子、农药、化肥等重要农资商品进行专项检查，未发现违法违规等问题。

【草原生态保护与建设】2019年，有效落实草原生态建设项目，全旗完成补奖60419户，总面积626.34万亩，投入补助奖励资金总计4559.75万元。

【农牧业科技服务】2019年，在纳林果园建成小杂粮、林果、薯类新品种试验示范基地254亩；在十二连城乡蓿亥图村建成露地绿色瓜果蔬菜新品种试验示范基地359亩。进一步强化农牧业科技推广，实施新品种试验示范工程，全年开展6场次“2019年准格尔旗农牧局乡村振兴实用技术培训”活动，60名农技人员包村联户科技服务600户农户，聘请农牧业实用技术人员38名，重点打造了4户家庭农牧场，完成4万亩农牧业生产社会化服务项目，涉及10个专业合作社。

【农牧业品牌提升】 2019年，支持企业下大力气培育品牌，加快“三品一标”认证，认证“准格尔”系列地理标志商标，培育1个区域共用品牌，安排专项资金扶持注册具有地方特色的农畜产品地理标志证明商标、集体商标，推进农畜产品合格证明制度，建立优势农畜产品产地追溯体系。全年落实1万只羯羊佩戴追溯电子耳标任务。

【农牧业生产经营主体能力提升】一是培育一批示范农民专业合作社。2019年精选10—20家基础好的合作社，统筹自治区扶持资金，旗级安排200万元专项资金，以支持机制、制度、运行模式等软实力为重点，同步完善基础设施、设备等硬实力，形成机制科学、影响力强的示范合作社。二是培育一批示范家庭农牧场。2019年示范村中培育10个左右示范家庭农牧场，同时安排100万元专项资金，对示范家庭农牧场进行专项支持。三是培育一批产业化联合体。2019年组建产业化联合体2个，产业化联合体总数达到6个。

全旗已挂牌成立联合体4家，共联合农牧业加工及销售公司13家，专业合作社24家，家庭农林牧场及种养大户7家，联合农户3560户，联合林果基地2.3万多亩，碱稻杂粮种植基地2.5万多亩，销售收入8000多万元，全旗28家市级以上重点龙头企业与近万户农民建立了紧密型利益联结机制，带动农户户均增收2000多元。

【深化农村综合改革】2019年，准格尔旗土地确权工作通过市、自治区两级验收，已制印土地承包经营权证书52913本，完成总任务量的98.5%。准格尔旗被确定为农村集体产权制度改革全国试点旗县，年内制定出台《农村集体产权制度改革试点工作方案》，清产核资工作和集体经济组织成员身份认定工作已结束，正在进行股权设置工作。

【农牧业产业精准扶贫】一是制定《准格尔旗农牧产业扶贫实施方案》，完善产业带贫机制，积极发展优势特色产业，加快推进农村精准扶贫产业绿色化、特色化、品牌化、规模化。二是成立6个产业扶贫技术服务指导小组，建立产业指导员制度，指导全旗产业扶贫服务工作。三是合理利用产业扶贫资金。市局给准格尔旗安排专项扶贫项目资金1325万元，共涉及13个项目；扶贫重点嘎查村产业扶持资金160万元，拨付8个重点嘎查村每村20万元，涉及8个项目，主要用于嘎查村培育壮大特色产业，改善小型公益性生产生活设施条件，扶持贫困人口发展致富增收产业，扶持嘎查村发展集体经济、构建精准扶贫利益联结机制及资产收益等。四是推进产业发展新模式。产业帮扶由以户为单位向以合作组织等产业体或产业相近的村社为单位转变，重点推行“企业+党支部+合作组织+农户（贫困户）”产业发展模式，购买生产资料中贫困户承担的部分，由旗财政从扶贫产业发展资金中给予补贴。现已形成22家企业+农户（贫困户）和15家种植养殖专业合作社+农户（贫困户）的利益联结，通过订单农业带动农户致富。邀请专业人士对各苏木乡镇街道扶贫工作人员及建档立卡贫困户开展农牧业产业扶贫科普农技培训，与贫困户建立肉牛托管代养利益联结机制。

（撰稿 张喜梅 编辑 李海峰）

畜牧防疫

【概况】准格尔旗兽医局成立于2008年8月，隶属旗农牧业局，全额拨款事业单位，副科级建制。内设办公室、动物卫生监督所、动物疫病预防控制中心、动物药品监督管理站、屠宰管理办公室；下辖布尔陶亥、十二连城、暖水、大路、薛家湾、龙口、沙圪堵、纳日松、准格尔召9个苏木乡镇动物卫生监督站及1个街道动物卫生监督站，设有1个自治区级公路动物卫生监督检查站（内蒙古龙口公路动物卫生监督检查站）。2019年有47人（其中局机关21人、基层动物防疫监督员26人），村级动物防疫员130人。

【动物疫病防控】 2019年，严格落实动物疫病“春秋两防”措施，3月和9月共利用40天时间，集中开展对口蹄疫、高致病性禽流感（鸡新城疫）、猪瘟、高致病性猪蓝耳病、小反刍兽疫（补免）6种疫病的强制免疫工作。累计完成口蹄疫免疫牛0.95万头、羊96.06万只、猪7.15万头；完成猪瘟、猪蓝耳病各免疫7.15万头；完成高致病性禽流感、鸡新城疫各免疫46.56万羽；小反刍兽疫补免26.36万只。免疫覆盖率、免疫户籍档案建档率均达到100%。对狂犬病、羊三联、羊痘、羊链球菌等地方性流行疫病施行计划免疫，累计完成狂犬病免疫0.45万条，羊痘免疫7.76万只，羊三联免疫6.31万只，羊链球菌免疫0.5万只，确保免疫密度和免疫质量双达标。全年定期驱虫8次，共计驱虫4万只，有效控制了包虫病的发病率和感染率。对2018年畜间布病新老疫点及其周边受威胁户和布病重点区域进行反复彻底消毒，对规模养殖场（户）特别是养猪场（户）开展春秋两季两次集中消毒灭源，对散养户发放消毒液指导自行消毒，全年发放、使用消毒液7吨，累计消毒45.885万平方米。

【非洲猪瘟防控】 2019年，严格落实上级有关非洲猪瘟防控工作部署，加大疫病流调排查力度，做到不留死角。累计排查养猪场4840场次、养猪户110359户次，屠宰场600场次，生猪1030198头次，未发现异常情况。

【布鲁氏菌病防控】 2019年，严格按照《鄂尔多斯市农牧局关于印发全市畜间布病防控工作实施方案（2018—2020年）的通知》精神，对所有存栏奶牛、种畜场及散养种公畜进行100%布病感染检测；对全旗布病感染者所饲养的易感动物进行100%检测；对未接触布病患者和阳性病畜的肉牛、羊群按10%比例进行抽检，对往年（连续2年）检出阳性畜的畜群进行20%的比例抽检；对检出阳性畜的畜群进行100%检测。全年共检测羊100766只，检出布病阳性羊229只，阳性率为0.23%（国家控制区标准0.5%以下），已全部扑杀做无害化处理；对1219头存栏奶牛进行两次（每半年一次）100%检测，无阳性。

【动物卫生监督】 2019年，全面落实产地协检制度，加强出栏动物检疫监管，共完成动物产地检疫27925头（只），其中生猪17930头、羊9652只、牛343头。实施屠宰加工同步检疫流程，累计完成屠宰检疫21572头只，其中生猪19120头、羊2452只；完成屠宰环节“瘦肉精”抽检633批次，出场动物产品受检率、合格率均达到

100%。加强兽药GSP后监管，共有15家兽药店通过GSP验收，办理兽药经营许可证。加强规模养殖场过程监督、风险控制、可追溯管理工作，累计为25家养殖场办理动物防疫条件合格证。加强流通环节风险管理措施，内蒙古龙口公路动物卫生监督检查站全年共检查劝返动物4077头（只），有效防止染疫动物及不合格动物产品进入旗境。

【动物疫病监测和流行病学调查】 2019年，继续加强免疫抗体监测和防疫指导工作，加强狂犬病、羊痘、包虫病等地方性流行病防控，加大禽流感、口蹄疫、小反刍兽疫等重大动物疫病流行病学调查力度，及时预防控制和消除疫情潜发风险。累计调查牛1.43万头次，羊101.75万只次，禽类64.57万羽次，犬1.98万条次，马属动物101匹。未发现畜禽异常死亡现象及区域性重大动物疫病发生。

（撰稿 郭　宏　编辑 李海峰）

农牧业开发

【概况】 准格尔现代农牧业开发有限公司是旗委、政府为有效推动和服务好我旗现代农牧业产业发展，经2008年8月18日旗委扩大会议研究决定成立，隶属准格尔旗人民政府，注册资金2000万元，2017年增资为3000万元。起初为国资办出资，工商注册有董事会、监事会，2017年股东更改为国投集团，政府新配总经理、监事会主席，原公司经理新任公司董事长。2019年12月与准格尔旗矿区生态建设发展有限责任公司合并，合并后隶属于准格尔旗国有资产监督管理委员会。

截至2019年底，准格尔现代农牧业开发有限公司在十二连城乡五家尧村、董三尧子村、准格尔召镇准格尔召村、大路镇大沟村、沙圪堵镇庙壕村流转土地7000多亩，其中建成设施农业3000多亩、露地经营土地4000亩。

【露天矿复垦现代农牧业示范园区】 公司于2016年3月启动准格尔露天矿复垦治理区现代农牧业示范园区建设，在国家能源准能集团露天矿，由内蒙古准格尔国有资本投资控股集团有限公司和神华准能集团有限责任公司合资组建的准格尔旗矿区生态建设发展有限责任公司建设运营。截至2019年底，建成日光温室105栋94500平方米，建成500头肉牛养殖基地1处、建成1000只山羊养殖基地各1处，存栏黑山羊、青山羊600多只，存栏肉牛1800多头。在哈尔乌素排土场新建观光水库3处，建成餐饮接待中心1处、野营观光蒙古包20座，新修砂石路4公里，自行车观光道10公里，种植观光草花100多亩，行道树4公里以及其他配套水电设施。

【扶贫产业基地】 2019年，准格尔现代农牧业开发有限公司在沙圪堵镇庙壕村建设易地搬迁扶贫产业发展基地，建成温室大棚28栋。其中：9栋由搬迁贫困户经营，19栋由公司经营对外承租种植羊肚菌，年租金收入9.5万元。大路镇大沟村苗家滩社种植果蔬72栋，种植蘑菇40栋，实现销售收入446万元。

公司拥有高标准设施温室基地5处，日光温室222栋，其中育苗温室2栋，瓜果蔬菜种植温室170栋，食用菌种植温室50栋，承担从产业扶贫种植温室117栋。公司经营种植温室基地均按照绿色A级产品质量标准进行生产种植。

（编辑：肖　虹）

农牧业产业化

【概况】 准格尔旗农牧业产业化服务中心前身为2005年8月成立的旗农牧业产业化办公室，参照公务员管理事业单位，正科级建制，隶属于旗人民政府；2017年11月更名为现名，改属旗农牧局。在编在岗6人。

截至2019年，全旗已建成龙头企业

27家，其中建成自治区级农牧业产业化龙头企业9家，分别有种养殖加工企业6家：内蒙古农乡丰工贸有限公司、内蒙古漠菇生物科技有限公司、准格尔旗泰丰农牧业综合开发有限公司、准格尔旗蒙绿有机农业开发有限公司、内蒙古高原杏仁露有限责任公司、内蒙古蒙特农牧业发展有限公司；休闲农业2家：鄂尔多斯市警华农牧业科技有限责任公司、鄂尔多斯市水镜湖农业旅游开发有限公司；流通企业1家：内蒙古华粮粮食物流有限公司。建成市级农牧业产业化龙头企业18家，分别有种养殖企业9家：准格尔旗金农绿色产品发展有限公司、鄂尔多斯市民信木业有限公司、内蒙古恩河牧业有限公司、内蒙古漫瀚农业科技有限公司、准格尔旗金鼎绿源种养殖有限公司、鄂尔多斯市华阳隆现代农业科技有限公司、准格尔旗矿区生态治理有限责任公司、鄂尔多斯市金霂农副产品农民专业合作社、内蒙古康宇农业发展有限公司；加工企业9家：内蒙古准露山野食品有限公司、鄂尔多斯市蒙融农牧业发展有限公司、内蒙古腾丰杏仁露有限公司、准格尔旗天河肉业有限责任公司、内蒙古名道纯酒业有限公司、准格尔旗红馨农牧业产品开发有限公司、准格尔旗亿荣泰农业科技有限责任公司、鄂尔多斯市王道酒业有限公司、准格尔旗瑞生小杂粮加工有限责任公司。

2019年完成固定资产年内累计投资增加1.07亿元，年销售收入超过100万元的加工企业已达到18家，完成销售收入3.38亿元，带动农户达到3万多户，季节性安置农村劳动力2100多人，人均增收3500多元。

【农牧业品牌建设】到2019年年底，准格尔旗共培育建设了“高原露”“农乡丰”“五家尧”“蒙农丰”“景观田”“盈天下”“酒红”“名道纯”“准达康”“美添香”“蒙格尔”“巨合滩”“准露”“漠菇”“蒙豹”等准格尔旗农畜产品特色品牌，并完成“高原露牌杏仁露”“农乡丰牌小杂粮”“水镜湖油桃”等部分种植加工企业农产品的绿色、有机产品认证，漫瀚碱地水稻获得欧盟标准有机认证。申报认定自治区级“名优特”农畜产品16个，其中饮品酒类特色产品8个、小杂粮类优质产品8个。完成准格尔糜米、准格尔羯羊2个地理标志商标认证。

【合作组织建设】 2019年，完善和新建规范化运营合作组织150个，标准化建设运营与企业、农户利益联结较为突出的专业合作社21家，推荐10家专业合作社为示范合作社。全旗零星有一定规模农家乐达到145户（处）、渔家乐近百户（处），经营较好的休闲农牧业经营主体达到30家，其中农家乐21家、休闲观光农园（庄）9家，包含1家全国休闲农业示范点企业（鄂尔多斯市水镜湖农业旅游开发有限公司），从业人员达到300人，其中农牧民从业人数达到270人，带动近1500户农牧民增收，人均增收4500多元。

【产业化项目建设】2019年，全旗已完成设施果蔬种植基地8500多亩，精品小杂粮基地22000亩，海红果基地3500多亩，标准化山杏基地10000亩，水稻种植基地15300亩。内蒙古恩和牧业有限公司万头奶牛养殖及基地建设项目，完成投资1500万元。鄂尔多斯蒙融农牧业公司扩建粮食仓储晾晒项目基础设施投资近500万元，具备储粮条件及初、中等加工条件，年内已正常运营。内蒙古警华农业科技有限公司休闲旅游度假区投资200万元，新建宴会厅200平方米、卫生间50平方米、售票厅30平方米、儿童乐园200平方米、保安室80平方米，扩建广场500平方米、烧烤区100平方米、花池200平方米。新建电商实体店1处，已建成电商实体店5处，全面开始运行。

【利益联结机制】截至2019年，准格尔旗27家农牧业产业化龙头企业已有23家（自治区级10家、市级10家）龙头企业、21家合作社与全旗近万户农民建立了紧密型利益联结机制，其中贫困户445户，联结率达到71%，户均可增加收入2000多元。

通过政府引导培育创建了6个农牧业产业化联合体，准格尔旗高原露林果产业化联合体、内蒙古农乡丰杂粮油农牧业产业化联合体、准格尔旗蒙特海红果产业化联合体、鄂尔多斯市蒙融碱稻农牧业产业化联合体，鄂尔多斯市天意生猪规模经营产业化联合体、准格尔旗冬青羯羊产业化联合体，共联合农牧业加工及销售公司18家，专业合作社35家，家庭农林牧场及种养大户9家，联合体联合农户9000多户，联合林果基地23000多亩，碱稻杂粮种植基地25000多亩，在联合体带动下，全旗23家市级以上重点龙头企业与近万户农民建立了紧密型利益联结机制，带动农户户均增收2000元以上，使紧密型利益联结机制向前推进了一大步。

准格尔旗高原露林果产业化联合体 成立于2018年7月13日，是自治区首批组建的产业化联合体之一。由内蒙古高原杏仁露有限公司牵头发起，联合准格尔旗境内的林果类加工和销售企业、合作社、家庭农牧场十家独立经营单位组建的共同体。联合体以市场为导向，以提高经济效益为中心，以科技进步为支撑，优化组合各种生产要素配置，对农业和农村经济实行区域化布局、专业化生产、一体化经营、社会化服务、企业化管理。联合体成员核心龙头企业年销售收入达到8501万元，下设原料基地公司带动农户981户；农民专业合作社及其他企业年销售收入3342.3万元，带动农户292户；家庭农牧场年销售20万元，带动农户 66 户。形成以龙头带基地、基地连农户，集种植、加工为基础，产、供、销为一体的经济管理体制和运行机制。

内蒙古农乡丰杂粮油农牧业产业化联合体 成立于2018年7月，是自治区首批组建的产业化联合体之一。由内蒙古农乡丰工贸有限公司牵头，吸收了全旗杂粮类种植、销售及加工企业、合作社、家庭农牧场18家独立经营组成的联合体。 联合体基本形成机械服务、技术培训、优良品种推广、订单种植保护价收购、生产资料供给、区域布局、品牌信息共享、标准化专业化生产、委派托管种植管理、线上线下互联、电子商务和实体店销售、杂粮油精深加工为一体的经营新模式新业态，为产业兴旺、农民增收、美丽乡村振兴注入新的活力。 联合体内拥有农机械（具）15台套，杂粮油涉及种植面积20000亩，其中有机种植面积2000亩，牲畜总养殖量达到了5640头只，家禽养殖量达到8450多羽；核心龙头企业年销售收入达5213万元，带动农户506户，农民合作社及其他企业年销售收入6189万元，带动农户1130户，其中贫困户118户，基本形成了龙头企业带基地、基地连农户、生产原料有保证，种养、加工、产供销为一体的绿色特色杂粮油产业化发展格局。

鄂尔多斯市蒙融碱稻产业化联合体 形成于2018年12月，联合体内有一家市级农牧业产业化重点龙头企业，1家公司，8家合作社、1家家庭农牧场。核心龙头企业蒙融农牧业公司集生产、加工、销售的合作订单农业之路，在合理分工基础上开展了一体化经营，以科技为支撑，以市场为导向，以种植业为基础，积极推进了种植产业化经营的进程，优化了要素配置和资源优势，互联互通，拓宽了农产品流通渠道和农业融资渠道，增强了抗风险能力。联合体辐射带动688户农户增收，其中贫困户43户，低收入家庭150多户，吸纳农村剩余劳动力25人，合作社实现总产值1529万元，合作社户平均增加收入达到2.2万元。通过产销有效对接，解决农民“卖难”问题，又解决了企业原料短缺问题，促进了农民与企业互利共赢，同时加快推进了准格尔旗粮油产业的发展，进一步发挥了企业、合作社、家庭农牧场的各自优势，实现了三大新型经营主体融合，利益联结，构成了联合体经营模式，形成了完整的产业链条和合作共赢的产业经营组织体系，为美丽乡村振兴注入新的活力。

准格尔旗蒙特海红果产业化联合体 成立于2018年12月1日，联合体由内蒙古蒙特农牧业发展有限公司牵头，联合旗内企业、合作社6家独立经营的单位组成的联合体，以联合体内龙头企业为核心，优化组合各种生产要素配置，对农业和农村经济实行区域化布局、专业化生产、一体化经营、社会化服务、企业化管理，积极推进了农村一、二、三产业深度融合发展。联合体内海红果树种植面积达1000亩，龙头企业年销售收入5285万元，其他专业合作社和公司销售收入601.3万元，通过收购海红果带动村镇发展林果产业，联合体共带动农户数1100户，平均每户增收6000元，其中贫困户86户，每户增收2500元。

鄂尔多斯市天意生猪规模经营产业化联合体 成立于2019年，由准格尔旗天河肉业有限责任公司牵头，联合旗内1家公司、6家合作社、1家家庭牧场。基本形成了龙头企业带基地、基地连农户、产、供、销一体化的绿色特色生猪产业化发展格局。联合体内生猪存栏量达到10000头，现有屠宰生产线一条，生产能力为年屠宰生猪15万头，标准化生猪屠宰车间551.14平方米，分割加工车间300平方米，预冷、保鲜和自备冷冻库400平方米；储备冷库1200平方米，分割、加工、包装设备台，检验、检测、化验设备10台，冷链配送车辆2台，直营网点6个。联合体内龙头企业年销售收入达到5757万元，其他专业合作社、家庭牧场收入达到5210万元，辐射带动农户531

多户，平均每户增收15000元，其中贫困户132户，每户平均增收10000元。

准格尔旗冬青羯羊产业化联合体 成立于2019年，由内蒙古冬青牧业食品有限公司牵头，根据准格尔旗畜牧业发展实际，为了全面实施乡村振兴战略，加快推进准格尔旗肉绒羊产业发展、农牧业产业扶贫、增加农民收入为主要措施，牵头企业将充分发挥示范引领带动作用，做好肉（绒）羊产品推广销售，紧紧围绕“产业第一、项目推动、调整转型”的发展理念，遵循“绿色、生态、高端、精品”的发展路子全面开展工作。联合体内成员共9家，公司3家，合作社6家、家庭牧场1家。联合体成员内有肉羊养殖基地6处，存栏羊1500只左右，牛、羊肉分割加工生产线2条，冷冻库、速冻库、排酸库2300立方米，储藏冷鲜肉能力达到0.46万吨。

（撰稿 曹爱青　编辑 李海峰）

农牧业机械化

【概况】2019年，全旗完成机耕84万亩、农机深松整地0.5万亩、机播61万亩（其中精少量播种9万亩）、机收28万亩。根据鄂尔多斯市农牧局《2019年度基层农技推广体系改革与建设补助项目实施方案》的要求，准格尔旗农牧业机械化管理局在薛家湾村绿果种养殖专业合作社建设了农业科技示范基地，示范推广机械化养殖技术和机械化青贮玉米秸秆技术。

【农机购置补贴】2019年，按照中央农机购置补贴政策，以及内蒙古自治区农牧业厅农机局《关于落实农机购置补贴政策有关事项的通知》和《准格尔旗2019年农机购置补贴实施方案》精神，积极推进100马力以上拖拉机、深松机、6行以上免耕播种机、4行以上自走式玉米和谷物收获机（具有脱粒功能）、粮食烘干机、青饲料收获机、打捆机、秸秆粉碎还田机、适用于梁峁山地农田作业的中小型农机具等敞开补贴，坚持优先补贴、满足购机者需求。在此基础上，对其他申请享受补贴的购机者，实行登记排序的原则。全年共争取到中央农机购置补贴资金1700万元，自治区补贴94.78万元，旗级补贴212.22万元，受益户数579户，补贴各类机具752台。

【农机安全监理】2019年，新建巴润哈岱拖拉机驾驶员培训考试基地，集拖拉机驾驶员培训、考核、制证、发证为一体，连同上年已建成的薛家湾镇周家湾农机培训考试基地，全旗共有2个拖拉机驾驶员培训考试基地。年内完成拖拉机、玉米收获机新注册登记478台，年检541台，拖拉机驾驶员通过培训考核、核发驾驶证449人。在

2019年5月8日，准格尔旗农牧业机械化管理局工作人员在魏家峁镇郑峁梁村现场演示小型农机具操作

全国两会期间及春耕、秋收期间持续开展农机安全生产大检查20次，检测并当场排除安全隐患58个，确保了农机安全生产。全面落实《2019年全市农机安全生产工作目标责任状》和《准格尔旗2019年安全生产工作目标责任状》，进村入户分别与农机合作社、农机大户签订《2019年农机安全生产责任状》和《农机安全生产责任书》，全面落实农机安全生产主体责任，全年未发生农机安全生产事故。

【农机社会化服务体系建设】2019年，对乡村振兴示范带示范村的适用农机具购置予以倾斜补贴，培育壮大农牧业合作社等新型农机服务组织56家，支持开展适度规模经营服务，鼓励农机服务主体开展高效便捷的农机作业服务，促进小农牧户与现代农牧业发展有机衔接。对与贫困户形成利益链接机制的村集体经济组织，在购机补贴政策上给予更大倾斜，2019年用于扶贫工作共使用各级农机购置补贴资金381万元（中央245万元、自治区10.6万元、

旗级125.4万元），补贴各类机具109台（套），直接补贴贫困户、低保户13户、扶贫项目农机合作社18家，组织合作社、农机大户为扶贫户累计免费作业面积达3.5万亩。

（撰稿 刘 欢 编辑 李海峰）

林草业

【概况】 准格尔旗林业和草原局前身为准格尔旗林业局，成立于1979年，是旗人民政府工作部门，科级建制。2019年1月机构改革新增草原管理职能并更为现名，由农牧业局划入5人、住建和城乡建设局划入2人、国土资源局划入2人，森林草原防火指挥部办公室机构和人员11人整建制划转准格尔旗应急管理局。内设办公室、综合业务股，下设森林公安局(准科级)、天然次生林保护管理局、林业工作站、资源林政管理站、林木种苗站、森林病虫害防治检疫站、林权管理综合服务中心、退耕还林工程领导小组办公室、天然林保护工程领导小组办公室、草原站，在职干部职工90人；下辖乌兰不浪国有林场、布尔陶亥国有治沙站、沙圪堵国有林场、乌兰沟国有林场、神山国有林场等5个场站，有管理人员28人；下辖十二连城乡、暖水乡、大路镇、薛家湾镇、沙圪堵镇、龙口镇、准格尔召镇、纳日松镇、布尔陶亥苏木9个乡级林业工作分站，有工作人员21人。森林公安局下辖薛家湾、沙圪堵、神山、布尔陶亥、乌兰不浪5个森林公安派出所，有正式干警30人、文职17人，辅警15人。

截至2019年底，全旗森林总面积403.17万亩，同比增长0.85%，其中，有林地面积为138.05万亩，灌木林地为265.12万亩；活立木蓄积量216.8万立方米，同比上年增长6.3%；森林覆盖率35.6%，同比上年提高0.3个百分点。全旗有疏林地1.14万亩，未成林造林地48.56万亩，宜林地5.64万亩，苗圃地0.25万亩，无立木林地48.05万亩，林业辅助生产用地0.77万亩，可以造林的宜林地块很少，尤其是集中连片地块。

【造林绿化】2019年，完成林业生态建设14.5万亩（其中造林7.5万亩，森林质量提升7万亩）。具体实施情况为：天然林保护工程以扶贫造林专业合作社模式实施人工造林0.6万亩；京津风沙源治理工程以扶贫造林专业合作社模式实施人工造林5万亩；义务植树造林完成1.3万亩（130万株）；经济林建设（种植苹果、海红果、苹果梨、葡萄、桃杏等）0.2万亩；矿区复垦绿化项目0.4万亩。森林质量提升项目完成平茬7万亩。

【森林管护】2019年，全旗有国家生态公益林35.55万亩、地方公益林355.5万亩，由756名护林员全面管理保护。为141.22万亩公益林兑现国家公益林补偿基金2151.55万元。为389.4万亩（乔木123.6万亩、灌木265.8万亩）公益林投保579.58万元。2019年，中华联合财产保险股份有限公司共赔付森林灾害保险3.7万亩372.05万元（虫害3.4万亩143.82万元，火灾0.3万亩228.23万元）。

【森林防火】 2019年2月实施机构改革后，原防火指挥部办公室整建制转隶旗应急管理局，林草局按照职责要求承担火灾预防工作。全旗建有2支专业扑火队（20名队员），76支半专业防扑火队（380名队员），14支应急反应扑火队（140名队员）。编制《准格尔旗森林草原火灾预防实施方案》，加强重点火险区防火戒严期应急调度和值班值守，监控野外用火行为。全年投入防火经费100万元，开设防火隔离带1365公里，维修防火公路665公里；悬挂宣传条幅145条，栽设防火宣传彩旗3000面。年内，全旗共发生森林草原火灾17起，过火面积1684.35亩，无重大火灾和人员伤亡事故发生。

【森林病虫害防治】 病虫害发生 2019年，全旗共发生林业有害生物27.285万亩（其中轻度发生14万亩，中度发生8.48万亩，重度发生4.805万亩），较2018年发生面积下降10.405万亩。鼠（兔）害发生2种（野兔、中华鼢鼠），发生面积为15万亩；虫害发生5种（侧柏松毛虫、油松球果螟、沙棘木蠹蛾、松叶蜂、舞毒蛾），发生面积为12.285万亩。林业有害生物发生面积总体呈下降趋势，但危害程度有所加重。侧柏松毛虫发生程度由中度增为重度；油松球果螟危害仍然严重，尤其在薛家湾镇、大路镇、沙圪堵镇、暖水乡危害较重。舞毒蛾在准格尔召镇发生，局部成灾；松叶蜂在暖水乡突发，较往年发生危害加重；中华鼢鼠在北部黄土丘陵区、疏松的沙质土壤中发生危害加重，南部土石山区和沙质黏土区发生较轻；野兔危害发生面积有所减小，但程度依然严重。

病虫害防治 2019年，投入防治资金248万元，其中森林保险理赔金222万元，市财政投入6万元，旗财政投入20万元。全旗防治各种林业有害生物13.285万亩，作业面积13.285万亩，其中生物化学防治0.6万亩，人工物理防治7.8万亩。新造林地鼠害防治面积6.4万亩，作业面积6.4万亩次，成林地鼠害防治面积0.4万亩，作业面积0.4万亩次。新造林地鼠害致死率7%、中幼林地鼠害致死率3%。挽回经济损失3985.5万元。

“四率”指标 2019年，全旗现有林和未成林面积为438.396万亩，成灾面积为1.45万亩，成灾率为3.3‰；2019年预测发生面积27万亩，实际发生27.285万亩，预测预报准确率为99%；防治各类林业有害生物13.285万亩，综合利用生物化学、人工物理等无公害防治技术防治13.285万亩，无公害防治率100%；应施产地检疫面积5.4561万亩，实施产地检疫面积5.4561万亩，种苗产地检疫率100%。完成了市森防站下达的年度各项指标。

【野生动植物保护】 阿贵庙森林公园 阿贵庙森林公园位于纳日松镇松树墕村，核心区面积1600亩，1999年3月22日由内蒙古自治区林业厅批准建立。是鄂尔多斯市唯一一处侧柏、杜松为主的天然次生林，植被覆盖度90%以上，有植物66科197属324余种（其中乔灌木49种，草本植物275种），有野生动物20余种、鸟类20余种。2019年，旗森林公安局及派出所对国家二级保护动物长耳鸮以及国家三级保护动物狍子、豹猫、豆雁进行了成功救助保护。

野生动植物普查 2019年，全旗查明野生植物82科481种（其中蕨类植物3科6种、裸子植物6科15种、被子植物73科460种）；查明野生动物540种（其中兽类5目10科30种，鸟类17目41科149种，两栖类1目2科4种，爬行类3科9种，鱼类3目5科25种，昆虫类14目100科333种）。

【种苗管理】 2019年，育苗5.21万亩，苗木产量5400万株。查明全旗有树龄百年以上古树135株，涉及松、柏、榆、杨、柳、杏等14个树种，包括中国油松王、准格尔召文冠果、布尔陶亥文冠果等名木，拟申请旗政府挂牌保护。

【林沙产业】 2019年，农民自发建设林果经济林园的积极性高涨，新栽植苹果、苹果梨、桃、杏、葡萄、海红果等经济林2000亩。帮助内蒙古高原杏仁露公司申请林业贴息贷款5000万元，财政贴息116.75万元，用于企业提升基地建设质量和扩大生产规模；扶持蒙特酒业公司建立海红种植基地，发展海红产业，完善“企业+合作组织+基地+农户”的利益联结机制。推进森林旅游业发展，阿贵庙森林公园绿化提升，景区景点生态环境改善。全年实现林业总产值2.5亿元，林产业农民人均纯收入977元。

【林业改革】 2019年，按照自治区、市相关政策要求制定完善集体林权制度改革实施意见，完善林权档案和林权数据库建设，加大林权争议调处力度。贯彻落实自治区、市森林资源有偿使用办法。国有林场改革后，在收回工资田、林间空地等栽植经济林，保障国有林地不流失。职能划转、人员转隶、“三定”方案等机构改革工作全部落实。

【林业执法】 2019年，查处行政案件147起，刑事案件39起，林业行政案件和刑事案件侦破率均达到100%，有效打击涉林违法犯罪行为。对森林资源督查涉及的117个违法违规项目（2018年）和林地变更涉及的1468个违规违法图斑（2015年、2016年）全部完成整改。发放扫黑除恶宣传资料3000余份，悬挂宣传条幅40条；对排查出的涉黑涉恶线索3条和公安局移交线索4条全部进行销号处理。依法依规报批林地项目49个2060.3684公顷（其中永久占用林地项目38个1627.36公顷，临时占用林地项目11个433.0084公顷）；审批征用使用和临时占用草原项目52个29571.1899亩（其中征用使用草原项目13个147.3764亩，临时占用草原项目39个29423.8135亩）；报批林地采伐7个项目，蓄积量1334.8立方米。

【荣誉】 2019年，准格尔旗林业和草原局荣获“全国生态建设突出贡献先进集体”；于忠芳荣获第四届“中国林业产业突出贡献奖”。

（撰稿 杨 春 编辑 王思敏）

水 务

【概况】 准格尔旗水利局是准格尔旗人民政府工作部门，科级建制。2010年根据《准格尔旗人民政府办公室关于印发旗水务局职能配置内设机构和人员编制规定的通知》（准政办发〔2010〕103号）精神，设立准格尔旗水务局（挂水土保持局牌子），因工作需要，旗水务局和旗水土保持局相对独立运行。2019年根据《准格尔旗委办公室旗人民政府办公室关于印发〈准格尔旗机构改革实施意见〉的通知》（准党办发〔2019〕1号）精神，旗水务局和水土保持局合并，重新组建旗水利局。内设办公与计财室、城乡供水保障股、河道管理与行政审批股、水土保持股、工程建设管理与质量监督股；下设水保工作站、水保监测站、水务队、防汛所、水资源管理站、抗旱综合服务站。核定人员编制140人，其中行政编制9人、事业编制131人，2019年有在职人员119人。

【防凌防汛】 2019年，健全和落实各项责任制，对全旗18座水库、267座骨干水保淤地坝和297座中型水保淤地坝的应急度汛预案和调度预案进行重新修订和完善，修订完善防凌防汛各项预案，加强巡查和物料储备，冬春防凌和夏季防汛均顺利渡过，未发生大的险情。投入2441万元，建成郭二圪梁险工下游续建工程。投入2870万元，建成黄河龙口段应急度汛工程。投入193.7万元，对海湾、草圪图、葫芦头、大纳林沟、公益盖、公益盖三库等10座水库进行维修养护。投入208万元，对43座存在安全隐患淤地坝进行彻底的维修养护，制作安装水库、淤地坝公示（警示）牌217个。

【河长制】 2019年，对全旗入黄及出境的19条河流编制《河道水域岸线利用规划》和《河道划界规划》，对全旗流域面积30平方公里以上的77条河流建立“一河一档”信息。基本实现河长制从全面建立到全面见效。

【专项整治】 2019年，安排专项资金1000万元，对“四乱”（乱占、乱采、乱堆、乱建）问题进行地毯式排查，共排查出乱堆、乱占问题167个，全部完成整改销号；配合黄河中上游管理局和黄委会核查“四乱”问题75个，确认“四乱”问题35个，排除40个，现场核实取水口33个，“四乱”问题全部完成整改。出动各类执法人员532人次，下发执法整改通知书142份，罚款635.31万元，未发现非法采砂情况。针对2018年填报在专项系统里的24个问题，完善了“整改认领清单”和“销号清单”。完善建立河湖“清四乱”专项检察行动工作机制，对水利部和自治区水利厅暗访发现问题及河湖“四乱”较大问题，由旗检察院下达涉河检察建议书7份，并跟踪问题整改。

【水资源管理】 2019年，全旗用水总量为1.6亿立方米（其中，工业生产0.85亿立方米，农业灌溉0.51亿立方米，城乡生活0.21亿立方米，生态环境0.03亿立方米）。落实水资源费税改革试点，强化用水行业监管，抽查用水企业20家，完成取水许可审批发证30家，集中核定水资源税纳税水量3个批次，累计完成水量核定300次。严控河道采砂，编制完成《准格尔旗2020—2025年河道采砂规划》，审查发放河道临时采砂许可证24家。投资190余万元，开展建设准格尔旗水资源在线监控平台二期工程，并对一期平台进行补充完善，基本实现规模以上用水大户在线监控全覆盖。投资120.91万元，实施1.3万亩灌区渠道维修和计量设施安装工程。编制完成《准格尔旗农业水价综合改革2019年度实施方案》并通过市水利局审批。

【水利工程建设】 2019年，总投资2.1亿元的黄河二期防洪工程已全面竣工并移交投入正常运行。投资6280万元，完成集中供水工程215处、分散供水工程557处、通电工程73处，总受益人口4.11万人。完成水土流失综合治理面积20.5万亩（其中水保项目完成4.84万亩，完成投资2500万元）。争取布尔陶亥苏木生态水源工程（概算总投资5631万元）的上级投资，落实建设资金1200万元（其中自治区水利基金900万元，市级重点水利项目建设资金300万元），其余建设资金已申报列入专项债券。

（撰稿 刘堪龙　编辑 李海峰）

工业

综述

【概况】“十二五”以来，准格尔旗在推进产业结构转型过程中，逐步形成以煤炭、煤化工、电力、陶瓷为主的四个产业集群。

2019年，准格尔旗工业经济运行良好，煤化工产能突破500万吨，煤炭就地转化3100万吨，煤化工以及电力、陶瓷、装备制造等非煤产业占规模以上工业总产值的27.1%。年末全旗规模以上工业企业119家，累计完成规模以上工业总产值809.23亿元，同比增长8.2%；累计完成销售产值805.35亿元，同比增长9.7%；工业产品产销率99.5%。

全年规模以上工业增加值按可比价比上年增长2.1%。按经济类型分，国有企业增长1.4%，集体企业下降44.8%，股份制企业增长2.6%，外商及港澳台投资企业下降3.2%，其他经济类型工业企业下降4.8%。

全年规模以上工业企业实现主营业务收入884.64亿元，同比下降5.3%；利润总额235.22亿元，同比增长12.2%；亏损企业37户，比上年增加21户；亏损企业亏损额15.48亿元，同比增长122.7%。

【工业项目建设】2019年，推进项目审批事项改革，实行“一站式审批”。全年引入中石化80万吨烯烃项目、开滦化工40万吨乙二醇项目等8个重点工业项目，引进协议资金442亿元，项目落地率居全市前列。新建项目13项、续建14项，完成投资102.4亿元。

【主要工业产品产量】 2019年，生产原煤29764万吨，同比增长7.9%；全年发电326.79亿千瓦时，同比增长4.8%（其中：火电293.7亿千瓦时，同比增长1.3%，水电33.09亿千瓦时，同比增长52.6%）；生产甲醇241.1万吨，同比下降2.2%；生产各类油品21.51万吨，同比增长10.8%；生产多晶硅4805吨，同比下降10.9%。

【工业结构转型升级】2019年，多措并举推进工业结构转型升级：委托国内权威的中咨公司编制工业经济高质量发展规划，助力工业经济高质量快速发展；深化推动“小升规”工作，建立“小升规企业培育库”，入库企业已达28家；推进准能30万吨高铝粉煤灰综合利用工业化示范项目建设和永江佳源10万吨聚氯化铝项目投产，实现固废资源综合利用；持续推动电石产业上大关小产能置换，将旗内31家共42台12500千伏安电石炉进行集中整合，新建茂安环保100万吨电石项目，实现关小上大产能置换的环保高效可持续发展；与多家院所、研发中心建立合作关系，对接煤矸石循环经济多联产制造木塑工艺技术等工艺技术，不断积累先进技术。

【优化营商环境】2019年，准格尔旗实施技术研究与开发奖补政策，推动中小企业发展，为9家中小企业匹配项目资金920万元，并协助企业争取上级专项资金2904万元；抓住国家扩大进口的机遇，帮助3家企业获得国家财政进口贴息资金334万元。深化电力体制改革，全年实现电力多边交易33.9亿千瓦时，为企业节约成本1.23亿元。

【准格尔旗工信和科技局】 准格尔旗工信和科技局，是旗人民政府组成部门，科级建制，2019年2月机构改革时由旗经济商务和信息化局与旗科技局合并组建，挂准格尔旗商务局牌子，内设10个股室。

（编辑 李海峰）

【内蒙古天润化肥股份有限公司】 内蒙古天润化肥股份有限公司成立于2006年9月，是内蒙古奈伦集团股份有限公司的控股子公司，位于鄂尔多斯市准格尔旗大路工业园区，是自治区科技型企业。该项目是经自治区发改委备案、环保部批准的自治区重点工业项目，于2009年被国家发改委列入新增中央投资重点产业振兴和技术改造项目。

2019年，内蒙古天润化肥股份有限公司尿素产量累计为59.78万吨，较计划57.42万吨多2.36万吨；尿素销量累计为59.88万吨，较计划57.42万吨高2.46吨。销售副产品硫黄0.13万吨。全年实现利润总额为1.78亿元。

（撰稿 李春雷　编辑 李海峰）

【内蒙古天之娇高岭土有限责任公司】 内蒙古天之娇高岭土有限责任公司成立于2004年3月30日，注册资金1000万元，是由上市公司包钢稀土高科技股份有限公司与内蒙古包钢和发稀土有限公司为主发起人组建的新型科技型股份公司，采用自主研发结合国际、国内最新研磨煅烧技术，生产高品质高岭土系列产品及高岭土深加工产品。煅烧高岭土“天之娇”品牌在国内已有一定的知名度。

2019年，全年累计生产超细超白煅烧高岭土37000吨，销售35600吨，全年实现利润50余万元，实现税收400余万元。

（编辑 李海峰）

煤炭

【概况】准格尔旗能源局前身为准格尔旗煤炭局，2019年2月机构改革更改为现名，是旗人民政府工作部门，科级建制，内设办公室（政策法规和监察股）、综合规划股（行政审批办）、煤炭开发保护股、石油天然气电力和新能源股、安全生产和市场运行监管股等5个股室；下设准格尔旗煤炭销售管理总站、煤炭安全生产监管综合执法局。

2019年，全旗共有煤矿137座，核定产能35726万吨/年。正常生产煤矿91座，其中井工煤矿48座、露天煤矿43座。6处灾害治理项目正在治理。全年生产煤炭29764万吨，较上年同期增加2116万吨，增长7.9%。全年销售煤炭29764万吨，销售额同比下降2.4%。煤炭平均销售价格为282元/吨，较上年同期减少8元/吨，同比下降2.8%。

【煤炭安全生产】 2019年，在抓好日常监管工作的同时，煤炭安全生产监管部门深入开展煤矿井下运输提升、“超能力”生产、安全培训、“一通三防”、防治水等专项安全检查，依法打击和重点整治煤矿安全生产违法违规行为。全年执法检查煤矿1565座次，查出各类问题和隐患8452条，处罚127起，罚款1741.9万元，停产煤矿82座次。定级煤矿68座，提档升级煤矿26座，深入推进煤矿安全生产标准化建设。

【矿区环境综合治理】2019年，制定出台《准格尔旗矿区环境整治专项行动实施方案》《准格尔旗矿区扬尘治理十条措施（试行）》《矿区环境综合治理方案》等系列标准规范，对矿区环境整治区域实行项目化管理、标准化整治，分步实施、扎实推进。加大矿区环境综合治理力度，翻新进矿道路、新硬化道路155公里，购买洒水抑尘车辆设备500余台，安装防尘煤棚等设施设备累计投资金额超过3亿元。加强矿区地质环境恢复治理，完成矿区复垦1900多公顷，建成绿色矿山16座。

【安全生产监管信息化平台】2019年，准格尔旗不断完善安全生产监管信息化平台，将煤矿、洗选煤厂、电厂和电网企业及输送管道安全监测监管信息全部整合到智慧能源综合平台上，提高了安全监测监控能力。全旗30多家煤矿企业实现上线运行。加强智慧矿山建设，麻地梁煤矿和龙王沟煤矿为试点率先启动，鼓励引导全旗所有煤炭企业积极参与智慧矿山建设，加快实现煤炭安全、高效、绿色、智能发展。

（编辑 李海峰）

【准格尔旗国兴能源有限责任公司】准格尔旗国兴能源有限责任公司是2016年3月25日经准格尔旗人民政府批准，由内蒙古准格尔国有资本投资控股集团有限公司出资组建的国有独资公司，注册资本5000万元，以煤炭及煤炭链产品储存、洗选、加工、物流配送、销售为主业，隶属准格尔旗国有资产监督管理委员会管理。

2019年度发运煤炭量133.05万吨，实现净利润2125.21万元，全年纳税总额1043.69万元。

（撰稿 钟 婷 编辑 李海峰）

【内蒙古伊东资源集团股份有限公司】内蒙古伊东资源集团股份有限公司是按照资源资产资本化、产业发展一体化、经营运作法人化、产品成本市场化方式组建的现代化大型综合能源化工企业集团，始建于1985年，前身为准格尔旗煤炭工业公司，经过30多年发展，形成煤炭、化工、非煤三大产业板块。公司设有7个职能部门，8家一级子公司，总资产364亿元，员工近万名。

2019年累计生产原煤1,438.71万吨，完成计划指标的61.92%，同比减少204.25万吨；生产甲醇66.92万吨，完成计划指标的89.23%，同比减少12.27万吨；生产烧碱11.58万吨，完成计划指标的36.19%，同比减少21.17万吨；生产PVC树脂12.49万吨，完成计划指标的36.74%，同比减少22.33万吨；生产糊树脂2.00万吨，完成计划指标的32.79%，同比减少3.24万吨；生产三氯乙烯0.72万吨，完成计划指标的40.00%，同比减少1.25万吨；生产电石64.26万吨，完成计划指标的67.50%，同比减少31.42万吨；生产多孔硝酸铵19.61万吨，完成计划指标的98.05%，同比减少0.50万吨；生产合成氨18.33万吨，完成计划指标的203.67%，同比增加5.08万吨；发售电42,568.61万千瓦时，完成计划指标的81.76%，同比减少17889.68万千瓦时。

全年累计实现营业收入679875.75万元，完成计划指标的50.42%，同比减少303026.53万元。全年亏损68535.58万元，同比减少119922.08万元。全年上缴各项税费87000.00万元。

（撰稿 李 双 编辑 李海峰）

电力

【概况】薛家湾供电局成立于1992年，担负着准格尔旗10个乡镇、1个开发区（准格尔经济开发区）、1个工业基地（大路煤化工基地）、万家寨、龙口水利枢纽、陕西榆林北部地区的供用电任务，供电营业区面积达10394平方公里（其中准格尔旗营业区7692平方公里，榆林北部地区2702平方公里）。地区电网以宁格尔、常胜2座500千伏变电站为支撑，连接着9座公用电厂和2座自备电厂，装机容量共计635.6万千瓦。建有220千伏变电站7座，110千伏变电站19座，35千伏变电站12座，运行维护的35千伏及以上线路98条，共计2001.12公里，其中220千伏输电线路778.78公里，110千伏输电线路784.61公里，35千伏线路437.73公里。资产总额共计25.16亿元，是集输配变为一体的中型供电企业。

2019年，全旗运行电厂11座，其中火电厂9座（包括1座化工厂自备电厂）、水电厂2座，总装机容量为635.6万千瓦。有在建电厂4座，设计总装机容量为528万千瓦。全年发电327亿千瓦时，较上年同期增加发电15亿千瓦时，同比增长4.8%。

全年全旗用电量为98.75亿千瓦时，同比下降6.5%，其中工业用电90.6亿千瓦时，同比下降7.4%。规模以上工业企业综合能源消费量为1242.85万吨标准煤，同比增长5.7%。

【电力销售】2019年，全旗售电量完成80.16亿千瓦时；电费回收率连续四年完成100%；电压合格率完成99.36%，同比升高0.33个百分点；城市用户平均停电时间8.1小时/户，同比减少0.28小时/户；综合线损率完成1.45%；受理客户投诉6件，同比减少6件；平均电价388.77元/万千瓦时，同比升高614.7元/万千瓦时；内部利润完成2.24亿元。

【电力工程建设】2019年，薛家湾供电局承建电网基建工程项目13项（其中结转工程11项，新建电网工程2项）。截至2019年底，按里程碑计划应开复工13项，实际开复工13项，应投产13项，已投产9项；总投资6.39亿元，2018年及以前累计完成投资4.92亿元，本年度计划完成投资1.1471亿元，累计完成投资1.1471亿元。

【电力安全生产】2019年，未发生电力生产人身伤亡事件，未发生六级及以上电网、设备、信息事件，未发生有人员责任的七级电网、设备、信息系统事件，未发生负同等及以上责任的一般交通、火灾事

2019年6月2日，薛家湾供电局工作人员开展安全用电宣传

故发生220千伏输电线路跳闸2次，较上年同期4次相比减少2次；公司统计事件2起，无考核事件。全局连续5年保持安全生产无事故，截至2019年12月31日，安全生产实现跨年度1865天安全运行纪录。

（撰稿 贺 梅 编辑 李海峰）

【内蒙古国华准格尔发电有限责任公司】 内蒙古国华准格尔发电有限责任公司（简称国华准格尔电厂）位于煤炭资源丰富的内蒙古自治区鄂尔多斯市准格尔旗薛家湾镇，毗邻准能黑岱沟露天煤矿和哈尔乌素露天煤矿，属于典型的坑口电厂。国华准格尔电厂成立于1999年4月15日，是国华电力公司第一个自主建设的发电企业，现装机为4台33万千瓦级热电联产机组，资产总额26.81亿元，由国华国际电力股份有限公司控股65%、内蒙古蒙电华能热电股份有限公司持股30%、准格尔能源有限责任公司持股5%。

2019年完成发电量73亿千瓦时，超计划1.7亿千瓦时；机组利用小时数5530小时；市场占有率102.6%；供热量完成377万吉焦，超计划34万吉焦；机组等效可用系数91.3%，连续安全生产天数达4075天；完成利润4082万元，超计划4019万元。

2019年，国华准格尔电厂修订完善节能管理办法、小指标竞赛规则等节能制度标准，精细化推进节能管理工作。实施“攻坚2020、展望2025”节能降耗高品质行动计划，确定32项系统深度优化项目、47项燃料精细管理重点任务、20类64项技术升级改造项目。完成4号机组给水泵变频改造、高加改造、渣系统改造，降低供电煤耗2.652克/千瓦时。同时，通过优化电量结构，全年增加交易电量4.97亿千瓦时。

（编辑 李海峰）

煤化工

【概况】 2019年，全旗煤化工产能突破500万吨，煤炭就地转化3100万吨。久泰60万吨烯烃、中科合成油催化剂等6个煤化工项目建成投产。中石化80万吨煤制烯烃项目、神华30万吨高铝粉煤灰项目、智新30万吨密闭糊项目、骏成900吨碳纳米管及1.8万吨锂离子电池正负极导电剂建设项目、龙王渠集运站项目等开工建设。准格尔经济开发区引进茂安环保化工100万吨电石、一本新材料10万吨煤矸石深加工、一本新能源120万吨低阶煤分质分级综合利用、硅金化工3.8万吨硅酸钠、国祥化工5万吨硫黄加工、宝晟能源化工6万吨乙炔炭黑等项目。2019年，大路煤化工基地被确定为国家产业转型升级示范园区。

2019年5月9日，北控鄂尔多斯40亿立方米煤制天然气项目2019年春季开工仪式召开

【煤化工工业产出】 2019年，准格尔旗全年生产甲醇241.1万吨，同比上年下降2.2%；生产各类油品21.51万吨，同比增长10.8%；生产多晶硅4805吨，同比下降10.9%；生产尿素59.78万吨，较计划57.42万吨增加2.36万吨。

（编辑 李海峰）

陶瓷

【概况】 2019年，准格尔旗人民政府与山东工业陶瓷研究设计院有限公司合作共建内蒙古先进陶瓷设计院有限公司，在准格尔经济开发区注册并挂牌成立。内蒙古工业陶瓷研究院在准格尔经济开发区挂牌成立。

准格尔经济开发区鼓励煤企兴办陶瓷

项目，利用煤矸石、粉煤灰等废弃资源，生产日用陶瓷、建筑陶瓷、耐火材料、铸造砂等产品。年内引进陶瓷项目1个：矸瓷陶业6000万块折标砖。

【陶瓷项目】国礼陶瓷项目 鄂尔多斯市国礼陶瓷有限公司是第一家落户在内蒙古准格尔经济开发区的陶瓷生产企业，项目于2008年7月注册，同年8月开工建设，2009年9月投产，注册资本金1.2亿元，总投资3.1亿元，占地约250亩，分三期建设。到2016年底，已完成一期全部、二期部分建设，具备年产1200万件高档工艺陶瓷、礼品瓷、日用陶瓷和高档陶瓷酒瓶的生产能力，成为内蒙古第一家现代陶瓷生产企业。在研发和设计上，国礼陶瓷突出蒙元文化和地区文化特色，研发出具有“国礼瓷”特色的艺术瓷系列、办公用品系列、吉庆奶茶具系列、中西餐具系列、唐卡瓷板以及为用户设计个性化的陶瓷产品。项目填补了国内陶瓷领域以蒙元文化为设计主题的空白，填补了内蒙古地区高端艺术瓷、日用陶瓷生产的空白，被誉为“鄂尔多斯第二张城市文化名片”。

大汗窑瓷业项目 由内蒙古大汗窑瓷业公司投资建设，设计建设37条生产线、15条窑炉，年产8000万件高档日用瓷，总投资11.2亿元。项目于2011年9月开工建设，从德国进口的世界先进等静压设备，是国内自动化程度最高的陶瓷生产线，14条生产线已安装完成，6条窑炉已建成。2条生产线于2014年6月正式点火投产，产能1000万件，产品多用于酒店，外销东南亚等地区。

骏马玻璃制品项目 由内蒙古伊东投资集团准格尔旗骏马玻璃制品有限公司投资建设，总投资9.25亿元，占地面积500亩，规模为年产1亿件玻璃制品，规划建设10条生产线，一期投资1亿元建设2条生产线，2011年投产。项目采用国内外先进的生产工艺及技术设备，以生产高档玻璃酒瓶、玻璃器皿为主，除销售裸瓶外，还大量进行产品深加工。其中，设计全年生产高档轻量化异形白酒瓶6000万只，高档轻量化烤花、喷涂玻璃瓶4000万只。

力弘广场砖项目 由内蒙古伊东力弘瓷业有限公司投资建设，总投资2.1亿元，占地面积11万平方米，建设规模为一期年产300万平方米陶瓷广场砖项目，项目于2012年5月投产。

蒙粤陶瓷项目 由内蒙古伊东蒙粤瓷业有限公司投资建设，总投资1.1亿元，占地面积8.67万平方米，年产600万件高档日用瓷项目，2012年8月投产。项目采用国内外先进的生产工艺及技术设备，配套行列机、手工机、烤花窑炉及先进的喷涂生产线，以生产高档玻璃酒瓶、玻璃器皿为主，除销售裸瓶外，还大量进行产品深加工。其中，设计全年生产高档轻量化异形白酒瓶6000万只；高档轻量化烤花、喷涂玻璃瓶4000万只。

佳汇陶瓷纤维针刺毯项目 由内蒙古佳汇新材料科技有限公司投资1.01亿元建设，年消化5万吨煤矸石生产3万吨陶瓷纤维针刺毯，选址在佳汇耐火材料项目厂区内，建设2条煅烧窑生产线、2条陶瓷纤维针刺毯生产线。陶瓷纤维是一种纤维状轻质耐火材料，具有重量轻、耐高温、热稳定性好、导热率低、比热小及耐机械振动等优点，在机械、冶金、化工、石油、交通运输、船舶、电子及轻工业等行业得到广泛应用，发展前景广阔。

【准格尔陶瓷小镇】2019年，“准格尔陶瓷小镇”进入自治区首批特色小镇高质量发展培育名单，完成总体规划及城市设计并报自治区发改委，对创业大道、兴陶路、陶瓷公园及迎宾路两侧进行陶瓷主题规划设计，处于招商引资阶段。

年内，推进圣岳新材料、御华瓷业、金璞新材料、一本低阶煤、一本新材料、蒙西高岭土等项目建设，发展壮大陶瓷小镇特色产业。启动陶瓷研发中心和博览中心，成功举办中国硅酸盐学会第二届青年学者科研能力提升论坛。

（编辑 李海峰）

国家能源集团准能集团有限责任公司

【概况】神华准能集团有限责任公司（简称准能集团）负责统一管理在准格尔地区的神华准格尔能源有限责任公司（以下简称准能公司）、中国神华能源股份有限公司哈尔乌素露天煤矿（以下简称中国神华哈尔乌素露天煤矿）和神华准能资源综合开发有限公司（以下简称准资公司）以及神华准池铁路有限责任公司（以下简称准池铁路公司）的煤炭开采、坑口发电、铁路运输、循环经济等业务。准能集团现有员工总数为13715人，其中合同制员工8761人，劳务派遣制员工4954人。

截至2019年底，准能集团公司拥有年生产能力3400万吨的黑岱沟露天煤矿和3500万吨的哈尔乌素露天煤矿及配套选煤厂；装机容量96万千瓦的煤矸石发电厂；正线全长264公里的大(同)—准(格尔)铁路、全长16公里的点（岱沟）—南（坪）运煤铁路专线和全长184公里的准（格尔）—（神）池铁路；年产4000吨的粉煤灰提取氧化铝工业化中试工厂。

【经营业绩】2019年，准能集团公司自产商品煤4547万吨，外购煤645万吨，发电31.4亿千瓦时。全年准能集团公司营业收入213.87亿元，实现利润48.99亿元，上缴税费35.88亿元。

【经营管理】2019年，准能集团全力打造“价值、精益、高效、稳健”财务，推动财务工作转型；强化产运销一体化经营调度，实现效益稳定增长；以班组经济核算为抓手，深化成本精细化管控，推动落实“433”工资分配政策，形成工效挂钩的全员成本管控格局；加强财务管理标准化合规性建设，提升风险防范能力；设立降本增效专项奖励基金1000万元，量化增效措施133条。全年增收节支4.2亿元，铁路、电力成本较预算分别降低4.6%、12.6%。

【基本建设】2019年，准能集团公司实现投资3.96亿元，完成计划的96%。卧厂站扩能改造、大准铁路四站改造、哈尔乌素选煤厂智能干选项目取得立项批复。黑岱沟选煤厂提质增效工程全部完工。黑岱沟露天煤矿1、2、5号破碎站移设工程全部完成。黑岱沟露天煤矿313、314供电线路移设等应急抢险工程按期完成。设备维修中心改扩建、大准至朔黄联络线工程通过国家能源集团质量监督站单项工程质量认证。大准铁路增二线项目环保、准池铁路项目水保通过验收。

【科技创新】2019年，准能集团公司申报国家能源集团立项18项，开展科技创新项目124项，科技投入1.68亿元。准格尔矿区块煤智能干选技术应用研究等一批关键项目陆续落地，卡车电动轮关键零部件国产化研发打破国外技术垄断。全年获中国煤炭工业协会科学技术奖2项，获国家能源集团科技进步奖4项。申请发明专利58项，交局31项，获软件著作权5项。

【信息化建设】2019年，准能集团公司“数字矿山”项目通过总体验收，成为国家能源集团露天板块示范工程。项目新建整合60多个信息系统，形成集中统一的“数据中心”，实现公司生产、安全、经营等管理领域信息化全覆盖。

（撰稿 赵梓竹　编辑 李海峰）

2019年3月4日，国能集团工人为社区居民免费维修家电

开发区

准格尔经济开发区

【概况】 准格尔经济开发区于1999年10月由自治区政府批准成立，是鄂尔多斯市第一个省级开发区，内设11个部门和1个国投公司，园区规划面积56.7平方公里，建成7.5平方公里；镇区规划面积36.7平方公里，建成区12.2平方公里。经过二十年的发展，开发区形成以陶瓷、高岭土、玻璃、新材料为主的无机非金属产业板块，以低阶煤分级综合利用、乙炔化工为主的煤炭循环加工利用产业板块，以劳动密集、技术创新、精小特色为主的农副产品加工产业板块，以矿用机械设备制造与维修、物流配送为主的装备制造与现代服务业板块，以新能源、新材料、节能环保为主的新兴产业板块等5大产业板块，累计引进企业86家（建成68家、在建项目7个、拟建项目11个），配套建成输变电站、天然气分输站、浓盐水蒸发塘、工业污水处理厂、灰渣固化处置场等基础设施。按照“以产兴城、以城促产、产城互动、产城融合”的发展思路，累计投资约39亿元，完善道路及管网约65公里，实施引黄入沙、居民饮水和集中供热工程，建成城市生活污水处理厂和垃圾无害化处理厂和2×50兆瓦热电联产电厂，配套建设了陶瓷大厦、博览中心、研发中心、专家公寓和公园、广场等基础设施。累计投资约16.8亿元，完成棚改任务3099户，拆迁腾出空地面积102万平方米。2019年，博雅苑红色教育基地五个展厅建成展出，准格尔陶瓷小镇列入自治区首批特色小镇高质量发展培育名单。

2019年9月5日，内蒙古农大师生到准格尔经济开发区开展社会实践

【经济指标】 2019年，完成工业总产值200.85亿元，同比增长27.1%（其中，主导产业产值132.27亿元，占工业总产值65.86%）；工业增加值92亿元，增长24.32%；固定资产投资26.2亿元；财政总收入10.89亿元，其中一般公共预算收入2.89亿元，增长2%；完成税收39.27亿元，增长76.1%。

【招商引资】 2019年，引进11个项目（亿元以上5个），协议引进资金105亿元。分别是：茂安环保化工100万吨电石、一本新材料10万吨煤矸石深加工、一本新能源120万吨低阶煤分质分级综合利用、内蒙古电力安定壕220千伏输变电工程、金璞新材料30万吨铸造砂、硅金化工3.8万吨硅酸钠、研瓷陶业6000万块折标砖、国祥化工5万吨硫黄加工、宝晟能源化工6万吨乙炔炭黑等项目。旗人民政府与山东工业陶瓷研究设计院有限公司合作共建内蒙古先进陶瓷设计院有限公司，已挂牌并注册成立。积极对接洽谈重点投资意向项目，博源迎新年产5800万重量箱浮法玻璃项目总投资80亿元，第一批360万重量箱产能已从河北省转出，第二批615万重量箱转出产能正在办理产能转移，争取一期1080万重量箱玻璃完成产能转移，2020年落地建设。对接洽谈北京中材人工晶体、内蒙古和信能源煤基石墨烯和鼎泰矿山机械设备等项目，配合做好考察调研，争取项目落地。

【项目建设】 2019年，新开工7个项目，均为500万元以上项目，总投资9.7亿元，完成投资2.1亿元。智新30万吨密闭糊、铁辰矿用车组装与再制造、御华瓷业和隆威电石4个项目完成厂房建设，正在安装设备；圣岳10万吨高岭土深加工项目完成窑炉基础建设，蓝创25万吨废弃资源再利用项目完成场平。项目建设带动了劳动人口就业和三产服务业的快速发展，2019年工商共有各类市场主体633户，新登记注册市场主体154户，比上年增长32.15%，累积带动就业1.1万人。推动国资燃气热力热源和配套设施、力弘瓷业内墙砖、晶华玻璃釉面玻璃熔块等3个项目投产。

【转型发展】 开发区建成区亩均产值

178.53万元，亩均固定资产投资241.84万元、税收34.91万元，主导产业产值占园区产值比重65.86%。开发区土地集约利用综合水平总体上较高，土地利用集约度综合分值86.06分，在用地效益、管理绩效方面比较突出。大力推动无机非金属材料产业发展，鼓励煤企兴办陶瓷项目，培植了一本煤矸石加工、金璞铸造砂、御华高岭土、蓝创废弃资源再利用等新兴项目，利用煤矸石、粉煤灰等废弃资源，生产日用陶瓷、建筑陶瓷、耐火材料、铸造砂等产品，高原杏仁露、蒙特酒业、王道酒业等农副产品加工龙头企业带动推广种植山杏、海红果、沙棘等乡土经济树种，免费提供改良树种、管理培训、技术服务，由当地农业合作社或家庭参与承包经营和养护，共建稳定的原料生产基地，农副产品企业进行回购，生产杏仁露、酸杏汤、海红果汁、沙棘汁、海红果酒、白酒等特色农产品，增加农副产品附加值；内蒙古先进陶瓷设计院挂牌并注册成立，打造6个中心、1个基地，陶瓷设计院、一本新材料、兴洋科技、铁辰机械、创异环保等企业引进高层次创新人才7名。鼓励企业开展重大科技项目攻关，2019年组织伊东集团、高原杏仁露、国礼瓷、天之娇高岭土、美森煤机、兴洋科技等8家企业申报科技计划项目，美森煤机、蒙特酒业和兴洋科技被认定为国家高新技术企业，国礼瓷、天之娇高岭土、励泰、王道酒业等企业获得了49项国家专利。

【特色小镇】“准格尔陶瓷小镇”进入自治区首批特色小镇高质量发展培育名单，现已完成总体规划及城市设计报自治区发改委，对创业大道、兴陶路、陶瓷公园及迎宾路两侧进行了陶瓷主题规划设计，处于招商引资阶段。推进圣岳新材料、御华瓷业、金璞新材料、一本低阶煤、一本新材料、蒙西高岭土等项目建设，发展壮大陶瓷小镇特色产业。启动陶瓷研发中心和博览中心，内蒙古先进陶瓷设计院挂牌并注册成立，成功举办中国硅酸盐学会第二届青年学者科研能力提升论坛。

【投资环境】2019年，实施了铁辰机械设备项目、智新碳素项目场平和供电工程，完成御华瓷业、硅金化工、蓝创环保、圣岳高岭土等项目场平工程，并对项目供电进行设计，为项目落地提供良好的基础设施保障；向上级部门争取专项资金共1264.38万元，其中供热项目专项资金712万元，灰渣固化处置项目专项资金180万元，准格尔陶瓷小镇前期费用专项资金42万元，兴洋科技公司稳岗补贴资金1.12万元，高原杏仁露公司利益联结资金83万元，同时获贴息资金246.26万元；报请旗自然资源局挂牌出让国有土地7宗9.46公顷，划拨土地2宗1.35公顷。

【城镇建设】 2019年，投资8511万元实施一批城镇基础设施建设工程。果园南街道路，八一路电缆下地、给水雨水管网改造，开发区污水厂工艺优化改造，非棚改区4条街巷硬化、不拉村通村道路等民生实事工程顺利完工，八一路人行道铺装工程重要路段完工；实施棚户区改造（2018年）任务1400户，全部完成评估工作，签订协议1300户，拆除棚改房屋近400户，并清理现场建筑垃圾。

【生态环境优化】2019年，完成辖区内257家企业清查工作并建立普查名录库，对95家企业进行入户普查、数据汇总和档案整理，获得市二污普办通报表扬。灰渣固化处置场投入运营并推进改扩建；推动实施旗国资燃气热力公司污水处理厂浓盐水零排放及扩容改造和热电厂超低排放技改项目。投入246万元，在镇区非棚改平房区推广使用环保炉具1968台（套），淘汰落后炉具和散煤燃烧设备1700台（套），关小上大、整合电石产能，改善镇区空气质量，优良率达88%以上。开展“雷霆斩污”行动，严厉打击环境违法行为，全年未发生环境污染事件。推进1630亩防护林带前期手续办理，争取2020年春季开工，实施了园区、镇区绿化面积170亩，进一步优化了发展和人居环境。

【安全生产】2019年，开发区安委会与入区企业签订安全生产责任书，坚持每月开展1次安全生产专题部署，每季度1次安全生产联合大检查，督促各有关部门跟踪闭环排查安全隐患。委托第三方机构、聘请相关行业领域专家开展安全检查评估，建立健全24小时应急值班值守制度。举办“安全生产月”集中宣传咨询活动和安全知识有奖竞答，邀请专家举办《化学品生产单位特殊作业安全规范》、《危险化学品企业安全风险隐患排查治理导则》、响水“3·21”特大火灾爆炸事故及宜宾“7·12”重大爆炸着火事故专题培训，组织执法人员参加执法资格培训，营造浓厚的安全生产氛围。组织开展危险化学品泄漏综合应急救援演练，督促13家企业开展应急救援演练，按时完成国务院安委办第五批危险化学品重点县专家指导服务组提出的安全隐患整改任务，协助市应急管理局对园区危险化学品生产企业完成风险隐患等级评估，按照《化工园区安全风险排查治理导则（试行）》完成园区安全风险自查自评工作，督促园区危化企业按照《危险化学品企业安全风险隐患排查治理导则》完成自查、自改、自评工作，制定新建项目安全手续办理告知书。全年安全生产形势稳定，年内未发生安全生产伤亡事故。

【社会治理】 2019年，累计化解债务4294万元，剩余债务1525万元。受理信访案件574件次，全部办结。解决拖欠农民工工资案件60多起，协调用人单位支付383名工人工资517.7万元；采取网格化管理方式，将工业园区和沙圪堵镇区划分为13个网格片区，分别派专人负责。全面部署扫黑除恶专项行动。发放宣传单、悬挂过街条幅、印发应知应会手册宣传扫黑除恶专项斗争，利用各单位、酒店、商场、超市、银行的电子显示屏循环滚动播放扫黑除恶专项斗争宣传内容，组织“新时代·文明实践准格尔旗扫黑除恶专项斗争专题宣讲之走进准格尔经济开发区”宣讲，同时在开发区各中小学、幼儿园组织“扫黑除恶系列宣讲——校园欺凌知多少”讲座。开展涉黑涉恶线索大排查。发放调查表格，公布“扫黑除恶专项斗争”涉黑涉恶线索举报热线，设立举报信箱，公布奖励标准，张贴公告、通告，发动社会群众检举揭发。排查出1条线索已办结。

（撰稿 赵二强　编辑 韩耀光）

鄂尔多斯大路煤化工基地

【概况】 大路煤化工基地党工委和管委会合署办公，副处级建制。大路煤化工基地党工委和管委会内设9个职能机构，均为科级建制。2019年入围国家产业转型升级示范区，是国家规划布局的四个国家级现代煤化工产业示范区内重点建设园区之一。园区先后被科技部和国家科学技术奖励办公室授予中国产学研合作促进奖，评定为全国模范劳动关系和谐工业园区、自治区级绿色园区、自治区级高新技术特色工业产业化基地、自治区“草原英才”创新创业基地。

大路煤化工基地位于内蒙古鄂尔多斯市东北部，库布齐沙漠尾端，被黄河环抱于“几”字湾内，始建于2005年。工业园区规划建设面积140平方公里。其中，精细化工区面积20平方公里，重点发展各类精细化工及下游产业，合理发展新能源配套材料产业，构建高端精细化工和硅基新材料产业体系；煤化工区面积58平方公里，重点发展煤制油、煤制甲醇、煤制气等清洁能源和煤制烯烃、芳烃、乙二醇等煤化工及下游产品，延伸发展煤基新材料产业，配套发展以煤炭为主题的物流业，打造健康、完善、可持续发展的煤化工产业体系。资源综合利用区面积62平方公里，重点发展粉煤灰提取氧化铝、铝精深加工产业，延伸发展环保产业，积极发展化工装备制造业，构建“资源—产品—再生资源”相结合的煤—电—灰—铝循环产业体系。另外准格尔旗为园区配套建设了30平方公里的市政服务区，规划建设内容为产学研基地、行政办公区、金融商务区和配套生活服务区。

【主要经济指标】 2019年，大路煤化工基地工业总产值529.02亿元，工业增加值250.33亿元。其中主导产业增加值214.96亿元，产品销售收入535.84亿元，上缴税金82.28亿元，实现利润114.44亿元，固定资产54.92亿元各类化工产品361.47万吨，一般公共预算收入3.56亿元。

【化工产能】 园区已基本形成品类齐全的现代煤化工产业集群，规模化生产较为突出，已形成化工总产能（包括副产品）近500万吨，主要有煤制油16万吨、煤制甲醇210万吨、聚烯烃60万吨、二甲醚10万吨、合成氨30万吨、尿素52万吨、稳定轻烃19万吨、乙二醇12万吨、聚合氯化铝10万吨、氯烃5万吨、精制蜡12万吨、硝酸铵钙3.68万吨、UAV液体化肥1.25万吨和橡塑及胶黏剂助剂5万吨等。园区配套及其他产业发展也有较大提升，主要有多晶硅5000吨、催化剂

1.2万吨、电力2×300兆瓦、煤炭1200万吨和压力容器6万吨等。

【项目建设】 园区已有15个重大项目开工建设，总投资961.8亿元，分别为伊泰200万吨煤制油、北控40亿立方米煤制气、中石化80万吨煤制聚烯烃、久泰50万吨乙二醇、神华30万吨高铝粉煤灰综合利用、开滦40万吨乙二醇、易高2500吨高纯度碳材料、富世辉1万吨光稳定剂、易高24万吨乙二醇2号线、骏成900吨碳纳米管及1.8万吨锂离子电池正负极导电剂、西工业区一般废渣处理、昶龙大路西物流配送园、铁海大院东物流园、伊泰和久泰浓盐水零排放技改等项目。

【基础设施建设】园区已建成供水管235公里，建成黄河柳林滩取水口1处，年供水能力1.8亿立方米；日处理规模16万立方米的净水厂已投用；已建成排水管网261公里，日处理5.34万吨的污水处理厂1座（处理工业污水2.5万吨、浓盐水2.84万吨），总容量120万立方米的7个浓盐水蒸发塘、总容量43.5万立方米的4个雨水收集池建成投用；建成供热管60公里，换热站41座，蒙泰2×300兆瓦空冷煤矸石热电厂为园区集中供热提供热源，实现供热面积170万立方米，市政服务区供热全覆盖。园区已建成燃气管道49公里，建成年供气能力12亿立方米天然气门站1座；蒙泰2×300兆瓦煤矸石热电厂建成投用，建成500千伏变电站1座，220千伏变电站和110千伏变电站各2座，目前正在规划建设220千伏变电站和110千伏变电站各2座，投产企业全部实现双电源双回路供电。弱电管网，实现全园区覆盖。建成火车客运、货运站各1座，7.8公里长的自备铁路已投用。道路通车里程达178公里，配套管网全部一次性下地，照明工程同步实施。对外公路交通呼大高速、沿黄高速、蒙冀重载高速、阳吉线公路、103省道和薛大快速路。对外铁路呼准鄂快速铁路、呼准铁路、沿河铁路、大马铁路等，年货运能力约3亿吨；建成统一灰渣场1处，总库容1100万立方米，第2处灰渣场设计库容1.8亿立方米，一期库容1757万立方米，预计2019年开工建设。另外正在规划建设1个处理能力为20万吨的危废处理厂，并配有危废处理中心；建成并投用总建筑面积10009平方米的大路煤化工基地消防特勤站一座，园区各大型危化品企业积极配备消防设施和消防队。

【创新发展】2019年，园区在煤化工和粉煤灰提取氧化铝方面共创建了12个创新平台，其中，国家级重点实验室1个、国家工程研究中心1个、博士后工作站1个、自治区级实验室和工程技术研究中心7个、旗级煤化工研究所1个和生产力促进中心1个，拥有创建国家级高新技术企业6家。2019年，园区企业工业技术改造投入2.23亿元，投入技术研发费用1.56亿元，取得科技奖励资金1179.4万元、水污染防治专项资金400万元、自治区工业园区发展项目资金2000万元（西渣场）。园区企业累计取得授权技术专利341件，形成一批具有自主知识产权的关键技术；园区企业历年累计实现科技成果转化89项，其中2019年转化7项。

【产业示范】园区已建成国内首条煤间接液化生产线（伊泰16万吨煤制油）、国内煤

2019年8月10日，中国石化鄂尔多斯大路煤制烯烃项目开工动员会召开

化工行业目前单套规模最大的甲醇生产装置（久泰100万吨甲醇）和内蒙古自治区第一家大型压力容器制造项目（伊泰石化装备6万吨大型压力容器制造）。分别承担着国家关于煤制天然气示范、煤制油产业化示范、煤制烯烃升级化示范任务的北控40亿立方米煤制天然气项目、伊泰200万吨煤制油项目、中石化80万吨煤制烯烃项目已取得核准批复文件，并举行了开工动员会。易高14万吨稳定轻烃、12万吨乙二醇、久泰60万吨烯烃、垣吉12万吨精制蜡和永江佳源10万吨聚铝、5万吨氯烃已投产运行，实现了园区产品的就地转化和资源化利用；久泰50万吨乙二醇、开滦40万吨乙二醇和神华30万吨高铝粉煤灰综合利用等项目正在建设，标志着园区现代煤化工产业建设和资源综合利用取得重大突破，在做大做强煤化工、煤电铝主导产业和大力延伸产业链条等方面迈出坚实步伐。

（撰稿 刘婕 编辑 韩耀光）

城乡建设

市政建设

【**概况**】 准格尔旗住房和城乡规划建设局是旗人民政府工作部门，科级建制。内设办公室、建筑市场与工程质量安全监管股、城市建设管理股、村镇建设股、房地产市场和住房保障股、行政审批办、综合项目股、人民防空与重要目标防护股8个股室，下设建筑工程安全监督站、建筑工程质量监督站、市政管理所、建筑材料试验检测中心、室内装饰装潢监审站5个二级事业单位。2019年有职工85人，驻大路新区建业大厦八号楼五楼办公。

2019年，准格尔旗中心城区建成区面积26.8平方公里，其中薛家湾镇19.3平方公里、大路新区7.5平方公里，道路面积477.83万平方米；有常住人口37.7万人，其中城镇人口26.16万人、乡村人口11.54万人，城镇化率69.39%。全旗燃气普及率60.06%，污水处理率97.1%，生活垃圾无害化处理率98.42%，建成区绿地率40.67%，人均公园绿地面积18.98平方米，位列全国综合实力百强县市第30位。

【**市政基础建设**】 2019年，准格尔旗城市建成区新建道路2.9公里，新铺装道路13.8万平方米；市政道路总长169.3公里，道路铺装总面积480.8万平方米，路灯共11954盏，人均道路面积18.7平方米。

准格尔经济开发区建设局完成开发区城镇基础设施维修改造二期项目，改造建设八一路雨污管网和供水管网6400米，新建地下电缆沟4500米，破路恢复约38500米，改造原有人行道铺装硬化约10万平方米；集中居民区小巷硬化路面约1000米，新建果园街道路350米；完成开发区污水处理厂工艺优化改造工程、应急供暖管网及应急防洪抢修等小型工程。

2019年6月27日 住建局在项目工地举办建筑工程应急救援演练

大路煤化工基地建设局建设重点项目32项、续建7项、新建23项、人行道改造1项、路灯改造1项，道路全长43.974公里，建成雨水管网0.8公里；完成南工业区经七路、纬一路、东工业区快速路490盏路灯改造工程；南工业区经十四路、纬七路东段、曜园至骏成临时混凝土道路建成通车；消防应急库、经四路雨水管网、纬一路人行道投入使用。

【**市政项目建设**】2019年，准格尔旗政府投资基本建设项目服务中心在建旗人民政府投资基本建设项目3项，建筑面积41.6万平方米，总投资2.65亿元。

薛家湾第十一小学工程 位于薛家湾镇北山片区，建设规模为24班寄宿制小学，总建筑面积22172.1平方米，概算投资约16322.1万元。

准旗人民医院住院楼改扩建工程 总建筑面积9997.5平方米，概算投资约4547.61万元。

准格尔旗特殊教育学校 总建筑面积9492.3平方米，概算投资约5664.93万元。

【**建筑业**】2019年，准格尔旗具有资质等级的建筑施工企业12个，年总承包和专业承包建筑业总产值14.99亿元，同比增长27.8%；竣工产值7.44亿元，同比增长2.5%。建筑业企业房屋建筑施工面积0.88万平方米，同比下降95.8%；竣工面积1.01 万平方米，同比下降74.5%。

准格尔旗住房和城乡建设局监管建筑项目18项，其中房屋工程9项、市政管网维修改造工程9项；办理建设工程施工许可18项，工程质量监督18项，工程安全监督18项，工程竣工验收备案4项。全年建筑施工面积82.8万平方米，签订建筑施工合同额6.58亿元，完成建筑业总产值5.264亿元，其中竣工面积5.07万平方米，完成竣工产值1.04亿元。

准格尔经济开发区建设局监管建筑项

目8项，其中房屋工程3项、市政管网维修改造工程4项、工业项目1项；办理建设工程施工许可8项，工程质量监督7项，工程安全监督7项，工程竣工验收备案8项。

大路煤化工基地建设局监管建筑项目16项，其中房屋工程7项、市政管网工程9项；办理施工许可2项，质量监督手续2项，安全监督手续2项。

【准格尔旗政府投资基本建设项目服务中心】 准格尔旗政府投资基本建设项目服务中心，科级建制，隶属于准格尔旗人民政府。内设工程管理股、工程技术股、合同预算及内部审计股、办公室、财务室5个股室，2019年有职工17人，驻大路新区建业大厦七号楼五楼办公。

（撰稿 白雪峰 祁丽霞 张 磊 张学敏
编辑 刘 燕）

乡村建设

【概况】2019年，准格尔旗大力实施乡村振兴战略，着力优化农村生产生活环境；制定微治理十项措施及行政处罚文本，启动重点区域环境乱象整治“百日攻坚专项行动”，持续清脏、治乱、增绿，农村人居环境大幅改善。十二连城乡获评全国乡村治理示范乡镇。

准格尔旗人民政府与中国邮政集团内蒙古分公司签订实施乡村振兴战略、推进脱贫攻坚战略合作协议，确定“果蔬杂粮山羯羊”四大优势特色农牧业产业，建成标准化生产示范区4.2万亩；“准格尔羯羊”“准格尔糜米”获地理标志保护，“准格尔荞麦粉”“准格尔小米”“准格尔羯羊”“准格尔大米”获批国家名特优新农产品，黄河碱米通过有机认证和欧盟认证。推动28家龙头企业与近万户农民建立了紧密型利益联结机制，带动农户户均增收2000余元。

【基础工程】全年建成污水处理设施7处、垃圾焚烧炉6处、垃圾压缩中转站9处、农村公共卫生厕所31处，实施“厕所革命”4996户厕所改造，完成“四类人群”65户危房改造。建设地面数字电视发射基站23个，“户户通”用户5.11万户，广播“村村响”159套；全旗广播综合覆盖率99.4%，电视综合覆盖率99.12%。

（编辑 刘 燕）

城市管理

【概况】 准格尔旗城市管理行政执法局成立于2012年7月，是旗人民政府直属单位，行使城市管理和城市管理行政执法职能，具有独立的城市管理行政执法资格，正科级建制。负责行使住房城乡建设领域、环境保护管理、工商管理、交通管理、水务管理、食品药品监管、国土资源管理方面法律法规规章规定的行政处罚权，2019年有职工318人，驻准格尔旗薛家湾镇准格尔西路迎泽区办公。

2019年1月，准格尔旗城市管理行政执法局全面接管准能中心区城市管理业务，形成城镇市政区“一盘棋”管理新格局；4月8日，撤销中共准格尔旗城市管理行政执法局党组。

【市容环境管理】准格尔旗城市管理行政执法局将薛家湾、大路市政区划分为5个片（大网格），按照“定人员、定路段、定责任”三定管理原则，建立“领导包片、中队管面、队员管段”的市政中心区市容环境网格化长效监管机制；实行“错时管理制度”，组建错时巡查小分队，填补时间上的“真空地带”，实现“薛大”网格化管理全覆盖、无盲区、无死角、无缝隙。

2019年，准格尔旗城市管理行政执法局共查处各类市容环境违规案件50000余起。审批商业宣传活动649次、门头牌匾941块，整改、拆除陈旧破损、不符合标准的大型广告和门头牌匾1530余处；维修、新增机动车停车位8000余个，清理长期占用的公共车位154个；累计纠正车辆违章停放违法行为13000余起，处罚违章车辆20辆。

【市政管理】2019年，集中开展车辆带泥上路和未密封篷布等违法行为专项整治行动120天，累计处罚违规车辆11次；抓捕流浪狗786只，立案查处毁绿行为1起，清理建筑垃圾4.2万立方米；排查燃气经营企业安全隐患25次，查封无证燃气经营企业1家，查处经营许可证到期未检燃气经营企业4家。

【建筑工地监管】2019年，检查“薛大”市政区建筑施工现场220次，拆除存在问题和到期临建共1000平方米，发现并修复存在问题围挡约300米、拆除到期围挡400米。

【规划监察】 2019年，推行执法人员“人工巡查”和无人机“科技巡查”手段相结合，提高违建查处效率。全年累计查处各类违建52处4786平方米。

【房管执法】2019年，累计查处小区内私搭乱建160平方米，清理小区“三乱”小广告157处，制止“居改非”行为6起，清理小区“僵尸车”76辆，开展房地产经纪机构专项检查整治执法16次。

【国土执法】2019年，累计排查地块152宗（已上报系统），其中黄河10处21宗、呼斯太河2处2宗、水库18处20宗、水源地19处27宗、自然保护区31处31宗、阿贵庙自治区级森林公园41处41宗、地质公园3处3宗，其他区域地块7宗，排查小流域170余处。

【信访案件办理】2019年，实行领导值周制和24小时值班制，严格遵循信访案件办理流程和办理时限。全年共答复办理“4705319”城市管理便民服务热线案件265件，书记信箱、旗长、市长热线及信访转办案件549件，人大建议3件，政协提案4件，办结率100%。

【房屋拆迁安置】 准格尔旗城市房屋拆迁管理办公室成立于2004年5月，隶属于旗人民政府，科级建制。负责准格尔旗辖区国有土地上房屋征收与安置工作，现有职工51人。

2019年，准格尔旗城市房屋拆迁管理办公室解决了王青塔片区、周家湾片区、苏计沟片区、贾家湾北片区的遗留未安置问题，其中王青塔片区应安置569套、周家湾西片安置634套、周家湾东片安置40套、苏计沟沟口及贾家湾北片安置195套。

（撰稿 陈富强 郝斌　编辑 刘 燕）

房地产

【概况】 准格尔旗保障性住房和房产交易管理中心前身是1996年成立的准格尔旗房产管理局，2019年11月28日正式更名，隶属于准格尔旗住房和城乡建设局。负责全旗廉租房、经济适用住房及其他保障性住房的开发、建设与管理，负责全旗范围内房屋转让、抵押、租赁等交易活动和房屋面积、价格、产权档案的管理工作、合同备案及期房预抵押、房地产开发、物业行业、房地产中介服务机构的监督管理工作。

2019年，准格尔旗登记备案的房地产开发企业59家，在建房地产开发项目15个。按项目类型分：商住项目12个，住宅项目2个，商业项目1个；按建设状态分：停建7个，复工8个。

【住房保障】2019年，准格尔旗保障性住房和房产交易管理中心按照每月10元每平方米的补贴标准，通过惠民一卡通系统向符合条件的165人，发放补贴资金15.85万元；初步建立了公共租赁住房信息管理系统，2509个住房保障对象相关信息全部录入系统。

【物业管理】2019年，全旗有物业服务企业55家，从业人员约1500名，服务项目面积978万平方米，服务范围涵盖住宅小区、办公楼、医院及商场。共处理物业服务行业乱象问题2起，下发住宅小区安全生产隐患整改通知35件。

【房地产市场监管】 2019年，准格尔旗保障性住房和房产交易管理中心对在准格尔旗注册的25家房地产开发公司开展监督检查工作4次，发放预售许可证9件。化解库存商品房23.67万平方米，其中住宅1343套23.5万平方米、商业0.17万平方米；剩余库存商品房44.74万平方米，其中住宅3315套44.74万平方米、商业22.59万平方米。办理存量房屋交易1924件，新建商品房交易580件。完成房地产历史遗留问题项目38个，共17150套236.17万平方米，其中解决烂尾项目3个、2516套39.34万平方米，解决已入住未办理产权项目35个、14634套196.83万平方米。

【信访案件办理】2019年，准格尔旗保障性住房和房产交易管理中心累计处理房产管理类信访件102件，其中书记信箱24件、市长热线39件、旗长热线24件、信访局批转件15件。

【项目投资建设】2019年，准格尔旗国立房地产开发有限责任公司有在建项目4个：建成兴隆街道周家湾片区棚户区改造项目配套设施、续建大路新区民族幼儿园项目、缓建大路新区和苑D区项目、筹建友谊街道名盛园商住小区项目。周家湾棚户区改造项目、南苑、北苑、和苑B区、湖西南片区保障性住房和泽小区等项目房产销售及租赁业务年收入40738万元。

周家湾片区棚户区改造项目 兴隆街道周家湾片区棚户区改造项目，建设新苑小区，占地面积74151平方米，建筑面积174462平方米，建12栋楼801户住宅，总投资65000万元。2019年完成小区绿化80%。

大路新区民族幼儿园项目 大路新区民族幼儿园项目，占地面积5304平方米，建筑面积4980.78平方米，总投资1900万元。2019年主体工程、外墙保温涂料、外墙门窗安装、土建工程均已完成。

大路新区和苑D区项目 大路新区和苑D区项目，占地面积213433.35平方米，建筑面积330203.55平方米，建37栋楼1696户住宅，总投资10亿元。2019年向准格尔旗国土资源局申报购买建设用地，待土地审批手续中。

名盛园商住小区项目 友谊街道名盛园商住小区项目，占地面积49763平方米，建筑面积169897.64平方米，建11栋楼926户住宅，两个地下车库，总投资59000万元。2019年完成工程总量的80%。

【准格尔旗国立房地产开发有限责任公司】准格尔旗国立房地产开发有限责任公司，隶属于内蒙古准格尔国有资本投资控股集团有限公司，具有房地产开发三级资质。内设党群工作部、行政部、财务部、工程部、运营部、合同预算部、质监部7个部门，2019年有员工38人，驻兴隆街道北苑小区东区底商三楼办公。

【住房公积金归集】2019年，准格尔旗归集住房公积金52889.09万元，同比增加14571.27万元，增长38.03%；累计归集住房公积金352133.47万元，同比增加52889.09万元，增长17.68%；归集余额210046.29万元，同比增加22943.06万元，增长12.26%。新增住房公积金缴存单位81家职工2992人，共有670家单位30667名职工纳入住房公积金制度，住房公积金覆盖率90%以上。行政事业单位职工缴存基数为职工上年度月平均工资，单位和个人缴存比例均为12%；企业单位职工缴存基数最低4718元，最高23592元，缴存比例最低5%，最高11%（单位和个人缴存比例一致），缴存基数同比小幅提高。

【住房公积金贷款】2019年，鄂尔多斯市住房公积金管理中心准格尔旗管理部发放个人住房公积金贷款623笔26667万元，同比增加174笔8310万元，增长38.75%和45.27%；累计发放住房公积金贷款10049笔177784.95万元，同比增加623笔26667万元，增长6.61%和17.65%；存量贷款2876笔99983.16万元，同比增加176笔12887.5万元，增长6.52%和14.8%；个人住房公积金贷款率47.6%，同比增长1.05%。

【住房公积金提取】2019年，鄂尔多斯市住房公积金管理中心准格尔旗管理部办理住房公积金提取4135笔29946.53万元，同比减少653笔、额度增加366.08万元，笔数减少13.64%、额度增长1.24%；累计提取住房公积金25812笔、142087.20万元，分别同比增加4135笔、29946.53万元，增长19.08%、26.70%；住房公积金使用率68.74%，同比增长2.16%。

【鄂尔多斯市住房公积金管理中心准格尔旗管理部】 鄂尔多斯市住房公积金管理中心准格尔旗管理部，隶属于准格尔旗保障性住房和房产交易管理中心，内设归集股、信贷股、稽核股、办公室4个股室，现有职工8人。负责准格尔旗住房公积金的归集、提取、贷款业务。

（撰稿 范永胜 朱宝兰 秦 婷 编辑 刘 燕）

园林绿化

【概况】2019年，准格尔旗中心城区绿地面积1109.35公顷，绿地率41.53%，绿化覆盖面积1150公顷，绿化覆盖率42.96%。有公园和社区游园24个、广场4个，绿地面积390.59公顷，人均公园绿地19.18平方米，附属绿地面积412.47公顷，其他绿地面积289.7公顷。

【园林绿化建设】2019年，准格尔旗园林绿化事业局实施了大路新区客运站周边行道树景观绿化、大路新区新村五路景观绿化、大路新区沿黄连接线景观绿化和广泽小区游园等工程，新增绿地面积22.41万平方米。实施薛家湾镇高速出入口、准格尔路和大路建业大厦周边绿地等绿化提升改造工程，共提升改造绿地面积19.09万平方米，铺设草坪59357平方米，栽植沙地柏36417平方米，各类草花约318万株，樟子松、油松、国槐、云杉、新疆杨等各类乔木约59414株，金叶榆、水蜡、丁香等各类灌木约26万株。共补植行道树约2378株，更换绿篱约15000株，市政区裸露地种植花草约51万平方米；修剪常绿乔木约17931株，落叶乔木约21571株，整形修剪绿篱约40万平方米、花灌木约58000丛（整形修剪5遍）；铺装园路和地面面积3060平方米，维修安装微喷滴灌设施，更换各类照明设施256处，改造7处公共卫生间。

准格尔经济开发区园林环卫局管护的美稷、地税、烈士塔、工程队、天禧、景观塔、火炬塔7个公园和伊东、高原露2个广场道路绿化带等园林绿地108.83万平方米，建成区绿化面积110万平方米，人均公园绿地面积3.37平方米。完成绿化面积3.6万多平方米，整形修剪乔木50000余株、灌木10000余丛，补植乔木450多株、灌木300余丛、地被和绿篱3000平方米。对高原露广场、烈士塔、创业大道进行了绿化提升改造，街道路灯杆增添了造型花盆170组，广场增加造型组合花架5组，主要街道路口增设组合花箱20组，摆放盆花1万余盆，摆放鲜花花坛1组9000余盆。

大路新区环卫园林绿化局完成园区道路景观绿化新建项目8个，新增绿化面积28.13万平方米，总投资1729万元。完成公园景观维修提升改造项目8个，总投资2947.14万元；零星绿化等项目5个，总投资78.92万元。园区全年新增绿化面积30.8813万平方米，绿化率1.22%；绿化总面积359.2113万平方米，绿地率14.25%。

【苗圃建设】2019年，大路新区苗圃种植面积已达245亩，共培育各类草花约170万株、草坪约1500平方米。能出圃的垂柳、漳河柳、北京杨、新疆杨、胡杨、山桃等各类乔木约18526株，定植各类苗木约4799株。新增滴灌面积2万平方米，连栋棚一栋1500平方米，水井一口，苗圃功能日益完善。

【准格尔旗园林绿化事业局】准格尔旗园林绿化事业局内设办公室、工程规划股、绿化养护大队、园林科技推广中心、公园和广场管理办公室和园林绿化监察大队6个股室，2019年有职工30人。负责薛家湾、大路市政区园林绿化建设工作，包括对现有的9个公园、3个广场及薛家湾、大路市政区内所有园林绿化成果的养护管理工作。

【准格尔经济开发区园林环卫局】准格尔经济开发区园林环卫局内设办公室、环卫所、广场公园管理所、养护大队4个股室。2019年有职工48人，环卫工人和绿化养护工人319人。负责开发区的园林绿化建设。

【大路新区环卫园林绿化局】大路新区环卫园林绿化局内设办公室、园林绿化股、环卫管理股、公园管理办、后勤组5个股室，负责大路中央公园、大路工业园区园林绿化和环境卫生建设管理工作。2019年有职工30人，环卫工人64人。

（撰稿 刘 瑶 吕红梅 任 艳　编辑 刘 燕）

市容环卫

【概况】2019年，准格尔旗有生活垃圾处理厂、餐厨垃圾处理厂各一处，日处理渗滤液100吨，生活垃圾无害化处理率98.42%。全旗农村现已建设完成玻璃钢化粪池4426个，年拉运污水约45520吨。

准格尔旗环境卫生事业局 共投入垃圾处置补贴费1162.47万元，清运和处置生活垃圾110230吨、粪便5145吨、餐厨垃圾6205吨，日清运生活垃圾302吨、餐厨垃圾17吨。

准格尔经济开发区园林环卫局 负责开发区规划区内6.8平方公里的清扫保洁、垃圾清运，195座公共厕所的管理和粪便清运，并负责监管沙圪堵镇无害化垃圾处理厂运行及安全情况。共投入垃圾处置补贴费712.96万元，清运处置垃圾72720吨，其中生活垃圾55440吨、粪便10800吨、餐厨垃圾6480吨。

【清扫保洁】2019年1月，准格尔旗环境卫生事业局接管准能片区环境卫生管理工作，新增环卫工人46人，新增17条主次道路共29.28平方公里（包括人行道、绿化带清扫面积）的环境卫生管理工作，清扫保洁面积28.8平方公里，机械化清扫率77.74%。

准格尔经济开发区园林环卫局 清扫保洁区涉及府欣社区、开源社区、迎宾社区、富民社区、鑫鑫社区、育才社区6个社区，伊东广场、天禧小广场等5个广场，美稷公园等4个公园，准格尔路、林荫街、交通街、八一路、创业大道等11个路段，清扫保洁面积386.97平方公里。

大路新区环卫园林绿化局 投入4辆道路清扫车、1辆洗扫车，配备道路清扫环卫工人53人，公园清扫、保安人员7人，实行8小时制分段保洁，固定清扫总面积约130.5万平方米，流动清扫面积约30万平方米。

【环卫设施配置】2019年，准格尔旗环境卫生事业局共购置生活垃圾桶710个、餐厨垃圾桶200个、果皮箱400个；更换垃圾箱154个、生活垃圾桶238个、餐厨垃圾桶140个、果皮箱113个。接管准能片区环境卫生管理工作后，收回生产用车12台，新购置洗扫车2台、干式扫路车2台、压缩式垃圾车1台、大功率吸尘车1台、小型清扫车1台、人行道清扫机5台。共有环卫生产用车65台。

准格尔经济开发区园林环卫局 建成垃圾回收站4个，垃圾箱400个、垃圾桶560个、果皮箱150个；配备餐厨垃圾车2辆、挂桶式垃圾清运车2辆、压缩垃圾车1辆、洒水车7辆、雇用小三轮清运车19辆、吸污车2辆。

大路新区环卫园林绿化局 购置64万元的道路干扫车1辆；投资13.4572万元，在园区道路、企业厂区周边路口和公园，新放置垃圾桶、果皮箱241个，更换40个。

【公共厕所建设】2019年，准格尔旗环境卫生事业局新接收准能片区水冲公厕2座，在乌兰小区、建行桥头东侧、白云商场附近、翠微里5号楼附近、南山宾苑附近等地新建5座装配式移动公厕，共投入资金94.8万元。在沿黄高速与大路新区至小滩子公路交叉路口、呼大高速薛家湾出口、荣乌高速大饭铺出口等地新建水冲公厕3座，共投入资金126.02万元（不包括附属工程）。共管理公厕107座。

准格尔经济开发区园林环卫局 新建旱厕4处、装备厕所6处，翻新3处水厕、新建污水井2个。2019年，开发区市政区有公共厕所199座，其中水冲式厕所23座，旱厕所176座，达到二类以上标准厕所22座。

【环卫工人待遇】2019年，准格尔旗环境卫生事业局为860名一线环卫工人设立了24个早餐供应点，其中薛家湾市政区22个、大路市政区2个，累计投入资金约360万元。还为环卫工人举办爱心生日宴活动，发放水杯、月饼、绿豆、白糖、泻火药和手套、棉鞋等日常生活用品。

大路新区环卫园林绿化局 为所有环卫工人办理了每人每年545.6元的人身意外伤

薛家湾镇区的多个片区微型扫路机上路工作为环卫工人减负

害保险，在盛夏酷暑时节和每年10月26日的“环卫工人节”发放西瓜、毛巾、泻火药和大米、白面等日常生活用品，并按年发放换季服装、鞋、安全反光背心等。

【农村垃圾二次清运】 准格尔旗城市基础设施建设投资有限公司承担着10个苏木乡镇、4个街道办事处的农村垃圾二次清运任务和2个乡镇污水处理厂、9个农村小型污水处理站的运营及全旗农村分散玻璃钢的拉运处理工作。2019年，累计完成全旗95%以上行政村的垃圾清运任务，投入环卫车辆29辆、垃圾桶（箱）2143个、压缩站配套箱体11个、勾臂垃圾箱843个，共清运垃圾（包括临时垃圾场处理）约1.4万吨。

【准格尔旗环境卫生事业局】 准格尔旗环境卫生事业局前身为准格尔旗环卫园林局，2019年有正式职工21人，环卫工人860多人（包括大路市政区），生产用车65台。负责薛家湾市政区和大路市政区的清扫保洁和市容环卫管理工作。

【准格尔旗城市基础设施建设投资有限公司】 准格尔旗城市基础设施建设投资有限公司是2004年成立的国有独资公司，注册资金3000万元，内设工程部、财务部、投资审计部、投资运营部、综合办公室、质检中心6个部门，经营范围包括对土地开发、城市基础设施建设、房地产开发、公路建设投资，对农业、商业贸易、文化旅游、服务业投资。

（撰稿 贺凤忠 吕红梅 任 艳 王苏瑄
编辑 刘 燕）

供水

【概况】2019年，准格尔旗有内蒙古科源水务公司、内蒙古天河水务公司、准格尔旗泰禹水务有限责任公司3家供水企业，中心城区供水管网长211.12公里，日供水能力5.57万立方米，供水普及率97.45%；排水管道长358.48公里，城镇污水集中处理率97.1%，无黑臭水体。

【供水工程】科源水务有限公司2004年先后实施东部地下水源供水工程、以“引黄入沙”为重点的中部供水工程和西部供水工程。建成苏计沟、永兴店、窑沟、大塔、梁安窑子、奇家梁、陈家沟、榆树湾等地下水源工程，同时采用公司自主知识产权地上/地下梯级水库建造方法专利建成宏景塔、四道柳、公沟、昌汉素、伙房塔、暖水等地表源工程和三拉沟、徐风沟、炭窑渠、公益盖沟、纳林沟水库工程，每年可获得地表水取水指标1312.34万立方米。2019年，建成深井66眼、加压泵站61座、高位蓄水池80多个，DN160-DN1000供水管线总长900多公里，管网配水能力达每年1.5亿立方米。科源水务公司把建成的水源通过供水管线连接成了区域供水网络，实现了准格尔旗东、中、西部水源的彻底大联通。

泰禹水务有限责任公司的龙王沟水环境治理工程完成七道峁污水处理厂拦河坝工程、粗细格栅、A20生化膜滤池、反硝化池生物滤池、吸水井及送水泵房、接触调蓄池、污泥脱水车间、调节池、曝气生物滤池、管理用房等土建部分的浇筑工作，机电设备工程已完成工程总量的70%。薛家湾镇塔哈拉川河道综合整治工程总投资3.88亿元，于2019年10月完成招投标，年底已开工建设。

【工业用水】 科源水务有限公司负责泰禹水务公司有限责任公司、内蒙古伊泰集团股份有限公司、内蒙古满世煤炭集团有限公司、内蒙古伊东煤炭集团有限公司、内蒙古特弘煤电集团有限公司、内蒙古恒东能源集团有限公司、内蒙古京泰发电有限公司、内蒙古国华发电有限公司、内蒙古能源准大发电有限公司等90余家单位的工业用水，2019年用水总量1739.50万立方米，同比增长23.9%。

天河水务有限公司负责大路煤化工基地、魏家峁发电基地的工业用水，供水用户12户，2019年用水总量(含中水)2884.74万立方米。

【生活用水】2019年，科源水务有限公司负责供水的大路镇、薛家湾镇、沙圪堵镇、纳日松镇、准格尔召镇、暖水乡生活用水总量697.44万立方米（薛家湾576.97万立方米、沙圪堵120.47万立方米），新增供水用户165户，供水管线总长900多公里。

天河水务有限公司负责供水的红台子、魏家峁镇、龙口镇、大路镇生活用水量302.08万立方米，共有供水用户7551户。居民用水价格2.96元/米^3，非居民用水5.2元/米^3。供水管线204公里，污水管线30公里。

泰禹水务有限责任公司生活用水总量536万立方米，负责的薛家湾镇新增供水用户2021户，共有供水用户55173户；准格尔经济开发区新增供水用户1865户，共有供水用户18903户。居民用水价格3.91元/米^3，非居民用水8.9元/米^3，特殊行业用水26.7元/米^3。薛家湾镇供水人口约10万人，供水管线70.9公里，污水管线55.5公里，雨水管线34.16公里；准格尔经济开发区供水人口约5万人，供水管线40公里。

【内蒙古科源水务有限公司】内蒙古科源水务有限公司成立于2004年，现有员工141人。负责沙圪堵工业园区、大路镇、薛家湾镇、沙圪堵镇、纳日松镇、准格尔召镇、暖水乡和内蒙古伊泰集团股份有限公司、内蒙古伊东煤炭集团有限公司、内蒙古特弘煤电集团有限公司等90余家单位的供水，服务面积4800平方公里，解决了市镇区及14个行政村约20万人口的安全饮水问题，保障了全旗80%的工矿企业生产生活用水。2019年公司经营总收入14886.43万元，供水收入13903.4万元。

【内蒙古天河水务有限公司】内蒙古天河水务有限公司成立于2004年，2019年有员工156人。负责大路煤化工基地、大路镇、魏家峁镇、龙口镇、红台子的居民供水和大路煤化工基地、魏家峁发电基地的工业供水。经营范围包括工业企业供水、城市供水、水利工程、污水处理的投资、建设、经营管理，相关业务的技术咨询，相关业务的设备、材料经营，水质检验检测。2019年公司各项业务经营收入2.18亿元，其中供水收入1.59亿元，同比增加1001.6万元，增长6.3%；

【准格尔旗泰禹水务有限责任公司】准格尔旗泰禹水务有限责任公司是2012年旗人民政府组建成立的国有独资企业，2019年有员工174人。内设党群工作部、综合办公室、计划财务部、工程管理部、公用事业部、水表检定室、薛家湾供水站、沙圪堵供水站、泰禹环境检测公司、泰禹污水处理公司和泰禹物业管理公司11个部室（子公司），负责薛家湾镇和沙圪堵镇的居民供水、塔哈拉川景观水系管理及大路工业园区的工业供水。2019年公司各项业务经营收入4239.4万元，同比增加1518.6万元，增长55.8%，其中供水收入2088.8万元、物业服务收入577.1万元、排水收入1170.2万元、材料收入403.2万元。

（撰稿 田丽梅 薛利龙 魏昕宇　编辑 刘　燕）

供热·供气

2019年1月8日，天然气利用工程主管道施工现场

【概况】2019年，准格尔旗集中供热面积1428.76万平方米，其中住宅供热面积978.79万平方米，住宅供热用户91496户，供热管网总长297公里，集中供热普及率85%。

薛家湾市政区及大路煤化工基地天然气利用工程，由准格尔旗国资燃气热力有限责任公司承建，规划供气约5万户，大路天然气门站设计年输气量5亿立方米。截至年底，完成大路门站—南煤化工基地、大路东工业园区次高压燃气管道22公里建设，完成和谐街、竹溪街、通达路、西苑路等10条（约5公里）薛家湾市政管线建设。

【运营供热项目】2019年至2020年采暖期国资燃气热力有限责任公司供热总面积约554.5万平方米，其中大路煤化工基地161.7万平方米、沙圪堵市政区124.8万平方米、准能职工家属区114.93万平方米、暖水乡13.2万平方米、布尔陶亥苏木17.5万平方米、十二连城乡（五家尧、三十顷地）19.8万平方米、准格尔召镇38.9万平方米、魏家峁镇20.5万平方米、龙口镇35.1万平方米、羊市塔8万平方米。

【供热工程建设】2019年，国资燃气热力有限责任公司对准格尔召镇4#、5#和7#热力站供热二次管网进行维修改造，改造供热管网长约1.8公里；完成准能职工家属区4.5米供热管网入户改造及室内供热管网改造约2100户，同时完成准能片区共计13个热力站的维修改造及装修工作。

2019年9月，国资燃气热力有限责任公司先后接收魏家峁镇、龙口镇供热运营工作，投资约140万元对原有锅炉主体、公共用房、锅炉除渣、老旧管网、储灰棚、检查井等供热设施设备进行维修改造，同时更新改造部分一次管网及阀门井。魏家峁供暖站位于魏家峁镇魏家峁村，有员工9人，总供热面积约20.5万平方米，其中居民用户1353户、非居民用户122户，供热方式采用热电联产，供热一次管网单线2公里，配套换热站3座。龙口镇供暖站位于龙口镇马栅村，有员工14人，总供热面积约35.1万平方米，其中居民用户2059户、非居民用户391户，供热方式采用燃煤热水锅炉，供热一次管网2000米，配套换热站5座，同时配套40吨、20吨燃煤热水锅炉各一座。

9月20日，国资燃气热力有限责任公司收购伊东电厂，完成准格尔经济开发区供热热源及配套附属设施建设工程一期的管网建设和热力站土建施工工作，新建供热管网4.4公里、512平方米换热站一座，在热电厂新增热网基本加热器2台及尖峰加热器1台，新增热网循环泵6台（配套高压变频器），将原有热网最大循环量（4400吨/小时）提升至7500吨/小时。对沙圪堵市政区供热主线损坏的阀门、伸缩器进行集中更换，更新改造部分热力站供热设施设备；改造历年居民反映整体供热效果差的住宅小区（祥顺小区、普泰廉租楼）庭院供热管网；完成对荣晨、宝润及永兴源3家热力公司热力站主线阀门的更换。

【供气工作】2019年，国资燃气热力有限责任公司新建大路天然气门站，实施大路天然气门站至薛家湾门站高压燃气管道16.6公里、薛家湾门站至薛家湾天然气加注站次高压管线3.1公里、大路门站至南煤化工园区纬七路次高压燃气管道17.5公里、东工业园区次高压燃气管道4.5公里、薛家湾门站至薛家湾市政中压管线4.4公里、薛家湾市政区（薛周路、竹溪街、和谐街等）市政中压燃气管网5公里建设工程；完成巴润哈岱村天然气利用工程气化站工艺区和燃气管网2公里的建设工程，并为巴润哈岱村民兵训练基地、巴润哈岱村委会、农副产品加工厂以及民俗风情园采购锅炉5台；为2家大路煤化工基地工业用户通气，年用气量约1000万立方米。

截至2019年底，薛家湾市政区共有10个住宅小区约10000余户具备安装通气条件，其中972户已办理通气手续，1276户申请办理入户安装手续。

【准格尔旗国资燃气热力有限责任公司】准格尔旗国资燃气热力有限责任公司成立于2011年，是以供热供气为主的生产服务型国资企业。内设行政综合部、财务部、人力资源部、规划建设工程部、生产技术运行部、设备采购供应部、市场经营部、热电事业部8个部门，下设9个供暖站、1个天然气项目部、1个热电厂、1个污水处理厂，现有员工498人。负责准格尔旗城镇、基层供热，薛家湾市政区、大路煤化工基地民用、商业、公建、工业用天然气项目及准格尔经济开发区伊东循环经济产业园区的供电和污水处理业务；并负责辖区内供热基础设施建设、安装与维护及对供热、供气、供电突发事件提供应急保障。

【中心城镇供热】2019年至2020年采暖期，内蒙古准格尔热力有限责任公司供热面积780多万平方米，其中住宅供热552.755万平方米、非住宅供热222.87万平方米；供热用户60390户，其中居民用户52849户、非居民用户7541户。建成换热站71个，其中公司热电厂热源自供140万平方米，其余热源负荷630万平方米向准格尔国华电厂外购；热水供热管道总长度88.36公里。

【内蒙古准格尔热力有限责任公司】 内蒙古准格尔热力有限责任公司成立于2003年，隶属于内蒙古特弘煤电集团，内设生产部、供热部、综合部、财务部、计划经营部、安全健康环保部、工程部7个部门，下设准格尔热力公司收费站、政务大厅收费窗口2个供热收费点，现有员工260余人。负责准格尔旗政府驻地除国家能源准能集团片区外的集中供热业务。

（撰稿 张俊杰 陶丽娜 李晓丽　编辑 刘　燕）

移民搬迁

【矿区移民】2019年，准格尔旗11个产煤乡镇（街道）共有井工煤矿72座，其中生产煤矿49座、停产煤矿23座，涉及矿区移民搬迁补偿安置的煤矿13座。准格尔旗矿区移民搬迁补偿安置，执行旗人民政府《农村集体土地征收补偿安置办法》（〔2013〕42号）和安置办法两个补充规定（准政发〔2013〕68号、准政发〔2016〕45号）、《预征收（用）农村集体土地工作流程》（准政发〔2017〕15号）文件精神，对已形成采空区、火区或两年内将成为沉陷区的矿区居民，实行人性化搬迁、合理化补偿、最优化安置。共完成矿区居民搬迁350户702人，同比减少49.6%，累计支付各类补偿款14.5亿元，同比增加3.1亿元。

【矿区移民安置】2019年，分配矿区移民安置房累计155套1.9万平方米，同比增长16.5%。引导矿区搬迁居民积极入住，分配矿区搬迁移民住房21套；协调完善纳日松镇矿区“十个全覆盖”环境整治公路沿线所拆房屋置换楼房工作，分配住房96套，支付现金3988.838元；协调有关单位参与认购，消化基层乡镇库存积压矿区移民房源，分配纳日松和羊市塔矿区移民安置房38套。

【矿区移民社保】2019年，为109名矿区搬迁居民缴纳失地农民养老保险，累计910.3680万元，并全部建立养老保险信息档案。养老金每人104400元，其中个人缴纳20%为20800元、企业缴纳80%为83520元，同比减少76%。

2019年准格尔旗井工煤矿搬迁补偿明细表

表 7 单位：户、人

乡镇	搬迁补偿		住房安置		参加养老保险人数
	户数	人数	安置地	安置户	
准格尔召镇	11	24			21
纳日松镇	75	130	幸福家园和瑞泰小区	5	40
魏家峁镇	81	210			
龙口镇	6	13			10
薛家湾镇	102	195	东方御景、和泽小区和世纪嘉城	150	38
兴隆街道	75	130			
合　计	350	702		155	109

【准格尔旗矿区发展协调服务中心】 准格尔旗矿区发展协调服务中心前身为2005年11月成立的准格尔旗煤炭采区居民搬迁补偿及补贴工作领导小组办公室，隶属于旗煤炭局；2008年6月升格为准格尔旗矿区居民搬迁补偿办公室，为旗人民政府直属事业单位，准科级建制；2012年6月更为现名。下设薛家湾、大路、龙口魏家峁、准格尔召、纳日松5个工作站，2019年有职工40人。

【移民后期扶持】2019年，征地移民办公室为全旗1124名移民发放移民后期扶持直补资金40.5万元；移民后期扶持项目开工15个，其中新建项目14个、续建1个。建成温室19栋，上水项目和灌溉项目3个，新栽苹果树530亩、葡萄树109亩，硬化通村公路4.2公里。项目涉及魏家峁镇（范家峁村、四分子村、杜家峁村）、龙口镇（马栅移民小区、龙口水利枢纽坝区）、薛家湾镇（柳青梁村、免圪令村）、大路镇（前房子村、房子滩村），直接惠及包括移民在内的各移民安置区群众14000多人。开展的移民果树种植抚育实地技术培训工作，培训移民751人，重点培养村社果树专业技术人员56人。

【人口稽查】根据《内蒙古自治区大中型水利水电工程移民安置工作办公室关于对水库移民后期扶持管理信息系统开展数据稽查的通知》（内移办字〔2019〕10号）要求，对信息系统内移民后期扶持人口信息进行全面稽核，后期扶持人口共2750

人，其中直补人口1124人、项目扶持人口1626人。同时对2006—2018年扶持资金进行稽查，涉及资金1.6亿元。

【准格尔旗征地移民办公室】准格尔旗征地移民办公室成立于1992年，是准格尔旗人民政府为“万家寨水利枢纽”“龙口水利枢纽”项目建设和“国家大中型水库移民后期扶持政策实施”而专设的派出机构，正科级建制。2019年有职工8人。

（撰稿 杜长春 杜小霞 编辑 刘　燕）

资源·环境

国土资源

【土地资源】准格尔旗土地总面积7550.7876平方公里（755078.76公顷）。2018年末，全旗有农用地652718.82公顷，占土地总面积86.4%。其中：耕地74134.3公顷，林地215581.29公顷，草地353476.72公顷，其他农用地9526.51公顷。全旗有建设用地32482.21公顷，占土地总面积4.3%。其中：城乡住宅和公共设施用地15854.88公顷，工矿用地8961.47公顷，交通运输用地6824.09公顷，水利设施用地712.96公顷，旅游用地128.81公顷。全旗未利用土地69877.73公顷，占土地总面积9.3%。

【耕地保护】严格落实耕地保护责任制，准格尔旗人民政府制定印发《准格尔旗加强耕地保护和改进占补平衡实施方案》和《准格尔旗苏木乡镇人民政府和街道街道办事处耕地保护责任目标考核办法》，开展2019年度耕地保护责任目标完成情况和生态红线划定自查评估工作，同时将耕地保护工作列入对苏木乡镇（街道）年度“五位一体”目标考核中。此外，旗人民政府与各苏木乡镇街道签订耕地保护责任书，在十二连城乡召梁村和蓿亥图村实施高标准农田项目，面积为329.7公顷。

【建设用地批报】2019年，围绕重点项目用地需求，抓好土地预审、土地报批、土地征用等各项工作。上报用地初审意见10宗，面积785.2236公顷；完成组件上报26个，面积262.1693公顷，取得用地批复共16个，面积442.7365公顷；审批煤矿露天开采等项目临时用地21宗，面积1025.3786公顷；对25个重点项目进行了征地外业调查，面积1207.9412公顷，支付征地补偿款2.98亿元。

【建设用地供应】2019年，全年出让国有建设用地43宗，面积549.2896公顷，收取土地出让金7.7930亿元，划拨国有建设用地12宗，面积117.693公顷。组织召开规委会4次，核发“建设项目选址意见书”16份，“建设用地规划许可证”22份，出具建设用地规划条件意见书11份。

【征地拆迁安置】2019年，准格尔旗土地储备交易中心完成棚户区改造苏计沟、薛家湾、王青塔片区土地征收工作，征收19.56亩，支付补偿款1011252元；征拆北控煤制天然气项目内嘉恒、凯鑫2个商砼站，支付补偿费1327.74万元；收储位于迎宾路丽锦家园小区西南原水保局大院（已出售给准格尔旗鑫磊房地产公司）土地，占地面积为17946平方米，建筑面积2861平方米，新建沙圪堵第三小学，支付土地补偿款16036625元；收储鄂尔多斯市伊丽达房地产开发有限责任公司所有的位于迎宾路丽锦家园小区内土地，占地面积约8000平方米，新建沙圪堵第七幼儿园，支付土地补偿款共计670.15万元；收储位于大路镇何家塔村中国电力投资集团公司煤制烯烃升级示范项目土地1035.9亩，支付土地及附着物补偿费、安置费共计8139234元。发行土地储备专项债券，按照上级文件精神，通过精准遴选优质项目，合理确定债券期限，确保项目收益与融资自求平衡。2019年4月，积极申报1800万元土地储备专项债券已成功发行。

【不动产登记】2019年，积极推动农村“房地一体”确权登记工作，全年共完成外业测量10个苏木乡镇、93个嘎查村，27724户。颁发不动产权证书3644本，不动产登记抵押证明3576份，抵押债权数额43.18亿元。

【矿产开发管理】2019年，受理采矿权新立、延续、变更等各类初审，出具矿调意见60份，完成45个建设项目压覆矿产资源核实工作；完成28个非煤矿山延续登记的受理和初审上报。通过购买社会服务对44个井工煤矿和58个露天煤矿的采矿行为进行监测，建立“政府购买服务、中介日常检查、部门依法查处、矿山整改落实”工作机制。公示230个采矿许可证中，煤炭采矿权134个，非煤采矿权96个。全旗有煤炭采矿权137个，有效采矿权134个，生产规模23446万吨。全旗有非煤矿山采矿权99个，过期采矿权3个，有效采矿权96个，按开采矿种分，石灰岩13个、天然石英砂15个、砖瓦用黏土11个、矿泉水2个、建筑用石料（凝灰岩）2个、建筑用砂4个、石英岩4个、建筑石料用灰岩38个、高岭土4个、大理岩1个、白云岩2个，许可生产规模434.9万吨和110.2万立方米。

2019年准格尔旗公示探矿权一览表

表 8

探矿权人	项目名称	有效起止时间	勘查单位
内蒙古长滩煤化有限公司	准格尔煤田长滩西部区精查	2018-03-10—2020-03-09	内蒙古煤田地质局153勘探队
内蒙古平庄煤业集团有限责任公司	准格尔煤田黑岱沟井田勘探	2018-08-15—2020-08-14	内蒙古煤田地质局117勘探队
内蒙古平庄煤业集团有限责任公司	准格尔煤田玻璃沟井田勘探	2018-08-15—2020-08-14	内蒙古煤田地质局153勘探队
鄂尔多斯市巨能煤炭经营有限公司	准格尔煤田榆树湾矿区瓷窑沟勘探	2017-11-12—2019-11-11	内蒙古煤田地质局117勘探队
内蒙古海特煤基能源有限公司	准格尔煤田老三沟矿区勘探	2018-07-04—2020-07-03	内蒙古地质工程有限责任公司
内蒙古汇能煤电集团有限公司	准格尔煤田长滩区勘探	2018-10-11—2020-10-11	内蒙古煤田地质局153勘探队
准格尔旗银泰煤炭有限责任公司	东胜煤田大路峁区勘探	2017-09-20—2019-09-20	内蒙古煤田地质局117勘探队
内蒙古海子塔矿业有限责任公司	准格尔旗海子塔区勘探	2018-09-05—2020-09-05	内蒙古煤炭建设工程集团总公司
内蒙古北联电能源开发有限责任公司	内蒙古自治区准格尔旗东坪井田煤炭资源勘探	2018-07-06—2020-07-05	内蒙古自治区煤田地质局151勘探队

【地质遗迹保护】 准格尔旗古哺乳动物化石地质遗迹自治区级自然保护区于2003年7月14日内政字〔2003〕111号文批准建立。保护区总面积20.10平方公里，其中布尔陶亥分区10.45平方公里，神树沟分区5.27平方公里，大路峁分区4.38平方公里。保护区新近系红色泥岩及泥灰岩中含丰富的哺乳动物化石，发现的化石哺乳动物有：奇蹄类三趾马、大唇犀等；偶瑞类萨摩兽、羚羊、似旋角羊、小羚羊、中华羚、小付原大羚、湖鹿、孢后鹿、祖鹿、小齿古羚、厄赖曼猪等；长鼻类的嵌齿象、互棱齿象等；食肉类剑齿虎、美洲獾、近狼獾、删散狗、巨瓶狗、大型假猫、窑沟原貂等：啮齿类兔形目的鼠兔等。

【测绘管理】 2019年，全旗备案登记8家测绘单位，其中测绘乙级资质是内蒙古华准工程监理有限责任公司；丙级资质有：准格尔旗宏锦测绘有限责任公司、准格尔旗北方测绘有限责任公司、准路尔旗光大工程地籍测绘有限公司、准格尔旗经纬测绘有限责任公司、鄂尔多斯市九成测绘有限责任公司、内蒙古准安测绘有限责任公司；丁级资质是准格尔旗国鼎测绘有限责任公司。全旗建成测量控制点185个。

【准格尔旗国土资源局】 准格尔旗国土资源局是根据《中共鄂尔多斯市委、鄂尔多斯市人民政府关于准格尔旗党政机构改革方案的通知》（鄂党字〔2002〕4号）精神，由原准旗城建土地管理局和准旗地质矿产管理局合并于2002年7月组建而成，隶属鄂尔多斯市国土资源局和旗委、旗人民政府双重领导，现有干部职工151人，下设两个分局（准格尔经济技术开发区国土资源分局和大路新区国土资源分局），13个内部股室、9个苏木（乡镇）国土资源所。担负着准旗7692平方公里的国土资源利用、管理和保护工作。

【准格尔旗土地储备交易中心】 准格尔旗土地储备交易中心是2005年6月经准格尔旗机构编制委员会批准成立，属于股级建制。2009年6月，划归旗国土资源局，为国土资源局二级事业单位，财务独立核算，核定人员编制为16人。

（撰稿 徐 强 刘彦珍 编辑 王思敏）

环境保护

2019年6月12日，准旗环保分局与准能集团联合开展环保徒步活动

【**概况**】准格尔旗有3家环境保护工作部门：准格尔旗环境保护局、准格尔经济开发区环境保护局、鄂尔多斯大路煤化工基地环境保护局，负责对煤炭、电力、煤化工等重点行业和准格尔经济开发区、大路煤化工基地等重点区域进行重点管控。准格尔经济开发区环境保护局负责开发区环境保护监督管理、执法检查等。开发区所辖企业85家，其中长期停产企业32家。第二次污染源普查共普查单位95家。其中包含有国家环境保护重点监控企业3家，废气重点监控企业1家、污水处理厂重点监控企业2家。

【**空气环境质量监测**】准格尔旗共有旗气象局、准格尔经济开发区、大路煤化工基地3个环境空气质量监测站。2019年环境空气质量监测结果：全年有效监测天数352天，优良天数为327天，达标天数比例为92.9%。准格尔经济开发区2019年环境空气质量监测结果：全年总监测365天，有效天数352天，因停电无数据产生13天无效天数。363天有效监测天数中，达标天数311天，其中，优37天、良274天，优良率77.41%。超标天数41天，其中，轻度污染38天、中度污染1天、重度污染1天、严重污染1天，主要污染物是可吸入颗粒物（PM_{10}）、细颗粒物（$PM_{2.5}$）、臭氧8小时（O_3-8H）。

鄂尔多斯大路煤化工基地2019年环境空气质量监测结果：全年总监测365天，监测有效314天，达标258天，其中，优34天，良224天，达标率82.2%；超标56天，其中，轻度污染51天(可吸入颗粒物15天、细颗粒物9天、臭氧27天)，中度污染3天(可吸入颗粒物 2天、细颗粒物1天)，重度污染、严重污染各1天(可吸入颗粒物)。

【**水环境质量**】2019年准格尔旗地表水重点监测6个断面：其中1个国控断面为龙王沟，所在河流为黄河一级支流，4个旗区间出境断面，分别为牸牛川、束会川、刘家渠、呼斯太河；1个城镇建成区地表水景观水体点位断面，为塔哈拉川。地表水环境质量监测均为常规手动监测。全旗重点监测河流断面5个、景观水体1个，共计6个地表水点位。V类水质点位占83.3%，IV水质占16.7%。

准格尔经济开发区饮用水取自泰禹水务公司的薛家湾哈拉敖包水源地，饮用水水质达到国家标准地表水质量标准GB3838—2002（Ⅲ）。开发区辖区内无地表水系。

2019年准格尔旗城镇集中式饮用水源地2个，苏木乡镇集中式饮用水源地13个，农村集中式饮用水源地2个，共计17个饮用水源地取水总量1796万立方米，全部为地下水饮用水源地，取水水量达标率为100%。

【**大气污染防治**】2019年，准格尔旗环保局严格落实国家、自治区关于污染物排放总量控制制度，将污染物总量控制指标作为新上项目审批的前置条件，严控污染物排放总量；严格执行新建锅炉准入制度，薛家湾镇市政区禁止新建35蒸吨/小时及以下的燃煤锅炉、茶浴炉及其他燃煤设施，其他区域禁止新建10蒸吨/小时以下的燃煤锅炉。

继续推进电力行业超低排放改造，同时加强旗内现役重点火电机组的监管力度，确保治污设施正常稳定运行，各项污染指标达到国家核定的综合脱硫脱硝效率要求。进一步加强VOC治理工作，督促大气污染防治各职能单位按时开展VOC治理、供热计量改造、城市扬尘控制、建筑扬尘控制、清洁生产审核、老旧车辆及黄标车淘汰、煤炭清洁利用设施（洗、选煤厂）建设、产业结构调整优化工作。对城郊接合部散煤燃烧加强监管力度，对已经接入燃气管道的采用燃气取代散煤取暖、做

2019年准格尔经济开发区环境空气质量统计表

表9

监测空气污染物	单位	2018年均值	2019年均值	同比增幅(%)	国家标准
二氧化硫（SO_2）	微克/米^3	21	11	-9.09	年均值≤60
二氧化氮（NO_2）	微克/米^3	65	37	16.12	年均值≤40
一氧化碳（CO）	毫克/米^3	2.1	1.4	33.33	24小时平均值≤4
臭氧（O_3-8H）	微克/米^3	-18	122	-11.63	最大8小时均值≤160
可吸入颗粒（PM_{10}）	微克/米^3	0	66	-3.95	年均值≤70
细颗粒物（$PM_{2.5}$）	微克/米^3	21.2	27	10.34	年均值≤35

饭；没有接入燃气管道的用型煤代替散煤取暖，减少污染物排放。对使用和囤放散煤的农户、商户进行排查，引导更早换使用型煤或清洁能源，实施散煤“清零”。准格尔经济开发区按照《准格尔经济开发区2018—2020年污染防治三年攻坚行动方案》的要求，积极推进平房采暖使用洁净煤和环保锅炉替代工作。针对沙圪堵镇富民、鑫鑫、开源社区的非棚改的居民住。居民自主申请，由社区出具证明，炉具供应商送货上门并安装，居民垫付炉具款，环保局组成验收小组对炉具的安装使用进行验收，验收合格后将炉具款返还居民。从5月开始，环保炉具正式安装。全年为1100多户居民发放环保炉具1800余台，其中完成验收的有610户居民1048台炉具，共计完成投资100多万元。镇区85%以上的餐饮服务单位安装油烟净化装置；加油站全部完成油气回收治理；市政区主要道路实行洒水降尘。

【水污染防治】2019年，准格尔旗环保局加快推进双层罐改造工作，联合经信、安监等部门加大执法检查力度，坚决防止未取得合法手续的加油站进行违法经营；同时加大处罚力度，对未按期限完成改造任务的加油站，按相关法律法规进行高限处罚。加强对龙王沟和犊牛川两个流域内各个排污口的检查执法力度，增加流域内外排水的监测频次，随时掌握外排水水质情况，以便及时进行治理，避免外排水长时间超标排放。加快推进龙王沟流域塔哈拉川河道治理和改造进度，全力推进龙王沟咸鱼深度水处理项目，实现龙王沟断面水质稳定达标。加快贯彻落实《鄂尔多斯市全面推行河长制工作方案》，开展“河长制”“湖长制”中要求的各项环保工作，争取如期完成年度目标任务。加快推进农村污水处理厂建设进度。

2019年，准格尔经济开发区污水处理厂、国资燃气热力有限责任公司污水处理厂均稳定运行，达标排放。国资燃气热力大有限责任公司收购伊东污水处理厂，浓盐水结晶项目办理前期手续，预计2020年底完工投产。

2019年大路煤化工基地环境空气质量统计表

表10

监测空气污染物	单位	2019年均值	同比增幅(%)	国家标准
二氧化硫（SO_2）	微克/米^3	20	42.8	年均值≤60
二氧化氮（NO_2）	微克/米^3	23	21.0	年均值≤40
一氧化碳（CO）	毫克/米^3	1.5	-6.25	24小时平均值≤4
臭氧（O_3-8H）	微克/米^3	106	-13.1	最大8小时均值≤160
可吸入颗粒（PM_{10}）	微克/米^3	71	-6.58	年均值≤70
细颗粒物（$PM_{2.5}$）	微克/米^3	32	14.3	年均值≤35

2019年，按照水污染防治三年攻坚方案，鄂尔多斯大路煤化工基地环境保护局积极推进园区6家企业高盐水零排放工程项目的进度，已完全开工建设3家，建设完成现有涉及排水企业排水出口智能阀门控制系统，不定期对各企业水污染防治系统进行现场检查。

【土壤污染防治】2019年，准旗环保局完成对神华准格尔能源有限责任公司炸药厂等11家土壤环境重点监管企业名单确定

2019年全市重点监测地表水点位水质评价表

表 11

水系	监测断面	2019年		
		水质类别	水质状况	年均浓度超标（Ⅲ标准限值）指标类别及超标倍数
断面	呼斯太	Ⅳ类	轻度污染	五日生化需氧量（Ⅳ类）0.38
	龙王沟	Ⅴ类	中度污染	五日生化需氧量（Ⅴ类）0.87 化学需氧量（Ⅳ类）0.15
	東会川	Ⅴ类	中度污染	五日生化需氧量（Ⅴ类）0.75
	特牛川	Ⅴ类	中度污染	五日生化需氧量（Ⅴ类）0.57
	刘家渠	Ⅴ类	中度污染	五日生化需氧量（Ⅴ类）4.5 化学需氧量（Ⅳ类）0.45
景观水体	塔哈拉川	Ⅴ类	中度污染	五日生化需氧量（Ⅴ类）0.98

工作和11家土壤环境重点监管企业的自行监测任务，并将监测结果向社会公开；在十二连城乡康卜尔等5个村开展生活垃圾焚烧降解设备建设试点工作，现已完成设备安装并开展试运行。截至年底，共完成95家危废产生企业危废管理计划备案工作，完成38家次危废规范化管理考核工作，完成社会源申报登记12家，累计转移危险废物约1622吨。对辖区内100家生产和使用危险化学品的工矿企业进行排查，并配合第

2019年准格尔旗饮用水源地取水量及达标情况统计表

表 12

点位名称	取水总量/万立方米	达标水量/万立方米	取水量达标率
永兴店水源地	80.6	80.6	100%
官板乌素水源地	105.4	105.4	100%
龙口镇二水源地	31.5	31.5	100%
大塔水源地	137.9	137.9	100%
魏家峁水源地	19.1	19.1	100%
苗家滩水源地	153.2	153.2	100%
布尔陶亥东营子村水源地	停用	停用	—
布尔陶亥苏木尔洞壕水源地	1.1	1.1	100%
窑沟水源地	26.9	26.9	100%
五家尧水源地	6.2	6.2	100%
十二连城乡水源地	3.1	3.1	100%
水镜湖水源地	234.4	234.4	100%
哈拉敖包水源地	454.2	454.2	100%
陈家沟门南水源地	46.5	46.5	100%
龙口镇一水源地	11.8	11.8	100%
陈家沟门水源地	1.5	1.5	100%
苏计沟水源地	482.6	482.6	100%
合计	1796	1796	100%

三方公司完成32家重点行业企业用地地块空间信息采集工作；完成7家灰渣场高位视频探头的安装工作及无疑似污染地块的公示工作。

2019年，准格尔经济开发区环保局将内蒙古伊东集团东屹化工有限责任公司等4家企业列为土壤污染重点监管企业，2019年11月前都已完成土壤监测任务，并在网上公示。开发区辖区内有7家涉危企业和1家医疗废物产生单位，均达到危险废

物规范化管理标准。全年共转移危险废物410.43吨，转移手续齐全，未发现非法转移现象。医疗废物方面，规划建设医疗垃圾收集点，由准格尔旗人民医院规范收集统一送至鄂尔多斯市馨蕊医疗废物集中处置中心处置，全年转移医疗废物20.89千克。开发区生活垃圾无害化处置厂日处理生活垃圾70吨，城镇生活垃圾无害化处理率100%。准格尔经济开发区灰渣固化处置项目主体工程建设完成，对开发区工业固废的处置提供了保障。

2019年，鄂尔多斯大路煤化工基地环境保护局按照《土壤污染防治2017—2020工作方案》，大路工业园区内土壤污染防治重点监管企业共计6家，分别是内蒙古伊泰煤制油有限责任公司、久泰能源内蒙古有限公司、内蒙古易高煤化科技有限公司、内蒙古东华能源有限责任公司、内蒙古天润化肥股份有限公司、内蒙古蒙泰不连沟煤业有限责任公司煤矸石热电厂。上述企业2019年土壤监测方案已确定，于6月中旬开展监测，并将结果向社会公开。

【污染物排放控制】 2019年，准格尔经济开发区排放二氧化碳669.73吨、氮氧化物排放量528.23吨、COD 37.35吨、氨氮1.57吨。2019年，开发区环保局组织辖区名道纯酒业、高原杏仁露、科源污水处理厂等7家酒制造行业、饮料制造行业、污水处理及其再生利用行业申领排污许可证网上登记工作。

【环境保护执法监督】2019年，开发区环保局认真执行国控重点污染源每月至少1次，一般污染源每月至少4次现场检查的监察要求，监察有重点、有记录、有台账，发现环境违法行为及时进行处理；结合“雷霆斩污”、大练兵和双随机管理等行动，共出动执法人员900人次，检查生产企业15家，下达现场检查单300余份，立案处罚5家次，处罚金额17万元，结合大练兵行动和日常信访接待。2019年全年环保局共受理环境信访案件13起，结案10起，未结案3起，结案率77%。未结案的3起案件涉及水污染，委托准格尔旗生态环境分局进行水质监测，待进一步处理。

【环境监测机构】2019年3月15日开发区环境监测站顺利完成2018年度检验检测机构统计年报报送工作。准格尔经济开发区环境监测站具备水和废水、环境空气和废气、噪声、生物四类53项检验分析能力。

【准格尔旗环境保护局】准格尔旗环境保护局是准格尔旗人民政府工作部门，科级建制。内设办公室、规划财务股、监督管理股（环境影响评价和生态保护股）、大气污染防治股、水污染防治股（河湖污染防治股）、土壤污染防治股、污染物在线监控中心、政策法规宣教股8个机构。下辖环境监察大队、环境监测站。环境监察大队下设8个中队：薛家湾一中队负责薛家湾镇（不含鄂尔多斯大路煤化工基地）片区，薛家湾二中队负责4个街道片区，龙口中队负责龙口镇、魏家峁镇片区，纳日松一中队负责川掌片区，纳日松二中队负责羊市塔片区，准格尔召中队负责准格尔召镇片区，暖水中队负责沙圪堵镇（不含内蒙古准格尔经济开发区）、暖水乡片区，大路中队负责大路镇、十二连城乡、布尔陶亥苏木片区。全局在编39人，在岗93人，正式干部职工85名。

【准格尔经济开发区环境保护局】 准格尔经济开发区环境保护局前身是2000年6月成立的规划土地建设环保局；2006年6月单独设立环境保护局，隶属于建设规划土地局；2008年10月隶属于开发区管委会，是开发区主管环境保护的工作部门，科级建制。内设综合办公室、污染控制股、污染物在线监控中心，下设环境监察大队、环境监测站。2019年有干部职工25名，其中正式人员12名。

【鄂尔多斯大路煤化工基地环境保护局】大路煤化工基地环境保护局是鄂尔多斯大路煤化工基地管理委员会主管环境保护的工作部门，科级建制。内设办公室（宣教室）、大气污染防治股、水污染防治股、辐射和土壤污染防治股、污染物在线监控中心、监察大队、监测站，2019年有员工24人，其中正式人员5名。

（撰稿 王 雄 苏 琴 郑 爽 编辑 王思敏）

禁牧禁垦

【政策宣传】根据国家的草原法、森林法、水土保持法、防沙治沙法和内蒙古自治区的草原管理条例，准格尔旗实施禁牧禁垦草畜平衡政策，全旗境内长期禁止放牧开荒，并按照草畜平衡标准进行以户舍饲养殖，对禁牧禁垦草畜平衡工作成绩显著的单位和个人给予表彰和奖励。

【执法监督】2019年，全旗发现偷牧滥牧事件184起，涉及牲畜头数3448头（只），已处理184起，罚款13350元。私垦荒地现象大幅减少，未发现非法开荒事件。

【准格尔旗禁牧禁垦工作领导小组办公室】准格尔旗禁牧禁垦工作领导小组办公室（准格尔旗禁牧禁垦执法大队）成立于2007年4月，为准格尔旗人民政府负责禁牧禁垦和草畜平衡工作的直属事业单位，科级建制，内设3个股室，2个执法中队，下辖14个苏木乡镇街道禁牧禁垦执法中队，有工作人员13人，聘用临时人员150人。

（撰稿 李　广 编辑 王思敏）

2019年准格尔旗饮用水源地取水量及达标情况统计表

表 13

乡级政区	存栏羊(只)	禁牧人员（人）	偷牧事件（起）	罚款额（元）
薛家湾镇	61276	16	22	1320
沙圪堵镇	66451	16	20	1090
大路镇	47543	15	18	980
十二连城乡	84320	16	23	1650
布尔陶亥苏木	66454	15	21	1300
龙口镇	7208	9	18	1480
暖水乡	3748	15	11	930
魏家峁镇	7504	6	14	700
准格尔召镇	8932	15	12	980
纳日松镇	13074	15	14	1320
迎泽街道	914	3	3	400
兴隆街道	1024	3	3	500
友谊街道	1349	3	2	300
蓝天街道	881	3	3	400
合计数	370678	150	184	13350

矿区复垦

【环境治理规划】准格尔旗煤炭开采形成的矿区及历史遗留的煤矿火区，损毁原有地形地貌，占用大量土地；表土剥离，岩土堆放，加剧水土流失；打破原有生态平衡，对土壤、水、生物等自然资源均造成不利影响。按照《土地复垦质量控制标准》（TD/T1036—2013），准格尔旗采用矿区回填，土地平整、表土覆盖等工程技术措施和栽植林草、复垦绿化等生物措施，将矿区、火区建成耕地、林地和草地。

全旗划分4个矿区环境综合治理片区：黄天棉图片区涉及准格尔召镇、暖水乡；纳日松片区涉及纳日松镇、沙圪堵镇；薛家湾片区涉及薛家湾镇、魏家峁镇和龙口镇；神华准能片区包括黑岱沟露天矿和哈尔乌素露天矿。规划实施91个煤矿矿区、火区治理环境项目，其中露天开采煤矿56座、火区治理项目24个，煤柱回收项目1个、压覆资源回收项目3个、灾害治理项目7个。

【环境治理审批】2019年，准格尔旗矿区环境恢复治理中心对申请复垦绿化验收的28家煤矿进行初验和验收，验收面积1232公顷。其中对试点内12家煤矿进行初验，12家及时上报市局进行最终验收。归还村集体经济组织临时用地6500公顷。全年共初审露天煤矿《土地复垦规划设计报告》17家。全年实际完成土地复垦绿化2025公顷。

【准格尔旗矿区环境恢复治理中心】 准格尔旗矿区环境恢复治理中心成立于2012年5月，隶属于准格尔旗自然资源局，副科级建制，事业单位，负责监管全旗煤矿矿区、火区治理项目的环境恢复治理及绿化。内设办公室、业务股、督查队3个股室，核定编制14人，实有17人。

（撰稿 李振宽 编辑 王思敏）

2019年准格尔旗矿区环境治理情况一览表

表 14

矿区生态环境治理片区	露采煤矿（座）	火区治理（个）	煤柱回收（个）	压覆资源（个）	灾害治理（个）	年度治理面积（公顷）
黄天棉图片区	12	15			1	705
纳日松片区	26	4	1	3	5	1020
薛家湾片区	10	1				20
暖水片区	8	4			1	280
合计	56	24	1	3	7	2025

农牧和水务综合执法

【概况】 2019年，累计出动执法人员3600余人次，督查项目1900项次，共下发法律文书666份，查处违法案件57起。征收水土保持补偿费5.39亿元。发放扫黑除恶及普法宣传资料6000份。

【草原监督执法】2019年，开展草原监督执法督查228项次，发放宣传资料1500余份，下发责令改正违法违规行为通知书20份，立案查处43起，结案40起，移送公安机关3起。处罚违法征占用草原面积4650.36亩，罚款195.6万元。

【水土保持监督执法】 2019年，开展水土保持执法督查1146项次，下发水土保持补偿费征收文书408份，征收水土保持补偿费5.39亿元；督促落实生产建设项目落实水土流失防治措施，立案查处2起，下发责令整改文书160份，有效促进水土保持“三同时”制度的落实。核查水土保持遥感监管图斑卫星扰动图斑1536个，实现未批先建、乱排乱弃违法行为无死角监管。

【水资源监督执法】 2019年，对全旗207家取用水户建立档案，分别建立国家黄委会、自治区、市、旗四级水资源管理信息档案，对其取用水源、取水量、取水方式、审批情况、退水量、退水方式等指标建立电子档案。对发现的26家无证取用水户下发《责令改正违法违规行为通知书》，要求到水行政主管部门申领取水许可证，合法取用水资源。查处群众举报非法售水案件1起，当场拆除取水设施。此外，重点针对中央环保督察组反馈的问题清单和自治区工业违规取用水整改清单中涉及准格尔旗的10家违规取用水单位进行督察，9家已完成整改，正在逐级上报销号；1家（国礼陶瓷）正在办理取水许可手续，农牧水务局已对其立案查处。依据《全区地下水保护行动计划》，封闭非法地下水源井3眼。

【河道监督执法】 2019年，配合旗河湖办“清四乱”专项行动，重点针对准格尔旗设立河长的159条河道的269个河段内非法采砂和违法建筑物、构筑物进行监督检查，累计督查155项次，下发责令整改文书32份，处罚堵塞河道未做《洪水影响评价报告》企业1家、无证砂厂1家、非法采砂1人。

【农产品、农资、渔政监督管理】 2019年，抽取农产品蔬菜样品10批次60个样品进行农药残留化验，检测结果无异常；对全旗11家饲料门店、49家农药门店、50家种子门店、46家肥料门店累计督查168次，下发责令整改文书5份，监督检查记录120份，查处农资市场违法案件2起，罚款7000元，提高经营主体依法经营意识。在禁渔期间（4月1日至7月31日），联合渔政、渔港监督管理站，张贴禁渔通告20份，出动执法车辆8辆次，出动执法人员32人次，加大渔政执法检查力度，打击违法捕捞行为，维护准格尔旗境内黄河流域的生态平衡。

【动物卫生监督执法】 2019年，不定期对辖区4家定点屠宰场、25家兽药门店、2家宠物诊疗店及各种规模养殖场开展动物卫生监督检查111次，出动检查人员334人次，下发监督检查整改记录，督促办理养殖场相关手续，加强养殖环境污染治理，依法查处未附检疫证明仔猪违法案件2起，取缔违规养殖场所1处，责令整改并化解群众举报问题3起。积极配合旗兽医局扑杀布病羊189头，配合有关部门继续做好“非洲猪瘟”疫情防控工作，对薛家湾镇泔水猪进行排查，发现2家喂泔水养猪户并在规定期限内完成整改。

（撰稿　任　耀　编辑　王思敏）

交通·邮政

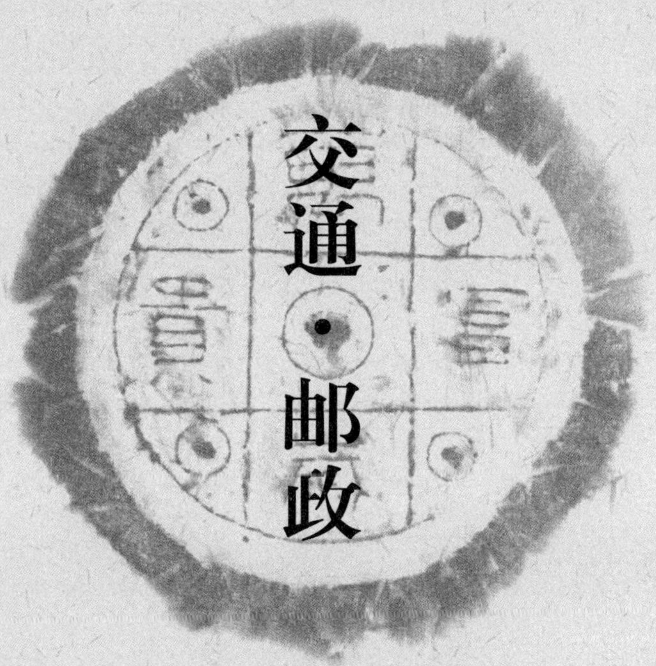

交通建设

【概况】 2019年，准格尔旗公路通车里程4458.7公里，其中高速公路里程229.1公里。实施重点项目2个（大龙高速和沿黄高速），建设总里程106.07公里，总投资47.9亿元；实施通村公路项目4个，建设总里程39.771公里，总投资1.513亿元。

【续建公路项目】 大饭铺至龙口高速公路 起点大饭铺，途经庙壕，终点龙口镇，与山西省在建的灵河高速龙口黄河大桥相接，全长44.67公里，总投资36.3亿元。

圪驼峁至红台子通村公路（城坡至包子塔） 起点城坡旅游区，途经井子沟村，终点杜家峁村，全长15.1公里，总投资5500万元。

沙西线K87—K95段（荣乌高速碌碡焉互通至准格尔召旅游区） 三级公路，路基宽8.5米，路面宽7米，沥青混凝土路面，全长8公里，总投资6205.4万元。

召沟至唐胜甲坝通村公路 路基宽6.5米，路面宽6米，沥青混凝土路面，全长2.671公里，总投资426力元。

【新建公路项目】 通村公路 包括全旗十个苏木乡镇共计约88.8公里，总投资约8771万元，已完工。

薛魏线魏家峁至万家寨黄河大桥段（C144史家敖包至万家寨水利枢纽）路面及风毒城大桥和万家寨黄河大桥桥梁维修改造工程 全长8.416公里，总投资4349万元，已完工。

【拟建公路项目】 纳日松至龙口高速公路 起点纳日松镇贾家湾，与曹羊公路相接，终点长滩，与大饭铺至龙口高速公路通过枢纽互通相接，全长54.1公里，总投资约59.06亿元。

柳青梁至长滩一级公路 起点薛家湾镇柳青梁村，与荣乌高速公路相接，途经城坡、魏家峁，终点长滩，通过长滩互通与纳龙高速相接，全长50.1公里，总投资约37.3亿元。

薛家湾（张家圪旦）至柳青梁（荣乌高速）至城坡旅游公路 起点薛家湾（二号公路张家圪旦社区附近），途经柳青梁附近，与荣乌高速相接，终点城坡，与城坡至包子塔旅游公路相接，全长约18.655公里，沥青混凝土路面，总投资约4.1亿元。

红树梁至范家峁通村公路（罐子沟集运站道路） 全长4.98公里（龙口镇境内1.13公里、魏家峁镇境内3.855公里），沥青混凝土路面，总投资约9423万元。

【交通运输综合执法】 2019年，与旗煤管部门协调，加大对超限运煤车辆源头治理力度；与国土、安监部门联合对非煤场矿进行规范管理；联合交管部门在准格尔旗公路网的关键节点设立治超站点，对超限车辆开展路面治理。年内共组织开展宣传活动19次，出动宣传车辆40余台次，宣传人员70余人次，悬挂宣传条幅25条、张贴标语10条，发放宣传资料12000余份。发现并制止涉路违法施工案件85起，对32起未经审批穿、跨越公路架设电线、电缆施工案件下达停工通知书，并要求施工单位履行行政审批程序；排除公路安全隐患185处；制止私自违法开设平面交叉道口行为17起；发现并制止损坏路产案件25起，获得赔偿案件12起，其余均要求当事人恢复原状。检查各类交通运输车辆9000余辆，发现违法超限运输车辆120余辆。拆除非公路标志标牌310余块，补缺及粉刷公路里程碑180余块，配合公路养护负责单位维护公路养护作业现场秩序190余次。有效维护路产路权，保障道路畅通。

【农村公路养护】 2019年，准格尔旗经营性公路完成灌缝560公里，清理公路两侧煤渣和煤尘4760吨、清理边沟4430延米，维修截流槽215处，更新标志标牌340块。累计修补路面坑槽14800平方米、沉陷1350平方米、灌缝50236平方米，挖补路面6200平方米，清理塌方6800立方米；实施路基水毁填方60200立方米，培路肩7200米；新增设护栏柱360根、标志标牌960块；修剪行道树7600延米，粉刷行道树3600米。维修排水系统3250延米，维修护坡3处共计580.04平方米，维修拦水带5400延米，共出动人工580人次、机械260余台班。

【准格尔旗交通运输局】 准格尔旗交通运输局是旗人民政府主管公路和水路交通工作的职能部门，科级建制。内设办公室、财务审计股、公路规划管理股、法规安监运输股、行政审批办5个股室，下设准格尔旗交通运输综合执法局（副科级）、农村公路养护管理所、海事处，2019年有职工89人。

（撰稿 武憬荣　编辑 刘　燕）

交通投资运营

【公路基建投资】2019年，准格尔旗准通交通投资运营有限责任公司参股建设纳龙、大龙高速公路和准格尔旗长滩至柳青梁一级公路。

纳日松镇至龙口镇高速公路　起点曹羊公路K44附近，终点准格尔旗长滩村西，建设地点涉及纳日松镇、沙圪堵镇、薛家湾镇。主线长度54.069公里，双向四车道，25.5米宽，Ⅲ类地形区（山区），连接线长度8.953公里，一级公路四车道，20米宽，Ⅲ类地形区（山区）；项目总投资约590592.59万元。

准格尔旗长滩至柳青梁一级公路　起点薛家湾镇长滩村，与在建的大龙高速长滩枢纽互通相接，终点荣乌高速。项目拟采用一级公路标准建设，路线全长约51公里，总投资约38亿元。

大饭铺至龙口镇高速公路　起点薛家湾镇大饭铺，顺接省道31线大饭铺枢纽互通，终点龙口镇马栅村，接晋蒙黄河大桥引线工程的终点。全长44.67公里，双向四车道，路基宽24.5米，项目总投资36.3亿元。

【公务车租赁】　准通交通投资运营有限责任公司自2017年3月起随着旗委政府公务用车改革开始运营汽车租赁业务。2019年，新增过户车辆71辆，自己购买车辆41辆，长期出租车辆102辆，报废车辆10辆。

【准格尔旗准通交通投资运营有限责任公司】准格尔旗准通交通投资运营有限责任公司，是准格尔旗人民政府投资组建的国有独资公司，内设办公室、财务部、公交运营部3个部门，2019年有员工44人。负责全旗境内公共交通设备的运营和管理，对旗政府投资的重大交通基础设施项目进行建设、经营和管理，为公路、桥梁、隧道等基础设施的投资、融资、建设、收费、养护、管理等方面提供服务，对与公路相关的交通运输、现代物流、服务区等相关项目实施建设，按照交通发展和投资效益要求对国有资产的收益部分进行收缴和再投资。

（撰稿 吕俊英　编辑 刘　燕）

薛家湾至大路新区免费公交车运营时刻表

表 15

车次	舞韵广场（始发）	大路建业大厦（终点）	站点说明	车次	大路建业大厦（始发）	舞韵广场（终点）	站点说明
1	7:15	7:55	途经职中、一小	1	8:20	9:00	
2	7:30	8:10		2	8:40	9:20	
3	7:40	8:20	途经大路医院	3	9:00	9:40	
4	7:50	8:30		4	9:20	10:00	
5	7:55	8:35	途经大路医院	5	9:40	10:20	
6	8:00	8:40		6	10:00	10:40	
7	8:05	8:45		7	10:20	11:00	
8	8:10	8:50		8	11:00	11:40	
9	8:15	8:55		9	11:40	12:20	途经大路医院
10	8:20	9:00		10	12:20	13:00	

续表 15

车次	舞韵广场（始发）	大路建业大厦（终点）	站点说明	车次	大路建业大厦（始发）	舞韵广场（终点）	站点说明
11	8:40	9:20		11	14:20	15:00	
12	9:00	9:40	途经大路医院	12	15:00	15:40	
13	9:20	10:00		13	15:40	16:20	
14	9:40	10:20		14	16:20	17:00	
15	10:20	11:00		15	17:10	17:50	
16	11:00	11:40		16	17:10	17:50	途经大路医院
17	13:20	14:00		17	17:10	17:50	17:05交易中心发车；17:10管委会发车
18	14:00	14:40		18	17:15	17:55	
19	14:40	15:20		19	17:20	18:00	
20	15:20	16:00		20	18:00	18:40	途经职中，大路一小
21	16:00	16:40					
22	17:00	17:40					

薛家湾至大路动车站运营时刻表

表 16

车次	舞韵广场（始发）	大路动车站（终点）	站点说明	车次	大路动车站（始发）	舞韵广场（终点）	站点说明
1	7:40	8:25	途经中心医院站、北区站	1	9:15	10:00	途经北区站、中心医院站
2	8:10	8:55	途经中心医院站、北区站	2	9:50	10:35	途经北区站、中心医院站
3（临时车次）	14:40	15:20	途经中心医院站、北区站	3（临时车次）	16:10	16:50	途经北区站、中心医院站
4（临时车次）	17:50	18:30	途经中心医院站、北区站	4（临时车次）	19:15	19:55	途经北区站、中心医院站
5	18:00	18:45	途经中心医院站、北区站	3	19:40	20:25	途经北区站、中心医院站
6	19:30	20:15	途经中心医院站、北区站	4	21:08	21:53	途经北区站、中心医院站

说明：薛家湾14:40、17:50发往大路动车站、大路动车站16:10、19:15发往薛家湾的班次为临时增加的班次，运行时间为2019年11月1日、3日、8日、10日、15日、17日、22日、24日、29日和12月1日

城市公交

【概况】2019年，准格尔旗有鄂尔多斯市运输集团客运十四公司、鄂尔多斯市正道集团准格尔旗新宇公交公司、准格尔旗交通投资公司、准格尔旗新远运输公司4家城市公共交通运营企业，有薛家湾镇、大路煤化工基地2地城市公共交通和1条免费公交线路，共有运营线路10条、沿途乘降站点202个，准格尔经济开发区公交线路停运。

【薛家湾镇区公交】2019年，鄂尔多斯市运输集团客运十四公司在薛家湾镇运营公交线路7条，沿途乘降站点182个。年运营里程3424739.3公里，客运量801.5万人次，运营收入516.95万元。一路公交夏季6:20发车、19:30收车，冬季6:20发车、18:20收车；二路公交夏季冬季7:00发车、18:30收车；三路公交夏季7:15发车、19：10收车，冬季7:30发车、18:10收车；五路公交夏季6:50发车、20:30收车，冬季6:50发车、18:30收车；七路公交夏季6:40发车、19:30收车，冬季6：40发车、18:20收车；八路公交夏季6：30发车、20:10收车，冬季6:30发车、19:40收车；九路公交夏季6:10发车、19:30收车，冬季7:10发车、18:30收车。

1路　商业楼—露天矿(往返)。商业楼—准格尔广场—香满楼—华峰商场—网通公司—准煤公园—鼎华大酒店—四幼北门—消防队—电厂—龙王桥北—景泰华府—高家渠—辰东小区—唐公塔—唐公塔岔道—109岔道—露天矿。

2路　王青塔—北苑小区(往返)。王青塔—第九小学—乡土居—恒源批发部—过水桥—生态园—星河家园—第六小学—世纪中学—生力大酒店—凯旋门—镇小学—商业楼—火车站—中国移动—华峰商场—中心医院—体协—鼎华大酒店—准煤环卫队—腾飞桥—龙兴家园—教堂—东园盛世华府—东区16号楼—北苑小区。

3路　汽车站—前房子(往返)。汽车站—商业楼—火车站—中国移动—网通公司—友谊公园—准煤浙加都超市—四幼北门—消防队—准煤供应处—事故中队—天意汽车城—153加气站—玻璃圪旦—杨四圪咀—前房子。

5路　新雅小区—广泽小区(往返)。新雅小区—亿鑫小区—第十中学—北区菜市场—腾飞桥—网通公司—中国移动—火车站—商业楼—普惠医院—南山公园—欣园B区西门—汽车站—苏计沟公园—景泰步行街—景泰东门—景泰华府—景泰西门—长胜店—德利恒市场—热带雨林—布拉格—我爱妈妈菜馆—大天汽贸—丰和日丽—第十小学—和泽小区—广泽小区。

7路　汽车站—汽车站(双向循环)。汽车站—苏计沟公园—景泰步行街—龙王桥—交警队—第九中学—烟波里—白云商场—准煤体协—鼎华大酒店—准煤环卫队—桃园里—安康里—北区菜市场—腾飞桥—网通公司—华峰商场—香满楼—准格尔广场—商业楼—金安购物中心—开元建材城—康乐小区—凯旋门—生力大酒店—世纪中学—中蒙医院—丽泰小区—和硕雅园—明泰阳光家园—老年公寓—祥和D区—巴汉图—祥和C区—祥和A区—侯家阴湾—民族小学—恒育小区—华峰批发市—和谐小区南门—天泽岛—银钻广场—佳禾家美—维多利亚—天骄华府—第十幼儿园—第十二幼儿园—政务大厅—维多利亚—佳禾家美—南山公园—欣园B区西门—汽车站。

8路　祥云小区—准煤供应处(往返)。祥云小区—金岸国际—第八小学—万通花园—万通D区—湖西小区—湖西社区—湖西23号楼—湖西33号楼—湖西信用社—民幼—第三中学—地税局—工商局—南苑小区—天泽岛—凯旋门—镇小学—商业楼—火车站—中国移动—华峰商场—中心医院—第四幼儿园—准煤供应处。

9路　商业楼—大饭铺(往返)。商业楼—政务大厅—永安驾校—大饭铺。

【大路煤化工基地公交】2019年，鄂尔多斯市正道集团准格尔旗新宇公交公司在大路煤化工基地运营公交线路3条，沿途乘降站点20个。年运营里程31.98万公里，客运量6.57万人次，运营收入13万元。夏季7：10发车、18：30收车，冬季8：00发车、18：00收车。

1路　火车站—水红花小区(循环)。东华小区—天润家园—欣悦大酒店—管委会—内工大—大路医院—满世尚苑—北控—中科合成油

3路　职业中学—中国税务(循环)。建业大厦—管委会　—大漠市场—伊泰工寓—府利美佳苑—天润家园—东华小区—久泰小区

3路　东华小区—天润化肥(循环)。天润化肥—西北能源—管委会—欣悦大酒店—天润家园—东华小区

【薛家湾至大路煤化工基地免费公交】2019年，准格尔旗交通投资公司运营的薛家湾至大路煤化工基地免费公交有公交车辆15台，沿途乘降站点7个，7:15发车，17:00收车。年运营里程约46万公里，客运量约65万人次。

线路　舞韵广场—建业大厦(循环)。舞韵广场—北山站—北区站—伊东东华—久泰能源—大路煤化工基地管委会—建业大厦。

【薛家湾至大路煤化工基地火车站公交】准格尔旗交通投资公司运营的薛家湾至大路煤化工基地火车站公交自2017年12月31日起由于收费手续不完善，一直免费运营；2019年9月11日起开始有偿运营，票价每人13元，政府补贴3元，乘客个人承担10元。投入公交车辆4台，每日往返4—6趟次，日运送量320人次，年运送量12万人次。

【准能集团通勤公交】2019年，准格尔旗新远运输公司运营的国家能源准能集团通勤公交有公交车辆131台，沿途乘降站点6个，7:30发车，16:30收车。年运营里程约8500万公里，客运量约219万人次。

线路　南区—哈尔乌素露天煤矿(循环)。南区—北区—高家渠—唐公塔—湖西—黑岱沟露天矿—哈尔乌素露天煤矿。

(撰稿　马瑞丽　李长于　吕俊英　高　柯
编辑　刘　燕)

公路管理

【概况】准格尔旗的公路管理分4种情况：鄂尔多斯市公路管理局准格尔旗公路管理工区负责155公里国道、省道干线公路的日常养护和路政管理；泰宝投资公司、东方路桥公司、伊东路桥公司、伊泰煤炭公司、悖牛川路桥公司等收费公路建设经营单位负责其他收费公路的日常养护和路政管理；准格尔旗交通运输局农村公路养护管理所负责农村公路的日常养护和路政管理；通村公路日常养护由乡级人民政府和嘎查村会负责。

鄂尔多斯市公路管理局准格尔旗公路管理工区前身为伊克昭盟大饭铺养路工区，成立于1959年，1970年迁址沙圪堵镇并更名为准格尔旗养路工区，1980—1996年，更名为准格尔旗公路段，1997年又更名为准格尔旗公路管理工区，属鄂尔多斯市公路管理局的二级单位，科级建制，承担准旗境内国省干线155公里的日常养护和路产路权的维护任务。设有综合办公室、财务股、安全生产技术股、纪检监察室、路政大队5个股室。下设4个公路养护管理站，其中薛家湾公路管理站负责管养国道109线(清大段) K604—K624二级油路20公里，十二连城公路管理站负责管养省道24线（兴巴高速）K265—K328高速公路63公里，榆树湾公路管理站管护省道103线（史榆段）K155—K187二级油路32公里，前房子公路管理站管护省道103线（喇大段）K90—K130二级油路40公里）。现有职工266名，拥有各类养护机械19台，小型上路巡查车5辆。

【公路养护】2019年，准格尔旗公路管理工区管护路段共计撒融雪剂54吨，防滑沙150立方米，铲雪28000平方米，清理边沟淤泥塌方2370立方米。S24线（兴巴高速）K265—K328路段补垫坑槽97平方米，更换护栏板832米，防眩网168米，防阻块366个，维修网围栏691米。S103线（呼市—河曲）K154—K186段完成冷补料及水泥、石灰、碎石补垫坑槽2985平方米，路面挖补完成改性沥青砼面层1056.32平方米、C30砼基层845.91平米，填补护栏柱540根；S103线（喇大段）K90—K130段完成冷补料补垫坑槽136平方米；完成管护路段维修出水口53处、新增排水沟铁槽4处、新增拦水埂492米、维修边沟、排水沟160米、喇嘛湾黄河大桥铣刨拥抱291平方米；G18线（荣乌高速）K1332—K1356段完成补垫坑槽90平方米，更换护栏364米，防眩网276米，防阻块58个，维修新增设网围栏500米，处理桥面伸缩缝2道。G109(清水河—

大饭铺）K617—K637路段补坑槽1130平方米。年内累计清理路面积土、积煤、铲除杂草共计18534000平方米，清理边沟积土、积煤2380立方米。

【路政管理】2019年，公路管理工区共出动宣传车45台次，出动宣传人员159人次，悬挂路政宣传横幅18条，发放宣传资料1900份，受宣传教育人数达2850多人。依法查处路政案件，维护了路产路权。年内辖段共发生损坏路产案件34起，造成路产损失59.922万元，结案34起，收回路产损失赔补偿费59.4722万元，办理6起路政许可案件，收取路产补偿费174.0129万元。结案率、索赔率均为100%。加大路政巡查和路政案件查处力度，严格公路控制区的执法工作，保证干线公路控制区内无新增违章建筑非公路宣传标志，维护路产路权，创造良好的路域环境，确保辖段内公路安全畅通。

（撰稿 侯 欣 编辑 刘 燕）

道路运输管理

【概况】鄂尔多斯市道路运输管理局准格尔旗第一分局 鄂尔多斯市道路运输管理局准格尔旗第一分局内设客运管理所、大路管理所、货运物流管理科、机务机修科、出租管理科，业务科、政策法规科、人事宣传教育科、财务科、办公室，现有职工38人。负责准格尔旗薛家湾镇（蓝天街道、兴隆街道、友谊街道、银泽街道）、大路镇、十二连城乡的道路旅客运输、道路货物运输、机动车维修、道路客货运站（场）、机动车驾驶员培训等道路运输市场监督管理工作。

鄂尔多斯市道路运输管理局准格尔旗第二分局 鄂尔多斯市道路运输管理局准格尔旗第二分局内设办公室、人事宣传教育科、财务科、出租科、暖水管理所、客运管理所、安全管理科、业务大厅，2019年有职工35人。负责准格尔旗沙圪堵镇、龙口镇、魏家峁镇、准格尔召镇、纳日松镇、暖水乡、布尔陶亥苏木的道路运输市场监督管理工作。

【长途客运】旗政府驻地二级客运站薛家湾汽车站 2019年，辖区共有营运客车108台，其中客运十公司45台、客运十四公司13台、客运十五公司40台，驾驶员110名。营运线路44条，其中省际线路9条，分别发往北京、太原、石家庄、府谷、大同、榆林、偏关、神木、郑州；盟市际线路10条，分别发往包头、萨拉齐、乌达新区、陕坝、清水河、榆树湾—呼市、薛家湾—呼市、集宁、魏家峁—呼市、察素齐；旗县际线路3条，分别发往东胜、阿镇、树林召；旗县内线路22条，分别发往三十顷地、柴登、布尔陶亥、巨合滩、榆树湾、兑九沟、羊市塔、弓家塔、暖水、小沙湾、牛连沟、窑沟、魏家峁、前房子、长滩、免利壕、沙也村、西营子。日发班次116次，日均发送旅客2350人次。全年完成客运周转量875090人次，同比减少10%。

准格尔经济开发区三级客运站沙圪堵汽车站 2019年，辖区共有营运客车47台，驾驶员47名。营运线路21条，同比减6条，其中省际线路3条，分别发往太原、府谷、羊市塔—太原；盟市际线路4条，分别发往呼市、包头、羊市塔—呼市、羊市塔—包头；旗县际线路5条，分别发往东胜、伊旗、魏家峁—东胜、达旗、榆树湾-东胜；旗县内线路9条，分别发往薛家湾、大路、榆树湾、哈日沟、羊市塔、长滩、大松树、布尔陶亥、弓家塔—榆树湾。日发班次40次，同比减少12次，日均发送旅客317人次，同比上午减少100人次；年营业额532.8万元，同比减少50.5万元。全年完成旅客周转量25万人次，同比减少16%。

【出租车运营】2019年，第一分局辖区共有出租车公司3家、从业人员528名、出租车482辆，其中准格尔旗琛胜汽车出租服务有限责任公司254辆、准格尔旗凯通出租汽车有限责任公司142辆、准格尔旗大立汽车出租有限责任公司86辆。出租车标准车型有起亚、奇瑞、大众、北京现代，车身颜色均为深蓝色，起步价为每2公里7元，每超1公里加价1.6元。

第二分局辖区有出租车公司1家，即2000年7月成立的准格尔旗兴发汽车服务有限公司，2006年6月投放35台出租车，车

2019年薛家湾汽车站客运班线发车时刻一览表

表 17

省区际线	盟市际线			旗县际线	旗内线路		
北京 9:00 15:00 石家庄 10:00 郑州 11:30 太原 8:00 14:00 大同 10:20 朔州 14:00 偏关 8:10 13:20 榆林—神木 7:50 8:40 13:40 府谷 7:40 13:00	呼和浩特 6:30 7:00 7:20 7:40 8:20 8:40 9:00 9:20 9:40 10:00 10:20 10:25 10:45 11:10 11:45 12:00 12:20 12:40 13:00 13:20 13:40 14:00 14:20 14:40 15:00 15:20 15:40 15:50 16:30 16:50 17:10 17:30 17:50	察素齐 9:20 14:50 和林格尔 8:50 14:10 清水河 10:20 12:30 15:10 托克托 11:20 13:50 单台子 8:00 15:00 包头 7:30 9:20 10:20 11:40 13:50 15:00 16:10	萨拉齐 9:00 10:30 12:20 14:20 乌海 7:50 集宁 7:50 13:00 丰镇14:30 化德9:40	东胜 7:00 7:45 8:30 9:15 10:00 10:45 11:30 13:10 14:45 15:30 16:20 17:10 18:00 伊金霍洛旗 8:30 14:30 达拉特旗 7:30 8:30 10:00 11:30 13:30 14:30 16:20	沙圪堵 7:30 8:00 8:30 8:55 9:20 9:40 10:15 10:50 11:25 12:00 12:30 13:00 13:30 14:00 14:30 15:00 15:20 16:15 16:40 17:10 17:30 暖水—五子湾 14:10 14:10 黄天棉图—西营子 14:40 15:10	榆树湾 9:00 10:00 11:00 12:00 13:30 14:30 15:30 16:30 16:45 17:30 前房子 9:40 10:40 11:40 13:50 14:50 15:50 柴登 13:00 布尔陶亥 8:40 14:00 16:00 长滩—免利壕 13:00 13:30	三十顷地 9:30 11:30 13:50 魏家峁 8:50 9:50 10:50 11:50 12:50 13:50 14:50 16:40 17:30 羊市塔 8:10 14:40 15:45 弓家塔 8:30 13:40 沙墕—碓白沟 15:40 15:50

身颜色为橙色。2019年共发放出租车油补29.533万元。

【**货物运输**】2019年，第一分局辖区共有危险货物运输公司4家，运输车辆39辆，其中准格尔旗德利鑫运输有限责任公司8辆、准格尔旗远通运输有限责任公司9辆、鄂尔多斯世正工贸有限责任公司13辆、准格尔旗远赫清洁能源有限责任公司9辆；普通货物运输公司85家，运输车辆341辆，从业人员600人，外籍货车1000余辆。年货运量478.736万吨，货物周转量67715.5万吨每公里。

第二分局辖区的货物运输以煤炭外运为主，返程普遍空载；有普通货物运输公司52家，运输车辆1289辆，总吨位32670吨。危险货物运输主要运出大路工业园的煤化工产品和准格尔经济开发区的电石等，运入加油站成品油、加气站液化气；有危险货物运输公司4家，运输车辆302辆，总吨位9362吨。年货运量1469万吨，货物周转量190970万吨公里，同比上年增减13.2%。

【**机动车维修**】2019年，第一分局辖区共有157户机修企业，其中一类维修企业3户、二类维修企业55户、三类维修企业99户，从业人员625人。

第二分局辖区内的机动车维修企业主要分布在城乡接合部和干线公路沿线，共有机动车维修企业94户，其中一类维修企业1户、二类维修企业6户、三类维修企业85户、摩托车维修2户，从业人员185人。有机动车辆综合性能检测站1家，全年检测

2019年薛家湾汽车站客运班线发车时刻表

表 18

省区际线	盟市际线	旗县际线			旗内线路			
太原 10:00 府谷 8:20	呼和浩特 7:30 8:40 10:30 12:30 14:20 包头 7:50	东胜 7:30 8:00 8:30 8:55 10:10 10:40 10:50 11:30 12:10 12:50 13:30 14:00 14:10 14:50 15:20 16:20 16:40 17:20	伊金霍洛旗 8:20 14:30	达拉特旗 8:40 13:40	薛家湾 7:30 8:00 8:25 8:55 9:00 9:20 9:25 9:45 10:15 10:40 11:00 11:20 11:45 10:10 12:45	14:10 14:40 14:45 14:50 15:30 16:05 16:40 17:10 17:30 18:00	榆树湾 8:10 9:40 12:30 15:20 16:20 16:50 羊市塔 8:00 9:30 14:00 曹羊线32公里 10:30 14:30 16:30	弓家塔 10:10 13:30 五字湾 16:30 川掌 13:30 布尔陶亥 14:00 魏家峁 11:10 长滩 15:30

机动车辆414辆，同比增长16%。

【驾驶员培训】2019年，第一分局辖区共有机动车驾驶员培训机构4家，从业人员134名，教练车127辆，学员3310人，同比上年减少15%。

第二分局辖区有驾驶员培训机构3家，从业人员72名，教练车60辆，学员921人，同比上年减少14%。

【交通运营执法】2019年，第一分局打击非法营运车辆14次，行政执法车辆累计出动721次、执法人员累计出动2953人次。交通行政处罚43例，其中非法营运车辆17例、出租车违规4例、货车违规16例、客运车辆为持有效的包车客运标志牌进行经营的6例、重大案件17例，结案率100%。全年共计罚款

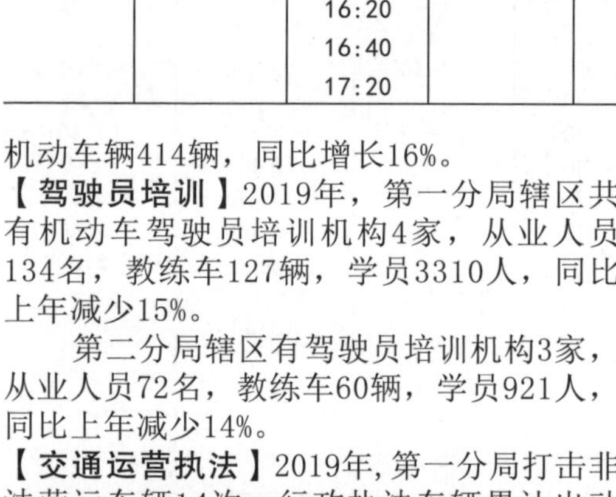

2019年1月23日，准旗运管二分局组织干部职工无偿献血

122600元，其中"黑非法营运车辆"90000元、客车14000元、出租车800元、货车17800元；双公示录入43起、国家企业信用信息公示录入21起、两法衔接录入43起。审验普货运输车辆556辆（主车323辆、挂车233辆），新申领"道路运输证"车辆293辆（主车147辆、挂车146辆）；出租车年审340辆，更新28辆，易主73辆；旗县内客车年审72辆，更新3辆，报废17辆。

第二分局全年审验普货车主车1532辆、挂车990辆、危货车302辆、客运车47辆、出租车35辆，新许可"道路运输证"主车563辆、挂车475辆，检查客运车1825辆、出租车60辆、危险货物运输企业车辆243辆、普通货物运输企业车辆215辆，检查机动车维修企业36家、驾校36家。下发整改通知书59份，其中客运车14份、出租车2份、危险货物运输20份、普通货物运输18份、机动车维修2份、驾校3份。行政执法案件9起，其中黑车5起、货物运输4起。

【质量等级评定】2019年，第一分局质量信誉考核中，一类维修企业3户合格，1户申请停业；二类维修企业51户考核合格，2户申请停业，2户为新办证，未到考核期；三类维修企业93户考核合格，4户申请停业，2户为新办证，未到考核期。

第二分局共评定102家企业的质量信誉等级，2家客运企业AA级，32家货物运输企业AA级，1家出租车企业AA级。辖区内在册机动车维修企业94家，考核机修企业54家，其中一类AA级2家、三类AA级52家；驾校3家，均为AA级。

【准格尔旗鑫源汽贸有限责任公司】2019年，准格尔旗鑫源汽贸有限责任公司共维修车辆6530台，其中保险车辆248台、其他车辆5959台、二级维护323台。年营业额507.46万元，其中修理费142.84万元、配件销售330.96万元、保险车辆维修18.5万元、二级维修15.16万元。

（撰稿 王 焱 王 欣 编辑 刘 燕）

铁路

【概况】 准格尔旗铁路民航项目建设服务中心负责贯彻执行国家、自治区和鄂尔多斯市有关铁路、民航建设及运营法律法规和方针政策，结合本旗实际制定配套措施，科级建制。内设综合股、规划建设股、拆迁安置股、民航股、安全监察大队5个部门。服务中心建成运营的准朔铁路，完善了三横一纵主干线铁路网络建设，打通了准格尔旗南部运输出境通道。年通车里程673公里，铁路外运煤炭15797万吨，其中大准铁路外运12497万吨、呼准铁路外运3300万吨。

2019年，准格尔旗境内共有铁路15条：准东一期铁路（薛家湾至西营子）、准东一期铁路增建二线（周家湾至虎石）、准东二期虎石至准格尔召）、大准铁路、大准铁路增二线（点岱沟至二道河）、呼准铁路、巴准铁路、呼准铁路复线、呼准鄂铁路、沿河铁路（马场壕—大院东）、准朔铁路、点南铁路、酸刺沟铁路专用线、不连沟铁路专用线、大路煤化工基地铁路专用线；集运站9个：点岱沟集运站、唐公塔集运站、南坪集运站、官牛犋集运站、肖家集运站、准格尔召集运站、暖水集运站、西营子集运站、虎石集运站、公沟集运站。

【铁路建设】2019年，准格尔旗境内铁路项目建设完成投资4.46亿元，续建项目准朔铁路年初建成投运，青春塔煤矿铁路专用线主体工程已完成，罐子沟集运站已完成概算总投资的24%；新开工项目四道柳集运站开工建设，已完成总投资额的34%；拟建项目大院东物流园铁路专用线、明望达红进塔铁路专用线、乾元五字湾铁路专用线等项目前期手续实质性进展。

【呼准鄂铁路准格尔站】2019年，准格尔站共发送旅客146347人，同比上午增长85%，到达旅客169738人，同比增长103%。春运期间，日到发旅客最多达800余人次；暑运期间，日到发旅客最多达1000余人次。

【民航通用机场建设】按照优化通用航空业发展，2019年已在沙圪堵镇对新建通用机场预选场址3处，民航机场集团华北设计院和空中交通管理局实地踏勘已对几处预选场址编制出说明报告，待进一步设计论证后择机实施。

（撰稿 贾春燕 编辑 刘 燕）

薛家湾至大路动车站运营时刻一览表

表19

车次	始发站	终到站	准格尔站到点	准格尔站开点	停靠站（到点/开点）
D6965	乌兰察布（8:00）	鄂尔多斯（10:54）	9:42	9:44	呼和浩特东站（8:39/8:44） 呼和浩特站（8:53/8:57）
D6961	呼和浩特东（11:30）	鄂尔多斯（13:35）	—	—	呼和浩特站（11:39/11:43） 东胜东站（13:16/13:18）

续表 19

车次	始发站	终到站	准格尔站到点	准格尔站开点	停靠站（到点/开点）
D6963	呼和浩特东（17:14）	鄂尔多斯（19:24）	—	—	呼和浩特站（17:23/17:27）托克托东站（18:06/18:08）东胜东站（19:05/19:07）
D6967	乌兰察布（17:50）	鄂尔多斯（20:44）	19:32	19:34	呼和浩特东（18:29/18:34）呼和浩特站（18:43/18:47）准格尔站 东胜东站（20:25/20:27）
D6966	鄂尔多斯（8:00）	乌兰察布（10:55）	9:10	9:12	东胜东站（8:17/8:19）准格尔站 呼和浩特站（9:57/10:01）呼和浩特东（10:10/10:15）
D6968	鄂尔多斯（11:32）	乌兰察布（14:21）	—	—	东胜东站（11:49/11:51）呼和浩特站（13:23/13:27）呼和浩特东（13:36/13:41）
D6962	鄂尔多斯（14:17）	呼和浩特东（16:27）	—	—	东胜东站（14:34/14:36）托克托东站（15:33/15:35）呼和浩特站（16:14/16:18）
D6964	鄂尔多斯（19:46）	呼和浩特东（21:58）	20:56	21:00	东胜东站（20:03/20:05）准格尔站 呼和浩特站（21:45/24:49）

邮政

【概况】中国邮政集团公司在准格尔旗有2家分公司：准格尔旗分公司和准格尔经济开发区分公司，承担邮件寄递、集邮、汇兑等邮政普遍服务义务，受政府委托提供报刊发行等邮政特殊服务，代理金融保险、快递物流等竞争性邮政业务。

【经营业绩】2019年，准格尔旗分公司邮政业务总收入完成1442.44万元。其中代理金融类业务收入完成889.5万元，同比增长5.37%，占总收入比重的61.67%；文传类业务收入完成204.75万元，占总收入比重的14.19%；渠道业务收入完成117.17万元，占总收入比重的8.12%；包快业务收入完成216.39万元，同比增长18.87%，占总收入比重的15%；其他收入完成14.63万元，同比增长42.61%，占收入比重1.02%。

2019年，准格尔经济开发区分公司邮政业务总收入完成717.6万元。业务结构明显提高，邮务类业务收入完成168.68万元，占总收入比重的23.51%；代理金融类业务收入完成506.51万元，占总收入比重的70.58%；代理速递物流类业务结算收入完成42.22万元，同比增长49.77%，占总收入比重的5.88%。三大板块业务呈现可持续、协调、健康的发展态势。

【服务设施和网络功能】2019年准格尔旗分公司有职工98人，邮路长度1869公里，2个职能部室，6个专业化部门。电子化网点11个，其中镇内5个、乡镇6个。农村分支机构6个，综合营业厅5个，乡镇邮路投递段道7条。综合网运行业务有电子化营业、电子汇兑、财务量收系统、金融电子稽查系统、中间业务集中处理系统、邮运指挥调度系统、金融客户管理系统、报刊发行信息管理系统、邮件跟踪查询系统、网间互联综合前置系统、客户营销管理系统（CRM）；绿卡网运行业务有邮政储蓄、中间业务。

准格尔经济开发区分公司现有职工43人，邮路长度1203公里，内设2个职能部室，4个专业化部门。电子化网点2个，其中镇内2个。农村分支机构7个，综合营业厅2个，乡镇邮路投递段道7条。综合网运行业务有电子化营业、电子汇兑、财务量收系统、金融电子稽查系统、中间业务集中处理系统、邮运指挥调度系统、金融客户管理系统、报刊发行信息管理系统、邮件跟踪查询系统、网间互联综合前置系统、客户营销管理系统（CRM）；绿卡网运行业务有邮政储蓄、中间业务。

【中国邮政集团公司准格尔旗分公司】中国邮政集团公司内蒙古自治区准格尔旗分公司前身为薛家湾矿区邮电局，1998年9月邮政、电信分营，组建并更名为薛家湾矿区邮政局，2000年1月因旗政府驻地迁址薛家湾镇，更名为准格尔旗邮政局，2010年1月邮政储蓄业务分离，2015年5月更为现名，为中国邮政集团县级分公司。内设综合业务、市场经营2个管理部门，函件、集邮业务、金融业务、发行投递、保险业务、电子商务、速递物流7个业务部门，驻兴隆街道准格尔中路邮政办公大楼。辖准格尔路、通达路、滨河南路、迎泽路、大路新区5个城市邮政支局，魏家峁、布尔陶亥、东孔兑、十二连城、大路镇5个农村邮政所，有员工111人。

【中国邮政集团公司准格尔经济开发区分公司】 中国邮政集团公司内蒙古自治区准格尔经济开发区分公司前身为准格尔旗邮电局，1998年9月邮政与电信分营，组建并更名为准格尔旗邮政局，2000年1月准格尔旗政府驻地迁址薛家湾镇，沙圪堵设内蒙古准格尔经济技术开发区，更名为内蒙古准格尔经济开发区邮政局；2010年1月邮政储蓄业务分离，2015年5月更为现名，相当于中国邮政集团县级分公司。

（撰稿 白如雪 魏 颖 编辑 王思敏）

信息业

信息化

【概况】 准格尔旗大数据发展中心位于大路新区准格尔旗新闻会展中心二层，始建于2017年8月，建筑面积5400平方米，总投资10098.81万元，2019年完成投资4808.15万元。规划建设硬件有指挥中心和体验中心两部分，软件平台以“应用一个平台、服务一个窗口、决策一个中枢”为指导，紧扣指挥中心数据汇聚、展现、分析、决策的定位，通过整理业务数据、集成现有信息化成果，实现系统集成、数据可视化和数据应用三个方面应用。展现现有技术成果、先进的经验和未来精细治理、产业发展、民生普适的新思路、新愿景，为产业发展、民生服务和管理提供数据支撑，为社会治理、未来规划提供重要的决策支撑。

【智慧城市建设】 2019年，准格尔旗继续推进建设准格尔旗电子政务云项目、准格尔旗智慧协同办公系统、“准格尔家”城市综合服务平台（“准格尔+”APP）、准格尔旗全民健康信息平台等项目，4个项目总投资5900余万元，年内完成投资1767.8万元，已累计完成投资2443.1万元。

【社会治安技防工程】 截至2019年底，准格尔旗高清摄像头和标清摄像头上线率分别保持在90%以上和81%以上。2019年7月，对准格尔经济开发区市政区视频监控后端平台、前端摄像头高清数字化、网络传输线路的改造，提高了视频监控上线率、节约了网络传输线路租费支出，实现全旗市政公共区域视频监控系统的统一维护、统一管理。

【电子政务应用】 准格尔旗电子政务应用分外网和内网两个平台，面向社会公众的准格尔旗人民政府门户网站，俗称外网；面向党政机关的办公自动化系统，俗称内网。准格尔旗人民政府门户网站2001年上线，中文名“准格尔之窗”，域名http://www.zge.gov.cn，实行集中化部署、分布式管理，2015年完成最新一次改版，设有走进准格尔、信息公开、办事服务、政民互动、专题聚焦5个一级栏目。办公自动化系统提供行政办公信息服务，实现网上公文流转、流程审批，机关无纸化办公。2008年，准格尔旗党政机关内部公文流转的OA系统、党政机关之间的公文交换系统开通。2019年3月，电子政务工作及2名工作人员划归旗政务服务局。

【电子政务网络建设】 全旗行政事业单位使用的互联网、电子政务外网专线等网络租费由旗大数据中心统一支付，涵盖68条互联网、139条电子政务外网和1077条专线网络线路。2019年，依据国家深入推进网络提速降费政策，将全旗各行政事业单位使用的互联网、电子政务外网、专线等网络的带宽由原来的2兆、10兆统一提升为50兆，100兆提升为200兆，并对单条网络线路的租费标准进行下调，降幅达8.7%。

【准格尔旗大数据中心】 准格尔旗大数据中心前身为2011年3月成立的准格尔旗信息化工作办公室，隶属于准格尔旗经济商务和信息化局；2017年11月更名为准格尔旗大数据中心，科级建制，隶属于旗人民政府。中心内设信息化推进股、网络运营维护股、电子政务股、办公室（财务室），核定事业编制20名，实有人员14人。

（撰稿 董上万 编辑 王思敏）

中国移动

【概况】 2019年，中国移动准格尔旗分公司有自有渠道营业厅3个：迎泽街道都市生活广场营业厅、迎泽街道和谐社区多蓝营业厅、兴隆街道通达路营业厅。有社会渠道网点38个，包括核心渠道店22个、委托加盟店3个、引商入柜店1个、普通渠道店9个、代办点3个。

2019年，中国移动通信集团内蒙古有

2019年中国移动准格尔旗分公司网点分布表

表 20 单位：个

乡级政区	自办营业厅	委托加盟店	手机专卖店	授权代理点	通信基站
十二连城乡	0	0	1	0	21
布尔陶亥苏木	0	0	4	0	14
大路镇	0	0	2	0	31
大路工业园	0	0	0	0	93
薛家湾镇	0	0	0	0	110
蓝天街道	0	1	2	0	28
兴隆街道	1	1	12	1	22
友谊街道	0	0	1	2	24
迎泽街道	2	1	8	0	33
魏家峁镇	0	0	2	0	18
合　计	3	4	37	4	394

说明：薛家湾镇指4个街道和大路工业园以外的区域

限公司沙圪堵分公司发展合作渠道：1个引商入柜、1个授权代理店、2个委托加盟店、37个手机专卖店、通信基站245个；4G网络覆盖乡级以上行政区驻地，互联网接入34个行政村；通信客户总数102138户；通信业务收入6701.85万元。

2019年中国移动沙圪堵分公司网点分布表

表 21 单位：个

乡级政区	自办营业厅	委托加盟店	手机专卖店	授权代理点	引商入柜	通信基站
沙圪堵镇	2	1	24	0	1	76
龙口镇	0	0	3	0	0	37
纳日松镇	0	1	5	0	0	64
准格尔召镇	0	0	4	1	0	27
暖水镇	0	0	1	0	0	41
合　计	2	2	37	1	1	245

【移动通信客户】2019年，中国移动准格尔旗分公司通信客户到达数213679户，同比下降5.69%；通信费大于等于3元，或主叫计费时长大于等于20分钟、或流量大于等于3MB的有效通信客户总数达196500户，同比上年减少0.98%；4G网络用户166782户，同比增加12842户；宽带用户到达数27733户，同比增加5274户，其中活跃用户25397户，活跃率91.58%；累计新增用户26256户；2019年终端累计销售5272台。截至2019年底，集团客户到达数1378户，集团成员到达数96475户。

截至2019年底，中国移动沙圪堵分公司通信客户总数102138户，同比上年减少6979户；有效通信客户中，4G网络用户73001户； 2019年累计新增用户14486户，实际净增用户-9942户。

【移动通信收入】2019年，中国移动准格尔旗分公司通信服务总收入13545万元，同比减少15.71%。集团应用及信息服务收入608万元，同比减少28%；4G智能手机销售25811部。

中国移动沙圪堵分公司通信业务总收入6701.85万元，同比减少1142.15万元。其中：应用及信息服务收入456.83万元，同比增长4.03%；基础产品（专线、和校园、企业宽带、MIS、物联网、本地流量统付）收入444.55万元，同比增长2.02%；4G智能手机销售量4000部。

【移动通信网络】2019年，中国移动沙圪堵分公司有通信基站245个，其中：微蜂窝12个、直放站15个、租用铁塔公司基站192个、自维基站47个，包括节点基站18个、微蜂窝12个、应急车10个，小区深度覆盖9个。4G网络在准格尔经济开发区驻地和准格尔旗西部苏木乡镇主要街道全部覆盖；为5个城镇小区、26个平房区、34个乡村行政村接入互联网宽带。

2019年，中国移动准格尔旗分公司有通信基站394个，包括宏站325个，微站69个。其中4G基站381个，包括宏站312个，微站69个；铁塔公司代维基站359个，分公

2019年中国移动准格尔旗分公司通信基站分布表

表 22

乡级政区	宏站（个）	微站（个）	直放站（个）	应急车（台）
十二连城乡	21			
布尔陶亥苏木	14			
大路镇	29	2	3	
大路工业园	64	29	2	
薛家湾镇	106	4	15	1
蓝天街道	23	5		
兴隆街道	12	10		
友谊街道	16	8		2
迎泽街道	22	11		
魏家峁镇	18		2	1
合计	325	69	22	4

司自维基站35个。另有直放站22个，应急车4台。有汇聚层光缆758.39 公里，本地网光缆2550公里，由海格怡创公司维护。有集团专线824条，其中包括煤炭专线22条，银行专线18条，石油专线4条，双跨4条，税务专线2条，新华书店、运管、烟草各1条；与政府签订政务网专线153条 ；铁通公司代维771条，分公司自维53条。有线宽带覆盖171个小区27685户，无线宽带部署60个站点716户。

2019年在4G网络广度覆盖方面，除个别偏远乡村外，旗政府驻地和苏木乡镇主要街道、行政村、旅游村已全部覆盖，覆盖率98%；在4G网络深度覆盖方面，室分系统累计69处，弱覆盖25处，主要覆盖办公楼、商场、医院、酒店、高层小区等人员密集场所；为城镇133个小区、乡村38个集中区接入有线宽带，为其他77个村接入无线宽带。

【中国移动通信集团内蒙古有限公司准格尔旗分公司】中国移动通信集团内蒙古有限公司准格尔旗分公司成立于1999年9月，内设市场部、集团客户部、网络建设部、综合部4个职能部门，有员工109人。经营范围包括十二连城乡、布尔陶亥苏木、大路镇、薛家湾镇、魏家峁镇，经营区面积3446.25平方公里。

【中国移动通信集团内蒙古有限公司沙圪堵分公司】中国移动通信集团内蒙古有限公司沙圪堵分公司成立于1999年9月，内设市场部、集团客户部、网络部、综合部4个职能部室，自办开发区广场营业厅、文化街营业厅、委托加盟店2家、手机专卖店37家、授权代理点1家、引商入柜1家，有员工61名。经营范围包括暖水乡、准格尔召镇、纳日松镇、龙口镇、沙圪堵镇，经营区面积4245.75平方公里。

（撰稿 刘用涛 郝瑞英　编辑 王思敏）

中国联通

【通信业务收入】2019年，中国联通沙圪堵中心局成各项业务收入2385万元。其中，固定通信类业务收入963万元；移运通信类业务收入1422万元。

【通信网络建设】2019年，中国联通沙圪堵中心局通信线路总长2700公里，实现光纤全覆盖；固定互联网接入端口34010个，其中，光纤接入端口33580个，73个行政村全部实现互联网接入。建成移动通信基站682个，其中2G基站121个、3G基站165个、4G基站396个，4G信号覆盖城区和乡镇所在地及主要公路沿线，覆盖率82%以上。

2019年，中国联通有限公司准格尔旗分公司在城区有7个接入网机房；乡镇有17个接入网综合机房，共有传输设备248台/套，中心城区有光缆交接箱183个，分纤盒3856个，用户15530户；乡镇小区有光缆交接箱43个，分纤盒1639个，用户3159户。

2019年中国联通沙圪堵分局支局网点分布一览表

表 23

乡级政区	嘎查村社区数	自有营业厅	社区沃店	合作营业厅	互联网通村	通信基站
合计	73	4		14	75	682
沙圪堵镇	33	1		7	26	298
纳日松镇	19	1		2	22	251
准格尔召镇	9	1		3	15	93
羊市塔	12	1		2	12	40

【中国联合网络通信有限公司准格尔旗分公司】中国联合网络通信有限公司准格尔旗分公司2008年10月由中国联通准格尔旗分公司和中国网通准格尔旗分公司合并组建，隶属中国联合网络通信有限公司鄂尔多斯市分公司；驻准格尔旗薛家湾镇兴隆街道水晶路1号办公。2019年公司经过机构体制改革，实现扁平化管理，内设综合支撑中心、政企客户部、基层设备线路维护责任单元、2个渠道和驻地网营销网格、5个乡镇营销网格；下辖水晶里1号营业厅、银河商厦2号营业厅、大路新区营业厅、东孔兑营业厅、龙口营业厅、十二连城营业厅；唐公塔社区沃店、满世花园小区社区沃店、景泰华府社区沃店；有合作营业厅37个。2019年有员工83人。通信服务范围包括兴隆街道、友谊街道、蓝天街道、迎泽街道、薛家湾镇、大路镇、大路新区、十二连城乡、布尔陶亥苏木、龙口镇、魏家峁镇。

【中国联合网络通信有限公司沙圪堵分局】中国联合网络通信有限公司沙圪堵分局2008年10月由中国联通鄂尔多斯市分公司沙圪堵分局和中国网通鄂尔多斯市分公司沙圪堵分局合并组建，是中国联通在准格尔旗设立的分支机构，隶属中国联通鄂尔多斯市分公司。内设政企客户部、渠道网格、驻地网网格、综合支撑部、建维中心，驻沙圪堵镇八一中路；下辖准格尔召镇支局、纳日松镇支局、羊市塔支局，自有沙圪堵营业厅、准格尔召营业厅、纳日松营业厅、羊市塔营业厅。全局现有员工37人，经营固定电话、互联网、移动电话等通信业务，服务范围涉及沙圪堵镇、纳日松镇、准格尔召镇、暖水乡。

（撰稿 侯宏树 杨爱东　编辑 王思敏）

中国电信

【概况】中国电信集团有限公司和中国电信股份有限公司在准格尔旗有两家分公司，分别是准格尔分公司和沙圪堵分公司，经营固定通信，移动通信、数据通信、增值通信四大类通信业务。2019年，设自营业厅4个，合作营业厅8个，社区店4个，专营店 4个，授权代理店22个，有员工 56 个；建成通信线路1065公里，移动通信基站 383 个。

【通信用户】2019年，中国电信准格尔分公司移动用户约8.6万户，同比上年增加1，增长率为12%；固定互联网接入用户约2.15万户，同比增长3457户，增长率11%，其中高清用户约1.98万户。中国电信沙圪堵分公司移动网用户数约2.7万人，固网用户数约0.99万人，增长率为14.2%，其中光纤到户覆盖家庭约0.36万户，增长率为6%，固定电话用户约0.04万户。

【通信业务收入】 2019年，中国电信准格尔分公司总收入3958万元，同比上年减少3.8%；固定通信类收入1187.4万元，同比减少1.14%；移动通信类业务收入2770.6万元，同比减少2.66%。2019年，中国电信沙圪堵分公司总收入为1294.06万元，较上年增加21.43万元。

【网络建设】2019年，中国电信沙圪堵分公司通信线路长627公里；固定互联网接入端口7088个，全部光纤接入，城镇78个小区、乡村3个行政村通固定互联网接入。在准格尔旗范围内新建42座基站，228座基站提速度全部达到4G，覆盖全旗范围，为下一步5G做好铺垫。

2019年，中国电信准格尔分公司通信线路长882公里，互联网1102线，宽带1897

2019年中国电信准格尔分公司网点设备分布一览表

表24

单位：个

乡级政区	营业厅	社区店	专营店	授权代理店
合计	4	5	11	19
薛家湾镇区	—	5	8	16
大路镇	—	—	1	1
魏家峁	—	—	1	1
柴登	—	—	1	1

户，移动通信基站283座，按覆盖方式分为，宏站277座，微站6座；按产权性质分，自维基站85座，租用铁塔公司基站198座。

【中国电信股份有限公司准格尔分公司】 中国电信股份有限公司准格尔分公司前身为2004年4月成立的准格尔旗电信公司，2005年6月更名为中国电信集团公司准格尔分公司，2008年9月更名为中国电信股份有限公司准格尔分公司，是中国电信股份有限公司在准格尔旗东部设立的分支机构。下设办公室、销售部、运维组、党政军行客地支局、大企业行客支局、商客支局、都市商圈支局、中小幼支局、通达路商圈支局、城北社区支局、城南社区支局、准能社区支局、自营厅支局、大路乡镇支局共14个部门、支局。现有员工56人。

【中国电信股份有限公司沙圪堵分公司】 中国电信股份有限沙圪堵分公司成立于2005年5月，2008年9月更名为中国电信股份有限公司沙圪堵分公司，经营固定通信、移动通信、数据通信、增值电信业务四大类通信业务。现办公地址为准格尔旗沙圪堵镇政府对面5楼中国电信。下设办公室、销售部、现场综合化网格、商圈支局、社区支局、政企支局、纳日松支局、龙口支局。一个自营厅，两个社区店，沙圪堵镇区设八一路营业厅（自营厅）、准格尔北路社区店，翼通公园街社区店。现有员工22人。

（撰稿 魏　慧 王玉蓉 编辑 王思敏）

广播电视网络

【概况】 内蒙古广播电视网络集团有限公司准格尔分公司主营广播电视节目传输业务，兼营宽带上网业务，有员工38人。2019年，公司新开通城域网新建小区3个，覆盖用户4090户，开通铁路沿线农网项目1项，新入农网用户921户。对桃园盛景小区、大路国电晶阳宿、黄玉川煤矿、蒙泰不连沟煤矿宿舍、龙口乡政府宿舍1743户进行改造。

【经营收入】 2019年，公司总收入2050.9万元，其中收视维护费收入689.53万元，增值业务收入257.07万元，多种经营业务收入157万元，政企业务收入947.3万元。在网用户数30330户，主终端用户数29284户，副终端用户数1046户，宽带用户数9949户。

【业务拓展与创新】 2019年，公司开拓创新政企业务多元化发展，推进基本公共文化服务和信息化建设，实现政企业务带动公共文化服务的数字化、网络化、智能化建设，实现多渠道增收创效。公司中标179.27万元项目并完成旗环保局内网服务器、开发区高位探头、开发区环保监控指挥平台建设。与教育局签订7所小学和幼儿园校园监控项目工程，已投标3个幼儿园监控项目。

【内蒙古广播电视网络有限公司准格尔分公司】 内蒙古广播电视网络集团有限公司准格尔分公司前身为1996年成立的准格尔有线电视台；2003年11月，广播电视网络从准格尔旗有线电视台分出，成立内蒙古广播电视网络有限公司准格尔分公司；2008年，准格尔经济开发区广播电视网络从准格尔分公司分出，成立内蒙古广播电视网络有限公司沙圪堵分公司；2011年，随内蒙古广播电视信息网络有限公司转企改制，更名为内蒙古广播电视网络集团有限公司准格尔分公司，成为内蒙古自治区直属国有独资大型文化企业下属机构。2019年，公司机构改革沙圪堵分公司并归准格尔分公司。公司下设综合财务部、客户服务部、网络工程部、沙圪堵工作站、大路新区工作站。有员工38人。

（撰稿 李 箐 编辑 王思敏）

商贸流通

综述

【商业网点】准格尔旗商业网点以旗政府驻地薛家湾镇和沙圪堵镇两地为中心，以综合批发市场、各类专业市场为主体，以农贸市场为延伸的辐射城乡的市场体系。2019年，全旗有各类商业网点29658家，其中大型商场14家、商店11805家、超市700多家（包括大型超市18家）。大型市场近20家，其中综合性市场6家、工业消费品市场6家、农贸市场3家。

旗政府驻地主要商业网点　大型商场：生力购物中心、华翼购物广场、金安购物中心、白云购物中心、生力都市生活广场、华峰批发市场、华峰商厦、富都商厦、兴鑫商城、银河购物中心。综合市场：利众市场、银泽市场、湖西便民市场、白云市场、正华市场、兴隆市场。连锁超市：阳光超市、浙加都超市。农贸市场：东华市场、万通物流中心。工业品市场：鸿鑫建材城、佳禾家美建材城、鼎华机电城、金岸国际五金机电城、开源建材城、维多利亚建材城。

沙圪堵镇主要商业网点　大型商场：商业楼、恒峰商场、佰炫贵族鞋服城、准格尔购物中心。大型超市：阳光超市、欧德福超市、易和超市、家园福超市、蒙太太超市、广汇超市。建材市场：民达建材城。农贸市场：民安市场。

【市场主体】截至2019年底，准格尔旗有各类市场主体31376户，同比上年净增1317户，增长4.38%；注册资本1251.11亿元，同比净增16.41亿元，增长1.33%；从业人员98919人，同比净增13258人，增长15.48%。其中：内资企业（不含私营）750户，同比净增87户，增长13.12%；注册资本700.92亿元，同比净增46.17亿元，增长7.05%；从业人员17620人，同比净增1151人，增长6.99%；内资企业集中的前三个行业是：批发和零售业191户，金融业146户，采矿业67户。私营企业6850户，同比净增428户，增长6.66%；注册资本520.95亿元，同比增长34.52亿元，增长7.1%；从业人员36023人，同比增长1037人，增长2.96%；私营企业集中的前三个行业是批发和零售业3108户，建筑业583户，租赁和商务服务业568户。个体工商户23776户，同比净增2261户，增长10.51%；注册资金29.23亿元，同比净增1.97亿元，增长7.23%；从业人员45276人，同比净增4739人，增长11.69%；个体工商户集中的前三个行业是批发和零售业11981户，住宿和餐饮业3728户，居民服务、修理和其他服务业3239户。

截至2019年底，准格尔旗有农民专

2019年准格尔旗市场主体行业分布统计表

表25

项目	内资非私营企业（个）	私营企业（个）	个体工商户（户）
合计	750	6850	23776
农、林、牧、渔业	30	532	1092
采矿业	67	270	12
制造业	48	520	1102
电力、热力及水的生产和供应业	27	41	11
建筑业	26	583	349
批发和零售业	191	3108	11981
交通运输、仓储和邮政业	47	277	86
住宿和餐饮业	9	88	3728
信息传输、计算机服务业	26	77	252
金融业	146	39	0
房地产业	18	137	15
租赁和商务服务业	56	568	1236
科学研究和技术服务业	27	178	234

续表25

项目	内资非私营企业（个）	私营企业（个）	个体工商户（户）
水利、环境和公共设施管理业	12	92	122
居民服务、修理和其他服务业	10	239	3239
教育	3	25	44
卫生和社会工作	2	6	109
文化、体育和娱乐业	3	69	164
其他	2	0	0

业合作社1750户，同比上年净增291户，增长19.95%；出资额68.59亿元，同比净增2.33亿元，增长3.52%；入社农户8018户，同比净增1014人，增长14.48%。其中农民专业合作社联合社4户，同比净增0户，增长0；出资额0.498亿元，同比净增0亿元，增长0；入联合社农民43人，同比净增0人，增长0。农民专业合作社从事种植业74户、养殖业161户、种植养殖业1471户、农机44户。

【注册登记】2019年，准格尔旗市场监督管理局全面推行“四个一”服务，设置综合服务窗口和咨询服务窗口，配备了导服人员和自助打印服务，实现一个窗口所有业务通办，建立与银行合作机制，进驻政务服务大厅帮（代）办市场准入手续，实现“食品经营许可证”“药品经营许可证”部分许可事项变更审批等业务7个工作日办理；企业开办工商登记环节压缩至1个工作日，企业营业执照2个工作日办理，资料齐全即时办理；个体工商户营业执照、简易登记事项当场即可办理；动产抵押物登记实现了网上平台办理“零见面”；市场主体简易注销网上公示缩减至20个工作日。持续深化商事制度改革，营造优良营商环境。推行注册登记电子化，网上登记注册市场主体158户，核发电子营业执照92份，核发“三证合一、一照一码”营业执照1845份，173户企业通过简易注销程序退市。办理动产抵押32件，融资24.75亿元；办理股权出质69件，出质股权152.22亿元，被担保债权385.5亿元。旗市场监管局准格尔经济开发区分局，网上登记注册企业12户，核发电子营业执照8张，办理简易注销企业6户，办理网上名称自主核准56户，准格尔经济开发区4户招商引资企业实现快速准入，总投资1.7亿元。办理动产抵押3件，融资2665万元；办理商标质押0件，融资0亿元；办理股权出质1户，出质股权5.25亿元，被担保债权10.2亿元。

准格尔旗市场监督管理局全年登记注册各类市场主体5347户，注销各类市场主体2437户。其中内资非私营企业登记注册91户，注册资本6.52亿元，注销28户；私营企业登记注册930户，注册资本38.89亿元，注销431户；个体工商户登记注册4001户，注册资金4.68亿元，注销1920户；农民专业合作社登记325户，出资额5.5亿元，注销58户。准格尔经济开发区分局全年注册登记各类市场主体504户，注销各类市场主体328户。其中：内资非私营企业登记注册7户，注册资本2340万元，注销0户；私营企业登记注册95户，注册资本61919万元，注销1户；个体工商户登记注册559户，注册资金3695万元，注销125户；农民专业合作社登记24户，出资额3400万元，注销2户。

【食品安全监管】准格尔旗实行食品生产、流通、消费全程分类分级管理监管，2019年，餐饮单位“明厨亮灶”覆盖率96%，全旗命名市级餐饮服务食品安全示范店12家。新许可食品生产加工主体40家，注销1家，全旗有食品生产加工主体253家，同比增长18.22%。按经营规模分，食品生产企业33家，食品加工小作坊220户；按风险等级分，食品生产企业A级6家，B级18家、C级7家、D级2家；食品加工小作坊A级1家、B级97家、C级84家、D级34家，4家未评定。新许可食品流通主体553家，注销18家，全旗有食品流通主体3154家，同比增加20.43%。按注册类型分，大型商场超市10家、中型商场超市9家、小型商场超市573家、便利店785家、食杂店1638家、市场内商户93家、食品贸易商40家、食品自动售货销售商2家、网络食品销售商4家；按风险等级分，A级398家、B级1365家、C级1060家、D级331家。全旗有餐饮单位2479家，新增许可餐饮单位219家，注销78家，同比增长9.3%。按经营规模类型分，大型餐馆65家、中型餐馆360家、小型餐馆1292家、饮品店54家、机关企事业单位食堂371家、学校食堂89家、医疗机构食堂7家、养老机构食堂4家、小餐饮备案233家、小饭桌备案4家；按量化等级分，A级640家、B级1002家、C级509家（另有328家待评定）。

【药品医疗器械监管】准格尔旗实行药品医疗器械分类分级管理。2019年新许可药品销售主体10家，注销2家，全旗有药店212家，按信用等级分，A级25家、B级184家、C级3家；规模以上药品销售企业是：友谊街道准格尔旗恒瑞医药连锁有限责任公司、兴隆街道内蒙古宏大医药有限责任公司、迎泽街道内蒙古回春堂医药连锁有限责任公司。新备案二类医疗器械经营单位6家，新许可三类医疗器械经营单位2家，全旗有医疗器械经营单位171家，同比增3.5%，按信用等级和风险等级相结合分，A级9家、B级162家。

【保健食品化妆品监管】准格尔旗实行保健食品和化妆品经营单位分类分级监管。2019年，新许可保健食品经营单位9家，注销1家，全旗有保健食品经营单位334家，同比增加8家，多在旗政府驻地、沙圪堵、大路新区三地；按经营方式分，专营店12家，兼营店330家；按风险等级分，A级20家、B级282家、C级40家、D级0家。全旗有化妆品经营使用单位705家，同比增加77家。按经营方式分，专营店168家、兼营店537家；按行业属性分，经营单位256家、使用单位449家；按风险等级分，A级46家、B级645家、C级14家、D级0家。

2019年准格尔旗食品药品生产经营店地域分布一览表

表26　　　　单位：万元

所在地	食品厂	食品店	餐饮店	药店
布尔陶亥苏木	5	45	76	1
十二连城乡	17	103	97	2
暖水乡	6	47	90	0
薛家湾镇	4	98	120	4
沙圪堵镇	17	176	180	1
大路镇	5	110	95	2
龙口镇	11	170	117	9
魏家峁镇	17	114	84	4
纳日松镇	7	92	153	5
准格尔召镇	3	102	132	7
兴隆街道	20	397	200	46
迎泽街道	32	503	520	50
蓝天街道	25	404	150	21
友谊街道	41	293	135	14
开发区	35	410	240	38
大路新区	8	90	90	8
合　计	253	3154	2479	212

说明：食品厂包括食品加工作坊；沙圪堵镇特指开发区以外的区域；薛家湾镇特指4个街道及大路新区以外的区域

【产品质量监管】2019年，印发《准格尔旗2019年质量强旗工作要点》，大力推进质量强旗工作。按季度开展质量安全状况分析4次。落实“质量提升年”行动计划，分类检查工业产品生产许可证获证企业51家、危化品生产企业34家、认证企业31家、检验检测机构29家、食品相关产品生产企业6家、液化石油气生产企业1家。开展产品质量监督抽查19个批次，抽检成品油69个批次，抽检纺织品、建材、食品相关产品等170个批次，抽检抽查不合格产品后处理率100%。2019年开发区共有企业41家，涉证企业20家，有20家企业处于停产状态。准格尔旗欣荣化工有限公司通过质量管理体系认证。有11家企业采用ISO 9000标准对产品质量进行管理。

【标准化建设】2019年，印发《准格尔旗标准化提升行动计划（2019—2020年）》，落实准格尔旗政务服务中心服务标准化试点建设，推进标准提升工作。组织久泰能源（准格尔）有限公司、准格尔旗铸城水泥有限责任公司等11家企业开展百城千业万企对标达标提升专项行动。推荐申报内蒙古伊泰煤制油有限责任公司、内蒙古农乡丰工贸有限公司2家企业为企业标准“领跑者”。4家企业在“企业标准信息公共服务平台”上公开声明标准16项，其中国家推荐性标准1项、企业标准15项。山羊去势技术规范、内蒙古白绒山羊羔羊育肥技术规程、谷子白发病防治技术规程、旱作谷子垄膜集雨栽培技术规程4项被列入2019年第2批内蒙古自治区地方标准制修订项目计划。准格尔旗经济开发区分局辖区有33家企业在“企业标准信息公共服务平台”上公开声明标准46项，包括国家强制性标准19项，推荐性标准21项，企业标准6项。

【计量监管】2019年，备案强检计量器具使用单位411家、备案强制检测计量器具22313台（件）；检定在用计量器具15574台（件），检验煤炭9个批次。严格落实国家计量制度，推行法定计量单位，规范、监督全旗商品量和市场计量行为。

【特种设备安全监察】2019年，旗市场监督管理局管辖区域内有特种设备使用单位298家，其中生产企业3家、石油液化气充装单位2家、其他充装单位11家、煤化工企业10家、商场超市7家、医院4家、酒店29家、住宅小区32家、煤矿及非煤工矿企业107家、其他单位93家；共有在用特种设备9439台件，其中锅炉475台、压力容器6042台、电梯1666部、起重机械974部、厂内专用车辆275台，大型游乐设施6台（套）、客运索道1条，以及各类气瓶17000余支、压力管道340.52公里。查处和整改特种设备安全一般隐患926条、重大安全隐患3条，开展特种设备安全应急事故演练5次。准格尔经济开发区分局管辖区域内有特种设备使用单位73家，其中，石油液化气经营单位2家、商场超市2家、医院2家、酒店12家、住宅小区25个、化工企业20家、其他单位10家；共有在用特种设备1128台（件），其中，锅炉34台、压力容器725台、各类气瓶3000支、压力管道6.77公里，电梯242部，起重机械93部，厂内专用车辆34台。现场安全监察整改特种设备安全隐患33处。全旗特种设备安全平稳运行。

【知识产权】2019年，准格尔旗成功申报为“内蒙古自治区知识产权强县工程试点县”，是鄂尔多斯市唯一通过评审的旗县。内蒙古伊泰煤制油有限责任公司通过2019年国家知识产权优势示范企业考核及复核工作。全力指导“暖水山地苹果”“盈天下”等特色产品企业加强商标品牌运作，帮助提高商标使用效率。全年新增注册商标190件，全旗现有有效注册商标1980件。“准格尔糜米”和“准格尔羯羊”成功注册为地理标志证明商标。

【广告管理】截至2019年底，旗市场监督管理局辖区有广告经营单位566家，其中企业492家，个体工商户71家，事业单位3家，办理广告发布登记证的有准格尔报社、准格尔旗广播电视台、国家能源准能集团新闻中心。大型广告经营单位有：红旗广告公司、金帆广告公司、北峰广告公司等。广告发布方式主要有：报纸、广播、电视、网络等媒体发布，电子屏、广告牌、道旗、擎天柱等载体户外演示，印刷品广告张贴发散等。旗市场监督管理局对房地产、医疗、药品、医疗器械广告实行审核备案；对损害国家利益、危害安全健康、误导投资消费、违背社会风尚的虚假违法网联网广告开展专项整治；利用公益广告牌、LED宣传屏发布公益广告。准格尔经济开发区分局对辖区广告经营者进行全面实地检查，督促指导广告经营者、广告发布者建立健全自查自纠制度，要求广告经营者依法严格履行广告审查义务，严格自律，提高广告经营者的自律意识。监测传统媒体广告33条，互联网广告32条。

【消费维权】2019年，继续深入推进“放心消费城市”创建工作，建有消费维权服务站30处。建设信息化指挥调度应急平台，将“12315”“12331”“12365”“12358”“12330”五条热线归口整合，成立12315投诉举报指挥中心，负责统一接收、分拨和反馈各类投诉举报以及应急值班工作。成立准格尔旗消费者协会律师团，聘请律师12名、调解员2名，制定律师团工作准则、工作职责、工作制度，围绕维护全旗消费者合法权益开展有效的法律支撑和公益服务保障等工作。2019年，旗市场监督管理局受理办结消费投诉522件，调解率100%，挽回经济损失158万元，办理司法确认案件101件。打造金安购物中心、华翼购物广场和星河购物广场3家为10日无理由退换货放心消费示范商场；居然之家为30日内无理由退换货放心消费建材市场。举办全旗第二届“3·15”专题晚会，开展“3·15”消费维权系列宣传活动，发布消费警示32期，制作识假辨假短片3个，命名表彰消费维权示范站4个、文明诚信经营单位8家、质量信用单位4家、计量信用单位1家。准格尔经济开发区分局受理消费者投诉举报案件45件，为消费者挽回经济损失21.68万元。2019年，准格尔旗被自治区放心消费创建办公室评为“全区2018年度放心消费创建成绩突出单位”。

【市场监管执法】2019年，落实“双随机、一公开”监管要求，强化事中事后监管，保障市场繁荣稳定。对食品药品、工业产品质量、特种设备风险点和风险等级进行研判评估，建立任务、责任、负面清单，落实管控责任链，突出重点领域、管控区域，形成企业内网、行业部门与政府管控外网。强化风险管控技术、制度、管理措施，形成“层层牵制、人人关联、责任共担、风险同控”的“定点位、控风险、除隐患、保安全”工作机制。汲取各类安全生产事故教训，落实各级安全生产检查部署，开展岁末年初、“保健”乱象、“衣食住行”领域“1+N”、安全生产集中整治、扫黑除恶以及节日餐饮、食品和特种设备安全保障等专项行动。2019年，全局共办理一般程序案件802起，罚没款入库216.7万元。加大经营异常企业规范管理力度，375户企业列入经营异常名录，55户企业列入严重异常名录，依法吊销92户企业营业执照，开展双随机执法检查6次。准格尔旗企业信用信息公示与监管平台公示行政许可信息15071条，行政处罚信息2188条。在全区市场监管综合执法领域率先探索开展“执监分离”执法监管模式（即由业务股室负责对市场主体存在的涉嫌违法线索进行日常监管，由综合执法局对线索进行调查立案并提出拟处理意见，报经案件审理委员会审核后依法进行处罚），强化综合执法技能培训。举办市场监管领域专项检查能力提升和执法办案专题培训班，聘请全国科技打假第一人吕长富通过理论授课和实地指导相结合的方式，开展为期3天的科技打假专题培训，提升依法行政能力和水平。

【技术检验】 旗市场监督管理局有药品医疗器械不良反应监测中心、食品药品检验检测中心、产品质量计量检测所3家技术检验机构。

药品医疗器械不良反应监测中心 2019年5月由旗市场监督管理局四楼搬迁到旗房管局四楼，有职工3人。信息监测网络直报系统纳入57家单位，包括旗直医院5家和1家疾控中心，基层卫生院13家，社区卫生服务中心7家，民营医院3家，中西医诊所23家，药械连锁批发企业3家，医院门诊1家，旗看守所。2019年完成药品不良反应监测报告病例436例；医疗器械不良事件91例；化妆品不良反应20例；药物滥用调查表179份；气管插管重点监测调查表12份。

食品药品检验检测中心 位于迎泽街道湖西食品加工园区7号楼，配备检验检测设备54台（套），价值约300万元，专业技术人员7人。具备食品类35个参数的检验检测能力。2019年抽检食品1250批次、快检食品2358批次，抽检药品医疗器械36批次、化妆品10批次。

产品质量计量检测所 位于迎泽街道湖西食品加工园区6号楼，配备计量检定装置125台件、产品质量检测设备81台套，有专业技术人员19人。建有19项社会公用计量标准，可开展33项计量器具检定、校准；产品质量检验可开展煤炭、建材两大类产品38个参数检验；定量包装检测，可开展质量标注和体积标注的定量包装检测。按照便民便企服务的原则，在沙圪堵镇建立产品质量计量检测分所。

【准格尔旗市场监督管理局】准格尔旗市场监督管理局，属旗人民政府工作部门，科级建制，加挂准格尔旗知识产权局牌子，承担旗食品药品安全委员会日常工作。内设综合办公室、行政审批办、消费环境建设指导股、市场监督管理股、质量发展股、产品质量安全监督管理股、食品安全协调股、餐饮服务监督管理股，食品安全监督管理股、特种设备安全监察股、知识产权发展和保护股、药品医疗器械监管股、信用监督管理股、政策法规股14个股室；1个非限额机构，个体私营经济组织党建办公室；下设旗市场监督管理局准格尔经济开发区分局、大路中心所以及兴隆、迎泽、友谊、蓝天4个市场监督管理所；辖市场监管综合执法局、食品药品检验检测中心、产品质量计量检测所、药品医疗器械不良反应监测中心、消费者协会、信息中心6个二级单位。共有在职干部职工219人。

【准格尔旗市场监督管理局准格尔经济开发区分局】2019年3月，准格尔旗市场监督管理局设立准格尔经济开发区分局，为旗市场监督管理局下设机构，在旗市场监督管理局授权范围内负责准格尔经济开发区辖区内市场监管工作。

（撰稿 娜日沙 编辑 王思敏）

现代服务业

【概况】准格尔旗构建现代服务业体系，生产性服务业和生活性服务业，传统产业与新型业态全面发展，形成交通运输、商贸流通、住宿餐饮、文化旅游、金融、健康养老等产业门类。2019年，第三产业实现增加值245.62亿元，同比增长4.0%。规模以上服务业企业营业收入达52.13亿元，同比增长11.51%。道路运输业、铁路运输业、商务服务业营业收入分别同比增21.76%、7.18%、2.46%。

交通运输和旅游业　2019年，全旗实施续建项目4个，建设总里程70.441公里；实施新建项目2个，建设总里程97.216公里。全旗公路通车里程4458.7公里，其中高速公路里程229.1公里。铁路通车里程达673公里。全旗国家AAAA级旅游景区4个，旅行社5家，其中具有出境经营权的旅行社1家。全旗接待游客155万人次，实现旅游收入21.6亿元，入选2019中国最美县域榜单。

商贸业　2019年，准旗实现社会消费品零售总额128.46亿元，同比增长3.4%，总量居全市第2位。分地域看，城镇社会消费品零售额97.13亿元，同比增长3.3%；农村消费品零售额31.33亿元，同比增长3.7%，增速快于城镇0.4个百分点。按消费形态分：住宿餐饮收入20.04亿元，增长3.9%；商品零售额108.42元，增长3.3%。

金融业　2019年末全旗银行总数达到21家，各类营业网点105个；各项存款余额621.59亿元，增长11.8%，其中城乡居民储蓄存款余额404.48亿元，增长12.6%；各项贷款余额402.28亿元，增长15.5%。全年全旗保险业实现保费收入89508万元，增长8.4%。其中财产险保费收入31079万元，人寿险保费收入58429万元。全年保险赔付总额18385万元，下降12%。其中，财产险赔付11342万元，人寿险赔付7043万元。

【项目建设】2019年，准格尔旗推进现代服务业发展中心调度旗级重点项目9项，总投资39.63亿元，包括续建7项，新建2项；本年度计划投资10.4亿元，截至年底完成投资6.36亿元。

内蒙古锦泰城塔煤炭有限公司煤炭物流配送中心建设项目　2019年新建，项目洗选及配送煤炭能力为600万吨/年，总投资6亿元，本年度完成投资4.1亿元。

鄂尔多斯市伊丽达房地产开发有限责任公司丽锦家园三期工程　2019年新建，总建筑面积79127.08平方米，总投资1.23亿元，本年度完成投资3500万元。

智慧准格尔项目　由准格尔旗国投集团公司投资实施，计划总投资8.1亿元，2019年度完成投资3100万元。大数据中心已经完成总工程量的60%，智能化设备已进场，“多规合一”智慧政务平台已上线运行。

准格尔召民俗文化旅游项目　规划面积14.88平方公里，建设有召庙文化区、生态农庄区、湿地生态区、养生、体育民族特色、旅游服务区及配套工程，总投资9.98亿元，2019年度完成投资1000万元。

准格尔旗蒙开房地产开发有限公司清华园回迁安置小区工程　总建筑面积76533.31平方米，总投资1.88亿元，2019年度完成投资1200万元。

准格尔旗中正房地产开发有限责任公司中正水岸国际明珠小区项目　总建筑面积96800平方米，总投资2.2亿元，2019年度完成投资7500万元。

黄河大峡谷休闲度假观光旅游项目　黄河大峡谷位于魏家峁镇黄河沿岸，休闲度假观光旅游项目拟建游客服务中心、停车场、沿河栈道、码头等设施，恢复古村落、城墙、寨门等景观，建筑面积94504平方米，计划投资6.06亿元，2011年开始实施，2019年度完成投资800万元。

薛家湾镇文化服务综合活动中心　位于迎泽街道南山社区，装修改建工程建筑面积64205.31平方米，计划投资1.88亿元，2019年度完成投资3000万元。

准格尔旗麻地梁煤矿智慧矿山项目　拟建大数据支撑的生产、销售管理信息化平台，总投资2.3亿元，本年度完成投资2500万元。井上井下监控系统、调度视频系统已完成。

【准格尔旗推进现代服务业发展中心】准格尔旗推进现代服务业发展中心，前身为2015年5月成立的准格尔旗推进现代服务业发展委员会办公室，隶属于准格尔旗发展和改革局；2017年11月更名为现名，改隶旗人民政府，事业单位，科级建制，内设办公室（信息监测与服务股）、综合协调与集聚区建设股（高新服务业股）、生产性服务业股（融合发展股）、生活性服务业股，核定编制10人，实有9人，驻大路新区建业大厦7号楼办公。

供销合作社

【供销合作商业组织】准格尔旗供销合作联合社是自下而上联合、自上而下服务的合作经济组织联合体，植根农村，联系农民，服务农业，组织体系覆盖到乡，延伸到村，辐射到户。截至2019年底，准格尔旗供销合作联合社有全资社企业2家，分别是准格尔旗供销社银河商厦和准格尔旗农兴生产资料有限责任公司。有参股社企业3家，分别是准格尔旗泰丰农牧业综合开发有限责任公司、准格尔旗天河肉业有限责任公司、鄂尔多斯市美添鲜商贸有限责任公司。有苏木乡镇基层供销社10家，其中独资供销社4家：准格尔旗十二连城基层供销合作社有限公司（原五家尧玉凤供销社）、准格尔旗沙圪堵基层供销合作社有限公司、准格尔旗龙口基层供销合作社有限公司、准格尔旗布尔陶亥基层供销合作社有限公司；参股供销社6家：准格尔旗银河商厦烟花爆竹批发部（原黑岱沟供销社）、准格尔旗纳日松基层供销合作社有限公司、准格尔旗魏家峁基层供销合作社有限公司、准格尔旗准格尔召供销合作社有限公司、准格尔旗暖水供销合作社有限公司、准格尔旗大路供销合作社有限公司。有专业合作社21家、村级综合服务社43家。2019年，全旗供销合作经济组织资产总额24016万元，同比增加1237万元。

【供销商业经营指标】准格尔旗供销社系

2019年准格尔旗供销合作商业组织一览表

表27 单位：万元

供销合作商业组织	资产总值	社有资产	创建年月
旗级供销企业			
准格尔旗供销社银河商厦	6074	6074	1997.3
准格尔旗农兴生产资料有限责任公司	30	30	2013.12
准格尔旗泰丰农牧业综合开发有限责任公司	3901	0	2002.3
准格尔旗天河肉业有限责任公司	5046	0	2005.5
鄂尔多斯市美添鲜商贸有限责任公司	1431	0	2011.3
乡级供销社			
准格尔旗十二连城基层供销合作社有限公司（原名为准格尔旗五家尧玉凤供销社，2018年更名）	173	173	2007.11
准格尔旗龙口基层供销合作社有限公司	1034	1034	2015.10
准格尔旗布尔陶亥基层供销合作社有限公司	579	579	2015.10
准格尔旗沙圪堵基层供销合作社有限公司	187	187	2018.4
准格尔旗银河商厦烟花爆竹批发部（原名为准格尔旗黑岱沟供销社，2011年更名）	297	0	2012.5
准格尔旗纳日松基层供销合作社有限公司	122	0	2016.10
准格尔旗魏家峁基层供销合作社有限公司	32	0	2017.4
准格尔旗准格尔召基层供销合作社有限公司	66	0	2018.10
准格尔旗暖水基层供销合作社有限公司	22	0	2018.11
准格尔旗大路基层供销合作社有限公司	18	0	2018.11
专业合作社			
准格尔旗创亿养猪专业合作社	1341	0	2008.9
准格尔旗高原露沙产业专业合作社	70	0	2009.1
准格尔旗兴盛种养殖专业合作社	21	0	2010.6

续表27

供销合作经济组织	总资产	社有资产	创建年月
准格尔旗绿农瓜果蔬菜专业合作社	0	0	2010.10
准格尔旗新田地种养殖专业合作社	30	0	2010.12
准格尔旗军义种养殖专业合作社	845	0	2011.4
准格尔旗丰谷种养殖专业合作社	589	0	2012.11
准格尔旗志泰种养殖专业合作社	28	0	2013.5
准格尔旗仙鹤种养殖专业合作社	610	0	2013.7
准格尔旗苗丰种养殖专业合作社	17	0	2013.9
准格尔旗老荒地种养殖专业合作社	76	0	2015.5
准格尔旗雨润农牧业开发专业合作社	155	0	2008.10
准格尔旗十里长香小杂粮产业专业合作社	0	0	2009.5
准格尔旗树兴农机农民专业合作社	0	0	2007.9
准格尔旗金霖农副产品农民专业合作社	0	0	2009.12
准格尔旗裕农现代农牧业开发专业合作社	100	0	2011.10
准格尔旗周占仓种养殖专业合作社	100	0	2014.5
准格尔旗满华专业合作社	50	0	2012.11
准格尔旗源园种养殖专业合作社	200	0	2015.6
准格尔旗格尔天牧养殖专业合作社	0	0	2013.3
准格尔旗益恒种养殖专业合作社	772	0	2011.4
村级综合服务社（略）（43家）			
合计	24016	8077	

统，面向农业、农村、农民，主要从事农用物资、农副产品、日用消费品的批发零售业务。2019年度实现销售收入27839万元，实现利润1637万元，上缴税费82万元，年末净资产20756万元，同比上年分别增长12.1%、9%、-42%、0.4%。其中，农资销售额720万元。旗农兴生产资料有限责任公司与基层供销社和22家化肥经销点上下联动，销售各类化肥3900吨；农副产品销售额18282万元，同比增长14.83%、日用消费品销售额9257万元，同比增加16.98%。

【基层社建设】2019年，旗供销联社继续完善基层社建设，增强为农服务能力。其中，于9月开工的十二连城为农服务中心维修改造工程，建筑面积200平方米，后院整体硬化400平方米，已完成建设。后续将建设一个土壤养分检测服务点，一个农机服务信息部，依托互联网，搭建新型为农服务平台，为准旗现代农业和农民生产生活提供全方位、系列化的综合性服务。此外，投资33万元建设布尔陶亥供销社农资库房，建筑面积240平方米，目前已建设完成。

【电商项目】旗供销社电商运营中心项目以准格尔旗供销合作联合社为基础，利用供销社办公楼一楼的200平方米房产作为电商项目及物流办公场所，利用准旗供销社银河商厦的地理位置优势安装户外大屏，拥有电商与广告传媒的双重功能。运用与报业物流的合作，构建物流配送体系，打通农户农产品销售渠道。

【准格尔旗供销合作联合社】准格尔旗供销合作联合社，前身为2002年成立的准格尔旗供销社，2017年11月更为现名，为旗人民政府直属事业单位，科级建制，行使本级社有资产出资人代表职能，监督社有资产保值增值。内设办公室、财务股、综合业务指导股，有职干部职工9人。驻兴隆街道中心社区水晶路银河商厦三楼。

（撰稿 杨 瑞 编辑 王思敏）

粮油

【粮油市场】2019年，准格尔旗从事粮食收购、储存、深加工的各类性质粮食企业有10家；粮食经纪人20人；从事成品粮油购销的网点（包括副食、蔬菜等门市部兼营粮油产品）110家。全旗粮食从业人员达到320人。其中，地处准格尔旗北部产粮区的蒙融农牧业开发有限责任公司、益丰园养殖专业合作社采取公司+合作社+农户的模式，开展沿河碱稻种植、收储和深加工业务；地处准格尔旗南部的正谊小杂加工有限责任公司、农乡丰工贸有限责任公司、瑞生小杂粮加工等企业利用当地优质的小杂粮资源开展小杂粮加工转化业务。而专业技术实力雄厚的蓿亥图粮站、纳林粮站、沙圪堵粮站及乐宇商贸有限责任公司主要从事政策性粮食收储业务。一批粮食经纪人继续以快进快出的方式参与产粮区的原粮购销活动。

【原粮购销】2019年，准旗乐宇商贸有限责任公司、准旗蓿亥图粮站2家粮食企业共收购商品玉米43099吨（其中收购2018年产玉米32908吨，收购2019年产玉米10191吨），销售商品玉米46952吨，完成47552吨国家临时储备粮出库任务（其中准旗沙圪堵粮站出库32660吨，准旗纳林粮站出库14892吨）；轮出市级储备粮10000吨，轮入市级储备粮8500吨。粮食经纪人购销玉米140000吨。玉米收购价格平均为每千克1.76元，收购价格比2018年上涨4%。粮食深加工企业收购稻谷5600吨。收购糜、谷等杂粮6000吨。

【成品粮油调入销售】准格尔旗现有人口37万人，每天需要消费成品粮185吨，消费食用植物油18.5吨，全年消费成品粮67525吨，消费食用植物油6753吨。本地自产粮油占全旗粮油消费总量的20%，需要从旗外调入成品粮54000吨，食用植物油5400吨。准格尔旗消费面粉主要从河北及内蒙古包头、河套地区调入，大米主要从东北地区调入，食用植物油主要从山东及毗邻地区调入。2019年调入并销售面粉17400吨，调入并销售杂粮9600吨，调入并销售食用植物油5400吨。成品粮油销售数量、价格与上年度基本持平。成品粮食零售价格，中等大米每千克6.4元，中等面粉每公斤4.8元，杂粮平均每千克10元，食用油平均每千克20元。

【清仓查库】根据《国务院办公厅关于开展全国政策性粮食库存数量和质量大清查的通知》（国办发〔2016〕61号）、《内蒙古自治区人民政府关于开展全国政策性粮食数量和质量大清查的通知》（内政办发〔2018〕70号），2019年4月本着“有仓必到、有粮必查、有账必核、查必彻底、全程留痕”的原则对旗境的粮食企业沙圪堵粮站、纳林粮站、蓿亥图粮站、乐宇商贸有限责任公司储存的国家临时储备粮、地方储备粮和商品粮进行自查。5月，准格尔旗的政策性粮食库存接受市大清查普查组的普查，自查和普查结果显示，全旗粮食库存账账、账实相符，粮食库存数量真实，质量良好，存储安全管理规范。

【仓储设施建设】2019年，全旗各粮食企业加大仓储设施建设力度，不断提升改造仓储设施功能。其中准格尔旗乐宇商贸有限责任公司升级改造收纳仓，维修产后服务中心、检化验室，硬化地坪及库房区间道路，提升改造日处理能力200吨粮食烘干塔1座，购置移动式圆筒清理筛1台、移动式扒谷机2台、移动式转向输送机3台、平行输送机5台、散装汽车运输车3台、玉米脱粒机2台、装载机1台、快检设备及常规检测设备5台套，以及可与全国粮食交易中心平台连接的网上交易终端等设施。准格尔旗益丰园种养殖合作社钢罩棚升级改造，硬化地坪及库房区间道路、库区给排水及消防管网改造200米、地中衡1套，购置堆包机2台、出仓机1台、立式装仓机1台、电瓶叉车2台、粮情监控1套、牵引式吸粮机1台、电瓶车2台、机械通风机1台、色选机1台、检化验设备5台、自动式扦样机1台。鄂尔多斯市正谊小杂加工有限责任公司新建钢结构原粮专用缓冲周转仓，厂房升级，维修产后服务中心、检化验室230平方米，硬化地坪及库房区间道路1000平方米，添置地中衡1套及消防设施；购置汽车散粮侧卸机1台、移动式圆筒清理筛2台、分级筛2台、服务交易终端平台电脑1

套、移动式扒谷机1台、粮情监控1台、牵引式吸粮机1台、移动式转向输送机1台、平行输送机2台、散装汽车运输车2台、色选机2台、电子包装秤2台、检化验设备3台、装载机1台。

【特色产业发展】2019年，旗财政拨款300万元建设准格尔旗小杂粮科技中心，科技中心技术人员公寓、小粮仓修复、办公室改造工程正在建设之中，计划于2020年投入使用，进一步延长准格尔旗小杂粮深加工产业链，提升小杂粮加工业务水平，为发展地方特色产业提供后续动力。

【准格尔旗粮食流通服务中心】 准格尔旗粮食流通服务中心前身是准格尔旗粮食总站，2017年11月更为现名，是全旗粮食储备和流通行政管理机构，隶属于旗发展和改革委员会，科级建制。内设办公室、综合业务股、财务股，下辖11家国有粮食企业，有干部职工100人。

（撰稿 郝军民 编辑 王思敏）

成品油

【概况】2019年，准格尔旗运营加油站155座，其中，两家中石油分支企业运营28座加油站，中石化分支企业运营8座加油站。中石油、中石化两家国字号成品油企业，实行资源统一配送，价格统一制定，加油站管理系统与上级公司联网，成为准格尔旗成品油市场的主角。

【加油站】 准格尔旗的加油站以中石油两家分支企业和中石化分支企业的加油站为主，民营加油站以汇丰集团为最多。中石油准格尔旗经营部运营13座加油站：旗政府驻地市政区有滨河站、迎泽站（旧称银泽）、开源路站、广益站4座加油站；109国道沿线有凯悦站（高速路口）、大饭铺站2座加油站；103省道沿线有祥瑞站（前房子）、杨四圪咀站2座加油站；壕圪卜至托克托公路沿线有天宝站、大路壕托站（巨合滩）2座加油站；准格尔旗1号公路有张家圪旦站加油站；大饭铺至清水河公路有柳安加油站；薛家湾至魏家峁公路有魏家峁加油站。中石油沙圪堵经营部运营15座加油站：沙圪堵镇城区有八一南路站、准格尔中路站、八一北路站、陶瓷工业园区站、开发区高速路口站5座加油站；曹家石畔至羊市塔公路有暖水站、32公里站2座加油站；纳林至榆树湾公路有聚财站、龙口站2座加油站；沙圪堵至羊市塔公路有普田站、再就业站2座加油站；壕圪卜至托克托公路有指羊线加油站；109国道有纳林加油站；边府公路有永和加油站；伊泰集装站有西营子加油站。

中石化准旗片区运营8座加油站：呼市至准格尔旗公路沿线房子滩村的呼准3号加油站、旗政府驻地南外环线的薛家湾营业部加油站、旗政府驻地西出口加油站3座；109国道沿线大饭铺加油站、小沙湾黄河桥加油站2座；壕圪卜至羊市塔公路沿线32公里处的北部加油站、安定壕村的银得来加油站2座；薛家湾至魏家峁公路的魏家峁加油站。民营加油站119座。

【油品价格】中国石油鄂尔多斯市销售分公司根据国内汽、柴油最高零售价变化调整中石油全市统一的汽、柴油零售价。从2019年1月1日起，国家全面供应符合第6阶段国家标准车用汽油、柴油，停止国内销售低于国6标准车用汽油、柴油。沙圪堵成品油主流销售品种有：汽油国六标准的92号、95号、98号；柴油国六标准的0号、-10号、-20号、-35号；润滑油有5W/30SG汽机油、5W/30CF柴机油等。2019年调价23次，主要油品零售价在每升6元左右浮动。如95号汽油零售价，7月1日至7月22日最低每升6.6元，1月15日至1月29日最高每升6.68元；再如0号柴油零售价，7月1日至7月22日最低每升6.18元，11月5日至12月31日最高每升8.11元。中国石油物流配送中心从呼和浩特八拜油库、鄂尔多斯东胜油库统一配送到中石油加油站。

中石化根据中石油调价幅度，小幅下调零售价。中石化由燕山石化铁路运往中石化鄂尔多斯油库，经二次化验油品合格后，再配送至各中石化各加油站。

民营加油站在中石化零售价基础上再小幅下调成品油零售价，与中石油、中石化展开价格竞争，民营加油站成品油配送信息不详。

【成品油销售】2019年，国内成品油市场供求平衡。中石油准格尔旗经营部汽柴油销售总量54143.72 吨，同比增加 6835.72吨，增加14.45%，完成年度销售目标值的113.75%。其中汽油销售量33638.32吨,销量最多迎泽加油站10039.63吨，销量最少柳安站156.07 吨。柴油销售量20505.40吨，销量最多天宝加油站5104.63吨，销量最少迎泽站0吨。润滑油销售额110.77万元，同比减少33.54万元，减少23.24%，完成年度销售目标值的62.94%，销量最多迎泽站36.84万元，销量最少广益站0.78万元。中石油沙圪堵经营部汽柴油销售总量25288吨，同比增长42%，距中石油鄂尔多斯市销售分公司下达的销售目标已完成。其中，汽油销售11774吨，同比增减10.80%，汽油销售量最多八一南路加油站销售3447吨，最少指羊线加油站销售42吨；柴油销售量13513吨，同比减加100%，柴油销售量最多普田加油站销售4384吨，最少准格尔中路加油站销售82吨；润滑油销售量56.15万元，同比减少25.59%万元，润滑油销售量最多八一南路加油站销售22.93万元，最少永和加油站、销售342元。

2019年，中石化准旗片区销售汽、柴油27439吨，同比增加1532吨，增长19.56%，完成年度销售目标的106.2%。其中汽油销售量6796吨，汽油销量最多薛家湾西出口加油站2773吨，最少黄河桥加油站113吨；柴油销售量20643吨，柴油销量最多北部加油站7394吨，最少黄河桥加油站152吨。润滑油销售额2万元。民营加油站成品油销售信息不详。

【便利店销售】2019年，中石油准格尔旗经营部13家加油站便利店完成销售额747.87万元，同比增加185.22万元，增长32.92%，完成年度销售目标的105.93%，销量最大迎泽站193.37万元，销量最少柳安站4.76万元。中石油沙圪堵经营部11座加油站便利店完成销售额352.85万元，同比增长100%，销售额最大八一南路加油站销售176.3317万元，最小永和加油站销售0.15万元。

2019年，中石化准旗片区8座加油站便利店完成销售额186万元，同比增加37万元，增长6.3%。

【加油卡促销】2019年，各加油站顺应客户非现金支付需求，推出银行卡和微信充值返送电子券业务。中石油准格尔旗经营部办理加油卡 7158张，其中记名车队卡2326张，加油卡销售量占销售总量的43%。主要优惠政策有：从1月1日起，刷卡支付每升优惠0.1元；从3月15日起，记名车队卡充值50000元以上优惠1.5%；从8月1日起，加油卡现金充值1000元赠送非油品电子代金券30元；从9月1日起，加油卡线上充值1000元赠送非油品电子代金券20元。中石油沙圪堵经营部加油站

2019年中石油准格尔旗经营部加油站一览表

表28

加油站	汽油（吨）	柴油（吨）	润滑油（万元）	便利店（万元）
滨河站	8124.77	921.20	6.53	169.23
迎泽站	10039.63	0	36.87	193.37
广益站	707.29	129.65	0.78	7.32
杨四圪咀站	857.80	368.72	5.34	14.09
开源路站	9203.24	1718.40	13.55	186.41
大饭铺站	1119.09	3552.92	4.69	28.35
魏家峁站	1065.46	1023.28	10.31	52.65
张家圪旦站	1187.20	2962.09	4.96	22.08
大路壕托（巨合滩）站	203.07	118.30	6.95	5.58
祥瑞（前房子）站	340.67	2127.94	5.06	21.39
凯悦（高速)站	336.66	413.37	1.29	7.72
天宝站	666.09	5404.63	13.55	34.92
柳安站	156.07	389.91	0.89	4.76
经营部直销		1675		
合计	33638.32	20505.40	110.77	747.87

办理加油卡600张，其中记名车队卡390张，加油卡销售量占销售总量的65%。单位大客户卡充值50000元以上优惠1.5%。

中石化准旗片区加油站办理加油卡8450张，其中记名车队卡5250张，加油卡销售量占销售总量的65%。单位大客户卡充值50000元以上优惠1.5%。

【加油站员工】2019年，中国石油准格尔旗经营部有职工121人，其中经营部管理人员5人，加油站员工116人。中石油沙圪堵经营部有员工78人。其中，经营部7人，加油站71人。

2019年，中石化准旗片区有职工60人，其中管理人员9人，加油站员工51人。

【中国石油内蒙古鄂尔多斯市销售分公司准格尔旗经营部】中国石油天然气股份有限公司内蒙古鄂尔多斯市销售分公司准格尔旗经营部，前身为1996年4月成立的伊克昭盟石油分公司薛家湾经销处，运营准格尔旗东部地区石油销售网点。1998年6月上划中国石油天然气集团公司，1999年7月随中国石油天然气集团公司重组改制上市，更名为中国石油天然气股份有限公司内蒙古伊克昭盟销售分公司薛家湾经销处。1999年9月，撤销中石油薛家湾经销处，准格尔旗东部地区网点划归迁址薛家湾镇的中石油准格尔旗经营部。2003年9月，中石油准格尔旗经营部在准格尔旗西部地区网点划出，另设中石油沙圪堵零售片区。中石油准格尔旗经营部现运营13座加油站，从事汽油、柴油、润滑油等成品油销售和便利店商品零售，驻准格尔旗迎泽街道高速公路出口处中石油加油站二楼办公。

【中国石油内蒙古鄂尔多斯市销售分公司沙圪堵经营部】中国石油天然气股份有限公司内蒙古鄂尔多斯市销售分公司沙圪堵经营部，前身为1985年8月成立的准格尔旗石油支公司，隶属内蒙古自治区石油公司伊克昭盟分公司。1996年4月，准格尔旗石油支公司东部地区网点划出，单设伊克昭盟石油分公司薛家湾经销处；1998年6月，准格尔旗石油支公司上划中国石油天然气集团公司；1999年7月随中国石油天然气集团公司重组改制上市，更名中国石油天然气股份有限公司内蒙古伊克昭盟销售分公司准格尔旗经营部；1999年9月，中石油准格尔旗经营部随准格尔旗人民政府迁址薛家湾镇，中石油薛家湾经销处并入中石油准格尔旗经营部。2003年9月，中石油准格尔旗经营部西部地区网点划出，单设中石油沙圪堵零售片区，2012年6月改称中石油沙圪堵客户维系中心，2015年12月改称中石油沙圪堵经营部。从事汽油、柴油、润滑油等成品油销售，开展便利店服务。

2019年中石油沙圪堵经营部加油站一览表

表29

加油站	汽油（吨）	柴油（吨）	润滑油（万元）	便利店（万元）	员工（人）	备注
八一南路站	3447.443	0	22.93	153.4	8	
准格尔中路站	841.19	82.90	1.23	58.95	0	2019年4月拆迁
八一北路站	2745.62	385.62	6.66	26.82	7	
陶瓷工业园区站	0	0	0	0	1	停业
开发区高速路口站	2301.87	243.26	7.77	29.02	7	
暖水站	549.38	1137.42	0.96	4.49	5	
曹羊路32公里站	581.63	3980.88	5.72	30.12	8	
聚财站	139.46	286.75	0.36	1.33	5	
龙口站	0	0	0	0	2	停业
普田站	4749.37	365.05	2.96	14.05	7	
再就业站	0	0	0	0	4	停业
指羊线站	42.15	112.16	0.56	1.94	4	
纳林站	574.13	1545.55	4.21	15.42	7	
永和站	39.45	425.70	0.032	0.118	4	
西营子站	146.92	929.30	2.71	15.21	4	

（撰稿 秦立民 杨文亮　编辑 王思敏）

盐业

【盐业专营网络】鄂尔多斯市盐业公司准格尔旗支公司专营各类盐品，主要产自阿拉善盟吉兰泰湖盐和陕西省榆林市井矿盐。上级盐业公司根据准格尔旗支公司网上预订量，支公司配备2辆货车直接送达全旗户食盐零售终端经营户。2019年，准格尔旗支公司重新登记零售网点和用盐单位。全旗分薛家湾、沙圪堵2个销售片区。其中：直供用盐单位38家，零售经营户738户。

【盐业经营指标】2019年，全年购进各类用盐2342吨，其中小包装盐购进916吨，工业用盐购进1265吨，畜牧用盐购进119吨。销售各类用盐2340吨，其中小包装盐销售1015吨（包括高端盐销售274吨），工业用盐销售1123吨，畜牧用盐销售112吨，肠衣盐销售43吨。期末库存各类用盐665吨（其中政府储备盐175吨），其中小包装盐库存285吨（高端盐库存109吨），工业用盐库存326吨，畜牧用盐库存28吨，肠衣盐库存24吨。

2019年，公司与政府、卫生等部门共同合办全民健康行动，“少食盐，食好盐”的宣传活动，在准旗薛家湾镇、沙圪堵镇进行三次大型竹盐及低钠盐的宣传活动，推动了高端盐的销售。

【销售网络建设】 准旗盐业支公司以配送工作为核心，以网络为单元，以城乡超市商店、机关、学校为重点，加强销售网络的建设，积极开展客户经理制工作，推进直达配送，对客户经理配送的目标、划片、服务等都做了具体要求，市公司分管领导先后多次到支公司监督指导此项工作。通过落实客户经理配送制，形成了“横向到边、纵向到点”的区域化营销格局，提高了掌握终端客户的能力。

【准格尔旗盐务管理局（鄂尔多斯盐业公司准格尔旗支公司）】准格尔旗盐务管理局（鄂尔多斯盐业公司准格尔旗支公司）原是行政执法与经营为一体的国有专营企业，隶属内蒙古自治区盐业公司，实行“人、物、财、运、销”五统一管理。公司担负着全旗人民食用碘盐、工、农、牧、渔业用盐供应及盐业市场稽查任务。2017年1月1日开始，贯彻落实《国务院关于印发盐业体制改革方案的通知》（国发〔2016〕25号）精神，全国放开盐产品价格，取消食盐准运证，允许食盐定点生产企业进入流通销售领域，食盐批发企业可跨区域经营。2019年1月，准格尔旗盐业支公司（盐务管理局）将行政执法职能交予市场监督管理局，执法人员也随职能划转至市场监督管理局及工信局。鄂尔多斯市盐业公司准格尔旗支公司是驻准格尔旗食盐经营企业，科级建制，内设财务、配送中心2个机构，下辖薛家湾、沙圪堵2个网点，有员工3人。

（撰稿 袁立冬 编辑 王思敏）

烟草

【概况】鄂尔多斯市烟草专卖局（鄂尔多斯市烟草公司）在准格尔旗有两家专卖专营机构，分别是内蒙古自治区烟草专卖局（鄂尔多斯市烟草公司准格尔旗卷烟营销部）和鄂尔多斯市烟草专卖局准格尔经济开发区直属分局（鄂尔多斯市烟草公司准格尔经济开发区卷烟营销部），受鄂尔多斯烟草专卖局（鄂尔多斯市烟草公司）和旗人民政府双重领导，烟草专卖管理和卷烟专营政企合一，科级建制。

【专营业绩】2019年，鄂尔多斯市烟草公司准格尔旗卷烟营销部销售卷烟14011.67箱，同比增加1271.25箱，增长9.98%。卷烟销售收入45755.77万元，同比增加4006.27万元，增长9.6%。实现毛利11972.02万元，每箱卷烟平均销售收入32655元，同比减少114元，下降0.35%。每条卷烟平均销售收入130.62元。

2019年，鄂尔多斯市烟草公司准格尔经济开发区卷烟营销部累计卷烟销售8874箱，同比增长750箱，增长9.23%，累计销售额25855万元，较上年同期增长1885万元，增长7.87%。毛利7551万元，较上年同期增长461万元，增长6.5%。单箱销售额29134元/箱，较上年同期减少369元/箱，减少1.25%。

【卷烟品牌】2019年，鄂尔多斯市烟草公司准格尔旗卷烟营销部专营卷烟品牌（规格）共计有160个。其中，内蒙古自治区产卷烟品牌规格27个，冬虫夏草系列、呼伦贝尔系列、云烟（苁蓉）系列、大青山系列，其中冬虫夏草（和润）选用云南优质烟叶为主料，配以福建、贵州等地的上等烟叶，经过严格的原料挑选、精细加工，使烟丝色泽油润光鲜。料组配制选用进口香精，添加冬虫夏草、西洋参等优质温补中草药提取液，使成品卷烟嗅香优美，吸味丰满醇和而独特，留香清雅飘逸，备受消费者青睐。消费量最大的品牌有：云烟（硬苁蓉）、云烟(紫)、南京(炫赫门)、云烟(红)、猴王（金）、兰州（黄）、红金龙(硬蓝爱你)、红塔山(软经典)、黄山（新一品）、红旗渠（雪茄）、云烟（细支云龙）、中华(硬)。专营利润最大的品牌有：云烟（硬苁蓉）、中华(硬)、中华(软)、南京(炫赫门)、云烟(紫)、冬虫夏草（和润）、南京(雨花石)、云烟（红）、南京(十二钗烤烟)、红塔山(软经典)。退市品牌有：云烟（74毫米大团结）、兰州（细支飞天梦）、泰山（皇家礼炮21响）、芙蓉王(硬闪带细支)、庐山(精品)等10个品牌规格。卷烟消费人群总体青睐烟丝质量上乘的中高档品牌和焦烟含量低的细支、短支产品。

2019年，鄂尔多斯市烟草公司准格尔经济开发区卷烟营销部辖区专营卷烟品牌共计有150个品牌规格，其中内蒙古自治区产卷烟品牌有：冬虫夏草（金）、冬虫夏草庆典70、冬虫夏草（和润）、云烟（苁蓉和悦）、云烟（软苁蓉）、云烟（硬苁蓉）、云烟（紫）、云烟（红）、呼伦贝尔(金戈铁马)、云烟（绿呼伦贝尔）、大青山（昭君和亲）、大青山（青城）、大青山（狼图腾）、大青山（长丰）。消费量最大的品牌有：云烟（硬苁蓉）、云烟(紫)、好猫（金猴王）、红梅（软黄）、云烟（红）、哈德门（软）、南京（炫赫门）、红塔山（软经典）、黄山（新一品）、红金龙（硬蓝爱你）。专营利润最大的品牌有：云烟（硬苁蓉）、中华（软）、中华（硬）、云烟(紫)、南京（炫赫门）、芙蓉王（硬）、云烟（软珍品）、好猫（金猴王）、发展前景较好的潜力品牌有：南京（炫赫门）、南京（雨花石）、长白山（777）。退出市场的传统品牌有：中南海（软精品）、黄山（软喜庆红方印）、黄山（大黄山）、黄金叶（黄金眼）、黄金叶（百年浓香）、泰山（哈德门）、泰山（红锡包）、钻石（银玉兰）、万宝路（硬金）、娇子（软阳光）。新上市的品牌有：云烟（细支大重九）、云烟（中支大重九）、呼伦贝尔（天之韵）、云烟（小熊猫家园）、七匹狼（纯境中支） 、双喜(莲花)。

【专营客户】2019年，准格尔旗烟草专卖局辖区内共有卷烟零售户1013户，年内新办零售户173户，歇业116户，停业3户，复业0户，延续26户，变更18户。全年辖区共有持卷烟零售许可证经营户1013户，其中商场1户、超市3户、便利店170户、食杂店678户、烟酒店155户、娱乐服务类2户、其他类4户。辖区卷烟零售户全部实现网上订货、电子结算、48小时配送。经鄂尔多斯市烟草公司验收，287户卷烟零售户达到现代卷烟零售终端户的要求，1013户达到卷烟零售户自律互助小组的要求。自律互助小组共建成102个，每个小组10—15名成员。

【配送线路】卷烟专营货源自全国各卷烟工业厂家，经厂家陆运直接运到市公司物流中心集中仓储，通过网上订货平台销售到各卷烟零售户，然后由准格尔旗派3辆厢式货车配送到辖区客户。准格尔旗卷烟中转站，承担准格尔旗东部的卷烟配送，有3辆厢式货车配送，12条配送线路。其中城网6条，农网6条。农网6条配送线路：薛家湾—十二连城—蓿亥图—布尔陶亥；薛家湾—马栅—榆树湾；薛家湾—杨四圪咀；薛家湾—大路新区；薛家湾—魏家峁；薛家湾—海子塔。城网6条配送线路：塔哈拉路—水晶路—滨河路—2号公路；开源路—准格尔路—西苑路—通达路—桃园路—蓝天路—北山路；薛周公路—泰和路；惠民路区—准格尔西路—滨河路—金川路—广场—水晶路—通达路—开源路—准格尔路；白云路—皓月路—河滨路—蓝天路—1号公路；南外环路—103省道—开源南路—

宾苑路—万通街。

【**烟草专卖管理**】2019年，准格尔旗烟草专卖局将“APCD”工作法与专卖三统一系统市场监管模块有机结合，对辖区内持证零售户实施高效的日常监管。

根据管辖区域，按照年初签订的责任状，层层负责，责任到人，切实提高本地卷烟市场净化率。开展错时检查、交叉检查、暗访暗查，确保检查实效。把大户作为日常监管的重点，筛查违法违规线索，密切关注，对存在套购倒卖卷烟、批发分销卷烟、低价倾销卷烟的大户，坚决进行清理整治，杜绝违法违规大户“二次批发、左右价格、扰乱市场”的问题。专卖“三统一”系统升级为“五统一”（案件管理、证件管理、队伍管理、市场监管、数据质量），专卖全体对该系统进行了深入的学习和联系，做到了全员熟练操作系统内容，减轻了基础工作的量，提高了专卖管理效率；利用系统中的市场监管模块，开展了“双随机、一公开”工作，对于辖区内的零售户进行抽查走访，并将走访检查记录予以公示。

联合公安局共开展了“飓风十号”清理整顿卷烟市场专项行动，联合市场监督管理局进行了清理整顿无证经营户的专项行动，共查获涉烟违法案件102起，涉案金额68.87万元，查扣数量78.15万支。其中假冒卷烟案件15起，金额2.39万元，涉案卷烟数量1.082万支；真烟案件（含无证经营）85起，金额65.78万元，涉案卷烟数量75.888万支；走私烟案件2起，金额0.7万元，涉案卷烟数量1.18万支。上缴罚没款总计117989.4元。

【**烟草专卖机构**】内蒙古自治区准格尔旗烟草专卖局（鄂尔多斯市烟草公司准格尔旗卷烟营销部），前身为1995年1月设立的薛家湾烟草专卖局（薛家湾烟草公司），2005年5月更名为内蒙古自治区薛家湾烟草专卖局（鄂尔多斯市烟草公司薛家湾卷烟营销部），2007年9月更为现名。科级建制，政企合一，受鄂尔多斯市烟草专卖局（鄂尔多斯市烟草公司）和旗人民政府双重领导。内设综合办公室、客户服务部、专卖内部监督管理股、内部专卖管理监督股，有员工28人。负责准格尔旗东部十二连城乡、大路镇、薛家湾镇、魏家峁镇、龙口镇、友谊街道、迎泽街道、兴隆街道、蓝天街道9个乡级行政区的烟草专卖管理工作以及上述乡镇街道和布尔陶亥苏木10个乡级行政区（1346平方公里地域23.76万人口）的卷烟专营业务。

鄂尔多斯市烟草专卖局准格尔经济开发区直属分局（鄂尔多斯市烟草公司准格尔经济开发区卷烟营销部），前身为1984年4月成立的准格尔旗烟草专卖局（准格尔旗烟草支公司），1995年1月，薛家湾烟草专卖局（薛家湾烟草公司）独立分设，准格尔旗烟草专卖局（准格尔旗烟草公司）负责准格尔旗沙圪堵镇、准格尔召镇、龙口镇、纳日松镇、暖水乡、布尔陶亥苏木6个乡镇烟草专卖管理和烟草专营；2005年5月烟草行业体制改革，取消县级独立法人资格，实行统一领导、垂直管理、专卖专营的管理体制，更名为内蒙古自治区准格尔旗烟草专卖局（鄂尔多斯市烟草公司准格尔旗卷烟营销部）；2007年9月，更为现名，科级建制，政企合一，受鄂尔多斯市烟草专卖局（鄂尔多斯市烟草公司）和旗人民政府双重领导。内设综合管理办公室、客户服务部、专卖监督管理股、内部专卖管理监督股。有干部职工15人。负责准格尔旗西部即沙圪堵镇、准格尔召镇、龙口镇、纳日松镇、暖水乡、布尔陶亥苏木和长滩7个乡级行政区的烟草专卖管理工作以及上述除布尔陶亥苏木之外6个乡级行政区（4411平方公里12.55万人口）的烟草专营业务。

（撰稿 段俊先　编辑 王思敏）

金融

综述

【概况】2019年，全旗金融机构人民币各项存款余额622亿元，较年初增加66亿元，增长11.87%；各项贷款余额402亿元，比年初增加83亿元，增长26.02%；预计国内生产总值达到980亿元，比上年增加42亿元，增长4.48%；实现预算收入入库287亿元，比上年增加41亿元，增长16.67%；一般公共预算收入入库82.7亿元，比上年增加5亿元，增长6.5%；实现应收账款融资1.75亿元，占全市的85.4%，累计融资达到45亿元，为解决中小企业融资难起到积极的作用。

2019年，准格尔旗设立并运营的小额贷款公司共有6家。实收资本总额4.9亿元，从业人员为43人。其中实收资本1亿元以上（含1亿元）的小额贷款公司共有3家，5000万元以上有3家。小额贷款公司严格按照《内蒙古自治区小额贷款公司试点管理暂行办法》规定开展经营活动。截至2019年底，全旗小额贷款公司各项贷款期末余额231笔共计4.84亿元，资产总额6.18亿元，负债总额1.44亿元，净资产4.74亿元。

【货币政策工具管理和监测分析】2019年，管理使用再贷款限额3.5亿元，占全市的54.6%，支农再贷款的发放，对增强地方法人机构资金实力，引导信贷投向，缓解小微企业和农牧民贷款难发挥了重要作用。加强存款准备金日常管理，切实维护存款准备金制度的有效性。指导辖内金融机构认真执行利率政策，密切跟踪并全面掌握利率政策执行过程中的新情况、新变化，3家法人金融机构LPR贷款市场报价利率全部达标，为利率政策顺利传导创造有利条件。2019年对辖区3家法人机构资产业务的现场核查、资料整理及报告撰写工作，投入40个工作日配合鄂尔多斯市人民银行完成对伊旗、准格尔旗和达拉特旗9家法人金融机构资产业务的现场核查，受到上级行的好评。加强对3家地方法人机构流动性监测分析。应对包商银行接管事件的影响，及时成立流动性风险工作领导小组，制定《中国人民银行准格尔旗支行应对包商银行及包商银行发起的村镇银行流动性风险预案》，做好动用法定存款准备金和信贷资产质押再贷款的前期准备工作，时刻关注3家法人金融机构流动性变动情况，整点监测、日监测、周监测，摸清流动性底数，及时准确掌握流动性变化情况，及时向中支报送金融机构流动性管理方面出现的共性或苗头性问题。对准旗联社以资产置换方式处置305笔6.5亿元本金的不良贷款情况进行核查；对内蒙古准格尔旗力量煤业有限公司2018年11月利润汇出境外母公司1亿元人民币情况进行核查。

【扶贫工程贷款】2019年，全旗涉农贷款211亿元，占各项贷款余额的52.49%；小微企业贷款161亿元，占各项贷款余额的40.05%；累计向易地搬迁授信21亿元，投放9亿元；对建档立卡贫困户实行免抵押、免担保、全程贴息等政策，注入风险补偿金1405万元，发放贷款11764万元，其中产业扶贫贷款9555万元，扶贫小额信用贷款2209.8万元；金融扶贫富民工程贷款14109万元，其中直接到户的“富农贷”10516万元，覆盖全旗118个嘎查村，惠及建档立卡贫困人口438户1022人，有效解决贫困户在发展产业中资金不足的问题。发放“强农贷”3593万元，扶持40个农业合作组织，惠及人口1200余人。加大对贫困地区龙头企业的投放力度，支持“公司+基地+农户”模式的企业，准格尔杏仁露、天河肉业等农业龙头企业带动7000多户农民增收6000多万元。

【国库会计基础工作】2019年，办理各级预算收入167544笔，金额165亿元；办理财政支出9224笔，金额46亿元，办理各级预算收入退库450笔，金额1340万元；办理财政集中直接支付3122笔，金额23.6亿元，授权支付6053笔，金额21.5亿元，第一时间办理预算收入退库8709笔，日均退库40笔。全年开立、变更、撤销银行账户8943户，日均办结41户。全年累计投放发行基金186122.1万元，累计回笼发行基金112006.2万元，净投放74115.9万元，比全市净投放多0.97亿元；收缴假币873张，共计金额73530元；回收残损人民币14706.2万元，安全高效资金支付和结算，有效支持了地区经济稳定健康发展；投入1.1万元，完成全市唯一旗区城镇居民家庭财产状况调查。

【征信体系建设】 协调政府购置全市首台代理征信查询机在鄂尔多斯银行沙圪堵支行

投运。个人征信报告查询 14719人次，核查企业信用报告279家，日均办结68件，均准确无误，无征信涉诉案件及信用信息纠纷事件的发生，切实维护了信息主体的合法权益。采集农户信息6520户，已录入“农村信用体系建设采集系统数据库”4776户，已录入小微企业506家，支持信贷资金16亿元。

【监管与内控】2019年，三家法人金融机构共化解清收不良贷款22.33亿元。其中：通过依法清收、资产置换、资产证券化等措施清收不良贷款9.48亿元，采取“一户一策”资产重组4.05亿元，打包出售等方法化解不良贷款6.4亿元，领导包户清收、责任清收、常规清收等措施收回不良贷款2亿元，贷款核销0.4亿元。

【金融机构】截至2019年底，全旗共有金融机构33家，其中银行类监督管理机构2家：中国人民银行准格尔旗支行、中国银行保险监督管理委员会鄂尔多斯监管分局准格尔监管组；银行类金融机构21家（国家政策性银行1家：农业发展银行准格尔旗支行；国有股份制商业银行有6家：中国农业银行股份有限公司准格尔旗支行、中国银行股份有限公司准格尔旗支行、中国建设银行股份有限公司准格尔分行、交通银行股份有限公司准格尔旗支行、中国工商银行股份有限公司鄂尔多斯准格尔煤田矿区支行、中国工商银行股份有限公司准格尔支行；其他股份制银行11家：中国邮政储蓄银行鄂尔多斯分行准格尔旗景泰华府支行、鄂尔多斯农村商业银行股份有限公司薛家湾支行、包商银行股份有限公司鄂尔多斯准格尔支行、中信银行股份有限公司鄂尔多斯准格尔支行、华夏银行股份有限公司鄂尔多斯准格尔支行、中国邮政集团公司内蒙古自治区准格尔旗分公司、中国邮政集团公司内蒙古自治区准格尔经济开发区分公司、鄂尔多斯银行股份有限公司准格尔旗支行、鄂尔多斯银行股份有限公司沙圪堵支行、乌海银行股份有限公司鄂尔多斯分行准格尔支行；中国光大银行准格尔支行；地方性银行3家：准格尔煤田农村信用合作联社、准格尔旗农村信用合作联社、准格尔旗包商村镇银行有限责任公司），非银行类金融机构7家（其中小额贷款公司6家，证券公司1家：恒泰证券股份有限公司鄂尔多斯薛家湾准格尔路营业部）。

【“e租宝”管理】2019年，准格尔旗金融工作中心按照统一部署，成立准格尔旗“e租宝”风险处置领导小组，对“e租宝”平台集资的全国受损集资参与人进行信息核实登记。从2019年7月2日始开展为期两个月的信息核实登记工作。截至2019年8月底，共核实登记49名集资参与人，其中为27名旗外户籍的集资参与人进行信息核实登记，涉案金额为345万元。在信息核实过程中，集资参与人均无异议，并已签字确认。

【金融支持】2019年，准格尔旗金融工作中心组织辖内银行、企业积极参与市级融资项目对接会，扶持中小微企业，解决企业融资难的需求。通过协调贷款企业与银行沟通，帮助重点企业通过展期、续贷、停息挂账等方式，缓减集中还贷压力。2019年10月末，企业贷款余额353.99亿元，为企业新发放贷款115.62亿元，借新还旧15.88亿元，展期5.99亿元。2016年6月伊东集团设立“后银团贷款管理模式”，推动伊东集团的风险化解工作，帮助企业渡过难关，实现自身债券资产安全。

【金融扶贫】2019年，准格尔旗金融工作中心联合旗相关部门严格执行《中国银监会 财政部 人民银行 保监会 国务院扶贫办关于促进扶贫小额信贷健康发展的通知》〔2017〕42号文件中的六项政策，即“5万元以下，3年期以内，免抵押免担保、基准利率发放、政府贴息、风险补偿金”等，督导合作银行，做到应贷尽贷，做到满足贫困户生产发展周期对贷款的需求，规范贫困户贷款用途，做好贷后管理，防范贷款逾期风险。截至2019年底，全旗扶贫小额信贷共138笔，共计588万元。

（撰稿 李　平 郭金娜　编辑 李海峰）

中国建设银行准格尔分行

【概况】中国建设银行准格尔分行前身为1985年1月成立的中国建设银行准格尔煤田专业支行，当时是中国建设银行内蒙古自治区分行专门为服务准格尔煤田项目设立的正处级直属专业支行，2003年更为现名中国建设银行准格尔分行，经营区域扩大到全旗范围，成为一家经营各类金融业务，功能齐备的综合型银行。2019年有15个内设部门，9个营业网点，其中1个营业室、8个支行，有员工269人。

【经营业绩】 截至2019年底，全口径存款时点余额167.79亿元，比上年末增长19.28亿元，余额四行占比排名第一。各项贷款余额为60.68亿元，较上年降0.21亿元。余额四行占比排名第一。对公贷款余额48.59亿元，较上年下降0.22亿元。个人类贷款余额12.09亿元，较上年新增0.01亿元。2019年服务考核、消费者权益保护工作考核全区均排名第一。

【中间业务】 2019年实现中间业务净收入9241.24万元，同比增加4573万元。实现拨备前利润3.04亿元，同比增加4472万元。

（撰稿 郭秀秀 编辑 奇俐臻）

中国工商银行股份有限公司鄂尔多斯准格尔煤田矿区支行

【概况】 中国工商银行鄂尔多斯准格尔煤田矿区支行成立于1988年,隶属于工行鄂尔多斯分行，属全国重点县域支行，内设对公金融业务部、个人金融业务部、综合管理部3个职能部门，下辖4个二级支行和1个营业部。有在职员工72人。

【各项存款】 2019年，中国工商银行鄂尔多斯准格尔煤田矿区支行各项存款余额达到384251.17万元，较年初增加46772.28万元。储蓄存款余额245892万元，较年初增加19723.92万元（其中活期储蓄存款余额101726.37万元，较年初增加4753.18万元，占储蓄存款增量的24.1%；定期储蓄存款余额144165.62万元，较年初增加14970.74万元，占储蓄存款增量的75.9%）。公司存款余额54813.33万元，较年初增加14282.53万元；机构存款余额77942.65万元，较年初增加9516.88万元；同业存款5603.2万元，较年初增加3248.95万元。

【各项贷款】 2019年，全行各项贷款余额242043.21万元，较上年增加57432.68万元。按期限分，其中：短期贷款余额为904.48万元，较年初减少361.65万元；中长期贷款余额241138.73万元，较年初增加57794.33万元。按贷款性质分，其中：个人贷款余额3795.15万元，较年初增加2491.16万元；法人贷款余额238248.06万元，较年初增加54941.52万元。

【银行卡】 2019年，全行累计营销发展牡丹信用卡13510户，当年新增9314户；累计营销发展借记卡129510户，当年新增13754户。

【电子银行】 2019年，新增企业网上银行证书客户57户；新增个人网上银行客户8646户，新增个人手机银行客户8865户。交易额达到53.98亿元，实现电子银行中间业务收入89.5万元。工银e支付完成5591户。

【中间业务】 2019年，全行实现中间业务收入3175.91万元。响应国家政策为各企事业单位及个人车辆免费办理ETC，截至2019年末，总计发行设备8730台。

【经营利润】 2019年，实现全年净利润7419.71万元。

【渠道建设】 2019年，中国工商银行鄂尔多斯准格尔煤田矿区支行全面加强渠道建设管理，提高自主设备使用率，撤销通达路24小时自助银行和广场24小时自助银行2个离行式自助银行。截至2019年底，自助设备布放总数为12台，全部为存取款一体机，有自助银行3个，自助银行与物理网点的比例 3∶5 。

（撰稿 闫祝龙 马 宇 编辑 奇俐臻）

工商银行准格尔支行

【**概况**】工商银行准格尔支行成立于1985年1月，2005年10月股改上市，更名为中国工商银行股份有限公司准格尔支行，内设机构3个，下设工行准格尔三马路支行1个营业网点，自助网点4个，共有自助机具6台。有员工29人。

【**业务指标**】2019年，支行资产总额为169134万元，负债总额为169134万元；累计各项收入7481万元，各项支出6426万元，实现拨备后利润1202万元。

【**信贷资产**】 截至2019年底，各项贷款余额48905万元，较年初减少16813万元。其中公司贷款余额46998万元，较年初减少16590万元，主要投向伊东集团和锦泰煤炭集团公司，无不良贷款；个贷余额1907万元，较年初减少223万元，主要投向个人消费类贷款和个人经营性贷款；不良贷款为834万元，个人贷款不良率为43.73%。

【**存款业务指标**】对公存款业务 截至2019年底，对公存款余额26429万元。其中：公司存款余额14525万元，较上年增加2856万元，完成市分行任务6000万元的48%；日均余额为19342万元，较上年增加9332万元，完成市分行任务2077万元的449%。机构存款余额11904万元，较年初增加3274万元；日均余额为9858万元，较年初增加2395万元。法人理财累计完成21060万元。

储蓄存款业务 截至2019年底，储蓄存款日均余额125825万元，同业占比排名第三，较年初增加11097万元，完成全年任务的77%，日均增量同业占比排名第二；储蓄存款时点余额137194万元，同业占比排名第三，较年初增加15396万元，完成全年任务的94%，时点增量同业占比排名第二，时日差为11369万元。

【**中间业务**】2019年，全行完成中间业务收入138.43万元，与同期相比减少17.94万元。个人全部客户数43868户，本年净增4248户，任务完成率50.6%，同比增幅81.5%。新增重点借记卡发卡5995张。信用卡有效发卡量为4369张，较年初增加556张。共发行ETC设备6860台，完成全年任务的77.95%。贵金属2019年累计销售实物金443克，实物银7257克，账户金12千克，账户银554千克，白银递延10千克。

（撰稿 贺燕萍 编辑 奇俐臻）

中国农业银行股份有限公司准格尔旗支行

【**各项存款**】截至2019年底，全行各项存款余额65.22亿元，较年初增长9.98亿元。其中：对公存款余额25.25亿元，较年初增长6.35亿元；储蓄存款余额39.97元，较年初增长3.63亿元。

【**各项贷款**】截至2019年底，全行各项贷款余额31.64亿元，较年初增长1.95亿元。其中：法人贷款余额30.53亿元，较年初增长1.22亿元；个人贷款余额1.1亿元，较年初增长0.7亿元，增量居四大行第一位。个人贷款中惠农贷款余额0.58亿元，较年初增长0.48亿元。

【**中间业务**】2019年，全行中间业务收入实现584万，较同期下降552万元。

【**经营业绩**】2019年，实现拨备前利润9766万元，同比下降1452万元；拨备后利润-12632万元，同比下降60155万元。

（编辑 奇俐臻）

中国农业发展银行准格尔旗支行

【概况】中国农业发展银行准格尔旗支行成立于1996年12月，有员工15人。

【各项存款】截至2019年末，中国农业发展银行准格尔旗支行各项存款余额85540万元，较年初减少6165万元。其中：企事业单位存款85383万元，较年初减少2024万元，占存款总额的99.82%；财政存款157万元，较年初减少4141万元，占存款总额的0.18%。

【各项贷款】截至2019年末，各项贷款余额93269万元。其中：产业化龙头企业短期贷款29950万元，占贷款总额的32.11%；粮油政策性挂账贷款519万元，占贷款总额的0.56%；棚户区改造贷款62800万元，占贷款总额67.33%。

【经营业绩】截至2019年末，各项收入4691万元。其中：贷款利息收入4592万元；中间业务收入0.8万元；金融机构往来收入0.3万元，其他营业收入5万元。各项支出18021万元。其中：资产减值损失17036万元；营业费用支出518万元；其他营业支出0.6万元；营业外支出3万元。收支相抵账面亏损13330万元。

（撰稿 李佩茹 编辑 奇俐臻）

交通银行股份有限公司准格尔旗支行

【概况】交通银行股份有限公司准格尔旗支行2011年3月18日正式开始营业，有正式员工18人。

【各项存款】截至2019年末，交通银行股份有限公司准格尔旗支行本外币存款104728万元，比上年减少27878万元；各项存款日均余额103666万元，比上年减少27112万元。其中：对公存款日均余额52085万元，较年初减少16600万元；储蓄存款日均余额51580万元，较年初减少300万元。

【各项贷款】截至2019年末，交通银行股份有限公司准格尔旗支行各项贷款50486万元，比上年减少925万元。其中：对公贷款46702万元，比上年减少594万元；个人贷款3785万元，比上年减少330万元。

【经营业绩】截至2019年末，交通银行股份有限公司准格尔旗支行实现经营利润1380万元，完成计划任务的37%。

（撰稿 焦红霞 编辑 奇俐臻）

华夏银行准格尔支行

【概况】华夏银行准格尔支行成立于2015年7月，隶属于华夏银行股份有限公司鄂尔多斯分行，内设客户业务部、会计业务部2个部门，属综合型网点。网点依附式自助设备1处，布设2台存取款循环一体机、1台取款机；离行式自助设备1处，布设2台存取款循环一体机。2019年支行新配备智能柜台2台，替代了80%柜台业务。有员工14人。

【业务指标】截至2019年底，华夏银行准格尔支行各项存款余额为6.33亿元，其中个人类存款2.84亿元，对公类存款3.49亿元，理财累计销量6.7亿元，个人客户账户累计8943户，本年新增2126户，对公类账户280户，本年新增64户。2019年支行的各项指标完成，业务良性发展。

（撰稿 井珊珊 编辑 奇俐臻）

中国光大银行准格尔支行

【概况】中国光大银行准格尔支行于2018年10月成立，有员工20人。

【经营业绩】截至2019年底，中国光大银行准格尔支行零售资产余额为4.7亿元，存款余额为3.4亿元，对公存款余额为1.15亿元。

（编辑 奇俐臻）

中信银行股份有限公司鄂尔多斯准格尔支行

【概况】中信银行准格尔支行成立于2013年3月，是中信银行呼和浩特分行下设的营业机构，2013年7月至2015年12月，直接隶属中信银行呼和浩特分行（一级分行），发展定位为异地综合性支行，2015年12月营业机构调整后，隶属鄂尔多斯分行（二级分行），发展定位为零售型支行。支行设立营业室、业务部和办公室，在职员工17名。

【各项存款】截至2019年底，支行各项存款余额57802.09万元，其中对公存款19061.13万元，一般性个人存款38740.96万元，年增长率30.05%，计划完成率185.19%。

【各项贷款】截至2019年底，各项贷款余额为87452万元，其中个人贷款2070万元，对公贷款85352万元。新增贷款100%投入优质企业，支持地方经济发展。

【中间业务】截至2019年底，支行中间业务收入实现104.91万元，同比增长12.37%。

【经营业绩】 截至2019年底，支行管理资产时点余额84659.54万元，年增长率13.50%，管理资产日均76138.48万元，年增长率18.70%，计划完成率112.13%。支行全年实现利润88.92万元，同比增长37.52%。

（撰稿 梁颖洁 编辑 奇俐臻）

包商银行准格尔支行

【概况】包商银行股份有限公司鄂尔多斯准格尔支行成立于2012年8月，是包商银行股份有限公司鄂尔多斯分行的县域网点之一，下辖2家社区支行（沙圪堵社区支行、贾家湾社区支行），有员工18名。

【经营业绩】2019年，包商银行准格尔支行金融资产规模达60183万元，全量客户22389户，较年初新增3390户；支行贷款余额1532.36万元，全年累计发放贷款共计1321.15万元，其中比重较大的是农户贷款，金额为838.3万元，惠及农户110户，覆盖行政村庄19个；个人贷款92笔，金额为482.85万元。

（编辑 奇俐臻）

乌海银行股份有限公司鄂尔多斯分行准格尔支行

【概况】乌海银行股份有限公司鄂尔多斯分行准格尔支行成立于2015年12月22日，为乌海银行股份有限公司鄂尔多斯分行设在准格尔旗的分支机构，属乌海银行股份有限公司鄂尔多斯分行管辖。坐落在内蒙古鄂尔多斯市准格尔旗薛家湾镇迎泽街道银泽片区G1地块金源小区。正式员工5人。

【存款业务】存款业务（对公存款行业大

类，个人储蓄种类，历次利率调整）乌海银行准格尔支行存款业务有以下几类：对公分为单位活期、单位定期（3个月、6个月、1年、2年、3年、5年）、单位通知存款、单位协议存款等；个人储蓄分为个人活期、定活通、个人普通定期（3个月、6个月、1年、2年、3年、5年）、零存整取、通知存款、乌海银行“尊享存”(3年期3.8975%、4年期4.2625、5年期4.2625%)等。

【贷款业务】2019年，乌海银行股份有限公司鄂尔多斯分行准格尔支行主要贷款业务为抵押保证贷款。

（撰稿 温雁南 编辑 奇俐臻）

中国邮政储蓄银行股份有限公司准格尔旗景泰华府支行

【概况】中国邮政储蓄银行鄂尔多斯市分行准格尔旗景泰华府支行成立于2011年12月，办公场所位于内蒙古鄂尔多斯市准格尔旗友谊街道办事处二号公路西景泰华府1号B段106－107号，总占地面积为430平方米。

【经营业绩】截至2019年底，储蓄存款4375.76万元，较年初减少447.82万元。公司存款14781.38万元，较年初增加1422.61万元。个人贷款余额2340.83万元，较年初增加1356.86万元；不良贷款为7.6万元，不良率为0.32万元。

【理财业务】2019年，实现个人理财产品销售额1005万元，较上年增加725万元。其中：净值型理财产品销售额511.68万元，非净值型理财销售额521.73万元。

【电子银行业务】2019年，新增手机客户数575户；新增激活客户数504户；云闪付新增用户64户。

【银行卡业务】截至2019年底，信用卡较年初新增939张，借记卡累计发卡686张。2019年理财类收入4万元，信用卡收入175万元，个人金融业务总收入237万元。公司业务总收入328.5万元。信贷业务总收入83.89万元。

（撰稿 云 娟 编辑 奇俐臻）

鄂尔多斯银行沙圪堵支行

【概况】鄂尔多斯银行沙圪堵支行2010年3月18日正式开业。内设营业室、综合业务部、财务部，有员工20人，保安人员2人，普惠金融客户经理2人。

【各项存款】截至2019年底，鄂尔多斯银行沙圪堵支行各项存款余额为153889万元。其中储蓄存款余额为132906万元，单位存款余额为20983万元。

【各项贷款】截至2019年底，鄂尔多斯银行沙圪堵支行各项贷款余额为1293万元。其中个体类贷款余额为641万元，公司类贷款余额为652万元。

【银行卡业务】2019年，支行共与14家财政预算单位签约，发放公务卡239张，天骄借记卡累计发放28809张。截至2019年底，POS用户新增164户，布放POS机237台。

【中间业务】 截至2019年底，实现各项中间业务收入89.77万元，其中结算手续费收入6.94万元，理财业务手续费收入74.49万元，银行卡、POS业务手续费收入8.34万元。2019年，发起成立14家普惠金融服务站，遍布沙圪堵周边各村镇。

（撰稿 戚亮梅 编辑 奇俐臻）

准格尔旗包商村镇银行

【**概况**】准格尔旗包商村镇银行2010年6月29日落户薛家湾镇。下设综合管理部、业务管理部、营业部、风险管理部、运营管理部、财务部、审计部7个职能部门，有营业网点1个，支行1个，从业人员51人。

【**经营业绩**】截至2019年底，各项存款29310.33万元，其中对公账户存款余额1594.61元，占各项存款的5.44%，个人账户存款余额27715.72万元。全行资产总计36605.47万元，其中涉农贷款余额14582.59万元，占全部贷款的71.01%；小微企业贷款余额为17152.95万元，占全部贷款的83.53%。

【**支农惠民政策**】包商村镇银行支持地方"三农"事业，根据当地实际情况进行利率下调，在把控风险的同时通过利率下调更好地扶持当地农户小微企业主。2019年贷款加权平均利率为8.15%，较2018年下降8.12%。全年共对全旗6个自然村发放贷款，累计发放金额达到5961万元。

（撰稿 王 磊 编辑 奇俐臻）

鄂尔多斯银行股份有限公司准格尔旗支行

【**各项存款**】截至2019年底，各项存款余额418215.86万元，较上年增加147051.76万元。其中，对公存款167197.48万元，较上年增加68505.63万元，对私储蓄存款251018.38万元，较上年增加78546.13万元。

【**各项贷款**】截至2019年底，各项贷款余额1359421.49万元，较年初增加431001.49万元。其中，企业贷款余额1359000万元，较年初增加431500万元，个人贷款421.49万元，较年初减少498.51万元。不良贷款为99.99万元，不良率不足0.01%。

【**经营业绩**】截至2019年底，实现营业收入65827.78万元，其中贷款利息收入65352.76万元，金融机构往来收入44.44万元，手续费及佣金收入430.58万元。营业总支出13123.18万元，利息支出9766.1万元，手续费及佣金支出5.84万元，业务及管理费2954.84万元，税金及附加396.39万元，利润总额52704.6万元。

【**银行卡业务**】2019年，借记卡较年初新增5253张，均为一类账户。其中天骄IC卡5215张，天骄理财IC卡-金卡发行36张，情侣卡2张。

【**电子银行和网上银行**】2019年，支行互联网交易共40839笔，金额1521726.27万元。个人手机银行新增2897户，其中专业版新增2319户，大众版新增578户；个人网银新增94户，其中专业版90户，大众版4户；企业网银新增50户，均为专业版。

【**理财及贵金属业务**】 2019年，支行共销售理财4916笔，金额109767万元。其中，保本理财销售1420笔，金额26255万元；非保本理财销售3496笔，金额83512万元。贵金属业务共销售83笔，金额17.33万元。

（撰稿 黄怀清 编辑 奇俐臻）

鄂尔多斯农商银行薛家湾支行

【**概况**】鄂尔多斯农商银行薛家湾支行成立于2012年12月，下设准格尔分理处和开源分理处2个分理处，有3个经营网点，有员工25人。

【**各项存款及发卡**】截至2019年底，鄂尔多斯农商银行薛家湾支行各项存款合计

117636.78万元，其中对公储蓄50180.52万元，个人储蓄67456.26万元；累计发卡11893张。

【各项贷款】截至2019年底，支行贷款合计26995.96万元。其中企业贷款25000万元，个人贷款1995.96万元。

（撰稿 王 燕 编辑 奇俐臻）

准格尔煤田农村信用合作联社

【概况】准格尔煤田农村信用合作联社内设党委办公室、办公室、纪检监察室、安全保卫部、人力资源部、财务部、审计部、业务发展部、风险合规部、电子银行部、公司客户部、金融市场部、资产运营与处置部、后勤部、培训教育部等15个部室，下设20个营业网点，其中：营业部1个、信用社5个、分社14个。在岗员工262人。

【各项存款】截至2019年底，各项存款余额为82.58亿元，较年初增加0.64亿元，增幅0.78%。其中，储蓄存款余额为61.2亿元，较年初增加9.42亿元；对公存款余额为21.37亿元，较年初减少8.78亿元。

【各项贷款】截至2019年底，各项贷款余额54.83亿元，较年初增加2.84亿元，户数10997户，较年初增加539户，有效分散了贷款风险。其中涉农贷款余额33.27亿元，占比60.67%；小微企业贷款余额29.72亿元，占比54.21%。

【不良贷款】截至2019年底，不良贷款余额1.99亿元，较上年末下降0.49亿元，不良贷款率3.62%，较年初下降1.15个百分点。

【经营业绩】截至2019年底，联社资产总额98.6亿元；负债总额88.83亿元；所有者权益9.77亿元。全年实现总收入4.43亿元，其中利息收入3.05亿元，较上年增加4600万元，资金营运收入1.32亿元，中间业务收入0.04亿元，营业外收入0.02亿元；各项支出3.88亿元；利润总额5514万元，实现净利润4392万元。

【电子银行】2019年，发卡量达35.68万张；自助机具共布设60台；特约商户554户；布设POS机685台；扫码付商户2229户；网银累计注册2584户；手机银行累计开户数36412户；助农取款点25个，覆盖率达100%。

（撰稿 周 琴 编辑 李海峰）

准格尔旗农村信用合作联社

【概况】准格尔旗农村信用社成立于1953年，主要为入股社员提供金融服务的合作制金融组织。1996年，按照《国务院关于农村金融体制改革的决定》相关规定，准格尔旗农村信用社与农业银行脱离隶属关系，开始自成体系运行。2007年4月经内蒙古银监局批准，正式挂牌成立准格尔旗农村信用合作联社，成为以旗县为单位的统一法人机构，实行“三会一层”法人治理结构，是一家由民营企业法人、农村工商户、自然人等共同参股，经营银行业务的区域性股份合作制金融企业。内设党群工作部、纪委办公室、办公室、人力资源部、审计部、财务会计部、业务发展部、资产运营部、资产保全部、合规风险法务部、网络信息科技部11个部室。有29个分支机构，其中16个信用社、1个营业部、12个信用分社，有正式在岗员工291人。

【各项存款】 截至2019年底，准格尔旗农村信用合作联社各项存款余额907984.47万元。其中：对公存款165975.5万元，较年初增加27744.77万元，增长20.07%；储蓄存款742008.97万元，较年初增加62355.08万元，增长9.17%；各项存款日平均余额821355.55万元，较年初增加77137.45万元。

【各项贷款】截至2019年底，各项贷款余额486556.93万元，较年初减少107365.57万元，下降18.08%，存贷比例53.59%；全辖累计投放各项贷款163889.2万元，其中累计发放农牧业贷款164442.26万元，占各项贷款累放总额的100.34%，累计发放小微企业贷款132645.58万元，占各项贷款累放总额的80.94%。

【经营业绩】 2019年，各项收入23509.27万元。其中：利息收入15401.94万元，占比65.51%；金融机构往来收入1625.54万元，占比6.91%；中间业务收入417.85万元，占比1.78%；投资收益5125.14万元，占比21.8%；营业外收入937.55万元，占比3.99%；其他业务收入1.26万元，占比0.01%。各项支出32909.33万元。其中：利息支出15963.37万元，占比48.51%；金融机构往来支出4509.53万元，占比13.7%；手续费及佣金支出120.5万元，占比0.37%；业务及管理费11939.57万元，占比36.28%；税金及附加164.8万元，占比0.5%；营业外支出210.71万元，占比0.9%。本年度亏损9400.05万元。

【风险管理】2019年未提取贷款专项损失准备金,年末余额为38085.58万元。

【特色服务】2019年，准格尔旗农村信用合作联社通过惠农一卡通发放最低生活保障、老弱病残抚恤金、家电下乡补助、养老保险等16大类38项补助，共计发放惠农资金1.5亿元，共计补贴21万人次 。全年累计完成4.2万户的社保卡信息采集，成功制卡11万余张，发卡达7万余张。

（撰稿 任娜英 编辑 李海峰）

中国人寿保险股份有限公司准格尔旗支公司

【概况】中国人寿保险股份有限公司准格尔旗支公司位于内蒙古鄂尔多斯市准格尔旗沙圪堵镇三马路北，内设综合部、大个险部、机构部、客户服务中心,下辖准格尔旗支公司营销服务部和准格尔旗支公司羊市塔营销服务部2个分支机构。2019年有营销代理人员199人，持证率达100%；签订劳动合同员工10人，季均举绩人力198人。

【经营业绩】2019年，中国人寿保险股份有限公司准格尔旗支公司实现个险渠道全年总保费3566.2万元，其中个险续期保费收入909.1万元，首年期交752.9万元（3年、5年、10年期保费），标保350.3万元，保障型174.1万元，短期险117.1万元，收展续期保费1262.7万元。实现银保期交保费110.6万元，实现团险渠道短期险保费244.3万元。

2019年最高的一笔赔款金额是60万元。客户金某某于2018年6月21日投保国寿安全建筑工程团体意外伤害保险（2013版），2019年1月5日在棋盘井工业园区鄂尔多斯瀚博科技有限公司尾气综合利用制/12万吨甲醇项目施工，在大约10米高厂房顶安装彩钢板时，被钢架绊倒坠落，头部着地，被工友、技术员及时送往石嘴山市第一人民医院，未来得及抢救死亡。2019年4月29日结案赔付60万元身故金。

（编辑 李海峰）

中国人寿保险股份有限公司鄂尔多斯市准格尔煤田支公司

【经营业绩】2019年实现个险首年期交保费2524.27万元，完成全年任务107.87%，个险标保1176.93万元，完成全年任务85.28%，10年期保费1364.69万元，完成全年任务90.97%，保障型保费668.41万元，完成全年任务66.84%。短期险610.36万元、完成率87.19%。实现银保期交保费261.13万元、完成率106.15%，银保标保29.84万元，完成全年任务74.6%，10年期保费17.73万元，完成全年任务52.14%，保障型保费12.21万元，完成全年任务81.4%。个险销售人力指标，季均有效人力451人，完成率101.01%；月均增员率7.3%，完成率91.25%，月均星级人力56人，完成率105.6%，月均长险举率44.28%。

（撰稿 杨晓东 编辑 奇俐臻）

中国人民财产保险股份有限公司准格尔旗支公司

【概况】中国人民财产保险股份有限公司准格尔旗支公司前身为1985年成立的中保集团准格尔旗营业部，1996年中国人民财产保险与中国人民寿险分业经营，正式更为现名。下设羊市塔营销服务部、十二连城营销服务部、龙口镇营销服务部、准格尔召镇营销服务部、布尔陶亥营销服务部、魏家茆营销服务部6个“三农”营销网点。有员工27人，营销人员82人，接纳社会就业共计109人。

【经营业绩】2019年，全年累计保费收入4030.42万元，较上年增长10.61%。全年纳税总额166812.08元。车险保费收入1805.59万元，增速29.75%；农险保费1607.25万元，同比增长2.96%。财产险全年累计保费收入210.63万元。其中：企业财产险208.54万元，同比减少20.8%；家庭财产险保费收入2万元，同比减少60.6%。货运险保费收入19.51万元，同比增长16.22%。责任信用保证险保费收入231.51万元，同比增长18.26%。意外健康险非专保费为140.98万元，同比增长35.9%。农险保费收入1607.25万元，同比增长2.96%。其中：政策性种植险保费收入1536.3万元，政策性养殖险66.2万元，商业养殖险、商业种植险保费分别收入4.5万元、0.23万元。“三农”营销服务部累计保费收入2766.02万元，其中农险保费收入1606.84万元、车险446.24万元、船货险3.39万元、财产险85.66万元、责任保险2.48万元、意外健康险31.76万元。累计赔款支出1412.62万元，其中机动车辆保险607.45万元、政策性种植险595.97万元、政策性养殖险9.34万元、健康险34.03万元。

（撰稿 吴 兰 编辑 李海峰）

中国人民财产保险股份有限公司准煤支公司

【经营业务】 2019年，实现保费总收入6488万元，同比增长36.68%，占市场份额22.50%。其中车险保费3867.55万元，较上年增加952.93万元，同比增加32.69%，市场增速比为21.37%，占市场份额22.5%。非车险完成保费约2624.41万元，同比增加42.79%，占市场份额58.19%。其中包括企财险、货物险、责任险等。全年共发生有效报案3755件，结案件数3103件，案件结案率95.81%，综合赔付率31.83%，简单赔付率37.72%。

【承保业务】2019年，承保薛家湾镇全旗学校的校园方责任险共计30余万元；全旗城乡、城镇居民无责意外保险共计916万元；企业财产保险947万余元。

（撰稿 张晧男 编辑 李海峰）

新华人寿保险股份有限公司准格尔旗支公司

【概况】新华人寿保险股份有限公司准格尔旗支公司于2007年12月在薛家湾正式挂牌。在册营销代理人467人，签订劳动合同员工8人，月均合格119人。

【经营业绩】2019年，新华人寿保险股份有限公司准格尔旗支公司实现全年总保费1602万元，健康险保费868万元，附加险保费265万元，团险短期意外险保费168万元，其中续期保费收入8000万元、1.6万件。全年个险赔付623件，赔付金额639.48万元；团险赔付139件，赔付金额61.99万元。

（撰稿 卢淑娟 编辑 李海峰）

安华农业保险股份有限公司鄂尔多斯市准格尔旗支公司

【概况】安华农业保险股份有限公司鄂尔多斯市准格尔旗支公司前身为安华农业保险股份有限公司鄂尔多斯中心支公司准旗营销部，2007年8月1日正式成立并更为现名。业务经营范围主要包括政策性农业保险和商业保险两大类，政策性农业保险受地区政府调配，故主要以商业保险业务为主。有内勤员工4名，代理销售人员44名，兼业代理公司1家。

【经营业绩】2019年，安华农业保险公司在准格尔旗支公司实现全年总保费330万元，续期保费收入170万元，新保160万元。其中：车险保费185.3万元，意外险72万元，企财险72.7万元。

（撰稿 王景霞 编辑 李海峰）

华夏人寿保险股份有限公司鄂尔多斯中心支公司准格尔支公司

【概况】华夏人寿保险股份有限公司鄂尔多斯中心支公司准格尔支公司2012年6月26日正式营业。有在职内勤4人，外勤在册113人。

【经营业绩】2019年，华夏人寿准格尔支公司累计实现保费收入2006.01万元。

（撰稿 高 霞 编辑 李海峰）

中国太平洋财产保险股份有限公司沙圪堵支公司

【概况】中国太平洋财产保险股份有限公司沙圪堵支公司于2011年6月4日成立。有员工5人，保险代理人10人。

【经营业绩】2019年，实现保费总收入1341.37万元，较2018年增加420.25万元，占市场份额0.53%。其中：车险保费1287.37万元，较上年增加572.42万元，同比增加4.19%；非车险完成保费约54万元，包括企财险、货物险、责任险等。

（编辑 李海峰）

证券

【概况】恒泰证券股份有限公司鄂尔多斯薛家湾准格尔路证券营业部成立于2009年6月，隶属于恒泰证券股份有限公司，为准格尔旗唯一一家证券营业部。

【证券业务】2019年，恒泰证券股份有限公司鄂尔多斯薛家湾准格尔路证券营业部证券交易量突破100亿元人民币（含美元，已按汇率折算成人民币），销售各类理财产品1.4亿元人民币，其中包含股票型、债券型、混合型、货币型等多种理财产品。截至2019年底，营业部共有客户15000余户，托管资产5.5亿元，保证金余额0.8亿元。

（撰稿 翟 钢 编辑 李海峰）

旅游业

综述

【概况】准格尔旗文化旅游投资公司于2010年1月14日成立，是旗人民政府成立的自治区首家全资国有投资旅游产业的公司，注册资金15.4亿元，隶属于旗国资公司，实行企业化管理，经理负责制，工作人员实行聘用制，旅游业务受旗文化和旅游局行业管理。公司承担着全旗文化旅游资源整合、文化旅游产业投融资、智慧旅游建设等职责。内设综合部、工程部、财务部、招标合同预算部4个部门，并成立了基层党组织，2019年有员工37名。

公司成立以来，致力于充分利用我旗文化旅游资源，发挥市场在文化旅游资源配置中的基础作用，盘活全旗旅游文化存量资产，推进旅游文化资源科学发展，通过招商引资已开工建设准格尔黄河大峡谷景区、油松王旅游区、阿贵庙景区和准格尔召景区。现准格尔黄河大峡谷景区、油松王旅游区和准格尔召景区已被批复为国家AAAA级旅游景区。

【文化旅游发展】《准格尔旗全域旅游发展规划》《沿黄旅游风光带控制性专项规划》《大路文旅广场控制性专项规划》《百里长川控制性专项规划》等规划初稿已完成。推动黄河大峡谷、准格尔召、水镜湖、油松王、阿贵庙等景区建设，其中黄河大峡谷景区换乘中心已投入使用，游客服务中心正在实施二次结构砌体，停车场土石方工程及护坡工程已完工，景区道路进行艺术景观绿化，包子塔至城坡旅游专线通车。水镜湖景区新建8公里景区道路（游步道）、旅游厕所、入口门景、吊桥码头、污水处理设施都已完工，漂流项目、博物馆已投入运营。油松王景区提升软硬件设施，建成山门两侧垂花门、消防水池等设施。阿贵庙景区消防木栈道工程完成安装370米，窟内佛像装藏工作已完成。完成旅游演出剧目《再唱走西口》剧本创作。乌兰牧骑参加第33届香港国际旅游展、鄂尔多斯市文化神州行等12场文旅宣传营销推广活动，累计接待游客6000余人。编印《壮美准格尔》《准格尔旅游咨询》等宣传资料，正在拍摄制作旅游宣传MV专辑。成功举办第五届乡村旅游杏花节，组织全区首届业余主持人大赛、“杏韵花开”摄影展、旅游形象大使走秀、旅游商品纪念品展销、诗歌那达慕等18项主题文旅活动。2019年，全旗接待游客155万人次，实现旅游收入21.6亿元。

旅游景区开发建设

【黄河大峡谷景区】 2019年完成黄河大峡谷景区换乘中心内装修工程及换乘中心附属工程；推进包子塔景点游船码头审批工作；完成喇嘛墕景点游客服务中心工程二次砌体工程，现消防管道、空调和玻璃幕墙正在加紧施工；索道已通过国家索检中心验收，具备使用条件；游客中心至换乘中心道路两侧大地艺术景观绿化工程一期试验田已完成种植，长势良好；完成包子塔景点至巡检司墕道路两侧八瓣梅种植和喷播绿化补种，整体效果良好；完成巡检司墕旅游厕所的验收工作；对景区的硬件、软件设施及服务质量进行了提升，9月顺利通过国家AAAA级景区暗访检查。

2019年，进一步完善运营管理。将景区核心区内临时游客中心迁址到巡检司墕换乘中心并正式投入运营；古村落展览房、传统手工作坊及景区特色小院正常对游客开放，游客对景区满意度大幅提升；接待各级考察团队、旅行社200多批次，景区开发建设和经营管理水平得到了极大提升；完成了AAAA级景区门票和观光车票的更换设计和印制工作；集李子园、桃园、杏园、海红果园、玫瑰园、牡丹园、芍药园、菜园等蔬菜瓜果为一体的5000平方米采摘园游客反响良好；完成景区内木质栈道、灯笼及绿化等更换养护工作，提升景观效果。

继续投入10万元在北京南苑机场、鄂尔多斯机场投放为期6个月的灯箱广告牌宣传准格尔黄河大峡谷景区。参加旗、市、自治区组织的各类旅游推介会，准格尔黄河大峡谷项目作为推介项目，引起各大投资企业的浓厚兴趣；完成景区6分钟、1分钟、30秒宣传片的制作。继续完善巡检司换乘广场二期工程、停车场二期工程、太极湾观景点提升改造工程、太极湾观景点至古寨墙栈道工程、滑索工程、古寨墙至包子塔核心区栈道工程、玻璃栈道建设工程、沿路观景平台工程、黄河大峡谷景区大地艺术景观工程、游客码头休闲娱乐区配套工程、河景窑洞餐厅配套工程、职工宿舍、锅炉房、垃圾处理站及黄河大峡谷景区娱乐项目建设和引进等正在开展规划设计和对接工作。

【油松王景区】 按照国家AAAA级景区标准进一步提升景区软硬件设施，完善经营管理制度；2019年，景区共接待游客超5万人次，较上年同期增长10%左右；建设完成消防水池两座，解决了景区的消防安全和冬季锅炉补水问题；完成山门两侧垂花门、排水沟等零星维修改造工程。

【阿贵庙景区】 完成安装370米消防木栈道工程，木栏杆及木平台已全部完成并投入使用；完成阿贵庙原始次生林石窟修缮工程；景观水系、游客服务中心、停车场工程已完成施工图设计，正在进行方案设计。

【准格尔召景区】 生态农业观光项目策划工作和可研编制工作已完成；现代牧业养殖区500头现代奶牛养殖项目土建部分已完成90%，进入设备安装阶段，一期进口200头奶牛合同已经签订完成；建设用地分两部分推进，符合自然资源局土地利用总体规划的5.3公顷土地正在估价，不符合自然资源部土地利用总体规划的2.8公顷土地正在走土地预审程序。

2019年，旗文化和旅游局完成库布齐沙漠运动项目初步策划，力争通过招商引资引进投资主体进行开发建设。

（编辑 李晨雨）

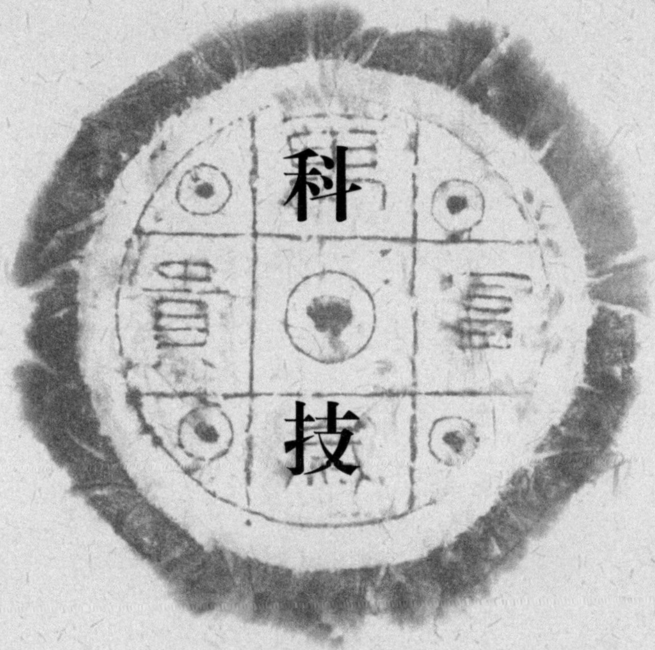

科技

综述

【**概况**】准格尔旗以创新型县（市）建设为重点，深化科技体制改革，增强自主创新能力，强化县域创新驱动发展，强化科技项目管理。2019年，开展应用技术研究与开发资金项目征集，共征集2批次16个项目，通过专家评审，初评拟立项项目9个。实地核查申报高新技术企业9家，自治区级各级科技专项、平台载体认定项目12项，鄂尔多斯市科技专项申报项目6项。

【**科研经费投入**】2019年，制定《准格尔旗新旧动能转换（科技奖补）资金管理办法》，加大科技投入力度，支持科技创新。全年预算应用技术研究与开发资金3000万元。累计争取自治区、鄂尔多斯市级科技专项资金4685.75万元。其中自治区科技重大专项2项2640万元，科技成果转化项目2项490万元，应用技术研发项目1项150万元，创新引导奖励资金项目5项120万元，技术交易后补助6项88.9万元；市级科技重大专项3项590万元，应用技术研究与开发4项170万元，科技创新奖补13项626.75万元。

【**高新技术研发**】2019年，落实高新技术企业税收优惠政策，在有效期内的高新技术企业全部享受15%的所得税优惠，同时积极争取自治区高新技术企业研发费用补助100万元，用于支持鼓励高新技术企业进行科技创新。高新技术企业培育第一批3家企业通过高新技术企业认定，第二批3家，第三批2家已结束公示，准格尔旗在有效期内的高新技术企业有望增加至14家。兴洋“电子新材料”研究开发中心与中科合成油“煤炭间接液化”研究开发中心被认定为自治区企业研究开发中心，准格尔旗自治区级企业研究开发中心增加至8家。

【**产学研合作**】2019年，旗级科技专项资金优先支持产学研合作项目，全旗应用技术研究与开发资金支持的9个项目中，4个项目与区内外大专院校、科研企业进行合作研发。11月，久泰能源（鄂尔多斯）有限公司与清华大学化工系签订了“万吨级流化合成气一步法制芳烃（FSTA）与流化氧化脱氢制二烯烃（FODH）成套技术及相应工业催化剂技术开发”合同，双方合作是全国名校与准格尔旗企业技术合作的又一次突破。

【**科技人才培育**】2019年，落实原有58名科技特派员工作补助，开展新增科技特派员工作，通过材料审查和实地审核，共有41名科技特派员通过初审。开展准格尔旗科技领军人选拔工作。

气象

【**气候特点**】2019年，准格尔旗总的气候特点是：气温偏高，降水偏多，日照时数偏少。年平均气温为8.3℃，较历年平均值偏高0.5℃。年总降水量为448.4毫米，比历年平均值多59.0毫米。降水主要集中在7月到9月。全年共出现大风13天。1月14—15日、1月27—28日、2月5—7日、3月20—21日、4月13—14日出现了5次大范围的寒潮天气过程。全年无霜期日数193天，接近常年。年日照百分率为61%。

【**主要气候事件及影响**】寒潮　1月14日至16日，准格尔旗出现降温天气。16日清晨各地区最低气温降至-19.1—-27.8℃，48小时降幅为4.9—20.0℃，油松王48小时最低气温降幅为20.0℃。1月30日至31日，准格尔旗大部地区出现降温天气。31日清晨各地区最低气温降至-10.7—15℃，48小时降幅为0.4—10℃，降温期间风力有所增大。3月20日至21日，准格尔旗大部地区出现降温天气。21日清晨各地区最低气温降至-13.8—7.5℃，降温期间风力有所增大，西营子24小时最低气温降幅为16.4℃。

降水（雨、雪）　7月15日15时至16日16时，受高空槽和偏南暖湿气流的共同影响，准格尔旗出现降水天气，并伴有雷电、大风、冰雹和短时强降水等强对流性天气。

此次过程全旗普降中到大雨，各乡镇累计降雨量为15.4—43.5毫米。8月3日7时至4日17时，受高空冷涡东移影响，准格尔旗出现降水天气，并伴有雷电、大风和短时强降水等强对流性天气。此次过程全旗普降大到暴雨，局部地区出现大暴雨，各乡镇累计降雨量为22.5—118.2毫米。8月19日17时至20日11时，受高空槽和低层切变共同影响，准格尔旗出现降水天气，并伴有雷电、大风和短时强降水等强对流性天气。此次过程除个别地区小雨外，准格尔旗普降中到大雨，各乡镇累计降雨量为3.5—41.8毫米。

【气象预报服务及防灾减灾】 2019年度，发布《气象预报信息》34期，《短期气候预测》12期，《中期预报》36期，《黄河凌汛专项气象服务》23期，《气象情报信息》19期，《气象信息专报》22期，《决策气象服务》14期，《气象灾害预警信息》107期，《短时、临近天气预报》27期，与国土局联合发布《地质灾害气象预警预报》6期，与交通局联合发布《春运气象服务信息专报》5期，与林业局联合发布《清明节专题天气预报》1期，与农牧业局联合发布《“直通式”气象服务产品》40期《空气污染气象条件预报》365期。

【准格尔旗气象局】 准格尔旗气象局建于1959年，2004年底搬迁至薛家湾，属国家气象观测站。主要工作任务：地面气象、农业气象观测与生态监测，危化企业防雷设计审核、竣工验收及施放气球行政许可，人工影响天气作业，气象预报服务及防灾减灾工作。2019年有职工16人，其中公务员3人、事业编9人、地方编制1人、聘用3人。

（撰稿 杜晓艳 编辑 李晨雨）

砒砂岩生态治理

【砒砂岩生态】 准格尔旗属黄土丘陵沟壑区第一副区，水蚀风蚀并存，全旗中水土流失面积达7114平方公里，占总面积的92.5%，潜在砒砂岩面积超过5000平方公里，砒砂岩沟壑区面积超过3000平方公里，占总面积的39.8%，被国内外专家喻为“地球癌症”的严重裸露砒砂岩面积达1000多平方公里，占总面积的15.8%，是造成黄河下游多沙粗沙危害的集中来源区之一。

【砒砂岩治理与研究】 砒砂岩的治理与研究主要依托砒砂岩区圪秋沟流域水土保持科技示范项目区开展。示范项目区位于准格尔旗暖水乡圪秋沟村，园区总面积3518公顷。圪秋沟属黄河中游皇甫川支流纳林川右岸的一级支沟。园区在总结鄂尔多斯生态治理模式和经验的基础上，建成了集水土保持科研、试验、示范、推广的综合性科技示范园区。到2018年，共完成水土保持综合治理面积2647.07公顷（其中灌木林1247.52公顷，乔木林998.18公顷，封育治理346.54公顷，川台地经济林54.83公顷），建设谷坊坝85座、截伏流大口井7眼、节水灌溉10处；累计投资5629.22万元完成了总面积15.6公顷的植物园、优质苗木繁育区和综合办公服务区的建设。示范项目区从治理前的沟壑纵横、植被稀少、生态恶劣，初步形成梁峁、沟坡、沟道三道水土流失防治体系，从源头上遏制了粗泥沙入黄河，砒砂岩区严重的水土流失得到有效控制。

【科研成就】 砒砂岩区圪秋沟流域水土保持科技示范项目区引进多家科研院校开展科研工作，积极配合由黄河水利委员会、黄河水利科学研究院牵头开展的“十三五”国家重点研发计划“鄂尔多斯高原砒砂岩区生态综合治理技术”项目，由内蒙古农业大学开展的“内蒙古砒砂岩区典型小流域植被建设的生态蓄水研究”项目和福建农林大学菌草研究所开展的菌草种植等科研项目在园区的实施。示范项目区已成为国家科技支撑示范项目黄河中游砒砂岩区抗蚀促生技术集成与示范基地、水利部黄土高原水土流失过程与控制重点实验室科学实验基地、中国科学院水利部水土保持研究所准格尔旗水土保持科研基地、内蒙古农业大学实践教学基地、内蒙古农业大学社会实践基地。

【准格尔旗砒砂岩生态治理研究中心】 准格尔旗砒砂岩生态治理研究中心成立于2012年12月30日，为旗人民政府直属事业单位，科级建制，主要负责对矿区砒砂岩生态环境的治理和对先进砒砂岩生态治理技术的推广。内设办公室、财务室、综合业务股。核定编制10名。

（撰稿 李健　编辑 李晨雨）

煤化工研究所

【概况】 鄂尔多斯大路煤化工研究所于2010年12月29日正式挂牌成立。2011年11月11日研究所首次取得CMA资质认定证书；2012年10月、2014年10月陆续通过自治区质监局组织的资质认定扩项评审和资质认定现场复审；2016年12月再次通过自治区质量技术监督局检验检测机构资质认定复查，获批煤炭、石油化工、环境检测3个类别，煤炭、石油化工、水质、土壤、固体废物、噪声、气体7种产品，96个参数的检验检测能力。研究所拥有分析检测技术平台和国际一流的检测设备，是鄂尔多斯市范围内唯一的一所取得CMA资质认定的煤化工检验检测机构。2013年5月4日，旗机构编制委员会批复为相当科级建制事业单位。内设煤质分析中心、产品分析中心、环境监测中心和质量控制部，有博士2名，硕士研究生4名，本科生2名。

【基础研究】 研究所独立承担旗科技计划项目——煤化工研究所检验检测服务体系建设研究，煤炭间接液化产品分析测试方法研究结题。

【分析测试】 2019年，研究所为北京首佳节能科技公司、宁夏宝利新能源公司、西安万德能源化工公司、神华集团、伊泰煤制油公司等20余家企业出具分析检测报告共300余份。协助中科合成油技术有限公司分析了1216个、2841个参数的煤制油中间产品及成品样品。协助中科合成油技术有限公司完成液化中试开车分析工作。

（编辑 李海峰）

教育·体育

综述

【概况】2019年全旗教体系统有二级单位4个，分别为体育事业发展中心、教育教学研究中心、青少年活动中心、早教指导中心（托育幼儿园）。全旗有公办学校及幼儿园82个，包括特殊教育学校1所（在建）、职业高中1所、普通高中2所、初级中学9所、九年一贯制学校2所、小学27所（薛十一小、沙三小、准六中、薛十二小在建）、公办幼儿园40所（大路民幼在建）。全旗有注册民办幼儿园16所（其中普惠性幼儿园3所）。全旗中小学、幼儿园共有学生60099人，其中普通高中学生5090人、职业高中学生2738人、初中学生11130人、小学学生27500人、公办民办幼儿园学生13641人中；有正式教师5772人，其中专任教师4787人、非专任教师985人，中小学教师(含高中、特校)4201人、幼儿教师1358人、二级单位教职工213人。

【队伍建设】2019年全旗选派教师外出培训40余批次，培训教师2500余人次。全年组织举办旗级培训25批次，培训教师3000余人次，对330名新聘教师进行了岗前集中培训。举办全旗第九届教师基本功大赛和第三届中小学中职学校班主任基本功大赛，新聘、续聘教学研究工作组成员41人，组织39名中小学教研员赴北京教育学院进行了为期一周的异地研修培训，实行教研员蹲校代课制度，承办了全区小语种教学研讨会、全市首届中职学校课堂教学暨自治区课题研讨会、全市职业技能大赛选拔赛。2019年组织了新一轮校园长竞聘，原校园长77人，续聘71人，续聘率

2019年7月5日，准旗校园直通车幼儿足球特长生选拔在薛家湾第十幼儿园举行

92.2%；调整校园长22人，调整率28.6%；新聘11人，新聘率13.4%。全旗调整和新聘校园长合计33人，调整新聘比例为40.2%，引进名优教师入事业单位正式编制，享受国家正式教师的工资福利待遇，提供拥有五年居住权的教师周转房一套，并一次性给予40万元安置费。引进教育部直属师范类院校、“双一流”建设高校毕业的全日制本科生、研究生录用转正定级后分别一次性给予20万元、30万元安置费，省部级重点师范院校和6所体育院校毕业的全日制研究生录用转正定级后一次性给予10万元安置费。2019年，通过考试招聘中小学、幼儿园教师332名；通过院校专场招聘部属师范院校和原“985”“211”高校优秀毕业生27名，全部分配到高中工作。全年共处理违反师德师风教职工9人。

【素质教育发展】德育　2019年组织开展庆祝新中国成立70周年——同唱一首歌《我和我的祖国》快闪活动及合唱、舞蹈、器乐等比赛。引导学生增强“四个自信”，厚植爱国主义情怀，把爱国情、强国志、报国行自觉融入学习和社会实践中。

美育　2019年，准格尔旗教育体育局组织了庆祝“六　”国际儿童节系列活动，举办了全旗第六届民族中小学传统体育运动会、全旗第十届中小学生艺术节展演活动，开展全旗第三届高雅艺术进校园活动，评选自治区级美育特色学校6所、旗级美育特色学校2所。

劳动实践　2019年，占地110亩的黑岱沟露天矿中小学劳动实践教育基地建成并投入使用，1200多名中小学生到基地参加劳动实践。

【公平教育】2019年，准格尔旗教育体育局举办“划片招生新闻发布会”，并对义务教育阶段新生超过招生计划数的热点学校，通过现场直播的形式进行随机摇号分配。全旗9318名中小学、幼儿园新生通过网上信息采集、网上信息审核，顺利完成划片招生、阳光分班，有效化解了“择校热”和“大班额”问题。

【教育基础建设】2019年，准格尔旗投入资金约1.5亿元，新建特殊教育学校1所，改

扩建沙圪堵第一小学校园环境工程、准格尔旗法治教育基地2个项目，续建薛十一小、薛十四幼、龙口镇教师周转房、薛八小室内足球馆、准民中室内足球馆改扩建、薛二小附属工程、薛四小篮球改造及配套设施建设工程、大路民幼综合楼及附属工程等8个项目，维修中小学、幼儿园61所。维修中小学、幼儿园投资约7500万元。2019年已实施完成设备采购5805万元，发布公告正招标采购3325.5万元。投入547.5万元，完成27所中小学、幼儿园监控改造。累计投入273.6万元，为58所中小学、幼儿园安装一键报警、人脸识别、幼儿门禁、90天存储等安防设备。完成51栋建筑的消防改造和全旗各学校、幼儿园的防雷工程。对全旗各学校、幼儿园及二级单位的教育教学设施设备进行全面更新完善。

【教育教学管理】2019年，准格尔旗教育体育局开展责任督学挂牌督导工作，调整聘任专职督学36名，对全旗公办学校和15所注册民办园实施责任督学挂牌督导；组织进行高考、中考、学业水平考试，初中教师业务考试，共有师生11843人参加考试。加强校外培训机构治理，公布“白名单”11批次72家，公布“黑名单”10家，下发限期整改通知书；为首批13家校外培训机构颁发办学许可证，并与机构负责人签订《准格尔旗校外培训机构诚信办学承诺书》；联合相关部门对沙圪堵地区28家校外培训机构进行专项检查，准格尔旗校外培训逐步走向规范化。

【教育教学质量】高考　2019年，准格尔旗世纪中学高考600分以上人数31人，实现新突破。一本上线人数450人，较2018年增加 129 人，本科上线率90.76%，一本升学率51.7%，创造了新纪录。准格尔旗第一中学500分以人数48人，一本上线人数40人，较2018年增加13人；本科上线人数623人，本科升学率73.1%。准格尔旗职业高级中学600分以上人数50人，包揽了化工、农学、学前教育3个专业的自治区高考状元；在全区参考人数增加，本科计划数减少的情况下，本科上线人数218人，较2018年增加38人，本科升学率为自治区本科升学率的4.5倍。

中考　2019年，准格尔旗达到市一中统招线63人，上线人数占东康地区外统招指标的35%；最高分648分，600分以上12人。2019年，在准格尔旗完成义务教育阶段教育考入清华北大人数为10人。

（撰稿 奇二栓 编辑 李晨雨）

内蒙古工业大学矿业学院

【概况】内蒙古工业大学矿业学院是内蒙古工业大学的二级学院，2007年6月由内蒙古工业大学与准格尔旗人民政府合作共同建设，地址位于准格尔旗大路新区。一期工程占地750亩，共10栋建筑和一个标准400米塑胶操场，建筑面积近5万平方米，其中教学、实验楼6栋，服务综合楼2栋，学生宿舍楼2栋。二期规划建筑近3万平米，建设完成2栋教师公寓、3栋学生公寓并部分投入使用，校区篮排球场已面向师生开放，2019年完成图书馆、实验大楼建设审批、筹建工作。

学院的学科及专业建设紧紧围绕自治区煤炭及煤化工产业的优势，以服务地方经济发展需要为目标，学院2009年开始招生，现有硕士研究生、本科生、专科生3个人才培养层次，分别为地下工程与地质技术硕士专业，采矿工程、地质工程和矿物加工工程3个本科专业，机电一体化技术（矿山机电方向）、应用化工技术2个专科专业。学院践行“生态优先、绿色发展”理念，丰富本科专业新工科内涵，将师资引进、培养模式扩展到多学科专业背景的师资培养和建设模式。矿业学院教学条件完备，师资优越，实验设施齐全，学院实验室面积达到1600平方米，能够满足3个学科实验需求，实现学生理论学习和实验科研的紧密联系。截至2019年各项大学生竞赛参加率达到35.7%，获得国家级奖项50项，省部级和自治区级奖项30项。

2019年，学院有教职工48人，其中专任教师39人。专任教师队伍中，教授4人、副教授（高级工程师、高级实验师）9人，具有博士学位的教师23人，其中博士生导师2人，硕士生导师7人。高级工程师转副教授1人，讲师转副教授1人。年度毕业学生271人，其中研究生2人（包括留学生1人）、本科生207人、专科生62人。招生344人，其中研究生1人、本科生275人（包括留学生7人）、专科生68人。截至2019年底，在校生共1220人，其中研究生5人（包括留学生1名）、本科生1015人（包括留学生12人）、专科生200人。

2019年，内蒙古工业大学矿业学院联系引进招聘企业36家，举办专场招聘28次，与内蒙古汇能煤电集团等4家企业达成初步的校企合作，2019届毕业生就业率达到93.17%。

【学科及教学基础建设】2019年，内蒙古工业大学矿业学院引进地质工程专业博士2人，有专任教师在读博士11人。学院共设置5个专业，包括3个本科专业和2个专科专业，分别是采矿工程、地质工程、矿物加工工程和应用化工技术、机电一体化技术。全年投入150万元购置教学科研设备，1700℃箱式炉、水泥恒应力抗折抗压一体试验机等10余项设备已经完成验收，傅立叶红外光谱仪处于安装调试中，采矿实验室购置的两台压力机招标结束。完成“资源与环境”硕士专业学位类别自治区学位委员会组织的专家评审，已上报教育部。

【教学工作】实习研修　2019年，内蒙古工业大学矿业学院新增实习基地4个，分别为内蒙古赤峰山金红岭有色矿业有限公司、内蒙古自然博物馆、准旗魏家峁煤电有限公司、内蒙古太平矿业集团，满足学院采矿工程、矿物加工工程专业、地质工程专业课程实习。全年选派6位教师参与厦门大学督导技能与教学技能工作坊研修班、“矿山绿色开采理论与实践”国家专业技术人才知识更新工程培训、CS出国留学英语研修班、吉林大学“结晶学及矿物学”课程教学研修班等研修活动7次，提升了一线教师教学技能和教学水平。

教学改革　2019年，内蒙古工业大学矿业学院教学改革项目立项2项，结题2项。理论实践结合巩固教学改革成效，学院2名教师分别参编出版专业教材《露天采矿学》《智慧矿山技术》。

创新实验　2019年度，学院依托大学生创新实验项目、矿业学院大学生科技学术节等科技创新、创业平台，实现大学生创新实验计划8项立项，举办了“内蒙古工业大学第六届采矿工程学生实践作品大赛”“开放实验室主题活动月”“第四届大学生地质技能竞赛”“矿物加工模型大赛”等特色活动8次。在第九届全国高校采矿工程专业学生实践作品大赛中，4件作品获得一等奖，4件作品获得二等奖，8件作品获得三等奖，内蒙古工业大学被评为优秀组织单位；在第四届全国高等学校矿物加工工程专业学生实践作品大赛中，1件作品获得二等奖，2件作品获得三等奖；此外“矿井回填综合利用设计”项目获得内蒙古自治区“互联网+”大赛优秀奖，“具有压力感知的五指仿生机械手的设计与制作”项目获批国家级大学生创新创业训练计划项目，校级项目立项5项，教学改革及科技创新能力建设成绩卓越，进一步推动学院特色专业建设。

【科研工作】2019年，内蒙古工业大学矿业学院获批横纵科研项目12项，科研总经费370余万元；获批国家自然科学基金1项，内蒙古自然科学基金4项，内蒙古科技计划项目2项，内蒙古自治区教育厅项目1项，其他省部级项目2项，获批校级科研项目3项，横向课题2项。截至2019年12月31日，学院在研各项研究课题25项，其中国家自然科学基金2项，内蒙古自然科学基金3项，内蒙古自治区教育厅项目4项，其他省部级项目6项。发表论文33篇，其中SCI收录12篇，EI收录3篇；参编著作成果2项；授权发明型专利4项；授权软件著作权6项。举办学术讲座5次。学院作为依托单位成立内蒙古煤炭学会。

【校区建设】2019年，完成准格尔校区图书馆、实验大楼建设审批；完成标志性入口校名石购置工作，建成篮排球场地并投入使用；完成校区生活区道路硬化及2020年绿化景观建设规划。完成准格尔校区物业公司对接，完善“大物业、精细化”管理模式，完成实验器材、后勤保障设备等10余个采购项目，并完成验收。准格尔校区成立校区服务大厅，加强校区便民服务，实现餐卡三方支付功能。

（撰稿人　李婷　李国平　秦文华　范学文　骆静　古强　编辑　李晨雨）

准格尔旗世纪中学

【概况】 准格尔旗世纪中学是旗人民政府于2004年投资兴办的一所公立现代化高级中学，是全国科教兴研先进单位、内蒙古自治区示范高级中学。学校占地面积85270平方米，建筑面积47435平方米。有教学班56个，在校学生2862人（住校生1600人），平均班额52人；教职工295人，专任教师245人，其中高级教师117人，自治区和地市两级学科带头人、教学能手60余人。

【高考成绩】2019年准格尔旗世纪中学高考成绩实现历史性突破。一本上线人数首次突破400大关，达到450人。本科达线率90.76%。总分超过600分的人数增至31人。高考专项计划世纪中学被录取26人，居自治区第一。美术特长生有3人被中央美院录取。实验班高考成绩超出预期，全部达到一本线，17人总分达600分，班级总分均分高达595分。2019年高考，世纪中学名列全市前茅，上升到第二位。

（撰稿 沈玉春　编辑 李晨雨）

准格尔旗第一中学

【概况】 准格尔旗第一中学扎根乡土，多元办学，创新育人，全力践行“儒、雅、谦、慎、惠”的文化理念，着力打造“崇学、唯实、标准、高效”的教科研团队，为建设“学习型、务实型、规范性、效能型”四型校园立德树人，教书育人。“多元化、人生化、社会化、特色化、优质化”是学校的办学思想。 “将普通学生培养成优秀人才”是学校的办学宗旨。“多元、特色、优质”是学校的办学模式。“多元化课程建设图谱和教师专业化成长系统工程”是学校在内蒙古自治区教育厅的示范项目。“班级设置特色化，课程建设特色化，学校管理特色化、学校教育特色化”是学校的办学理念。“勤俭建校、以德立校、科研兴校、文化治校、品牌树校、质量强校”的传统美德是学校的行动指南。学校在此方略的基础上，为了谋划学校的未来发展，学校确立了“‘两式两化’——内涵式、和谐式、特色化、国际化”发展思路。

2019年秋季，学校设立53教学班，在校学生2453人，学校占地面积20万平方米，建筑面积6.7万平方米，生均占地面积32.08平方米，生均建筑面积22.33平方米。新建综合楼12980平方米，2017年12月5日投入使用。教师周转房正在装修中。正式教职工293人，其中专任教师265人。

【高考】2019年准格尔旗第一中学高考成绩普文、普理一本人数实现新超越。文科一本上线11人，理科一本上线29人，共计一本上线40人，多名同学被空军工程大学、中国海洋大学等重点军事类院校及“985”“211”工程院校录取。普文普理500分以上人数实现新突破。500分以上共计48人，其中文科32人、理科16人。理科最高分577分，文科最高分573分。首届文昌班培养实现大丰收。文科文昌班38人全部上本科线，其中有20人突破500分；理科文昌班40人，38人上本科线，其中9人突破500分。在各批次分数线大幅度提升的背景下，本科升学率保持稳定。参加考试人数852人，本科上线人数623人，本科升学率73.1%。小语种、音体美等特色教育全面开花。俄语单科成绩110分以上28人，其中463班高雪娇同学以131分的成绩位列全市高考俄语第一名，463班杨龙华同学获得俄罗斯名校公费留学资格。日俄班一本上线7人。加试蒙语120分以上32人。音乐、体育、美术、传媒类、空乘类本科上线合计234人，多名体育类、艺术类考生已被北京师范大学等教育部直属6所师范院校、“985”“211”工程大学及全国重点体育艺术院校录取。单科最高分再创历史新高。语文129分，理科数学129分，文科数学123.5分，英语130.6分，日语132分，俄语131分，理科综合243分，文科综合204.5分，蒙语138分。低进高出，全面超越，中高考最大分差178分，高世强同学中考成绩399分，高考成绩577分。

（撰稿 赵春益 编辑 李晨雨）

准格尔旗职业高级中学

【概况】准格尔旗职业高级中学始建于1985年，2013年3月由沙圪堵镇搬迁至大路新校区。新校区现占地面积17.48万平方米，建筑面积8.19万平方米，单体建筑19栋，总投资近4亿元。学校开设计算机应用专业、建筑施工专业、学前教育专业、畜牧兽医专业、机电技术专业、旅游服务酒店管理专业、会计电算化专业、现代农艺技术专业、采矿技术专业、工艺美术设计专业、化学工艺专业、护理专业、汽车运用与维修专业共13个专业。有72个教学班，在校生2723人，正式教职工256人，其中专任教师237人，“双师型”教师77人。准格尔旗职业高级中学先后评为全国科研兴教先进单位、全国特色教育示范单位、全国科研文明先进单位。

【高考成绩】2019年，该校的高考成绩600分以上50人，本科上线218人，比上年增加38人，本科升学率达到了自治区本科升学率的4.5倍，位居全区前列。

【就业培训】准格尔旗职业高级中学是准格尔旗的职业技能培训基地、农村贫困人口劳动力转移培训基地、准旗农村劳动力职业技能“阳光工程”培训基地，是鄂尔多斯市高技能人才实训基地和“国家级星火学校”。2019年学校社会培训人数突破2000人，达到2168人。培训项目多达14种，包括母婴护理（月嫂）培训、果树栽培培训、中式烹调师培训、电工培训等。

（撰稿 胡龙国 编辑 李晨雨）

准格尔旗民族中学

【概况】准格尔旗民族中学（简称准民中）建于1976年，是一所普通初级中学。学校位于兴隆街道水晶路与金川路交会处，占地面积41000平方米 ，总建筑面积17724平方米。36个教学班建制，现有班级39个（初一年级15个班），在校学生2026人，其中蒙古族学生810人，满族学生12人，回族学生3人。每年级均设2个加授蒙语班，现有住校生707人，其中蒙古族住校生434人，满族1人。现有在岗教职工196人（其中蒙古族25人），专任教师172人，高级职称80人，市级以上教学能手、学科带头人27人次，旗级以上拔尖教师、优秀教师、优秀班主任107人，学历合格率100%。学校现有藏书11万册，理化生实验均按一类标准配齐开足。

【中考成绩】2019届毕业生中考总均分403分，位居全旗第一名。总分600分以上全旗共12人，该校有4人，王政龙同学和祁昱江同学（班主任白龙）以611分并列全校第一名；全旗前20名中有该校9人，前30名中有该校14人，前40名中有该校20人，前50名中有该校24人，前100名中有该校39人，有100人突破500分大关，以上各高分段学生人数及比率均位居全旗第一。

市一中录取人数全旗第一　统招上线27人（全旗共63人，该校有1人上线报入内师大附中），分招录取13人，加授蒙语录取1人，特长生录取2人，合计上线43人、录取42人。

世纪中学录取人数全旗第一　统招录取73人，分招录取58人，加授蒙语分招录取15人，特长生录取9人，合计录取155人。

普通高中录取人数及录取率全旗第一：市一中、世纪中学两校共录取197人，准一中录取108人（统招81人、分招24人、特长3人），另有内蒙古师大附中录取1人、衡水实验中学录取8人（免费4人、自费3人、特长1人）、市三中1人、达旗一中足球特长生9人、东联中学1人，普通高中共录取325人，占该校实考学生总数的82%。

加授蒙语班学生录取结果 加授蒙语班学生共89人，市一中录取3人，世纪中学录取32人，准旗一中录取42人，达旗一中录取特长生2人，普通高中合计录取79人，占实考人数的89%。

足球特招生录取结果 2019届学生2016年入学时特招足球生30人，中考被市一中录取5人，被世纪中学录取9人，被准旗一中录取3人，被达旗一中录取8人，普通高中合计录取25人，占实考人数的83%。

【**课程建设**】准旗民中为促进学生多元发展，开设了围棋必修课、科技制作与人工智能必修课，以及39门校本选修课，各类特长队规范化训练，学生在特长发展方面结出累累硕果。学校也先后获得“自治区青少年科技创新示范基地”“自治区青少年心理健康示范学校”“国家级校园足球特色学校”“中央项目的乡村学校少年宫”。

【**体育赛事成绩**】2019年，学校获内蒙古“主席杯”足球四级联赛中部区男子第五名；内蒙古“主席杯”足球四级联赛中部区女子第七名；内蒙古自治区U15青少年足球锦标赛第三名。

【**科技艺术成绩**】2019年1月下旬，该校刘雨田、戚洪滨、王彦沣3名同学参加第三十四届内蒙古自治区青少年科技创新大赛，获得优异成绩。

【**民族艺体成绩**】2019年6月，阿迪亚同学在内蒙古自治区国际式摔跤锦标赛中获得第五名。

（撰稿 谢文华　编辑 李晨雨）

体 育

【**概况**】2019年，准格尔旗教育体育局制定出台《准格尔旗教体系统体育场馆开放管理办法》，确定全民健身中心、体育活动站、准三中、准九中、世纪中学等5处为首批向社会开放的体育活动场所，努力满足群众健身需求。投资175.9万元，为各苏木乡镇、街道、嘎查村、社区、学校、企事业单位、部分住宅小区配备健身路径、室内健身器材等。完善了湖西公园健身步道配套设施建设，改造了南山公园门球场。举行全民健身日启动仪式和太极、健身气功展示表演。全年举办全旗旗职工运动会、篮球赛等12项赛事活动，参与人数达28000多人次；承办全市组工系统运动会、市教体局羊市塔农民运动会等赛事。

2019年2月18日，旗体育中心举办第四届象棋、围棋比赛

【**体育活动**】2019年准格尔旗教育体育局组织举办了第二十八届中小学生田径运动会、第六届民族中小学传统体育运动会等多项赛事，组队参加国家、自治区、市级赛事。其中准一中组队参加了2019年全区30届室内田径锦标赛暨第二届全国青少年运动会选拔赛，杨秉兴获800米国家一级运动员水平，另有11人分别获100米等项目二级运动员水平；2019年全国现代五项青少年激光跑公开赛中，准三中代表队获得女子U14青少年组跑射团体第一名；2019中国小篮球内蒙古赛区总决赛中，薛八小代表队获U8组第一名，薛四小代表队获U12男子组、U12女子组第一名。

【**体育彩票**】 截至2019年11月底，准格尔旗体育彩票总销售8074.88万元。组织体育彩票趣味运动会20场、培训体彩业主销售员16场，组织户外小卖场57场、体育彩票网点巡查43次。

（撰稿 奇二栓 编辑 李晨雨）

文化

综述

【概况】2019年1月将旗文化旅游广电局的文化、旅游职责整合，组建旗文化和旅游局，作为旗政府工作部门，加挂旗文物局牌子，将旗文化旅游广电局的广播电视管理职责划入旗委宣传部。不再保留旗文化旅游广电局。

【文艺创作】漫瀚调音乐剧《牵魂线》成功入选自治区第十四届精神文明建设“五个一工程”；舞蹈《轻骑之歌》获第三届中国·国际蒙古舞蹈展演优秀表演奖和优秀创作奖；漫瀚调情景表演唱《美好家园人情厚》晋级全国群星奖决赛；广场舞《喜迎小康》获“舞动北疆”第二届内蒙古广场舞大赛三等奖。为乌兰牧骑核定事业编制40个、演员岗位100名。全年围绕新中国成立70周年、乡村振兴等主题，新创大型晚会3台，剧（节）目34件。受邀参加第四届海上丝绸之路国际艺术节“一带一路”艺术演出周、中国博兴非遗（稀有）小戏展演、“守望相助好家园——第六届两岸非物质文化遗产月”暨美丽中华行、全国小戏小品展演、中国原生民歌节展演等重要文化交流活动。组织乌兰牧骑深入基层惠民演出120场次、文艺辅导38次，惠及群众12.8万人次。

【文化惠民服务】新建、改建旅游厕所10座，建成图书馆分馆15个，补充图书1.8万册，为145个基层文化阵地补充更新文化活动设施设备。图书馆薛家湾分馆打造自学室，每日免费开放时间由8小时拓展到12小时。组织农牧民春晚、全旗秧歌大赛、元宵节群众文化活动、“我爱你中国”——大型合唱比赛、农牧民文艺会演、广场舞大赛等导向性群众活动7次，广场演出42场次，各苏木乡镇街道组织文化演出活动350余场次。

【文化遗产保护】文物保护工作纳入地方政府年度考核评价体系，配合上级文物部门开展美稷古城周边墓葬群等考古发掘工作，完成47家企业项目施工前文物探勘工作。编制完成《准格尔召文物保护规划》《寨子圪旦遗址保护方案》，成功实施准格尔召、油松王防雷工程，修缮准格尔王府、有序推进十二连城城址防洪工程。组织“5·18”国际博物馆日、“中国文化遗产日”等主题宣传活动6次，营造良好的文化遗产保护传承氛围。成立内蒙古漫瀚调合唱团，举办首届非物质文化遗产公开课及剪纸、刺绣等非遗公益的展示评比活动，组织漫瀚调器乐大赛，对准格尔传统美食——六六八八进行全面普查、挖掘和整理，参加《内蒙古味道》栏目录制。

【文化旅游市场管理】2019年，全旗新注册文化旅游经营单位10家、变更7家、延续15家、注销5家、门市部备案3家。全年检查出动执法人员2289人次，检查经营单位763家次，立案17件，结案17件，罚款105500元。

【成就荣誉】漫瀚调音乐剧《牵魂线》成功入选自治区第十四届精神文明建设“五个一工程”；舞蹈《轻骑之歌》获第三届中国·国际蒙古舞蹈展演优秀表演奖和优秀创作奖；漫瀚调情景表演唱《美好家园人情厚》晋级全国群星奖决赛；广场舞《喜迎小康》获“舞动北疆”第二届内蒙古广场舞大赛三等奖。节目《天下黄河》荣获首届中国·银川黄河合唱节金奖。

（撰稿 李伟 秦飞　编辑 李晨雨）

文艺

【演出完成情况】2019年，全年共演出128场，其中大型演出16场，完成“乌兰牧骑+”送戏下乡、“百团千场”、“弘扬乌兰牧骑精神·到人民中间去”基层综合服务活动、“草原文艺天天演助力脱贫攻坚战”下乡演出、扫黑除恶专项斗争演出、“不忘初心·扎根草原”全市乌兰牧骑交流演出等112场，观众达12.8万余人。

2019年，准格尔旗乌兰牧骑分别参演鄂尔多斯市2019年春节联欢晚会、市中老年春节晚会的排练演出工作。完成准格尔旗元宵节漫瀚调音乐剧《牵魂线》1场、综

2019年7月17日，旗乌兰牧骑慰问演出走进久泰能源

艺晚会1场、戏曲晚会《走西口》1场；准格尔旗第五届杏花节开幕式1场、闭幕式晚会1场；“乡村振兴美·漫瀚情意长”庆祝中华人以共和国成立70周年综艺晚会暨乌兰牧骑上半年考核工作汇报演出1场。

准格尔旗乌兰牧骑组织开展“2018—2019年百团千场”送戏下乡工作，走进准格尔旗职业高级中学、九泰能源、南苑社区等地演出10场。2019年共完成基层服务演出活动112场次。

6月，准格尔旗乌兰牧骑受自治区文化和旅游厅委派参加第33届香港国际旅游展，共演出12场，接待游客6000余人。7月，部分漫瀚调传承人赴云南楚雄市参演由中华人民共和国文化和旅游部、云南省人民政府联合举办的2019中国原生民歌节展演活动。10月，器乐队演员随内蒙古非遗团队走进台湾高雄市佛光山，参加由中华文化联谊会、海峡两岸旅游交流协会、中国艺术研究院、内蒙古自治区非物质文化遗产保护中心和台湾中华翰维文化推广协会联合主办的“守望精神家园——第六届两岸非物质文化遗产月”暨“美丽中华行”大型公益交流活动。这是内蒙古草原文化首度以大规模、立体化样态展现在台湾民众面前。由准格尔旗乌兰牧骑精心创作编排、演出的漫瀚调歌舞戏《漫瀚情缘》，于11月4日晚亮相第八届全国优秀小戏小品展演。

【大型晚会创作】2019年，新创大型晚会3台，其中元宵节《放歌漫瀚迎华诞 辞戌接亥庆元宵》综艺晚会1台、元宵戏曲晚会《走西口》1台、“乡村振兴美 漫瀚情意长”庆祝中华人民共和国成立70周年综艺晚会暨2019年上半年考核评估专场晚会1台。

【剧目创作】准格尔旗乌兰牧骑2019年新创剧（节）目34件。

音乐类 新创呱嘴《四十年的开放四十年的情》《鄂尔多斯好人多》2件。新创二重唱《双山梁上瞭妹妹》《回家》2件。民歌联唱《希拉草原》1件。漫瀚调对唱《扫黑除恶享平安》《鲜红旗帜肃正风》《道德模范人人赞》3件。音乐快板《永做诚实守信人》1件。

舞蹈类 歌伴舞《有片黄土地》《最美准格尔》《春扰》《草原梦中国梦》群舞《闹春》《圣灯舞韵》《草原茫茫》《美丽乡村》《马舞》《鼓舞》《轻骑之歌》《栽柳树》《小白马》《公民道德歌》《再一次出发》《人间大爱》16件。

小品 《除旧迎新》《误会》2件，此外修改提高小品《以病治病》《回家过年》2件。

新创小戏 《拜年》《借驴》《良心》3件。

情景剧表演 《打工哥哥回来了》《让爱住我家》2件。

【获奖成果】作品《轻骑之歌》在第三届中国·国际蒙古舞蹈艺术展演中荣获创作优秀奖、表演优秀奖。漫瀚歌舞戏《漫瀚情缘》在第八届全国优秀小戏小品展演获集体奖两项，分别是优秀组织单位奖、优秀剧目奖。漫瀚调音乐剧《牵魂线》获内蒙古自治区精神文明建设“五个一工程”奖。

【准格尔旗漫瀚调艺术展演中心】隶属准格尔旗文化旅游广电局，全额拨款事业单位，准科级建制，核定事业编制40个。下设演员队、器乐队、舞蹈队、舞美队、办公室、财务室、创研室、音像资料室。共有演职人员74人，其中正式人员47人，聘用人员27人；正高级1人，副高级4人，中级职称40人；本科学历43人，大专22人；人员平均年龄32岁。

（撰稿 陈世文 王晓霞 编辑 李晨雨）

新闻

【广播电视新闻宣传】2019年，准格尔旗广播电视台共开设《在习近平新时代中国特色社会主义思想指引下——新时代 新气象 新作为》《壮丽七十年 奋斗新时代》《建设亮丽内蒙古 共圆伟大中国梦（绿水青山就是金山银山）》《全面实施乡村振兴战略》《不忘初心、牢记使命》等14个专栏。全年播发电视新闻2655条，广播新闻2397条。在鄂尔多斯广播电视台播发稿件644条，内蒙古广播电视台发稿154条，中央电视台发稿4条。广播电视台新闻外宣工作连续20年获得全市广播电视（汉语）新闻宣传通联工作先进集体（发稿数量第一名）。

【广播电视栏目】2019年，《民生新视野》栏目共播出节目148期，稿件294条，播出8个系列报道；广播直播监督类节目《行风热线》，共播出节目94期，受理听众咨询和反映的问题210个，解决问题202个，办结率96%。推出《百姓"心"变化》系列报道，在"准格尔云"手机客户端实现可视化直播，开启可视化广播新时代，邀请百姓做客直播间，与主持人和广大听众、网友共话新中国成立70年来百姓生活的变化及时代的发展。推出《冲刺文明城 提升市民幸福感》系列报道，开设《不文明行为曝光台》《文明城创建大家谈》等板块，发起了"不文明行为随手拍"活动。文化类节目《漫瀚神韵》推出"准格尔风味"和"丰收准格尔"两个系列，共播出节目20期，《法视点》栏目共播出节目52期。广播节目新开办《主播在线》《吃事播报》两档节目，通过节目整合升级，努力打造有影响、有深度、有温度的自办节目。

【广电媒体社会宣传】 2019年，完成"元宵直播晚会""三八"妇女节、"五一"职工文艺会演等全旗性的大型晚会的录制和播出工作。为旗人民政府制作乡村振兴主题专题片1部，制作扫黑除恶系列微视频。共制作核心价值观、安全生产、环境保护等原创公益广告60条，以音频、视频、飘字等形式播发相关公益广告、公告、标语超过8000条次。连续第六年发起"最香年夜饭"公益活动，为贫困家庭送去爱心年夜饭和温暖的新春祝福，六年来累计送出年夜饭270余份。完成准格尔旗融媒体指挥中心及配套指挥大屏，采编指挥调度系统，"准格尔云"手机客户端。制作《不忘初心、牢记使命》《扫黑除恶》等系列微视频，与内蒙古日报社合作开展践行"四力"冬季走基层活动。

【广播电视事业】2019年，准格尔旗广播电视台完成新中国成立70周年广播电视安全大检查工作，配备相应的广播电视设备；组织开展户户通、村村响专制维修人员培训，确保广播电视安全播出。截至年底，准格尔旗广播电视台建有演播室、直播间、2个录音间，配备摄像机34台、非编工作站12台、6讯道转播车。在全旗建有沙圪堵、薛家湾、大路3个综合发射台，铺设广播电视节目信号光缆传输线路90公里，建有地面数字电视基站23个，安装"户户通"设备5.11万户、广播"村村响"设备159个。全旗广播综合覆盖率99.4%，电视综合覆盖率99.12%。2019年，准格尔旗广播电视台创作的微视频《脱贫攻坚之我是第一书记》获得第四届全区党员教育电视片观摩交流活动微视频类一等奖。

【报纸新闻宣传】2019年，出版发行《准格尔报》148期，开设专栏25个，编发新闻稿件1996篇，其中图片新闻534幅。报纸围绕准格尔旗第十七届人民代表大会第三次会议、政协准格尔旗第十四届委员会第三次会议等一些重大会议，脱贫攻坚，扫黑除恶，庆祝中国共产党成立98周年、新中国成立70周年等重大活动展开宣传，共开辟"落实减税降费促进经济高质量发展""乡村振兴""沿着习近平总书记指引的道路埋头苦干奋勇前进""奋进新时代""我与祖国共成长""扫黑除恶""脱贫攻坚""践行社会主义核心价值观""不忘初心、牢记使命"等25个栏目。

2019年，完成纪念改革开放40年——《准格尔改革开放40年》一书的编辑出版工作。该书共分为7个篇章，分别为"鸿篇巨制""长河嬗变""岁月感知""大事回眸""数字比对""国家荣誉""媒体点睛"，从各个角度展现准格尔旗改革开放四十年的恢宏历程，对全旗发展变化进行量化和定性，具有一定的收藏价值。

2019年，编辑整理《印记——准格尔报创刊1000—2000期新闻作品选（2012—2019）》一书，献礼新中国成立70周年。

2019年，准格尔报社与法院、司法局、交警队开设"法制准格尔"宣传专栏；与宣传部开设"新时代的奋斗者"宣传专栏；与扫黑除恶办公室合作开设"扫黑除恶"宣传专栏；与税务局合作开设"减税降费"宣传专栏；与安委会合作开设"安全宣传月"宣传专栏；配合宣传部、文化和旅游局圆满完成了元宵节宣传活动；承办准格尔旗第五届杏花节"杏韵花开"主题摄影展览及采风活动；应邀参加准能公司文体中心组织的"一线风采"摄影采风活动；协同策划并参与十二连城乡三十顷地村的甜瓜节、长滩四月八民俗文化旅游节宣传报道；与薛家湾镇共同编辑出版了反映百里长川历史人文、旅游资源的《长川影像》摄影集；配合宣传部摄制"生态文明建设成就"专题片、协办"书画摄影"展览，献礼新中国成立70周年；配合组织部搜集整理图片、文献等资料，提升改造准格尔旗党建展厅。

2019年1月29日，准格尔报社负责人慰问敖劳不拉村困难群众

【电子报宣传】2019年，《准格尔报》电子报与纸质报同步更新，手机报、微信公众号，分别开辟头条、聚焦、要闻、关注、乡土、原创等栏目，体现“共赏、原创”特色；“准格尔报”微信公众号工作日每天编发1期，全年共编发265期，刊发新闻1322条，粉丝数3973人，总阅读量达760299次，朋友圈转发98742次。

2019年，准格尔报社建立对外宣传奖励制度，为上级新闻媒体提供线索和素材，向上级新闻媒体投送外宣稿件，全年完成外宣稿件259条，其中国家级3条、自治区级9条、市级247条。

【准格尔旗融媒体中心】准格尔旗融媒体中心于2019年5月13日正式挂牌，根据国家县级融媒体改革需要，由准格尔旗广播电视台、准格尔报社整合成立，旗委于2019年10月任命融媒体中心领导班子成员。

【准格尔旗广播电视台】整合准格尔旗人民广播电台频率和准格尔旗电视台频道，办有广播、电视、网络三种媒体的新闻单位，隶属于中共准格尔旗委宣传部，准科级建制，全额拨款事业单位。内设新闻中心、栏目中心、大型活动中心、事业发展中心（含两个发射台）和办公室、总编室6个部室，开办1套广播频率和1套电视频道，有正式职工46名，政府购买公共服务人员10名，台聘人员68名。

【准格尔报社】准格尔报社成立于1996年1月，隶属于中共准格尔旗委宣传部，事业单位，准科级建制。负责编辑出版《准格尔报》纸质报、电子报、手机报、微信公众号和《今日准格尔》（理论专刊）5个媒体。《准格尔报》纸质版为每周三期，印发数量3500份，电子报周期与之相同，传播规模较大。微信公众号工作日每日编发一期。《今日准格尔》理论专刊为季刊，每季度一期，发行量为2000份。有采编人员28名，其中正式人员10名。

（撰稿 王兴宇 刘　蕾 编辑 李晨雨）

新华书店

【经营业绩】2019年，内蒙古鄂尔多斯市新华书店有限公司准格尔旗分公司完成销售收入3188.93万元。

【教材教辅发行】 2019全年实现教材、教辅发行销售3004.86万元。其中：教材924.46万元，教辅1910.75万元，幼儿读物58.67万元，中职教材110.98万元。在春秋两季教材到货季节，进行按校分发课本，准确核实，对学校追加、追减的订数及时调剂、上报，确保教材足额、配套、齐全，实现学生用书“课前到书、人手一册、送书到校、分书到班、服务到生”，做到发行完毕无库存，课教回款率100%。

【一般图书发行】2019年门市零售共计销售184万元。推动作家进校园活动。统筹利用文化资源，积极开展流动售书和图书展示展销。开展主题化、特色化营销活动，全年共举办营销活动280余场次，参与4500余人次。

【新型业态】2019年，准格尔旗新华书店面向全旗组织开展3次研学旅行活动，共有300余人（次）参与。在原有经营单一图书的基础上，增加了多元产品的销售，如教育、教学装备、电子出版、教学实验仪器等经营内容，来迎合市场和读者的需求助力全民阅读。未来的准格尔旗新华书店将以变革、转型、升级为主题，努力打造成建筑美、环境美、陈列美、业态美、服务美的最美书店。

【内蒙古鄂尔多斯市新华书店有限公司准格尔旗分公司】 内蒙古鄂尔多斯市新华书店有限公司准格尔旗分公司前身是1952年成立准格尔旗新华书店，是准格尔旗唯一一家国有出版物发行企业，担负着全旗中小学生课本、教材、政治读物及一般图书、全旗普通图书的发行任务。有销售网点2处，员工15人。

（编辑 李晨雨）

医疗卫生

综述

【医疗卫生资源】2019年，准格尔旗卫生健康系统现有旗直医疗卫生健康单位9个，即旗爱卫办、旗老龄办、旗卫生计生综合执法局、旗疾控中心、旗妇幼保健院（旗妇幼保健计划生育服务中心）、旗中心医院、旗人民医院、旗中蒙医医院、旗大路医院；有13所基层卫生院、6个社区卫生服务中心，1个监所卫生所；现有6个社区卫生服务站，118个村卫生室。全旗医疗卫生机构有正式职工1487人，有卫生专业技术人员1314人，其中卫生技术人员中执业医师（含助理医师）582人、注册护士503人，村医生158人。开放床位1496张，每千人拥有执业医师2.13人，每千人拥有执业护师2.33人，每千人拥有病床4.2张。旗中心医院为“三级综合医院”“自治区百佳医院”，是全市规模较大、设施较齐全、功能较完善、整体技术水平较高的旗县级综合医院。旗人民医院为“二级甲等医院”，旗大路医院为“二级乙等医院”。旗中蒙医医院为“三级乙等中医蒙医综合医院”“自治区百佳医院”，是全区规模较大、设施较齐全、功能较完善、整体技术水平较高的旗县级中蒙医医院。全旗基层卫生健康机构基础设施建设全面提升，卫生健康综合服务能力和水平普遍得到提高。

【公立医院体制改革】2019年，准格尔旗被国家卫健委、国家中医药总局确定为紧密型医共体试点旗县，实施推进公立医院综合改革。认真贯彻国家基本药物制度，继续实行药品采购“两票制”，全旗所有嘎查村卫生室全部配备并使用基本药物，三级医院基本药物使用额占49.5%。二级医院基本药物使用额占46.44%，基层医院基本药物使用额占84.83%。加强临床路径管理，二级医院临床路径管理数占出院总病例数的75.11%；三级医院临床路径管理数占出院总病例数的80.17%。推进名医工作室建设，特聘区内外专家为专科带头人，与旗内各级医疗机构组建团队，发挥传帮带效应，提升全旗整体医疗水平，年内建成名医工作室21个。建立上下联动的医疗协作体系，旗内各医院与旗外多家上级三级医院开展医疗协作关系，为公立医院提供技术支持、人员培训、管理指导、网上会诊等便利服务。上级医院专家到旗215批、243人次，接诊患者3805人次。旗级公立医院到基层医疗卫生机构坐诊313人次、接诊患者5799人次、护理治疗人次4091人次、讲座56次、技术指导246人次、双向转诊2584人次，初步形成基层首诊、双向转诊的分级诊疗格局。信息化建设不断加强，医院信息化建设以电子病历为核心，全面开展电子病历系统应用分级评价工作，旗直医院全部达到二级。综合监管制度和行政审批各项改革任务有效落实。推进行政审批制度改革，梳理行政权力事项580项。累计完成行政审批业务922件，医疗机构执业许可178件，医师执业许可83件，护士执业许可67件，放射诊疗机构许可5件，公共场所卫生许可193件，再生育审批61件，其他335件。所有许可业务数据全部按要求及时录入业务信息系统和政务公开系统。推行“互联网+政务服务”。经过现场审核等程序，实施行政审批业务922件，医疗机构许可178件，医师执业许可83件，护士执业许可67件，放射诊疗机构许可5件，公共场所卫生许可193件，三胎及三胎以上再生育审批61件，其他335件。

【公共卫生服务】2019年，全旗建立电子居民健康档案260199份，电子建档率85%。高血压规范管理20642人，规范管理率76.38%；糖尿病规范管理5723人，规范管理率76%；严重精神障碍患者规范管理1604人，规范管理率93.91%；登记报告传染病疫情报告率100%，报告及时率100%，无突发公共卫生事件发生。截至年底，家庭医生签约服务累计签约158956人，签约率54%，0—6岁儿童签约率66%，孕产妇签约率100%，65岁以上老年人签约率78%，重性精神病签约率97%，高血压患者签约率76%，糖尿病患者签约率75%。建档立卡贫困人口和计划生育特殊家庭签约实现全覆盖。

【医疗卫生基础建设】2019年，续建项目4个，其中人民医院改扩建项目和龙口镇中心卫生院旧楼改造项目基本完工并将投入使用；中蒙医院改造项目已完成工程量的70%；布尔陶亥苏木中心卫生院道路硬化工程已完工。新建项目7个，其中中心医院改扩建工程正在基础施工；大路医院附属用房建设项目正在进行施工图纸设计；妇幼保健院建设项目拟回购房屋（亿德酒店）已完成资产评估；大路镇中心卫生院杨四圪咀分院建设项目已开工；纳日松镇中心卫生院维修改造工程已开工；疾控中心、卫生监督综合楼装饰装修及室外硬化绿化工程、暖水乡中心卫生院附属用房及室外硬化绿化建设项目正在进行预算清单编制；截至年底全旗118个嘎查村卫生室全部实现标准化，基层整体基础设施有了较高标准提升。投资1498万元，建设全民健康信息平台，平台建成后将实现全旗各级卫生健康机构居民健康信息的全面共享和业务协同，为卫生健康管理部门科学决策提供依据。8家基层卫生院正在安装调试信息平台。4家旗直医疗机构已实现居民电子健康卡注册及应用服务，8家基层卫生健康机构已实现机构运营、监督管理，检验标本、报告、报表管理及结果采集等系统应用及居民电子健康卡注册及应用服务。

【蒙医、中医药发展】所有苏木乡镇卫生院和社区卫生服务中心（站）均开展65岁以上老年人蒙医中医体质辨识和0—3岁儿童蒙医中医健康管理，健康管理率均达到45%以上。旗中蒙医院设置了康复科，对全旗乡村医生进行了蒙医药中医药知识集中培训。申报自治区蒙医中医学术经验继承指导老师5人、蒙医中医医师学术继承人8名。3名中医人员和1名护理人员被鄂尔多斯市卫生健康委确定为第四批市级名蒙中医药护人员。弘扬蒙中医药文化，启动“中国国医节——蒙医药中医药健康惠民周”系列活动。

【家庭发展支持体系建设】 2019年，共为959人发放奖励扶助金164.2万元，已全部通过财政“一卡通”系统发放到人。围绕家庭保健、科学育儿、养老照护、家庭文化累计举办各类活动16次。每个苏木乡镇（街道）建成1个“新家庭计划”项目试点，加强二孩政策宣传，全旗人口出生率为7.73‰，符合政策生育率为96.45%，出生婴儿性别比为104.6。推进母婴设施建设，完成大路动车站母婴室标准化改造。兑现计划生育各项奖励政策，全年共兑现国家“三项制度”959人，发放奖励扶助金143.2万元，为7名新增特扶人员发放一次性扶助金21万元，为3名特扶人员发放失能半失能补贴4.745万元，为16名60周岁以上无生活来源特扶人员发放救助金13.5024万元，为全旗694个独生子女家庭发放奖励金55.52万元，已全部通过“惠农一卡通”落实到人。

【疾病预防控制】 2019年艾滋病防治工作共检测各类人群血清742份，对38例HIV感染者或病人进行随访；计划免疫工作各接种点0—7岁儿童的基础免疫接种率分别为卡介苗99.87%、脊灰疫苗99.37%、无C百白破98.92%、麻风疫苗（麻疹）87.57%、乙肝99.47%、A群流脑99.17%、乙脑99.11%、甲肝97.89%。儿童加强免疫接种率分别为脊灰疫苗99.05%、无C百白破99.22%、麻风腮（麻腮、麻疹）93.59%、A+C群流脑99.32%、乙脑98.56%、白破二联98.69%。第一针乙肝疫苗接种3079人次，其中及时接种2923人次，及时率94.87%。结核病防治工作共登记初诊病人697例，发现结核病患者69例，其中肺结核患者53例，结核性胸膜炎12例，其他肺外结核4例；地方病防治工作采集生产、加工、分装和批发层次的碘盐样品90份，合格率100%。抽取200份8—10岁儿童尿样，尿碘中位数为243.45微克/升；100份孕妇尿样，尿碘中位数为161.19微克/升；人间布鲁氏菌病防控工作共检测1815人，检出感染者32人，感染率1.76%；公共卫生监测工作为公共场所的从业人员16541人进行健康检查，集中式、分散式供水共检水样347份，合格210份，合格率为60.5%，职业病危害共体检从业人员12391人次，检出疑似尘肺70人；口腔健康检查3000人，实施窝沟封闭儿童338人，1258颗牙；完成心血管病高危人群长随3320人。开展了70周岁以上老年人流感疫苗免费接种，惠及人群19489人。

【妇幼健康服务】孕产妇系统管理率为91.64%；0—6岁儿童健康管理率为91.69%；叶酸投服2074人；免费产前筛查1734人，筛查率71.48%；新生儿遗传代谢病筛查2331人，筛查率95.77%；新生儿听力筛查2211人，筛查率90.84%；孕前优生健康检查1137对；婚检1028对；乳腺癌筛查8125人；宫颈癌筛查7780人。为2189人进行新生儿遗传代谢病筛查，为6500人进行“宫颈癌”筛查，7300人进行“乳腺癌”筛查。

【卫生应急体系和能力建设】2019年，旗直公立医院累计开展卫生应急演练5次、卫生应急“五进”活动16次、卫生应急培训18次。开展鼠疫应急演练，及时储备医疗救治药品、救治设备、负压救护车等应急物资，启动7个出蒙进京“防火墙”监测点，开展鼠疫等传染病防治培训89场、应急演练29次，累计发放秋冬季传染病宣传册46000余册，健康宣传品手提包1000份。全旗累计开展保护性灭鼠灭蚤即城镇和居家灭鼠共计约60平方公里，各级医疗机构累计预检分诊101164人次，累计排查发热患者499人次，累计派出监督员72人次，累计监督医疗机构数量35家；防火墙7处出动工作人员79人次，累计检查35510人次，累计检查车辆11800余车次，累计检查火车156车次。

【**健康准格尔建设**】2019年，举办健康巡讲活动275场，发放包括疾病防控、“三减三健”、合理膳食、健康素养66条、科学健身等各类健康宣传资料17种11万多份，发放健康宣传品13000多份，接受健康咨询1500余人次。开展新一轮35周岁以上城乡居民及已婚育龄妇女免费体检，累计体检7.3万余人。

2019年，共检查医疗机构265户次，出动监督执法人员606人次，车辆163台次，下达监督意见书265份，查处违法行为案件12起，结案6起。共排查救护车55辆，正在对12辆不规范使用救护车进行规范管理。

【**健康扶贫**】2019年，重点为高血压、糖尿病、结核病、严重精神障碍等贫困慢病患者提供规范管理与健康服务。大病专项救治病种达到25种，为新发现的102名大病患者实施集中救治。建档立卡贫困人口家庭医生签约1929人，实现服务全覆盖，

准旗免费为适龄妇女做“两癌”筛查

每季度对签约对象提供一次上门卫生健康服务。为贫困慢病患者送医送药投入32万元。全年累计通过基本医保、大病保险、医疗救助综合补偿救助50.5万元。全旗118个嘎查村卫生室全部实现标准化建设。

【**成就荣誉**】2019年，准格尔旗被国家卫健委、国家中医药总局确定为紧密型医共体试点旗县；成功创建2个国家卫生乡镇并（暖水乡、龙口镇）、自治区卫生村153个，通过国家卫生县城复审工作。

【**准格尔旗卫生健康委员会**】准格尔旗卫生健康委员会于2019年2月组建，将原旗卫生和计划生育局的职责、旗民政局的老龄事业管理职责、旗安全生产监督管理局职业安全健康监督管理职责等整合而成，承担旗老龄工作委员会的日常工作，旗爱国卫生运动委员会办公室日常行政职能，加挂旗蒙中医药管理局、准格尔旗爱国卫生运动委员会办公室牌子。为旗政府组成部门，科级建制。核定行政编制14，领导职数4名，另核定机关后勤工作人员事业编制3名。

（撰稿 齐 心 编辑 李晨雨）

中心医院

【**医疗服务**】2019年，准格尔旗中心医院门、急诊诊疗28.55万人次，出院12514人次，手术2725例，体检25278人。门诊次均诊疗费222.48元，住院次均医疗费7369.61元。编制床位510张，实际开放床位400张，平均住院日8.42天，病床使用率72.18%。总收入2.69亿元，其中医疗收入1.56亿元，药品收入占医疗总收入的27.98%（不含中草药颗粒）。卫生医用耗材收入占业务收入的13.87%，检查化验收入占业务收入的30.38%，挂号、诊查、床位、治疗、手术和护理收入总和占医疗收入的34.87%，百元医疗收入成本106.86元，医疗收入增长率5.24%。

【**医疗改革**】2019年，医院进一步完善修订章程，全部药品实现零差率销售（中药饮片除外），实行药品采购“两票制”（特殊药品除外）。参与医共体建设，推

动分级诊疗制度实施。筹备并建设标准的数据交换和工作流协同平台信息化建设。启用电子健康卡，实现医疗信息共享。加强临床路径管理，临床路径管理出院病人达到84%，临床路径变异率由上年的70%降至31%。深化医保支付方式改革，低保“一站式”服务484人，即时报销83.23万元。推进预约诊疗服务，为本地区患者预约北大人民医院号源165次，电话、现场预约本院号源37177次，开展网上远程会诊1598人次。全年收回满意度调查表17490份，综合满意度都在90%以上。

【医护服务质量提升】2019年，医院严格执行医疗质量、医疗安全十八项核心制度。院领导、职能科室负责人每周行政查房1次，每月召开全院质控会议，上请自治区人民医院质控专家开展全员培训。加强护理质量管理，提升护理队伍素质，强化14项护理核心制度的落实，派出9名护理人员外出进修学习。遵循原则促进合理检查，CT检查21419人次，阳性率73.0%；磁共振检查3397人次，阳性率87.5%；普放检查26959人次，阳性率51.6%；超声检查42665人次，阳性率77.86%；心电图、脑电图检查22935人次；病理检查1571例。全年总用血量：少白红细胞悬液2285.5单位，血浆155200毫升，血小板124个治疗量，冷沉淀338单位，洗涤红细胞悬液6单位，成分输血率达100%，输血不良反应16例。加强医院感染管理，提高手卫生依从性。签订《医院感染管理工作目标责任书》，全年共监测出院患者12499人，院内感染人数69人，院内感染例次72例次，院内感染发病率0.55%，发病例次率0.58%。加强药事管理促进合理用药，对临床各科室抗菌药物使用率、使用强度、微生物送检率等指标进行监控和公示。突出中医药特色，打造“颈、肩、腰腿痛”、针灸专科，开艾灸治未病、各类痹证及妇科疾病，发挥中医药在优势病种和优势环节的作用。全年参与16个临床科室1197次会诊。加强疾病预防控制规范化管理，主动监测传染病疫情，传染病例无漏报，死亡病例无漏报。提高妇幼保健服务能力，建立母婴室，为174名孕妇免费发放叶酸。严格“爱婴医院”管理，科学掌握剖宫产医学指征，剖宫产363例，剖宫产率为44.5%。创建名医工作室，落实国家优质医疗资源下沉。按照国家要求三级公立医院需要建设卒中、胸痛、创伤、孕产妇急救和新生儿急救五大中心。认真贯彻和执行《突发公共卫生事件应急条例》，健全突发公共事件医疗卫生救援应急预案。

【医院改扩建工程】中心医院改扩建综合楼项目工程为2019年准格尔旗十大民生工程之一。工程建筑面积约2万平方米，综合楼地上九层，地下一层，地下立体停车，顶楼设有120停机坪。项目于2019年8月16日正式开工，截至年底已按计划完成原有建筑物拆除、深基坑支护桩和工程桩灌注，同时完成对门诊、急诊两个门楼的拆除、新建；对住院楼、感染科、太平房、高压氧楼进行外墙真石漆喷刷和部分节能改造和窗户更换。

【准格尔旗中心医院】准格尔旗中心医院前身为始建于1976年的神华准格尔能源有限责任公司职工总医院，2004年划归准格尔旗，改制并更为现名。是一所集医疗、预防保健、科研教学、体检、职业病诊查为一体的三级综合医院，自治区级文明单位，非营利性医疗机构，隶属于准格尔旗卫生健康委员会。医院建筑面积近4.2万平方米，内设临床科室24个、医技科室12个，行政职能科室21个，编制床位510张，实际开放床位400张。市级名科1个、市级重点学科6个。与龙口镇中心卫生院、魏家峁镇中心卫生院、准格尔召镇中心卫生院、友谊街道社区卫生服务中心、蓝天街道社区卫生服务中心等5个基层医疗卫生机构形成医共体。2019年有职工707人，正式在编245人，卫技人员628人，其中硕士研究生23人，本科学历329人，高级职称134人。

（撰稿 王 浩 编辑 李晨雨）

中蒙医医院

【医疗服务】2019年，准格尔旗中蒙医医院门急诊就诊25.86万人次，比上年同期24.82万人次增加1.04万人次，增长率为4.19%，出院12213人次，住院次均费用4609元。病床使用率67.84%，治愈好转率达到98%，出院患者平均住院日7.11天，医疗业务收入11803.33万元。

【医疗业务管理】2019年，临床路径管理出院患者占比76.30%、住院患者入径率78.67%、入径完成率96.86%。执行药品零差率销售，基本药物网采率25%，基本药物配备率＞50%，基本药物使用品规占所有药品使用品规的41%，基本药物使用金额占所有药品使用金额的57%。全年药占比（不含中草药）34%。合理使用抗菌药物，叫停异常使用抗菌药物3种，门诊抗菌药物使用率7.2%、急诊抗菌药物使用率19.8%、住院抗菌药物使用率53.5%、Ⅰ类切口抗菌药物使用率21.6%，均达到上级规定要求。开展药品不良反应监测，上报药品不良反应109例。

【医共体建设】准格尔旗中蒙医医院直管暖水乡中心卫生院、海子塔卫生院、窑沟卫生院、兴隆街道社区卫生服务中心和迎泽街道社区卫生服务中心，及所属村卫生室、社区卫生服务站，2017年9月结成医疗服务共同体。中蒙医院开通一站式医疗服务窗口，设立转诊、转院优先结算窗口，为基层医疗机构预留号源，提供预约诊疗服务；专家到基层机构坐诊41人次，义诊5000余人次，开展健康讲座31次，技术指导15次。为解决基层卫生院人员短缺，2019年医院出资为窑沟卫生院雇用2名护士，为监所医务所雇用1名护士，为暖水乡卫生院雇用2名护士，以帮助他们更好地开展工作。针对暖水乡卫生院医生严重短缺的情况，医院派出1名医生常驻暖水乡卫生院坐诊。

【医疗设施建设】2019年，准格尔旗中蒙医医院租赁迎泽市场二楼，实施病区改扩建工程，设计新增建筑面积10000多平方米，全院建筑面积将达30000平方米；全年购进医疗设备149台（件），价值约1726.13万元，其中通过政府招标采购110台（件），价值约1648.04万元。购进的20万元以上医疗设备有：西门子64排128层CT、奥林巴斯290电子胃肠镜、角膜内显微镜等。

【蒙中医药技术】中蒙医医院建成2个自治区中医特色优势重点专科、7个市级中医重点专科，开展中医医疗技术服务79项，2019年，新开展一类医疗技术13项，职工全年发表医学论文17篇。中医非药物疗法在病区广泛使用，每季度进行一次中医药知识及技能考核，护理部每月进行中医药知识及技能操作培训，参加培训护理人数达90%以上。开展中医体质辨识，对辖区内35岁以上和慢病患者义务进行健康查体及健康管理，为19085人建立健康管理档案。进行国家心血管防治中心牵头的心血管病高危人群早期筛查与综合干预，共筛查876人。

【医疗队伍建设】2019年，医院招聘卫生专业技术人员34名，其他人员3名。全院有卫生技术人员478人，其中高级职称80人、中级职称96人，硕士20人。

【医疗保险保障】截至2019年底，医院共为8771人次参保城乡居民报销医药费2462万元，其中8701人在该院享受“先看病后付费”政策，报销金额为2434.36万元；为低保、五保、残疾、三民人员住院“一站式”二次补偿899人次，报销医药费108.32万元；为国贫人员住院“一站式”补偿59人次，报销医药费8.06万元；为住院分娩产妇报销206人次，报销医药费8.24万元；为除准格尔旗外的鄂尔多斯市其他旗县125人次报销医药费30.43万元。

【准格尔旗中蒙医医院】准格尔旗中蒙医医院前身为1981年6月成立的准格尔旗中蒙医院（由大饭铺地区医院和沙圪堵城关医院撤并组建），2002年12月由沙圪堵镇搬迁至薛家湾镇。是一家具有中蒙医特色，集医疗、预防、保健、康复、教学、科研为一体的三级乙等中医蒙医综合医院、内蒙古百佳医院。医院占地面积12000平方米，建筑面积20000平方米，内设20个行政职能科室、25个临床科室和6个医技科室、开放10个病区，开放病床400张。在职员工553人，其中，正式员工287人、聘用员工266人。2019年3月被自治区卫健委评为自治区首批蒙医中医名院。

（撰稿 吴 丹 编辑 李晨雨）

人民医院

【医疗业务】2019年，准格尔旗人民医院门诊急诊挂号173583次，次均诊疗费用200.17元，次均药费74.87元；入院患者9410人，出院患者9649人，出院患者次均医疗费用5334.18元，出院患者次均药费1710.95元；出院患者平均住院天数7.1天、病床使用率77.37%；手术总例数1321例（其中三四级手术210例，微创手术143例）。

医疗收入8621.57万元，其中药品收入（不含中药饮片）2520.36元，药占比（不含中药饮片）29.23%；医疗服务收入占比26.35%，百元医疗收入中消耗的卫生材料26.67元。

【药事管理】2019年，医院执行药品采购“两票制”和药品零差率销售（从12月6日医用耗材执行零差率销售）；先后派出5名药师参加临床药师培训，现配备3名临床药师，全年临床药师参加临床查房80次，指导医师合理用药，同时为100余名住院患者提供个性化药事服务；抗菌药物使用控制在33.19DDD，住院患者抗菌药物使用率45.67%，门诊患者抗菌药物使用率3.72%。全年限制10种药品的销售量，1种药品的使用权限，全年预防用药85人次（35.6%），非限制级微生物送检率39.3%，限制级微生物送检率73.1%，特殊使用级抗生素82.5%；全年上报药品不良反应83例，医疗器械不良事件37件。

【疾病防控】 2019年，医院共报告传染病242例，居前三位的传染病分别为：乙肝（45例）、梅毒（36例）、手足口病（32例），无传染病暴发、流行，初诊登记疑似肺结核220例，确诊结核30例，其中肺结核18例（涂阳肺结核12例）、结核性胸膜7例、其他肺外结核5例，报告死亡病例160例，食源性疾病133例，完成食品卫生和公共场所从业人员健康体检1118人次，健康体检7182人次，大中专学生体检842人次，35周岁以上成年人免费体检3928人次。

【妇幼保健】2019年，医院修订完善母婴安全各项管理制度，门诊筛查高危孕产妇604人次，高危专案管理109人次，危重孕产妇抢救18人次，成功率94.4%；住院分娩463人次，剖宫产208例（剖宫产率44.9%）；2019年共出生新生儿463名，乙肝接种431名，卡介苗接种431名，接种率93.1%；产前筛查率74.2%，新生儿听力筛查95.6%，新生儿疾病筛查95.4%；成功开展无痛分娩新技术27例，宫腔镜手术17例，腹腔镜手术12例；聘请专家协助新开展腹腔镜监护下阴式子宫动脉结扎术治疗瘢痕妊娠，宫颈环扎术、阴式子宫切除术新技术；门诊臭氧治疗妇科炎症300余次，治疗有效率99%，门诊盆底康复治疗评估47人次，治疗30人，均有效果；发放出生医学证明463例；为72名住院产妇办理补助28800元。

【人才培养和学科建设】2019年，医院组织全院职工参加网上继续教育项目，参加率达98.16%，合格率达96.32%；举办医务人员急救知识，鼠疫、流感防控、抗菌药物使用及64排螺旋CT和核磁共振适应症等专题讲座14场；组织医护人员急救知识考试1次，合格率100%。

【医疗协作】2019年，医院与内蒙古医科大学附属第一医院、内蒙古自治区人民医院、鄂尔多斯市中心医院等建立联盟医院，全年邀请上级专家92批次、130人次，接诊患者4519人次（包括体检），转上级医院64人次（上转率0.66%），通过“心医远程会诊系统”，与国内多家三甲医院建立远程会诊。

【医共体建设】2019年，医院加强日常督查指导，不断规范各直管单位内部管理和医疗、护理和药品采购等工作，合理调派人员双向流动，选派医务人员到各直管单位坐诊56批次、140人次，共坐诊73.5天，诊疗2920人次，通过远程医共体信息平台，实施远程会诊1433人次，极大方便基层群众就医；长期派出2名药师、13名护士下乡，接收基层卫生院5名医务人员到院进修学习；通过双向转诊接收卫生院、社区上转71人次，向卫生院、社区下转848人次。

【医疗便民服务】2019年，医院实现职工慢性病门诊报销结算和鄂尔多斯市内异地就医结算，开通医保省外异地就医结算系统；全年为6491名住院城乡居民办理报销医药费2120.66万元（报销率67.79%），其中享受“先看病，后付费”患者6389人次，办理居民报销2095.83万元；低保二次救助606人次，补助72.86万元；为930名职工医保患者办理报销530.57万元(报销率82.12%)；严格执行单病种付费，全年执行单病种付费186例；健康扶贫一站式结算为101名国贫人员实行兜底报销13.33万元。

【急救体系建设】2019年，医院完善了急救设备和抢救药品，规范急诊预检分诊，实行红、黄、绿分区设置，全年及时救治急危重症患者1106例，抢救成功1026例，（抢救成功率92.77%），并有效分流非急危重症患者；申请建设双卒中防治中心,逐步实现“双向转诊、上下联动”的卒中分级救治模式；开展创伤、心肺复苏等急救技术操作规程培训，有效提高急救能力。

【基础建设】2019年，准格尔旗人民医院在建住院大楼已全部施工完毕（除室外硬化、绿化工程），投入使用后可增加床位100张，改善现有住院和诊疗环境，规范就诊服务流程。

【中医药建设】2019年，医院坚持中西医并重，传承发展中医药事业，发挥中医药在常见病、多发病和慢性病防治中的作用，开展针灸理疗、推拿、康复、三伏贴、三九贴等诊疗项目，全年康复住院治疗231人次，中医与西医临床科室会诊，452例。

【准格尔旗人民医院】准格尔旗人民医院是一所集医疗、教学、科研、预防和康复于一体的现代化二级甲等医院。承担着准格尔经济开发区毗邻乡镇约15万人口的医疗、预防保健和康复工作。设有28个临床、医技科室，编制床位230张，开放床位300张。有在岗职工331人，其中正式职工在岗174人，卫技人员266人，高级职称39人，中级职称58人。

（编辑 李晨雨）

大路医院

【医疗业务】2019年，医院门诊急诊挂号51394人次，出院2901人次，住院手术857人次（其中一级、二级、三级、四级手术分别为27人次、137人次、472人次和221人次，分别占总手术人次的3.15%、15.99%、55.08%和25.79%），体检11396人次，门诊业务收入11966404.52元（其中体检业务收入2193014.6元），住院业务收入16781943.99元，总业务收入完成28748348.51元，总业务收入中药品收入9365626.25元，病床使用率52.77%，床位周转次数23次/年。

【疾病防控】2019年，救护车累计出诊278次,救援或接送患者308人次。全年共上报各类传染病190例、疑似结核病24例。孕产妇建册42人、产前检查585人次、发放叶酸52人次、筛查报告高危妊娠126人、住院分娩153人，新生儿乙肝和卡介苗接种率和及时率分别为99.34%和98.69%，为20名住院分娩的孕产妇进行补助、补助金额8000元。组织健康巡讲（讲座）15次、发放宣传材料5000余份。

【科室与人才建设】2019年，中医临床科室门诊日均诊疗人次占全院门诊诊疗人次比例19.13%、日均中药饮片处方占本科门诊全部处方55.87%，全院日均中药处方占全部处方23.93%，中医临床科室病床使用率52.77%。医院全年自主招聘专业人员21名。全院有卫技人员192人、比重88.5%，医护比为1：1.52，护床比0.44：1。选送3名专业人员赴内蒙古人民医院、内蒙古中医医院和内蒙古医科大学第二附属医院分别进行儿科医师转岗培训、中医住院医师规范化培训和肌电图短期进修学习。选派护理部主任和9名护士长赴内蒙古自治区人民医院接受为期1个月的护理管理能力轮训。全年院内集中业务学习和培训共55次，外出参加学术和管理会议培训102人次，组织各类专业理论考试和技能考核（操作比赛）31次。

【综合改革】2019年，重新修订医院绩效工资分配方案，坚持多劳多得、优绩优酬。邀请上级专家33批次、支援专家46人次，累计诊治患者846人次，其中开展手术82例，教学查房20次，向市级以上医院转诊30人次。委托第三方呼市迪安医学检验所开展临床检验项目和病理检验6593项次。派出专业人员到医共体内基层医疗卫生机构累计坐诊和服务116天、诊治患者528人次、体检176人次，开展学术讲座19次、业务管理支持42次。基层卫生院向上转诊62人次、本院向下转诊51人次。推行按病种收付费方式病种数16种，纳入临床路径管理的出院患者数81.5%。推动优先配备使用基本药物和医保甲类药品，基本药物的品规361种，占到使用药物品规总数的49.3%，收入占到药物总收入的51.6%。业务收入同比2018年增长18.57%，门诊、住院均次费用分别为190.17元和5737.33元，药占比（中药饮片除外）26.13%，平均住院天数为6.99天，医用耗材和检验检查收入占业务收入的比例分别为9.22%和21.45%，医疗服务收入占业务收入的比例34.07%，百元医疗收入消耗的卫生材料14.24元。医保目录外药品占比为3.86%、目录外卫生材料占比10.32%、目录外费用比例12.17%、参保患者个人支付比例31.63%，均较上年保持平稳。

【准格尔旗大路医院】准格尔旗大路医院始建于2008年，于2010年12月经上级编制部门批复成立，2011年3月正式投入运营，为旗直属公立医院，国家二级乙等综合医院。是一家以医疗服务为主，兼顾预防、保健、康复医疗服务，并承担一定教学和科研任务的县级医疗机构。医院占地面积25000平方米，建筑面积31695.7平方米，由门诊楼、医技楼、住院楼和辅助用房构成，按照国家二级甲等医院设计、建设和管理。有22个行政职能科室，开设内科、外科、妇产科、儿科、急诊科、中医科、康复医学科、皮肤性病科、五官科（眼科、耳鼻喉科、口腔科）、手术麻醉科、重症医学科等11个临床科室和放射科（CT室）、功能科（超声、心电图、脑电图、肌电图、肺功能测定）、检验科、输血科、消化内镜室、体检科（职业病防治科）、消毒供应室等7个医技辅助科室。设计病区12个、病床450个，截至2019年底开放病区6个、床位188张。有在职职工217人，其中卫生技术人员192人，高级职称33人，中级职称53人。

（撰稿 张 明 编辑 李晨雨）

疾病预防控制中心

【传染病检测】2019年，准格尔旗疾病预防控制中心继续实行24小时值班制、零报告制度。全旗各医疗卫生单位报告法定传染病1486例，报告发病率394.64/10万；报告死亡病例1407例，报告死亡率为375.4/10万；采集流感咽拭子24份送鄂市疾控中心检测，结果均为阴性；采集5份腮腺炎咽拭子、10份血清送内蒙古自治区疾控中心检测，结果咽拭子阳性1份、血清阳性3份；采集60份手足口病监测样品送鄂市疾控中心检测，其中肠道病毒71型阳性52份、柯萨奇a16阳性18份；采集3份麻疹咽拭子送鄂市疾控中心检测，结果均阴性。

【疫苗接种】2019年，全旗各接种点0—7岁儿童基础免疫的卡介苗、脊灰、无C百白破、麻风疫苗（麻疹）、乙肝、A群流脑、乙脑、甲肝，以及加强免疫的脊灰、无C百白破、乙脑、麻风腮（麻腮、麻疹）、流脑A+C、白破二联接种率均达到98%以上；新生儿第一针乙肝及时率为94.7%；麻风疫苗查漏补种工作，共查出应补种儿童3689人，实际接种973人，接种率26.59%；全旗入托入学儿童查验预防接种证及查漏补种工作，共查验学校小学27所、幼儿园59所。补证6人，应补种5398人，完成补种2786人，补种率51.6%。

【疾病防控】结核病控制 2019年，三位一体结核病防治定点医院共登记初诊患者837例，查痰833例，痰检率99.5%。发现活动性肺结核病患者67例，其中新涂阳患者33人，复治涂阳患者3人，涂阴患者14人，结核性胸膜炎12人，其他肺外5人。入学新生11533人，PPD筛查11403人、拍摄胸片128人，筛查率99.98%。

地方病防治 年内全旗采集批发碘盐样品108份，合格率100%。实施儿童、孕妇的尿碘、儿童甲状腺监测工作，监测结果符合碘缺乏病控制标准。饮用水水质氟砷监测，共监测改水工程313个，水氟含量超标工程18个，未改水村涉及447个自然村（社），水氟含量超标自然村（社）17个，水砷含量均在正常范围。

人间布鲁氏菌病防治　年内全旗共检测布病血清2626人，检出阳性34人，感染率1.29%。

艾滋病防治　年内全旗共监测血清16111人份，检出HIV抗体阳性5份，对长期居住准旗的38例HIV感染者或病人进行随访管理、抗病毒治疗。

儿童口腔疾病综合干预　年内全旗共筛查学生4000人，实施窝沟封闭儿童531人，实际封闭牙数2077颗，复查106人，完好率86%。

心血管病高危人群早期筛查和综合干预　年内全旗完成心血管病高危人群随访3320人，初筛1596人。

学生常见病监测和健康影响因素调查　2019年，全旗共抽取5所学校，2所幼儿园，共计2283名学生进行了监测。口腔健康状况：龋均为2.75，龋患率为83.7%，龋失率为3.6%，龋补率为11.9%，恒牙龋患率为47.9%；肥胖与营养不良：准格尔旗学龄儿童青少年的肥胖率为15.6%，超重率为16.8%，营养不良率为3.9%；脊柱弯曲异常率：脊柱弯曲检出率为0.14%；视力情况：近视率为55.54%，视力低下率为76.47%，平均视力为4.7。

病媒生物防治　2019年，对沙圪堵镇、薛家湾镇鼠、蟑密度进行调查和集中杀灭活动，发放鼠药2700袋，蟑药20500袋。

鼠疫防控与疫情处置　年内，全旗组织开展传染病突发公共卫生事件应急演练。开展灭鼠工作，降低鼠密度，防止鼠间鼠疫发生，严守从鼠到人的鼠疫防控第一道防线。为各卫生健康单位及乡镇、街道、车站等发放0.5%溴敌隆鼠药38300袋，粘鼠板22000张，蜡丸86400粒，毒饵站6378个，红外额温计111个，医用N95防护口罩2575个，医用一次性防护服542套，防护眼镜332副，乳胶手套2055双，一次性医用口罩3970个，防护鞋套345双，消毒凝胶81瓶，84消毒液199瓶，消毒泡腾片135瓶，宣传资料20470份，公共场所立式温度探测仪5台，人体测温抓拍热成像摄像系统8套，玻璃体温计64支，防蚤袜32双，一次性帽子740顶。

【卫生监测】　2019年，全旗食品及公共场所从业人员体检20366人。餐具采集442份，合格432份，合格率97.7%；公共场所样本采集1450份，合格1436份，合格率99.0%。全旗集中式、分散式供水共检水样376份，合格234份，合格率为62.2%，其中城市集中式供水采样82份，合格62份，合格率为75.6%；农村集中式供水采样255份，合格153份，合格率为60.0%；其他共39份，合格19份，合格率48.7%。采集贫困户水样126份。全年共体检从业人员13783人次，共检出疑似尘肺病79人，均针对监护对象健康情况提出监护意见。医疗机构消毒效果监测，共监测医疗机构样品738份样品，合格704份，合格率95.4%。

【基本公共卫生服务】2019年，全旗建立电子居民健康档案255699份，电子档案建档率68.2%。接受健康管理老年人19930人，老年人健康管理率67.0%。按规范要求管理高血压人数19943人，规范管理率75.6%。按规范要求管理糖尿病人数5592人，规范管理率73.4%。登记在册的确诊严重精神障碍患者1733人，报告率4.6‰；按规范要求管理1661人，规范管理率95.9%；面访人数1696人，面访率97.9%；服药人数1565人，服药率90.3%；规律服药1170人，规律服药率67.5%。

【健康管理及教育】2019年，中心积极开展常见传染病、结核病、免疫规划、碘缺乏病、布病、慢性病防治及控烟等知识宣传活动，累计发放宣传单、册、画等宣传材料84900余份，更换健康教育宣传专栏内容5次。中心电子显示屏滚动宣传信息40余条。全年参加自治区、市级业务培训33期85人次，中心举办结核病、艾滋病、重点传染病、基本公共卫生服务及免疫规划等业务培训6期，累计培训基层医务人员610人次。组织开展布病、结核病和艾滋病防治知识问卷调查，调查结果为：医务人员结核病防治知晓率为95.7%；高危人群布病防治知识知晓率91.2%，医疗卫生人员布病防治技能知晓率95.3%；流动人口梅毒知晓率82.0%。

【准格尔旗疾病预防控制中心】准格尔旗疾病预防控制中心前身为1958年成立的准旗卫生防疫站，2001年经市编委办批准并更为现名，隶属于准格尔旗卫生健康委员会，为全额补贴事业单位，准科级建制，核定事业编制47人，核定领导职数1正2副。

（撰稿　高升华　编辑　李晨雨）

医疗保险

【基本医疗保险待遇】门诊统筹支付标准：普通门诊最高支付限额为每人每年100元。慢性病门诊部分病种，一个自然年度内起付线为1000元，支付比例分别为45%、50%，最高支付限额分别为5000元、20000元。建档立卡国家级贫困人员慢性病报销不设起付线，支付比例提高到70%。特殊病门诊支付标准比照执行住院支付政策，最高支付限额与住院支付的最高支付限额合计不超23万元城镇职工住院报销的起付标准，参保人员一个自然年内第一次住院为600元。

2019年准格尔旗城乡居民住院统筹支付标准一览表

表30

就诊医疗机构		起付线（元）	补偿比例	封顶线
所在地	医院范围			
苏木乡镇级	苏木乡镇卫生院	200	90%	23万元
市内医院	二级以下医院（含二级）	400	80%	
	三级医院	600	70%	
市外医院		800	68%	

2019年准格尔旗城镇职工住院统筹支付标准一览表

表31

医疗机构	在职人员统筹基金报销比例（%）	退休人员统筹基金报销比例（%）
市内三级医院	90	92
市内其他医疗机构	92	94
市外其他医疗机构	88	90

“文化大革命”中致残并持有基本伤残证的人员统筹基金支付比例在上述比例的基础上分别调高8个百分点；退休的全国劳动模范、自治区劳动模范、市级劳动模范的医疗费在规定报销标准的基础上分别提高15%、10%、6%；鼓励和引导参保人员使用蒙中医药服务，在蒙中医定点医疗机构的住院起付线降低20%，蒙中医医疗机构的蒙中医药服务支付比例在原有基础上提高5%；慢性病报销政策：2018年9月起，执行全市统一的政策，在职职工和退休人员在一个自然年度内门诊医疗费用累计分别超过2000元、1500元的部分，统筹基金分别支付50%、70%；统筹基金在一个自然年度内累计支付参保人员的门诊费用的最高数额为10000元；特殊疾病门诊医疗费用，由统筹基金比照住院标准支付。基本医疗保险一个自然年度内所能支付的医疗费用最高限额为23万元。

【基本医疗保险缴纳】城镇职工　2019年，全旗完成城镇职工医保参保62206人。用人单位以上年度本单位职工工资总额6%的比例为在职职工缴纳职工基本医疗保险费；已退休人员养老金6%的比例为退休人员缴纳职工基本医疗保险费。在职职工按照本人工资2%的比例缴纳职工基本医疗保险费。退休人员个人不缴纳基本医疗保险费。2019年城镇职工基本医疗保险基金支出23886.76万元，其中住院支出6140.88万元，报销7226人次；门诊及个人账户支出17745.88万元。

城乡居民　2019年，全旗城乡居民医疗保险参保人数245398人。2019年准旗居民医保人均筹资水平是1067.8元/人·年。个人缴费220元/人·年，各级财政补助847.8元/人·年（其中中央补助416元/人·年，自治区财政补助31.2元/人·年，鄂尔多斯市财政补助84.6元/人·年，准旗财政补助316元/人·年）。2019年城乡居民医疗保险费支出23597.38万元，其中住院报销费用支出18530.69万元，报销40025人次；门诊支出1969.52万元，报销42363人次。2019年准旗城乡居民大病保险补偿608人次，支付541.47万元；无责意外伤害保险补偿919人次，支付638.41万元。

【大病保险】2019年，准格尔旗城乡居民大病保险待遇在2018年的基础上，住院报销起付线从15000元调整为14000元；报销比例从50%、60%、70%的档次上相应提高到60%、70%、80%。

【基本医疗保险征管】2019年3月27日，将城乡居民基本医疗保险费征管职责由医疗保险服务中心划转至旗国家税务总局准格尔旗税务局；2019年4月，原由社会保险事业管理局承担的企业职工生育险待遇支付划转至医疗保险服务中心，4—12月结算企业职工生育险1640人次，支付1409.11万元；2019年4月，原由旗低保办承担的医疗救助职能划转到旗医疗保险服务中心，4—12月共结算5546人次，支付666.79万元。

【医保异地结算】2019年，为方便广大城乡居民就医，在原旗中心医院异地结算的基础上新增旗中蒙医院作为跨省、跨盟市就医异地结算定点医院。1—12月办理异地就医登记备案3384人次，办理异地直接结算3163次。

【医保监管】 中心共与307家定点医疗机构和定点药店签订监管协议书。实施定点医药机构检查332家次，处理违规定点医药机构4家次，暂停医保刷卡服务2家；对参保对象3万以上票据进行核查938人次。为确保基金和信息安全，及时对基本医保结算用户权限进行梳理，重新申请用户26人，注销用户权限46人，调整用户权限25人。全年医疗保险关系转接办理2511人次。

【准格尔旗医疗保险服务中心】 准格尔旗医疗保险服务中心前身是准格尔旗医疗保险资金管理局，2019年3月更为现名，隶属于旗医疗保障局，全额拨款事业单位，准科级建制。核定事业编制14名，领导职数3名，正式职工22名。行政办公场所设于准格尔旗迎泽街道福昌路社保局二楼，旗政务服务大厅设有旗医疗保险服务中心业务窗口。

（撰稿 赵红梅 编辑 李晨雨）

社会管理

人力资源

【就业创业】 2019年，全旗实现城镇新增就业4535人，城镇技能培训563人，农村劳动力转移就业培训595人，农村劳动力转移就业23630人次，失业人员实现再就业539人，城镇登记失业率控制在2.24%，失业保险参保人数达44724人，征缴失业保险费近3639万元。大学生创业园累计征集创业项目350余项，入驻创业园项目135项，累计入驻大学生达157人，创办企业99家。创业园外成功孵化企业18家，直接和间接带动就业800多人，政府累计补贴房租面积达11740平方米，补贴金额313万元，享受房租补贴大学生达275人次。此外，创业苗圃累计入驻各类创新创业人员37人。建立“零就业家庭”就业援助预案，保证随时安置。

【社会保障】2019年，全旗共收取社保基金120424万元，发放社保基金96761万元。基本养老、工伤保险基金累计结余达400327万元，城乡居民养老保险基金累计结余126854万元。共有75711名职工纳入职工基本养老保险统筹，完成市级计划任务数的105%；征收基本养老保险基金96513万元。全旗共有64759名需资格认证人员，已采集37120人，采集率57.32%。

【人事人才】2019年，配合旗教体局公开招聘教师332人；配合旗公安局招聘特警19人和留置看护警务辅助人员20人；配合旗卫健委接收定向医学生5名。全旗申报高级职称150人、中级职称385人、初级职称587人。全年转出人事档案27卷，转入9卷；新入档包括学籍材料、职称材料、党员材料、年度考核、调资表等其他需要入档案材料共计12687份；协助各单位查借阅档案1968人次。截至11月底，共有人事档案5712卷。旗人才交流服务中心全年接收档案526卷，转出档案65卷，接待档案查阅73卷，为准旗籍大学毕业生就业协议认证132人次，出具调档函151份。完成90%以上的事业单位补岗竞聘；办理调动手续78人，解聘31人，开除备案2人；完成对全旗近200个机关事业单位共计9233人的年度考核备案。共收到受刑事处罚信息通报15件，涉及机关事业单位工作人员17人，累计请销假备案209人次。办理11人调动确定工资，办理3人受处分或强制措施（刑事处罚）工资调整，办理199人工龄计算，办理遗属生活困难补助和取暖补贴审批14件，办理行政事业单位人员退休审批176人，完成30名企业提前退休人员申报和187名企业退休人员审批。

【劳动保障】2019年，共检查用工单位121家，涉及劳动者4万余人，使非公有制企业合同签订率达到90%以上。向公安机关移送2起涉嫌拒不支付劳动报酬案件，受理工伤认定案件205件，组织劳动能力鉴定案件226件，受理劳动争议案件135件，定期结案率均为100%。立案调查拖欠工资案件3起，涉及劳动者300人，解决农民工工资411万余元，结案率为100%。接收并处理市长热线、旗长热线等投诉399起，全方位地维护了劳动者的合理诉求。全旗9个在建工程项目全部设立农民工工资专用账户。全年共建立农牧民工工资专用账户73个、建筑企业共建立农牧民工工资专用账户21个。建设领域按照工程总造价的2%—5%预存农牧民工工资，煤炭领域按1—3个月工资总额预存入账户，行业主管部门监管农牧民工工资发放情况，开设专户的企业没有发生一起拖欠农牧民工工资的行为。

【准格尔旗人力资源和社会保障局】准格尔旗人力资源和社会保障局前身为1984年由人事室（1950年8月成立）和劳动科（1955年9月成立，1973年3月更名为劳动局）合并组建的准格尔旗劳动人事局，1993年更名为人事劳动局，2002年11月更名为人事劳动和社会保障局，2011年4月更为现名，是旗人民政府组成部门，科级建制。内设办公室（信息中心）、人事股（考试中心）、劳动保障股、工资福利股，专业技术股；下辖社会保险事业管理局、就业服务局、劳动保障监察综合执法局、人才交流服务中心、劳动人事争议仲裁院、工伤认定管理中心；有工作人员26人。

（撰稿 闫海峡 黄瑞生 辛玥娇 赵 鑫
编辑 李晨雨）

劳动就业

【就业政策】 2019年，兑现吸纳就业奖励费55.4万元（吸纳277人）；企业职工申领技能提升补贴，对依法参加失业保险并取得国家职业资格证书或职业技能等级证书的企业在职职工，根据其证书登记给予1000元至2000元不等的技能提升补贴，全年累计发放技能提升补贴20.2万元，受惠企业职工达134人；失业保险援企稳岗政策，对采取有效措施不裁员、少裁员、稳定就业岗位的企业，由失业保险基金给予稳定岗位补贴，全年为符合稳岗返还补贴政策的47家企业补贴资金416.9万元，惠及企业职工12412人。

【失业保险】 2019年，全旗累计发放失业保险金248.58万元(包括取暖补贴、医疗补贴），共有262名下岗失业人员享受到了失业保险待遇。

【就业招聘】 2019年，就业局成功举办就业援助月、“2·22”春风行动、民营企业活动周暨扶贫退役军人、燃气热力公司、国电晶阳(3场)、高校毕业生专场、退役军人专场、东华能源等10场招聘洽谈会，累计达成就业意向657人次，成功推荐就业196人。

【就业培训】 2019年，就业局联合各苏木乡镇、街道，各定点培训机构，结合城乡劳动力的培训需求和愿望，重点开展农村实用技术、母婴月嫂、电工、电焊工等长短期培训项目。全年共培训城乡劳动力1309人，其中城镇技能培训563人，农村劳动力转移就业培训595人，创业培训151人。

【准格尔旗就业服务局】 准格尔旗就业服务局前身为1979年成立的准格尔旗劳动服务公司，1987年成立准格尔旗劳动服务事业管理局，与准格尔旗劳动服务公司合署办公；1990年更名为现名，隶属于准格尔旗人力资源和社会保障局，准科级建制；内设办公室、财务股、基金股、失业保险股、创业指导中心、培训就业股、农村劳动力就业管理考核股、职业介绍所，核定编制21人，实有23人，驻迎泽街道再就业大楼三楼办公。

（撰稿 杨喜君　编辑 李晨雨）

社会保险

【基本养老保险】 2019年，准格尔旗共有75548名职工纳入职工基本养老保险统筹，完成市级计划任务的105.3%；征收基本养老保险基金198353万元（含机关养老保险准备期收入）；为12899名企业离退休（遗属）人员发放待遇38657万元；为5850名行政事业离退休（遗属）人员（包括离休20人，退休5305人，遗属525人）累计发放工资43441.96万元。

【城乡居民养老保险】 2019年，全旗共有123688名参加城乡居民养老保险（其中农牧民97037人、城镇居民7653人、生态移民11501人、失地农民7497人）；为全旗47024人（其中农牧民37726人、城镇居民1873人，生态移民4734人，失地农民2691人）发放城乡居民养老金及支付其他待遇28407万元。

【工伤保险】 2019年，全旗共有664户企业51957名职工参加工伤保险统筹，完成市级计划任务的107.79%，征收基金2456万元；共为253人次伤残、工亡、遗属人员支付伤残医疗费、津贴费3157万元。

【社会保险稽核】 2019年，离退休职工发放待遇实现系统社银接口直接与银行对接，确保基金安全平稳运行。10个苏木乡镇街道，追缴156人冒领养老保险金50多万元。

【惠民补贴】 2019年，为全旗11285名企业退休人员每人每月发放地方生活补贴400元，共计5457万元；为矿区宾馆53名退休人员发放津补贴1584.2万元；为3061

名准旗户籍缴纳灵活就业养老保险人员补贴459.15万元；按月足额发放城乡居民基本养老保险基础养老金达到448元/月；为4024名缴费困难人员代缴城乡居民养老保险（其中：建档立卡未标注脱贫6人，低保2916人，特困419人，重度残疾673人，计划生育特殊户10人）。

【准格尔旗社会保险事业管理局】准格尔旗社会保险事业管理局成立于1990年5月，隶属人力资源和社会保障局，副科级建制。主要承担全旗社会保险制度改革的实施工作，负责经办全旗各类职工养老、工伤、生育和城乡居民养老保险等社会保险业务。内设办公室、财务股、稽核审计股、退管股、城乡居民养老保险服务中心、工伤保险服务中心、个体参保管理股、单位参保管理股、机关事业养老保险股等9个股室，有正式职工35人。驻准格尔旗薛家湾迎泽区世纪中学东门社保局大楼办公。

2019年5月1日，生育保险业务移交医保局。按照《中国共产党党和国家机关基层组织工作条例》《中国共产党章程》和上级组织的有关要求，局机关下设的9个离退休党支部人员均超过50人，局机关党委拟撤销现有离退休党支部。按照现有党员人数，新成立9个离退休职工机关委员会，按照每个支部不超过50名党员设置，共下设45个离退休党支部。2019年12月底，生态移民养老保险11497人（其中缴费人员6747人，享受待遇人员4750人）上划市级统筹，上划基金45218153.51万元。

（撰稿 孙　苗　编辑 李晨雨）

民　政

【社会救助】2019年，按照《内蒙古自治区人民政府办公厅关于做好2019年全区社会救助标准有关事宜的通知》要求，全年累计为527户城镇低保对象发放救助金546.38万元，为3082户农村低保对象发放救助金3079.13万元，为1791名特困人员发放救助金1862.29万元，为464名失能、半失能特困人员发放护理补贴281.18万元，为353名“三民”人员发放生活补贴406.74万元。全年累计下拨各苏木乡镇、街道临时救助资金355万元；旗本级为262人发放临时救助资金32.65万元，为39人发放“救急难”救助资金76.7万元。年内新增特困供养人员94人，新增城乡低收入家庭166户456人。

【养老服务机构】2019年，全旗共有公办敬老院5所：沙圪堵中心敬老院、龙口敬老院、纳日松敬老院、布尔陶亥敬老院、十二连城敬老院（其中龙口敬老院、纳日松敬老院、布尔陶亥敬老院于2019年1月通过“公建民营”模式交由社会运营方管理）；有民办养老院3所：准格尔旗金太阳老年公寓、准格尔旗福寿老年公寓、沙圪堵经济开发区鸿福民族养老院；有农村幸福互助院12所：四道柳村幸福互助院、石籽湾村幸福互助院、福路村幸福互助院、郑峁梁村其子塄幸福互助院、郑峁梁村伙房塄幸福互助院、大圐圙梁村幸福互助院、南窑梁村幸福互助院、沙也村幸福互助院、麻地梁村幸福互助院、长滩村幸福互助院、亭子塄村幸福互助院、红台子村幸福互助院；有日间照料中心两处：即迎泽街道湖西社区日间照料中心和兴隆街道中心社区永安小区日间照料中心。

【社会福利】2019年，为全旗14384名75周岁以上老年人发放高龄津贴2103.1万元；为60500名60周岁以上老年人购买意外伤害保险；为5440名重度残疾人和2064名困难残疾人发放残疾人两项补贴1703.24万元；为36名孤儿发放供养金77.55万元，为66名困境儿童发放生活补贴52.2万元。年内新增孤儿3人。

【婚姻登记】2019年，依法办理结婚登记1840对、离婚登记677对，补办结婚手续1888对、离婚手续61对。并按照《关于推进婚姻登记历史档案数据补录工作的通知》要求，聘用第三方专业梳理机构整理出婚姻信息33526条。

【行政区划】2019年，开展编制地名志和地名图，并完成5100余条地名资料档案梳理归档，对24条不规范地名进行标准化处理。制定出台《准格尔旗边界纠纷应急预案》，联合东胜区开展第六轮区域界线联合检查工作，依法妥善处理边界争议纠纷事件，确保边界地区群众生产生活秩序稳定。年内新审批成立昌和社区、腾飞社区2个社区。

【基层政权建设】2019年，会同组织部对2019年第十届嘎查村“两委”换届选举工作开展回头看，对全旗15名不宜继续担任村干部的班子成员进行清理整治，并已将出缺的10名村委委员，通过重新选举、补选等方式选齐配强。

【社会工作】2019年，联合组织、财政、人社部门印发《关于做好2019年度社会工作者职业水平考试的通知》，全旗已有68人取得初级社工证、106人取得中级社工证。审批成立社会团体3家，企业15家，帮助8家社会组织成立党组织，完成全旗60家社会团体和43民办非营利性组织年检工作。对17家“不运营、不年检”的社会组织依法进行注销。帮助兴隆街道站北社区等6个社区成功申请成为全市“三社联动”试点社区。对10家优秀社会组织和10名最美社工进行表彰。

【殡葬服务】2019年，开展违法违规私建“住宅式”墓地等突出问题专项摸排工作，共排查出“住宅式”墓地1个、硬化大墓37个、活人墓3个。继续推进准格尔公墓（殡仪馆）和沙圪堵殡仪馆项目建设工作。截至年底全旗共有正规殡葬服务机构7处：聚弘福殡仪馆、福寿园殡仪馆、续福园殡仪馆、纳林村殡仪馆、光亮殡葬服务有限公司、仁助殡葬礼仪服务有限公司、圣洁殡仪服务有限公司。

【准格尔旗民政局】准格尔旗民政局是旗人民政府工作部门，科级。承担全旗社会救助体系建设、基层政权建设、行政区划、地名管理、社会组织管理、婚姻登记、社会福利、养老服务、收养登记、殡葬服务管理等工作。内设行政审批综合办公室、计划财务股、区划基政股、社会救助股、社会福利和社会事务股。下设低保服务中心（准科级）、救助站、社会工作办公室、殡葬管理所、婚姻登记办公室、沙圪堵中心敬老院、十二连城敬老院、龙口敬老院、布尔陶亥敬老院、纳日松敬老院。现有职工47名，其中局属机关事业单位34名，低保办13名。

（撰稿 冯小龙 编辑 李晨雨）

退役军人事务

【概况】根据国家退役军人服务保障体系建设任务要求，准格尔旗退役军人事务局按照“五有”（有机构、有编制、有人员、有经费、有保障）标准，于2019年2月3日正式挂牌成立，为旗人民政府工作部门，科级建制。主要承担全旗退役军人优抚安置，军官转业安置及旗委退役军人事务工作领导小组办公室职责。内设办公室、综合业务股，核定领导职数1正2副，核定行政编制5名，转隶工作人员2人。下设旗退役军人服务中心（2019年3月29日挂牌成立，股级建制）。

2019年4月19日 准旗举办退役军人招聘会

2019年5月，全旗14个苏木乡镇街道、195个嘎查村社区均组建设立退役军人服务站，至此全旗退役军人三级服务保障体系构建形成。

【拥军优抚】2019年，为全旗5240户烈属、军属和退役军人家庭悬挂光荣牌。“八一”期间为驻地部队、在乡老复员军人和农村、城镇无业、下岗退役军人困难家庭送去慰问金。中秋节为困难退役军人家庭送去月饼、水果等慰问品。国庆期间慰问新中国成立前老军人刘板汉和周海裕，并为他们发放了庆祝中华人民共和国成立70周年“在党50年”纪念章。

【就业安置】2019年，组织全旗退役士兵参加5场退役军人专场招聘会，部分退役士兵与招聘企业达成就业意向。成立旗退役军人创业园，提供房租、税费减免等优惠服务。为有创业需求的退役军人提供最高额度15万元、期限2年的创业贴息贷款，解决自主创业退役军人创业资金不足的难题。

【**烈士纪念活动**】2019年“9·30”烈士公祭日，组织在校师生、机关单位职工、社会各界人士等5000余人在沙圪堵烈士陵园举行烈士公祭活动。大力宣传烈士事迹和烈士纪念设施保护，深切缅怀革命先烈的丰功伟绩，祭奠烈士英灵，弘扬革命精神，营造浓厚的弘扬烈士精神的社会氛围。

（撰稿 韩利荣 编辑 李晨雨）

最低生活保障

【**城乡低保**】2019年，准格尔旗有城镇低保对象527户851人，保障标准由611元/人·月提高至675元/人·月；有农村低保对象3082户6346人，保障标准由476元/人·月提高至514元/人·月。2019年7月起，准格尔旗对城乡低保保障标准进行提高并对1—6月城乡低保对象保障标准提高部分低保金进行了补发。全年为城乡低保对象发放临时价格补贴资金53万元，发放电价补贴资金17.6万元。

【**医疗救助**】2019年，累计救助城乡低保对象、五保供养对象、孤儿、“三无”人员、在乡城镇无业重点优抚对象（不含1—4级伤残军人）、“三民”定补对象、重度残疾人和因病致贫家庭人员病患对象4281人次，发放医疗救助金2206万元；为7652名城乡低保对象、五保供养人员和“三无”人员代缴合作医疗参合金160.4万元。

【**大学生救助**】2019年，累计救助137名低保家庭在读大学生，支出救助金58.1万元，使困难家庭大学生都能正常入学，顺利完成学业。

【**取暖救助**】2019年，为全旗城镇低保对象527户850人每户发放取暖救助金300元，每人发放煤炭补贴100元，共计支出24.3万元，确保城镇低保对象安全过冬。

【**整顿低保对象**】2019年，经过清理整顿全年共有425人退出低保范围。2019年初，共批准2942户6250人享受农村低保待遇。

【**准格尔旗城乡居民最低生活保障办公室**】准格尔旗城乡居民最低生活保障办公室前身为成立于1996年的准格尔旗城镇扶困工作领导小组办公室，2003年更为现名，隶属于准格尔旗民政局，准科级建制。主要负责全旗城乡居民最低生活保障的核查、审批和日常管理工作；负责城乡困难群众医疗救助、低保家庭在读大学生救助、冬季取暖救助的日常管理工作，并协调配合相关部门完成其他各项社会救助工作。内设办公室、业务股、救助股、财务室、网络信息股等5个股室，2019年有工作人员13人。

（撰稿 王培鑫 编辑 李晨雨）

扶　贫

【**脱贫攻坚政策体系**】2019年，准格尔旗组建20个脱贫攻坚专项工作推进组，明确责任领导细化职能职责，建立行业扶贫工作调度机制，推进组听取工作进展汇报，协调配合事宜，整合工作力量，全力推进脱贫攻坚各项政策措施落早落细落实。20个扶贫行业部门按照任务分工，出台精准脱贫配套方案，构建起脱贫攻坚“1+N”政策体系。

【**驻村结对帮扶**】2019年，准格尔旗统筹整合市、旗两级帮扶力量，27名县级领导均包联贫困户，为14个苏木乡镇街道派驻脱贫攻坚推进组，统筹15个市直部门、166个旗直单位组建了159支驻村工作队，派出167名驻村第一书记（驻村干部）下沉一线、驻村蹲点，做到户子不脱贫不巩固、干部不脱钩。

【**脱贫攻坚项目举措**】饮水安全　2019年完成2014年以来建档立卡贫困人口安全饮水鉴定和认定工作，出具建档立卡贫困户饮水现状确认表并全部归档。对51户113人存在取水不方便和饮水安全隐患问题，进行分类施策，全部落实到位。

产业扶贫 2019年，因地制宜培育优势特色产业。将有劳动能力的贫困人口全部吸附到产业链上，遴选带动能力强的肉牛、碱稻、山杏、海红果、小杂粮，矿业服务6大脱贫主导产业，旗级层面对应组建6个扶贫产业联合体，通过土地整合、订单收购、入股分红、利益联结、吸纳务工等形式，带动2157名有劳动能力贫困人口稳定增收。例如按照“苏木乡镇党委+准能集团+准格尔矿区生态公司+贫困户”模式，推行肉牛托管代养扶贫模式，截至2019年底，已有55头8月龄犊牛落实到户，预计每户增收7000元。制定《准格尔旗发展壮大嘎查村集体经济的实施方案（2019—2022年度）》，大力发展壮大村集体经济。截至2019年底，集体经济收入在5万元以下的嘎查村73个，集体经济收入5万元以上的嘎查村86个，嘎查村集体经济实现清零递增。促成全旗163家企业结对帮扶161个嘎查村和农村社区，深入推进“百企帮百村”行动。确定村集体经济项目154个，到位帮扶资金3304.52万元，共实现效益收入752.9万元，联结贫困户556户1425人。依托准能集团庞大的消费群体，在后勤采购、福利采购等方面重点安排采购准格尔旗本土农副产品，推进消费扶贫工作。切实解决贫困户农畜产品卖难问题。旗人民政府与中国邮政集团公司内蒙古自治区分公司签订实施乡村振兴战略推进脱贫攻坚合作协议，以线上平台+企业（农产品加工）+农户（贫困户）的模式，率先推动十二连城碱水稻和其他小杂粮在邮政旗下的多家网络电商平台上线，直接带动754户（其中贫困户43户）在参与中增收。出台《准格尔旗扶贫造林合作社实施方案》，建立扶贫造林专业合作社模式,组建扶贫造林合作社。通过向各社会发布扶贫造林合作社领办人公告的形式，吸纳45家领办合作社，带动136名贫困人口参与扶贫造林合作社，2019年安排造林任务8.45万亩，共投资3474.7万元，全部采取议标制的方式安排给45个扶贫造林专业合作社，截至年底45个合作社已完成造林面积65074亩，带动贫困户增收17.79万元。

就业扶贫 2019年，准格尔旗结合“百企帮百村”精准脱贫行动，通过企业吸纳、村集体（合作社）务工、提供公益性岗位等方式累计安置715名贫困人口就业（其中公益性岗位安置贫困劳动力就业66人），实现有就业意愿和就业能力的贫困人口就业全覆盖。全年累计举办种植养殖、电工、电焊工、电商、母婴（月嫂）等培训17期，切实提高贫困人口实用技术能力。

易地扶贫搬迁 按照自治区发改委要求，对全旗易地扶贫搬迁户进行再核实，对改变搬迁意愿和原址重建的贫困户进行指标调整，共有241户645人退回指标。截至2019年底，全旗实施易地搬迁户为324户812人。在苗家滩、福路集中安置点配套日光温室，不具备产业发展条件的搬迁户，通过引导就业的方式确保搬得出、稳得住，累计安置就业80人。

扶贫小额信贷 2019年，准格尔旗对照“5万元以下、3年期以内、免担保免抵押、基准利率放贷、财政贴息、县建风险补偿金”的政策要点执行扶贫小额信贷，全年新增发放扶贫小额信贷94笔378万元。

住房安全 对2018年排查出因自然灾害造成房屋安全隐患的49户危房进行改造，2019年已完工；经再次排查，有5户进行易地搬迁，可保障住房安全；另有39户因重新鉴定为住房A级、B级或因其他原因自愿放弃危改等未建设住房的，确保其现居住房屋安全。

义务教育 对全旗建档立卡贫困家庭子女教育情况进行核查，对10名学龄段因病、因残、厌学等原因导致无法上学的孩子通过“送教上门”、劝导返校等关爱措施，确保义务教育阶段贫困家庭学生控辍保学达标。按照自治区、市建档立卡贫困家庭学生资助管理办法，2019年上半年兑付义务教育阶段资助资金13.35万元，惠及贫困家庭学生267人。

基本医疗 2019年为2014年以来已脱贫享受政策及未脱贫建档立卡贫困人口补助或代缴城乡居民基本医疗保险个人缴费部分59.554万元，惠及贫困人口2707名。落实健康扶贫“三个一批”措施，对建档立卡贫困户实行“一对一”签约、“送医送药”等服务，建档立卡贫困慢性病患者全部签约履约，签约率100%，对重点糖尿病、高血压、结核病、严重精神障碍的贫困慢性病提供规范管理和健康服务，截至2019年底完成第二季度随访，对纳入的23种大病患者开展再核查，切实做到应治尽治。实行“先诊疗后付费”和“一站式”结算模式，全年累计报销762人次263.08万元。

社会兜底保障　完善扶贫开发与低保制度的有效衔接，将符合条件的232户569名建档立卡贫困人口全部纳入低保保障范围，享受低保和扶贫政策。全旗60周岁以上符合领取城乡居民养老保险条件626名的建档立卡贫困人口，已全部享受养老保险待遇。为符合条件的6名建档立卡未脱贫人员代缴城乡居民养老保险，其中为5人每人代缴100元，为1人为代缴200元（重度残疾）。

【精准脱贫】2019年，准格尔旗按照脱贫不脱政策、脱贫不脱责任、脱贫不脱帮扶、脱贫不脱监管的要求，《准格尔旗脱贫攻坚巩固提升实施方案》，聚焦“两不愁三保障”，开展2019年度扶贫对象动态管理和数据核实核准工作，按照贫困户脱贫的标准和程序，通过苏木乡镇扶贫干部、嘎查村“两委”成员、第一书记、帮扶责任人入户核实，经村民代表大会评议、村公示、苏木乡镇审核、苏木乡镇公示、旗扶贫办复核，完成3户7人脱贫退出任务，标注脱贫不享受政策97户279人，拟清退491户955人。

【扶贫资金管理和使用】2019年，准格尔旗出台《扶贫资产管理实施细则》及扶贫资产清查核资工作方案，对全旗2012—2018年扶贫资金投入及形成扶贫资产情况进行核查，初步核查，共计投入资金27757万元，支出27757万元，形成扶贫资产17240万元，其中公益类资产3029万元、经营类资产6687万元、到户类资产7524万元。开展扶贫资金绩效评价工作。聘请第三方机构完成对准格尔旗2018年扶贫资金进行绩效评价工作，项目涉及资金18318.33万元，绩效评价报告已出具。全年共下达各级各类扶贫资金4322万元，其中中央资金250万元、自治区级32万元、市级1501万元、旗本级配套2539万元。

【准格尔旗扶贫开发中心】原名准格尔旗扶贫开发领导小组办公室。2019年3月25日按照机构改革要求，更名成立准格尔旗扶贫开发中心，隶属于旗农牧局，正科级建制，是准格尔旗精准脱贫攻坚工作领导小组常设办事机构。内设综合办公室、项目管理股、计划财务股、革命老区办公室、扶贫培训中心、社会扶贫股等6个股（室）。有事业编制人员6名，政府聘用人员4名，嘎查村服务人员3名（从组织部借回），“三支一扶”人员1名，临时工4名。

（撰稿 张丽玲　编辑 李海峰）

民族事务

【民族宗教政策制度】2019年，准格尔旗民族事务委员会落实旗乡两级宗教工作责任制，健全宗教三级工作网络，完善宗教教职人员信息数据库；开展中央及自治区宗教督查反馈问题和自查发现问题整改工作，开展苏木乡镇党委落实宗教工作主体责任和伊斯兰教“三化”问题的专项督查，制定《准格尔旗新形势下宗教工作实施意见》和《准格尔召去商业化长效机制》等制度性文件，为准格尔召宝堂寺办理相关证件和手续，实现准格尔召商业资本的剥离。开展全旗宗教领域工作情况专题调研，制定《准格尔旗民间信仰事务管理的实施办法（试行）》。对旗内乱建寺庙和基督教私设聚会点等问题进行专项整治。举办宗教“三支队伍”培训班，印发各类宣传手册2500余份。

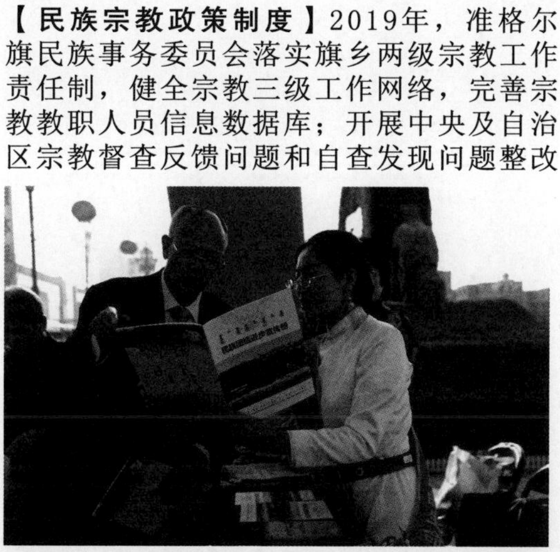

2019年10月，旗民委开展民族团结进步集中宣传活动

【民族团结进步创建】2019年，命名纳日松镇等15家单位为全旗第四批民族团结进步创建活动示范单位。推荐上报的沙圪堵等5家单位现已全部被命名为市级创建示范单位。“六进”活动持续拓展延伸。各苏

木乡镇先后开展民族团结进步好家园、好家庭表彰活动。

【民族经济发展资助】2019年，旗财政预算安排本级少数民族发展资金350万元。实施了少数民族安居工程，在全旗危房改造补贴政策的基础上，少数民族户子每户补贴1万元。其中，布尔陶亥180户，十二连城141户，迎泽街道2户，暖水乡、准格尔召镇各1户。为参加旗城乡居民基本医疗保险的23309名旗籍蒙古族及“三少”民族，每人补助150元。为45户少数民族贫困家庭发放市级救助金27.5万元，为25名少数民族大病患者发放救助补贴4万元。

【民族教育补贴】2019年，旗民委为5217人次少数民族寄宿生发放生活补助金239.76万元；为1048名少数民族大学生发放就学补助金516.65万元；为8所民族学校和2所加授蒙语高中落实旗级民族教育专项补助金50万元；为布尔陶亥民族幼儿园、旗民族中学分别争取到市级民族教育专项补助金20万元和30万元。

【民族科技培训】2019年，旗民委联合旗农牧局农牧业综合服务管理中心、科协举办2期少数民族农民种养殖技术培训班，培训90人次。

【民族文化体育】2019年，旗民委联合教体局举办全旗第五届蒙古语经典诗文诵读·书法比赛。组织旗四大班子领导参加成陵农历正月初一祭祀和三月二十一日查干苏鲁克大祭。组织开展腊月二十三日集体祭火、协助相关单位举办五月十三日点素敖包祭祀、民族中小学传统体育运动会、“民族团结一家亲、同心共筑中国梦”庆祝中华人民共和国70华诞主题消夏晚会等民族文体活动。《准格尔旗蒙古族传统文化纪录片》《白银鉴——准格尔召庙史》两部作品已完成，待出版。

【民族医疗卫生】2019年，旗民委为全旗户籍蒙古族、达斡尔族、鄂伦春族、鄂温克族参加旗城乡居民基本医疗保险的23309人，每人补助150元。经困难群众申请、视病情严重程度，按照1000—3000元补助标准，发放少数民族大病救助金4万元。

【蒙古语文】2019年，旗民委为蒙古语文爱好者提供学习平台，近1000人参加培训；全年蒙古语文翻译审核8000余条，翻译审核正确率100%。

【准格尔旗民族宗教事务委员会】准格尔旗民族事务委员会的前身是1979年5月的成立的准格尔旗民族事务局，1986年3月改称准格尔旗民族宗教事务委员会，2002年7月改称准格尔旗民族事务局，2010年10月改称准格尔旗民族宗教事务局。2019年2月，根据《鄂尔多斯市委办公厅市人民政府办公厅关于印发准格尔旗机构改革方案的通知》（鄂党办字〔2019〕3号）、《准格尔旗委办公室旗人民政府办公室关于印发准格尔旗机构改革实施意见的通知》（准党办发〔2019〕1号）精神，将宗教职能划转旗委统战部，并更为现名。内设办公室、民族蒙古语言文字综合业务股2个职能股室，2019年有工作人员17名。

（撰稿 王一丹 编辑 李晨雨）

乡镇·苏木·街道

薛家湾镇

【概况】薛家湾镇地处准格尔旗东部，地理坐标：北纬39°32′30″—39°58′00″，东经110°51′00″—111°22′12″，东与呼和浩特市清水河县窑沟乡隔黄河相望，南与龙口镇接壤，西与沙圪堵镇毗邻，北依大路镇。全镇总面积1100.45平方公里，辖28个村、268个合作社，户籍人口20065户46994人，其中少数民族1296户3136人，辖区常住人口5.7万人。耕地面积18.2万亩，其中水浇地仅1000余亩，其余均为梁地、旱地。按照“三区”划分标准，11个村划为限制开发区，17个村划为禁止开发区。牲畜总头数8.8万头（只）。境内有30座煤矿，其中大型露天矿2座，小型露天矿9座，井工矿19座，井田面积451.2平方公里，年设计生产能力10245万吨，有生产煤矿12座。实施矿区移民搬迁3730户9750人，实施生态移民搬迁304户659人。

【重点项目】2019年，辖区在建重点项目5个，其中京泰电厂二期项目、汇能长滩露天煤矿正在建设中，汇能长滩电厂建设即将完工；国源矿业龙王沟煤矿已进入试生产阶段；大龙高速控制性工程全部完工，主线全部贯通。2019年辖区内有8家煤炭企业对10个村19个社实施征地搬迁工作，其中8个社已完成搬迁，剩余11个社征地工作正在推进。

【乡村振兴】2019年，全面启动“一带四点”乡村振兴示范建设，推动乡村振兴点上示范、线上成串、面上铺开。“一带”即百里长川乡村振兴示范带，在沿川各村清理苗木400亩，平整土地2380亩，建设温室大棚75栋。宁格尔塔村成立平泽农牧业专业合作社和互助农机专业合作社，整合土地1000亩发展规模化种植，为农民租赁机械耕种800余亩；柳树湾村集体建设农副食品加工厂1处，整合土地800亩发展规模化种植；长滩村实施文化保护和旅游开发项目，改造了活动广场和商贸市场，新建开发玻璃栈道和百年古树等旅游景点；哈拉敖包村建成商砼公司；柳青梁村实施哈木昴社百亩果园项目建设，已完成树苗栽种；勉圪令村建设牛龙湾温室大棚7栋，建成通社水泥路3.2公里；马家塔村打储水井1眼；梁安窑村建成300立方米水窖1座；阳窑子村硬化通社道路2.58公里；三宝窑子村硬化通社道路4公里；不连沟村新建通村水泥路2公里；点岱沟村新建通社道路0.4公里、维修5.8公里；阳塔村新建通社水泥路0.4公里、维修5公里。

【精准扶贫】2019年，全镇共有建档立卡贫困户150户390人，其中稳定脱贫53户148人，享受政策97户242人。实施贫困户危房改造3户、维修5户；水利局与贫困户签订送水协议17份、绩效奖励资金22万元；通过富贫保洁有限责任公司建立的利益联结机制分红57万余元，其中68户贫困户家庭每人平均收益2200元，每个村集体收入7500元；促成20家规模以上企业与28个村结成精准帮扶对子，落实项目18个，到位帮扶资金472.7万元；落实生态护林员岗位9人，公益性岗位18人，解决就业2人；落实金融小额信贷8户34万元；完成易地搬迁拆旧工作11户；脱贫攻坚十项“清零”达标任务全部完成；落实脱贫攻坚项目库4个项目产业扶持资金635万元；完成中央第八巡视组对内蒙古自治区开展脱贫攻坚专项巡视意见认领的3个方面12项问题、2018年度脱贫攻坚成效考核发现内蒙古自治区存在问题和2019年自治区脱贫攻坚暗访反馈共4个方面6项问题、2019年全旗第五批“回头看”大排查发现的173条问题的全面整改工作。

【债务化解】全镇债务总额57697.75万元。2019年化解债务8777.925万元，截至年底债务余额14625.09万元。

【污染防治】年内完成常规巡查56次，发现问题线索并责令企业完成整改37件，移交违法线索3件，持续抓牢环保问题整改。

【基础设施建设】年内实施“四类”重点人群危旧房改造19户；完成3条共8.1公里通村水泥路建设，5公里通村油路正在施工中；新建安全饮水工程23处，安装蓄水玻璃罐222个，实施小型维修工程32处，自来水主管道到村到社率达95%，入户率达75%。

【社会保障】2019年，发放社会救助金、老年人高龄津贴、临时救助金共计657.8315万元，发放城乡低保金676.54万元、残疾人补贴323.687万元、各项计划生育奖励扶助金68.28万元，发放老年人生活及交通补贴303.04万元，完成推荐就业308人，组织参加农牧业科技培训9次。

【农牧业产业】2019年，发放玉米、大豆补贴及耕地地力保护补贴共计930余万元；上报并完成设计规划招标高标准农田建设项目637亩；落实耕地保护2264公顷，基本农田保护1107公顷；在宁格尔塔村落实补充耕地150亩；引进板蓝根等中药材种植；培育建设白大路村、巴润哈岱村蔬菜瓜果花卉大棚130余栋；积极发展林果产业，在巴润哈岱村新建果树种植基地150余亩；上报补贴2000平方米以上羊圈和草棚28户；累计为农户销售山羯羊1356只。

【产权制度改革】完成全镇28个村清产核资工作；28个村产权制度改革工作村民摸底登记已完成三轮公示，公示人数22500户51300人。

【精神文明建设】2019年，在镇区沿路沿线制作宣传牌、宣传标语300余处，印制发放宣传折页、宣传单、宣传品10000余册（件）；28个村选树"十星级文明户"117户，善行义举"四德"先进典型29人；"新农村大讲堂"开展宣讲活动19期；举办文化活动85场次。

【巴润哈岱村】地处薛家湾镇西部，东与薛家湾镇王青塔村交界，南与薛家湾镇海子塔村交界，西与沙圪堵镇交界，北与薛家湾镇白大路村交界。全村总面积118平方公里，全村户籍人口1103户2404人，常住人口360户844人。全村有耕地面积10064亩，林地面积72631.6亩，草地面积31368.84亩。

【白大路村】白大路村地处薛家湾镇西北部，东与兴隆街道王青塔村交界，南与巴润哈岱村交界，西与沙圪堵镇速机沟村交界，北与布尔陶亥苏木孔兑沟村和大路镇常树梁村交界。全村总面积77.37平方公里，总人口640户1370人，少数民族48户111人，常住人口185户355人。全村有耕地面积5070亩，林地面积 8.1万亩，草地面积1.8万亩。

【白家渠村】地处薛家湾西南部，东与薛家湾镇宁格尔塔村交界，南与沙圪堵镇庙壕村、安定壕村交界，西与沙圪堵镇安定壕村、刘家渠村交界，北与沙圪堵镇刘家渠村和薛家湾镇沟门村交界。全村总面103平方公里（15.45万亩），总人口690户1522人，常住人口434人。有耕地面积5099亩，林地面积12万亩，草地面积 4.8万亩。

【沟门村】东与海子塔村交界，南与宁格尔塔村、白家渠村相邻，西与沙圪堵镇刘家渠村、速机沟村相邻，北与巴润哈岱村交界，总面积86.6平方公里，辖13个合作社。总人口859户1837人，其中少数民族42户96人，常住人口565人。有耕地面积6000亩，林地面积3.6万亩，草地面积7.2万亩。

【海子塔村】地处薛家湾镇西南部，东与大塔村、马家塔村、大饭铺交界，南与柳树湾村交界，西与白家渠村交界，北与巴润哈岱村交界。全村总面积76.3平方公里，总人口1393户3020人，其中常住人口459户908人，少数民族123户307人。有耕地面积15465.5亩，林地面积17407.7亩，草地面积1453.6亩。

【柳树湾村】位于薛家湾镇西南部，东与大塔村、红台子村交界，南与业林沟村交界，西与沙圪堵镇交界，北与海子塔村交界。柳树湾村总面积80.3平方公里，辖9个合作社。总人口859户1996人，其中少数民族189户389人，常住人口525人（包括外来人口、非本村户籍人口）。有耕地面积7748亩，林地面积 43821亩，草地面积77841亩。

【宁格尔塔村】东与海子塔村交界，南与柳树湾村交界，西与白家渠村交界，北与沟门村交界。总面积53平方公里，辖5个合作社。总人口525户1171人，其中少数民族95户215人，常住人口222户520人。有耕地面积5768亩，林地面积6100亩，草地4900亩。

【长滩村】位于薛家湾镇东部，东与哈拉敖包村相邻，南与龙口镇台子梁村交界，西与沙圪堵镇庙壕村交界，北与业林沟村交界，长滩村总面积31平方公里，辖12个合作社。总人口1149户2236人，其中少数民族17户29人，常住人口1100人，有耕地面积9681亩，林地面积33911亩，草地面积33000亩。

【业林沟村】位于薛家湾镇南部，东与红台子村罗罗坪社和哈拉敖包村史家敖包社相邻，南与哈拉敖包村周家沟社相邻，西与沙圪堵镇庙壕村庙壕社相邻，北与柳树湾村柳树湾社相邻。业林沟村总面积38平方公里，辖9个合作社。总人口786户1768

人，其中少数民族18户36人，常住人口248户459人，有耕地面积3992亩，林地面积26694亩，草地面积30550 亩。

【哈拉敖包村】地处薛家湾镇南部，东与龙口镇郑峁梁村交界，南与龙口镇台子梁村、柏相公村交界，西与长滩村交界，北叶林沟村、红台子村交界。属丘陵沟壑区，全村面积58平方公里，户籍人口1116户2663人，常住人口145户283人。有耕地面积 9329亩(其中坝地面积810亩、梯田面积2189亩、梁峁地6330亩、养殖水面28亩），林地面积42000亩，草地面积31280亩，其他林地2608亩。

【百草塔村】地处薛家湾镇东北部，东临黄河，南与亭子塥村交界，西与阳塔村交界，北与勉格令村交界。全村总面积19.8平方公里，总人口共计957户2106人，其中少数民族85人。有耕地面积5605.6亩，林地面积4100亩，草地面积17142亩。

【梁安窑村】 地处薛家湾镇东北部，东临黄河，南与牛光圪旦村交界，西与亭子塥村交界，北与百草塔村交界。面积19.8平方公里。全村共有户籍人口1002户，2213人。其中有少数民族39户61人，常住户74户142人。有耕地面积5289亩，林地面积900亩，草地面积1100 亩。

【勉圪令村】 地处薛家湾镇东部，东与清水河县隔河相望，南与百草塔村交界，西与阳塔村村交界，北与大路镇二旦桥村、房子滩村交界，距旗人民政府、薛家湾镇政府驻地25公里。勉圪令村总面积52平方公里，辖16个合作社。总人口979户2230人，其中少数民族45户84人，常住人口379人，全村有耕地面积16107亩，林地面积31227亩，草地面积31227亩。

【阳塔村】 地处薛家湾镇东部，东与薛家湾镇勉圪令村交界，南与友谊街道草场村、薛家湾镇亭子塥两村交界，西与蓝天街道阿岱沟村交界，北与大路镇二旦桥村交界。全村总面积18平方公里，户籍人口1104户，2566人，少数民族共74户174人，其中常住人口247户642人，流动人口857户1924人。有耕地面积6614.8亩，林地面积7646.7亩，草地面积16464.5亩。

【永胜壕村】地处薛家湾镇东部，东与清水河县隔河相望，南与柳青梁村交界，西与唐公塔村交界，北与牛光圪旦村交界，永胜壕村总面积32平方公里，辖11个合作社。总人口813户2003人，其中少数民族21户31人，常住人口234人。有耕地面积7177亩，林地面积14500亩，草地面积23600亩。

【牛光圪旦村】地处薛家湾镇东部，东与清水河县隔河相望，南与永胜壕村交界，西与唐公塔村交界，北与亭子塥村和梁安窑村交界，距旗人民政府、薛家湾镇政府驻地16公里，牛光圪旦村总面积21.9平方公里，辖8个合作社。总人口825户1816人，其中少数民族26户52人，常住人口222人，有耕地面积5995.3亩，林地面积2000亩，草地面积8000亩。

【亭子塥村】北于百草塔村、阳塔村交界，亭子塥村总面积4.76平方公里，辖5个合作社。总人口910户1606人，其中少数民族43户89人，常住人口162人有，耕地面积2607.6亩，林地面积2000亩，草地面积8000 亩。

【不连沟村】地处薛家湾镇东南部，东与城坡村交界，西与红台子村交界，南与龙口镇交界，北与黑岱沟村、大塔村交界。全村总面积80平方公里，户籍人口为1097户2562人，其中少数民族173户346人。有耕地面积5878亩，林地面积39200.4亩，草地面积 39200.4 亩。

【城坡村】东与呼和浩特市清水河县窑沟乡城湾村中间隔黄河（黄河城坡段约3公里）交界，南与龙口镇井子沟村、薛家湾镇不连沟村交界，西与黑岱沟村交界，北与阳窑子村交界。全村面积22平方公里，有户籍人口828户1826人，有少数民族90户280人，村内常住人口42户85人。有耕地面积6614.8亩，林地面积11308亩，草地面积9140亩。

【大塔村】地处薛家湾镇南部，东与不连沟村交界，南与红台子村交界，西与柳树湾村交界，北与哈岱高勒村交界。全村总面积22.6平方公里，有户籍人口440户，1028人。其中少数民族61户150人。

【点岱沟村】地处薛家湾镇南部，东与张家圪旦居民委员会交界，南与马家塔三宝窑子村交界，西与巴汗图村交界，北与苏计沟村交界。全村总面积20平方公里，总人口654户1494人，其中少数民族37户78人，常住人口114户238人。现有耕地7390.1亩，林地4530.4亩，草地16576.55亩。

【黑岱沟村】地处薛家湾镇南部，东与城坡村交界，南与不连沟村、大塔村交界，西与马家塔村交界，北与阳尧子村交界。

全村总面积24平方公里，总户数567户，人口1351人，其中少数民族45户220人。有耕地面积1549亩，林地面积8782亩，草地面积175亩。

【红台子村】地处薛家湾镇南部，东与不连沟村交界，南与哈拉敖包村交界，西与柳树湾村交界，北与大塔村交界。全村总面积54.1平方公里，总人口570户1316人，其中常住户136户290人。耕地面积2949亩，其中坝地面积810亩，梯田面积450亩，梁峁地1689亩，有林地面积11250亩，草场面积64292亩，养殖水面51亩，其他林地2608亩。

【柳青梁村】属于丘陵地形，东邻黄河、南与阳尧村交界、西与唐公塔村交界、北与永胜壕村交界，面积32平方米，总户数944户总人数2220人，其中少数民族33户77人，常住户273户625人。有耕地面积5861.1亩，林地面积10431亩，草地面积17865亩。

【马家塔村】地处薛家湾镇南部，东与黑岱沟村交界，南与海子塔村交界，西与三宝尧村交界，北与点岱沟村交界，全村总面积26平方公里，辖5个合作社。总人口496户1143人，其中少数民族25户52人，常住人口220人。有耕地面积2500余亩，林地面积约5800亩，草地面积约 500亩。

【三宝窑子村】地处薛家湾镇南部10公里，东至哈尔乌素露天矿，南至马家塔移民新村，西与大饭铺村交界，北与点岱沟村交界，距旗人民政府、薛家湾镇政府驻地大概7公里。三宝窑子村总面积18平方公里，辖7个合作社。总人口507户1137人，其中少数民族47户103人，常住人口407人。有耕地面积3120亩，林地面积 9639亩，草地面积 4131 亩。

【阳窑子村】东部隔黄河与呼和浩特市清水河相望。南部与城坡和黑岱沟村相邻。西部与张家圪旦村相邻。北部与柳青梁村相邻。阳窑子村总面积36平方公里，辖9个合作社。总人口850户2056人，其中少数民族45户105人，常住人口53户112人。有耕地面积4545亩，林地面积3008亩，草地面积1925亩。

【大饭铺村】地处薛家湾镇西南部，东与三宝窑子村交界，南与海子塔村交界，西与海子塔村交界，北与点岱沟村交界。全村总面积23平方公里，总人口343户743人，常住户94户187人。有耕地面积2301亩，林地面积8650亩，草地面积9850亩。

（撰稿 赵宏宽 编辑 韩耀光）

沙圪堵镇

【概况】 沙圪堵镇位于准格尔旗中部，地理坐标：北纬39° 25′ 39″—39° 57′ 36″，东经110° 32′ 15″—111° 05′ 15″。东与大路镇、薛家湾镇、龙口镇相邻，南与陕西省府谷县古城乡接壤，西与纳日松镇、暖水乡相连，北与布尔陶亥苏木接壤。全镇总面积1567平方公里，辖26个村，6个社区。沙圪堵镇地处纳林川两岸，沿川地势平整，东、西梁峁沟壑纵横。地势总体东西高、沿川低。最高点位于打麻梁村黄家圪旦社，海拔1344米；最低点位于特拉沟门村小石拉塔社，海拔942米。距旗人民政府驻地39公里。

2019年11月1日，镇党政领导班子到老旧小区改造现场办公

全镇耕地总面积5727.7公顷，全年粮食总播面积6981.7公顷，粮食总产量26657.2吨。其中玉米播种面积4678.8公顷，玉米总产量22689.09吨。经济作物播种面积309.25公顷，年产量3612.3吨；中草药材6.47公顷；蔬菜及食用菌65.24公顷，年产值896.6吨；瓜果类58.95公顷，年产值1224.5吨；塑料大棚温室13.84公顷。其他农作物175.7公顷，年产值1489

吨。农用化肥施用量2660吨。开展义务植树1520亩、森林质量精准提升工程6382亩，园林水果产量10.28吨。年末果园面积30公顷，25.7吨。2019年有大牲畜455头（只），其中牛存栏342头；年末小畜存栏96694只，生猪存栏3653头。2019年财政收入30487.01万元，城镇居民可支配收入51773元，同比增长7.5%；农村居民可支配收入19414元，同比增长7%。

【工业经济】2019年，工业总产值200.85亿元。西营子发运站环保改造项目稳步推进，积极推动卓正煤矿、乾元五字湾铁路专用线项目征地补偿协议签订。内蒙古准格尔经济开发区的内蒙古高原杏仁露有限公司，研发推出新产品——沙棘果汁饮料。

【乡村振兴】年内全面推进纳林、长胜店2个市级乡村振兴示范村建设。沿纳林川整合土地10279亩，打造了布尔洞沟村1000亩小杂粮示范种植基地，为各村共投放钩臂式垃圾桶900个、普通垃圾桶2518个，建成纳林村垃圾压缩中转站1座，垃圾焚烧解析炉2座、污水处理设施3处，完成户改厕1376户，在庙壕村、福路村、长胜店村等新建公共厕所7座。建成庙壕村牲畜交易中心1处。庙壕村、布尔洞沟村、纳林村、长胜店村等19个村集体经济收入达到5万元以上。投入1.4亿元实施人畜饮水、垃圾清运、污水处理、通村道路等项目，满足老百姓居住、出行、饮水等生产生活需要。投入6400万元建设人大代表票决民生实事项目8个，沙圪堵供热热源配套附属设施及技术改造项目已建成热力站、配套供热管网和泵站改造，10个老旧小区维修改造项目已全部完工，不拉村通社道路、五字湾村通村砂石路和双山梁村通村道路建成通行，沙圪堵镇电商平台实现线上运行，忽昌梁村文化活动室投入使用。建成热力站、配套供热管网和泵站改造，本年清理生活和建筑垃圾1400吨，在纳林村建成垃圾压缩中转站1座。

【基础设施建设】2019年，解决哈拉沟村狮子沟社因山体滑坡引起的铁路安全问题。和准朔铁路阻隔道路问题。新建砂石路115公里、水泥路14.9公里，维修砂石路246公里、水泥路40公里。改造农网高低压线路245公里。完成准朔电气化铁路110千伏输变电工程（敖靠塔村、忽昌梁村、石窑沟村、五字湾村）98座塔基征地工作。妥善解决鄂尔多斯圣圆220千伏输变电工程征地遗留问题。新建和维修安全饮水工程92处。

【脱贫攻坚】完成年度脱贫任务，使用存量盘活资金和专项扶贫资金4724万元，建成产业扶贫项目49个。积极开展消费扶贫，依托准能公司帮助销售羯羊2747只；认真落实就业扶贫政策，为符合条件的贫困户落实公益性岗位51人、护林员15人；易地扶贫搬迁反馈问题加快整改，后续配套产业项目稳步推进。

【债务化解】全年化解政府隐性债务1.44亿元，其中清理拖欠民营企业账款1.21亿元，没有新增政府性债务。

【社会事业】物流通信　2019年5月，沙圪堵镇26个村及市政区全部实现通邮。有圆通、中通、韵达、申通、顺丰、德邦、京东、百世达等共十余家快递及物流企业。2019年底，26个村、7个社区无线通信信号全覆盖，其中市政区移动、联通、电信5G信号陆续开通。

文化建设　至2019年忽昌梁村文化室投入使用，全镇共有24个文化室（19个村文化室、5个社区联合文化室）。4月举办第五届乡村旅游杏花节，8月举办物资交流大会，9月举办中国农民丰收节暨首届沙圪堵镇美食节。

医疗卫生　2019年沙圪堵镇有沙圪堵镇卫生服务中心、民乐社区卫生服务中心2个卫生服务中心；西营子卫生院、纳林卫生院2个卫生院；纳林村、长胜店村、贾浪沟村、榆树塔村、寨子塔村、速机沟村、刘家渠村、乌拉素村、布尔洞沟村、乌素沟村、福路村、安定壕村、敖靠塔村、五字湾村、庙壕村、特拉沟门村、忽昌梁村等17个村卫生室。

社会保障　全年发放各类补贴1993.5万元，其中农村低保834户、1632人，发放金额7337006元；城镇低保182户、308人，发放金额1902673元。收缴城乡居民医疗保险2.7万人，803.3万元。新增就业320人，农村劳动职业技能培训238人。为全镇登记退役军人悬挂“光荣之家”牌匾，发放义务兵家庭优待金74.9万元，各类优抚补助411.7万元。实施危房改造18户。

【不拉村】位于沙圪堵镇城乡接合部，东邻安定壕村，南邻福路村，西邻忽昌梁村，北邻敖靠塔村。总面积26平方公里，总人口1087户2256人，常住人口820户1805人，少数民族99户264人。辖6个村民小组。有耕地4938亩，其中水浇地1860

亩，有草地10395亩，退耕还林地2714.6亩，种植五谷杂粮、瓜果蔬菜，养殖猪羊牛鸡，为城区供应蔬菜肉食。

【安定壕村】位于沙圪堵镇东北城郊接合部。东邻庙壕村，南邻福路村，西邻敖靠塔村、不拉村，北邻刘家渠村。总面积161平方公里，辖14个村民小组。总人口789户1741人，其中少数民族165户389人，常住人口456户1045人。有耕地5600亩（水田2800亩），山地面积7万亩，森林覆盖率85%。产业结构主要以传统种植养殖业为主。境内有民主革命者奇寿山故居德明堂，是鄂尔多斯市现存最古老的私宅，为本土爱国主义教育基地。

【纳林村】位于沙圪堵镇的北部，东邻刘家渠村，南邻敖靠塔村，西邻贾流浪沟村，北邻乌拉素村、长胜店村。总面积98平方公里，辖15个村民小组。总人口1737户3235人，常住人口480户1060人，少数民族156户368人。有耕地1.08万亩，人均耕地4.6亩，林地3.05万亩，草地6万亩，大小牲畜8000头。境内有洪州城古城墙等人文景观。

【特拉沟门村】位于沙圪堵镇东南方向，东邻安定壕村，南邻陕西府谷县古城乡，西邻双山梁村，北与福路村交界；总面积96平方公里，辖20个村民小组。总人口1093户2377人，其中常住人口321户961人，有少数民族25户73人。有耕地面积8920亩，林地27000亩，草地92521亩。全村大小牲畜19276头（只）。农户以农业、养殖业为主。

【敖靠塔村】 位于沙圪堵镇北出口处，东与安定壕村接壤，南与不拉村、忽昌梁村毗邻，西与西营子村、贾浪沟村连接，北与纳林村相邻。总面积73平方公里，辖10个村民小组。总人口935户2070人，其中常住人员258户576人，少数民族85户133人。有耕地5800亩，其中水浇地1000亩，实施退耕还林工程6400亩，荒山造林6655亩，牲畜总头数6085头（只）。以种植养殖业为主。

【西营子村】位于沙圪堵镇西部，东与忽昌梁村、敖靠塔村接壤；南与布尔洞沟村、与石窑沟村、神山村、忽昌梁村接壤，西接打麻梁村，北邻贾浪沟村。面积42.7平方公里，其中水域1平方公里。辖9个村民小组。总人口751户1468人，常住人口214户446人，少数民族66户149人。有耕地7500多亩，有林地9800多亩、草地4万亩。以种植玉米等小杂粮和养羊为主。

【庙壕村】位于沙圪堵镇东南部，东邻薛家湾镇长滩村、南邻陕西古城、西邻沙圪堵镇安定壕村和特拉沟门村、北邻薛家湾镇柳树湾村。总面积95平方公里，辖10个村民小组。总人口716户1621人，常住户282户575人，少数民族64户169人。有耕地8200亩，大小牲畜1.5万余头（只）。以种植玉米、土豆、糜子和养殖山羊、猪、鸡为主。

【寨子塔村】位于沙圪堵镇西北部，东与长胜店村相接，南邻榆树塔村，西与暖水乡德胜西村相连，北与布尔陶亥苏木乌兰沟接壤。总面积80平方公里，辖14个村民小组。总人口621户1310人。常住人口114户217人，少数民族81户177人。有农耕面积2500亩，林场面积4.09万亩，草地面积59298亩。以种植玉米、土豆和养羊为主。

【打麻梁村】位于沙圪堵镇西部，属于梁峁山区，东与西营子村相邻，南与哈拉沟村接壤，西与暖水乡德胜有梁村相邻，北接贾浪沟村。总面积38平方公里，辖7个村民小组。总人口502户1061人，常住人口仅为56户，117人，少数民族44户86人。有耕地9718亩，草原44678亩。以养殖业和小杂粮种植业、林果业为主。

【五字湾村】属沟壑山区地区，地处沙圪堵镇西南方向，东以陕西府谷县哈镇为界，南与纳日松老荒地村、二长渠村搭界，西邻四道包村、石窑沟村，北接双山梁村。总面积72平方公里，辖20个村民小组。总人口909户1942人，其中常住人口130户249人，少数民族有23户80人。有耕地14380亩。有草场23730亩，林地14530亩，林地覆盖率43.97亩。以种植小杂粮和养羊为主。

【张家圪堵村】位于沙圪堵镇西南部，东邻布尔洞沟村，南接纳日松镇，西、北与乌素沟村接壤。总面积48平方公里，辖8个村民小组。总人口597户1367人，常住人口75户110人，少数民族24户93人。有耕地1870.29亩，建设用地1216.27亩，工矿仓储用地885.37亩，有草地面积37770.87 亩，林地面积5927.06亩。境内煤炭资源较丰富，现有卓正煤矿、新鑫煤矿，云凯煤矿。主要以种植玉米、谷子等传统农作物为主。

【布尔洞沟村】位于沙圪堵镇西南部30公里处。东邻石窑沟村、四道包村，南邻四道包村，西与张家圪堵村搭界，北与神山村、西营子村、忽昌梁村相邻。总面积48

平方公里，辖5个村民小组。总人口438户843人，常住户43户79人，少数民族61户140人。有耕地5970亩（其中梯田2600亩），林地6800亩，草地37464亩。村民主要经济来源依靠种植养殖业。

【福路村】位于沙圪堵镇南部城乡接合部，东邻特拉沟门村、南邻双山梁村、西邻不拉村、北邻沙圪堵镇区。总面积45平方公里，辖12个村民小组。总人口857户1774人，常住人口368户1115人，有少数民族32户103人。有耕地5479亩，水浇地860亩，林地20649亩，草地51839亩。福路村地处纳林川沿岸，地势较为平坦。村民主要经济来源依靠种植养殖业。

【刘家渠村】位于沙圪堵镇北部，东与薛家湾镇海子塔村毗邻，南邻安定壕村，西与纳林村接壤，北邻速机沟村；总面积70平方公里，其中水域面积0.6平方公里。辖13个村民小组。总人口583户1207人，常住人口178户253人，少数民族94户203人。有耕地3339.24亩，林地44870.65亩、草地46758.42亩。以种植豆类、玉米、马铃薯、糜子，养殖羊、猪、牛为主。

【长胜店村】位于沙圪堵镇北部纳林川上游，109国道往北2公里处，东邻刘家渠村，南邻纳林村，西邻榆树塔村，北与布尔陶亥苏木腮五素村搭界。总面积94平方公里，辖12个村民小组。总人口795户1711人，常住人口218户432人，蒙古族46户119人。有耕地9986亩，林地12180亩，草地29560亩，其中水浇地2200亩。长胜店村全村土地平整。主要以传统种植养殖业为主。

【双山梁村】位于沙圪堵镇东南部，东与福路村、特拉沟门村接壤，南与陕西省府谷县哈镇五字湾村搭界，西邻石窑沟村，北与忽昌村相邻。总面积37.2平方公里，辖9个村民小组。总人口502户1057人，常住人口67户121人，少数民族12户43人。总耕地面积8247亩，草场面积26408亩，林地面积20056亩。地处干旱梁峁地区，地广人稀，适合养殖业及小杂粮种植业。

【速机沟村】位于沙圪堵镇北部，东与薛家湾镇沟门村搭界，南邻刘家渠村，西邻乌拉素村，北与薛家湾镇白大路村毗邻。总面积73.6平方公里，其中水域面积0.02平方公里。辖6个村民小组。总人口457户971人，常住人口148户257人，少数民族（蒙古族）126户281人。有耕地3750亩，林地43850亩，草地6.3万亩。以种植豆类、玉米、糜子、谷子等小杂粮，养殖羊、猪、牛、家禽为主。

【忽昌梁村】位于沙圪堵镇西部。东邻福路村，南与双山梁村、石窑沟村搭界，西邻西营子村，北邻敖靠塔村。总面积76平方公里，辖13个村民小组。总人口760户1687人，常住人口163户310人，少数民族146户258人。有耕地11890亩，生态公益林14491亩，松树、杏树4830亩。忽昌梁村属于山坡地形，主要以传统种养殖业为主。

【乌拉素村】位于沙圪堵镇北端，东邻刘家渠村，西邻长胜店村，南邻速机沟村，北邻布尔陶亥苏木。总面积102平方公里，辖18个村民小组。总人口920户1886人，常住人口147户283人，少数民族171户308人。耕地总面积9712亩，其中水浇地1746亩，林地面积50802.7亩，天然草场88637亩。有水库塘坝17座，机电井7眼、大口井3眼、筒井69眼。全村以农牧业为主。

【榆树塔村】位于准格尔旗沙圪堵镇西北部，东邻长胜店村，南邻纳林村，西邻暖水乡圪秋沟村，北邻寨子塔村。总面积70平方公里，辖11个村民小组。总人口676户1427人，常住人口165户303人，少数民族72户133人。有耕地8058亩，人均耕地4.1亩。有生态公益林4780亩，有草牧场62991多亩。主要以传统种养殖业为主。

【贾浪沟村】位于沙圪堵镇中部，纳林川西部，东邻纳林村，南邻西营子村、西邻暖水乡圪秋沟村，北邻榆树塔村。总面积97平方公里，辖16个村民小组。总人口868户1817人，常住户180户296人，少数民族91户196人。有耕地10400亩，其中水浇地1600亩。以种养殖业为主。

【神山村】位于沙圪堵镇西南部，东邻西营子村，南邻布尔洞沟村、张家圪堵村，西邻哈拉沟村、乌素沟，北邻打麻梁村。总面积14.4平方公里。辖5个村民小组。总人口299户670人，常住人口126户286人，少数民族58户138人。有耕地1469.48亩，林地1530.50亩，草地3126.37亩。主要以种植养殖及个体工商业为主。境内有准旗护理札萨克奇文英警备司令部旧址。

【乌素沟村】位于沙圪堵镇西部，东邻神山村，南邻张家圪堵村，西与纳日松镇大路峁村、暖水乡昌汉素村接壤，北与神山村相邻。总面积18平方公里，辖5个村民小组。总人口452户995人，常住人口67户

153人，少数民族42户108人。有耕地2800亩，林地8750亩，草地9030亩。主要以种植养殖业为主，境内有原始次生林。

【四道包村】位于沙圪堵镇西南部，位于清水川中上游，东邻五字村、南与纳日松镇阿贵庙村搭界、西接张家圪堵村、北与布尔洞沟村、石窑沟村相邻。全村为沟壑山区地形，总面积82平方公里，辖11村民小组。总人口710户1473人，常住人口113户222人，少数民族43户128人。有耕地6466.5亩，其中水浇地322亩，草地7054亩，林地5206.5亩，林地覆盖率15.27%。主要以种植养殖业为主。

【石窑沟村】位于沙圪堵镇西南部，东与忽昌梁村接壤，南邻五字湾村，西邻布尔洞沟村，北与忽昌梁村相接。总面积81平方公里辖13个村民小组。总人口925户1931人，常住户106户201人，少数民族76户166人。有耕地15138.62亩，草地64363.57亩，林地5109亩。地处干旱梁峁地区，适合发展旱地种植业和养殖业。

【哈拉沟村】位于沙圪堵镇西南部，东邻郭家梁与神山村接壤，南至神山林场，西与暖水乡广生壕村为界，北至库伦沟与打麻梁村相邻。总面积33平方公里，辖5个村民小组。总人口340户712人，常住人口78户141人，少数民族54户117人。有耕地4900亩，其中水浇地1300亩，有林地10680亩，水域195亩，草地25025亩。适合发展旱地种植业和养殖业。

【民乐新村社区】位于沙圪堵镇东北部，东至景观路，南抵规划路，西至经七路、北与内蒙古高原杏仁露有限公司相邻。面积26.9万平方米，社区服务中心位于小区中心地带，建筑面积7816平方米，是沙圪堵镇的标志性建筑之一。社区辖8个居民小区。户籍总人口19户26人，常住人口1879户5552人，少数民族263户619人。入住小区的居民囊括周边的5个苏木乡镇（纳日松镇、沙圪堵镇、龙口、布尔陶亥、暖水乡）、26个村，其中廉租房190户，生态移民1730户，回迁4户。

【鑫鑫社区】位于沙圪堵镇东北部，东至松树圪旦，南邻公园街，西靠八一马路，北至原化肥厂大坝。总面积2.31平方公里，辖13个居民小组。总人口1594户4463人，常住人口5435户16247人，少数民族458户1601人。辖区内有30个居民住宅小区和5个平房区域。有伊东集团、锦泰能源集团有限公司。有邮政、快递、通信、银行等服务网点，商业个体530家。辖区内有锦泰大酒店、伊东大酒店等。辖区内的美稷民俗风情园（水上公园），始建于2008年，总占地18万平方米。是一座以展示百余年来准格尔民间传统文化和乡土风情为主题的大型群众文化休闲公园。

【富民社区】 位于沙圪堵镇区西北部，总面积2.35平方公里，辖8个居民小组，户籍总人口476户1439人，常住人口1429户4881人，少数民族78户165人。有内蒙古农村信用社、薛家湾供电局准格尔分局等服务网点；有沙圪堵第三幼儿园，沙圪堵第二小学。

【迎宾社区】位于沙圪堵镇西南部，东邻八一路与鑫鑫社区、府欣社区接壤；南至沙镇卫生院与育才社区接壤；西至迎宾路西与不拉村杨家湾社隔河相望；北至水上公园大坝，与沙富民社区隔水相望。总面积1.6平方公里，辖5个居民小组（后称网格）。户籍总人口743户1561人，常住人口1375户4430人，少数民族94户235人。有1个农贸市场——民安市场。建有不拉、迎宾党群服务中心，办有社区卫生服务室、小区活动室，有农贸市场以及各类商业门店526家。

【府欣社区】位于沙圪堵镇中心，东邻三马路与开源社区搭界；南至育才街与育才社区相邻；西至八一中路与迎宾社区相邻；北至公园街与鑫鑫社区接壤。总面积3.6平方公里。户籍总人口2417户7451人，常住人口2856户8568人，少数民族176户264人。辖10个居民小组，境内有商场、旅店、饭馆经营网点；有邮政、移动、联通、农村信用社、工商银行、农业银行等服务网点；有沙一小、准五中、准七中、沙圪堵民族幼儿园4所学校；有商业门店600余家；辖区内有伊东广场、烈士塔。

【开源社区】位于沙圪堵镇东北部，东邻电视发射台，南至育才街，西以准格尔中路为界，北与鑫鑫社区接壤。总面积1.5平方公里。户籍总人口735户2262人，常住人口2401户7252人，少数民族280户869人。辖12个居民小组。辖区内驻地机关企事业单位5个，非公有制经济组织有8个，个体商业网点232个。

【育才社区】位于沙圪堵镇东北部，社区东、南以环城路为界，分别与安定壕村、不拉村碾房湾社相邻，西与不拉村碾房湾社相邻，北至育才街，与开源社区、府欣社区、迎宾社区接壤。面积3平方公里，辖14个居民小组。户籍总人口1211户2390，常住人口3265户10068人，少数民族378户921人。社区辖区内驻地机关企事业单位5个，非公有制经济组织有3个。有22个住宅小区，4个平房区。有农村信用联社分社、家园福超市、平价大药房等服务网点，酒店有如海酒店、豪都酒店等商业门店248家。

（撰稿 王亮玺 编辑 韩耀光）

2019年沙圪堵镇主要经济指标完成情况表

表32

项目明细	完成数量	备注
一、主副指标	—	
投资：基础设施	1.4亿元	
投资：八项工程	0.64亿元	
工业总产值	200.85亿元	
城镇居民可支配收入	51773元	同比增长7.5%
农村居民可支配收入	19414元	同比增长7%
改造维修老旧小区	10个	
化解政府隐性债务	1.44亿元	
其中清欠民营企业账款	1.21亿元	
盘活存量和扶持专项资金	4724万元	
建成产业项目	49个	
本年依托准能公司销售羯羊	2747只	
本年落实公益性岗位	51个	
其中落实护林员	15人	
本年清理生活和建筑垃圾	1400吨	
打掉非法采砂场	4家	
本年完成加油站双层罐和防渗池建设	13家	
本年义务植树	1520亩	
本年完成森林质量提升工程	6382亩	
二、乡村振兴	—	
本年整合土地	10279亩	纳林川
本年度打造小杂粮示范种植基地	1000亩	布尔洞沟
三、百日攻坚	—	
投放钩背式垃圾桶	900个	
投放普通垃圾桶	2518	
完成污水处理设施	3处	
建成垃圾焚烧解拆炉	2座	
建成垃圾压缩中转站	1座	
四、重点项目	—	
完成输变电工程塔基征地	98座	
农网改造	245公里	
危房改造	18户	
五、民生保障	—	
全年发放各类补贴	1993.5万元	

续表32

项目明细	完成数量	备注
收缴城乡居民医疗保险2.7万人	803.3万元	
新增就业	320人	
劳动力职业技能培训	238人	
开展各类文艺活动	110场次	
发放义务兵家属优待金	74.9万元	
发放各类优抚补助金	411.7万元	
六、道路、饮水	—	
本年新建砂石路	115公里	
本年新建水泥路	14.9公里	
新建和维护安全饮水工程	92处	
七、文明村镇建设	—	
本年度被评为自治区级文明村	1个	纳林村
本年度选树清风干部	41人	
八、农牧业生产情况	—	
全镇耕地面积	5727.7公顷	
全年粮食总播面积	6981.7公顷	
全年粮食总产量	26657.2吨	
其中玉米播种面积	4678.8公顷	
玉米总产量	22689.09吨	
经济作物面积	309.25公顷	
经济作物产量	3612.3吨	
累计塑料大棚温室面积	207.6亩	
年末牛存栏	342头	
年末小畜存栏	96694只	
年末生猪存栏	3653头	

纳日松镇

【**概况**】纳日松镇位于准格尔旗西南部，东与沙圪堵镇毗邻，南与陕西省府谷县庙沟门镇和大昌汗乡接壤，西与伊金霍洛旗新庙镇搭界，北与暖水乡相连。地理坐标：北纬39°15′38″—39°24′2″，东经110°19′15″—111°50′。全镇总面积838平方公里，其中耕地面积为10.60万亩，草原面积84.94万亩，森林面积14.8万亩。辖19个行政村，201个自然村。户籍总人口2.7万人，其中常住人口0.71万人，流动人口2.7万，少数民族2404人。境内煤炭资源丰富，已探明储量91亿吨，占全旗的1/6，现有煤矿62座，其中综采27座；露天开采煤矿29座，灾害治理项目6处。另外，煤矿附属项目有灭火工程8处，占全旗地方煤矿总数的1/2，属全旗典型的矿区。2019年产销原煤11199万吨，同比上升24.8%，农民可支配收入达19300元，较上年增长7%。千年古松“油松王”被内蒙古自治区列为重点文物保护对象。阿贵庙自然保护区林木茂盛，是鄂尔多斯古陆原始植被区。此外，有相当数量的石英砂资源和品位较高的高岭土资源，还有近百种野生植物，其中相当一部分具有药用价值。

【基础项目建设】2019年，建成山不拉村小型污水处理厂2处；建成勿图门垃圾解析炉1处；完成准朔铁路外部电源110千伏项目和圣圆220千伏项目排水工程；完成913壕赖沟10千伏线路农网改造项目；完成勿图门村、红进塔村和柳塔村高压架空0.15公里；完成川掌村、纳林庙村和羊市塔村等7个村低压架空23.134公里；完成老荒地村、大西沟村、红进塔村14.2公里水泥路硬化工程；完成阿贵庙村、二长渠村43.372公里砂石路工程；建成大路峁村、奎洞沟村等7个村的大口井项目；为12个村273户农户安装玻璃钢水窖。

【债务化解】2019年，纳日松镇化解债务5759.9776万元，其中资金支付5209.3084万元，核销51.7537万元，审价核减498.9155万元。

【脱贫攻坚】2019年，纳日松镇19个村24个帮扶企业共投资547万元。

【化矿区环境治理】2019年，纳日松镇安监办联合环境监察中队先后开展了春季执法大检查、“雷霆斩污”行动、冬季执法对调检查等生态环境保护专项检查。完成矿区土地复垦绿化任务672公顷。定期对牸牛川、暖水川、孤山川、清水川等24条河道进行巡查，共清理河道垃圾540吨，出动机械90台次，出动人员70人次，疏通河道240.82公里。

【产权制度改革】2019年，纳日松镇向3个村15个社村民颁发土地承包经营证书，向5个村21个社村民颁发草原承包经营证书；组织多次专业培训讲座，完成村集体经济成员身份认定；建立三级网格管理机制，明确各级网格责任人，主动担当起调解村民矛盾、化解村企纠纷的责任，构建起普通群众寻事、问事、议事的重要渠道。

【乡村振兴】2019年，纳日松镇建成垃圾池96个，放置固定垃圾箱336个，发放到户手推垃圾车1313辆；完成户改厕214户；新建公共水冲厕所5座，旅游厕所1座；在二道柳村、山不拉村道路两侧及农户庭院周边进行绿化，种植果树800余株、松树5000余株；在二道柳村整合土地500亩，安装滴灌设施，新建截伏流大口井、蓄水池等，发展种植养殖业；在乌兰哈达村煤矿复垦区与中国农科院草原研究所合作种植羊草750亩；在大路峁村完成55亩海红果产业发展项目；在柳塔村整合闲置土地120亩，配套安装喷灌设施、新建大口井并种植玉米等作物；在羊市塔村建成温室大棚2栋。

2019年4月24日，纳日松镇干部职工开展义务植树活动

【社会事业】2019年，纳日松镇发放残疾补贴资金110.19万元，城镇低保资金6.12万元，农村低保资金217.54万元，其余各类民政定补资金238.21万元，办理各类民政救助76人次，审核发放70周岁以上老年人长寿补贴资金180.81万元。共青团组织开展志愿服务3场81人次，依托智慧团建完成182人的团籍接转工作，开展线上线下培训92人次。镇工会联合会慰问困难职工51人，被市总工会评为先进集体。妇联组织开展父母技能、家庭育儿讲座3场，救助贫困妇女4名、孤儿1名。加强国防教育，扎实做好拥军优属工作，完成民兵整组工作，向退伍军人发放光荣牌，发放退役士兵地方一次性经济补助金和农村义务兵家属优待金。

【社会管理】2019年，排查各类矛盾纠纷87起，解决75起；上级交办、转办信访案件完成办结58起；受理解决市长、旗长热线业务388件次，办理书记信箱业务2件次。全年共入井、入坑检查巡查202次，下达检查文书191份，排查安全生产隐患1701条，完成整改1701条。为703户食品餐饮服务经营户办理食品经营许可证，与9户小作坊加工户签订食品安全责任书；开展食品安全专项检查，出动执法人员152人次，下达《责令改正通知书》150余份。配合旗市场监管局开展“衣食住行”四大领域1+N全面整治。扫黑除恶专项斗争扎实开展由包村领导、包村干部、驻村第一书记、村干部逐社逐户进行调查摸排，共上报线索1条。发放各类传单14000余份，悬挂条幅标语144幅、宣传海报2600余份，发放宣传品4000余份。与境内企业签订《环境整治责任书》300余份。与勿图门、羊市塔、曹羊线32公里及46公里商业居民点所有商铺签订《环境整治“五包”责任书》。拆除私搭乱建违法建筑15处。查处私挖盗采案件30宗，其中查处私挖盗采煤炭资源案件4宗，立案处罚4宗，移交旗公安局1宗、封堵私挖盗采小煤窑21宗。

【羊市塔村】位于纳日松镇东南部，东与松树墕村、南与奎洞沟和乌拉素村、西与山不拉村、北与纳林庙村相接壤，距纳日松镇36公里，总面积45平方公里，辖11个村民小组。总人口621户1770人，其中少数民族125人。有耕地10828.19亩，林地5167.5亩，草地21069.64亩。煤炭资源富集。2019年农民人均纯收入21600元。

【松树墕村】位于纳日松镇东部，东临大西沟村，东南与奎洞沟村接壤，西南紧邻纳林庙村，南接羊市塔村，西倚川掌村，北靠阿贵庙村，距离纳日松镇30公里，总面积42平方公里，辖13个村民小组。总人口579户1574人，其中少数民族94人。有耕地8422.56亩，林地6307亩，草原43384亩；境内旅游资源独具特色，被誉为“中国第一松”、自治区重点保护文物“千年油松王”坐落在松树墕村松树焉社，交通便利，每年旅游观光者达10万余人次，经济收入以农牧业为主，2019年农牧人均纯收入20500元。

【阿贵庙村】 位于纳日松镇东南部，东与老荒地相邻，西与川掌村相邻，北与西营子毗邻，总面积41平方公里，辖15个村民小组。总人口507户1149人，其中少数民族149人。有耕地8301.29亩，林地11082亩，草地49968.42亩。有煤矿1座。境内阿贵庙自然保护区林木茂盛，是鄂尔多斯古陆原始植被区。经济收入以农牧业为主，2019年农民人均纯收入12000元。

【二道柳村】位于纳日松镇西北部，与柳塔村、敖劳不拉村、乌兰哈达村接壤。属丘陵山区，总面积42平方公里，辖4个村民小组。总人口284户644人，其中少数民族71人。有耕地3732.87亩，林地5194.5亩，草地45946.03亩，大畜头数9头(只)，羊1680只，猪240头。经济来源主要依靠种植养殖业和外出务工，2019年农民人均纯收入13500元。

【大路峁村】位于纳日松镇东北部，与乌兰哈达村、阿贵庙村接壤，总面积66平方公里，下设19个村民小组。总人口684户1603人，常住人口138户228人，其中少数民族163人。有耕地面积8827.04亩，林地17118亩，草地61596.35亩，地势以丘陵为主。全村有生产煤矿3座。经济收入以农牧业为主，农民收入主要靠种植业。2019年人均纯收入16100元。

【勿图沟村】紧邻纳日松镇政府所在地，行政面积42平方公里,下设8个村民小组。总人口604户1622人，其中少数民族348人。全村耕地面积3445.5亩，林地5332亩，草地50835.4亩。勿图沟村境内辖9座煤矿，煤炭运销企业6家，汽车运输公司2家，加油站1处。2019年，农民人均纯收入达28300元。

【勿图门村】位于纳日松镇政府所在地，处犊牛川沿线地带，东与勿图沟村，北与乌兰哈达村，南与红进塔村，西与柳塔村隔川相望，川弓线纵贯南北，全村行政面积55平方公里，辖10个村民小组。总人口729户1932人，其中少数民族208人。有耕地1580.7亩，林地6662亩，草地68352.48亩。境内有6座煤矿。2019年，全村人均纯收入19500元。

【红进塔村】位于纳日松镇人民政府南部，东与勿图门村毗邻，西与伊金霍洛旗相邻，总面积56平方公里，辖9个村民小组。总人口582户1589人，其中少数民族131人。有耕地3223.46亩，林地17872.5亩，草地23544.66亩。村内有煤矿6座。经济收入主要以农牧业为主，2019年农民人均纯收入28700元。

【柳塔村】位于纳日松镇西部，距离镇政府约3公里，南与伊金霍洛旗相邻，东北边隔着29勃牛川二道柳村和勿图门村相望，总面积63平方公里，辖9个村民小组。户籍总人口543户1293人，其中少数民族163人。有耕地6904.8亩，林地14620.5亩，草地81665.28亩，农民收入来源以农作物耕种为主。2019年农民人均纯收入14000元。

【老荒地村】位于纳日松镇东南部，与二长渠、陕西哈镇、沙圪堵镇五字湾村接壤，总面积32平方公里，辖13个村民小组。总人口725户1616人，其中常住户94户174人，少数民族38人。全村耕地面积9455.87亩，林地6126亩，草地41234.91亩，主要以种养殖为主。2019年农民人均收入11000元。

【川掌村】位于纳日松镇东南部，东与松树墕村、纳林庙村、西与勿图沟等村相接壤，总面积49平方公里，辖10个村民小组。总人口469户1235人，其中常住人口149户247人，少数民族153人。现有耕地面积2873.51亩，林地6187亩，草原57800.33亩，地势以丘陵为主。境内有煤矿5座。经济以农牧业为主，大部分农民收入主要靠种植养殖业。2019年，农民人均纯收入达25300元。

【**大西沟村**】位于纳日松镇东部，属丘陵山区。东与老荒地村相望，南与陕西省府谷县毗邻，与本镇奎洞沟村、松树焉村接壤，北与二长渠村相依。总面积30平方公里，辖11个村民小组。总人口403户969人，常住人口116户247人，少数民族67人。共有耕地7510.41亩，林地6001亩，草地34821.38亩。全村地理条件差，属山高、沟深丘陵地带，水资源短缺。经济收入以农业为主，2019年农民人均纯收入17000元。

【**山不拉村**】位于纳日松镇西南部，西于陕西省府谷县庙沟门接壤、南与老高川乡，大昌汉乡接壤，北与羊市塔村相邻。总面积29平方公里，辖7个村民小组。总人口390户1008人，其中少数民族37人。境内有煤矿5座，有耕地7428.82亩，林地1200亩，草地21818.57亩。2019年农民人均纯收入15200元。

【**乌拉素村**】位于纳日松镇南部，与奎洞沟村、陕西省府谷县庙沟门乡、山不拉村、羊市塔村接壤。总面积26平方公里，辖9个村民小组。总人口439户1104人，其中少数民族31人。有耕地面积2224.4亩，林地1726亩，草地21748.13亩。有生产煤矿4座。2019年农民人均纯收入19000元。

【**乌兰哈达村**】位于纳日松镇东北部，与敖劳不拉村、勿图沟村、大路峁村接壤，总面积56平方公里，辖11个村民小组。总人口575户1509人，其中少数民族149人。有耕地2191.53亩，林地9623亩，草地41753.72亩。2019年农民人均纯收入19300元。

【**敖劳不拉村**】位于纳日松镇西北部，东与大路峁村、西与二道柳村、南与乌兰哈达村、北与暖水乡相邻，总面积38平方公里，辖6个村民小组。总人口472户1195人，常住户121户288人，少数民族124人。有耕地1869.86亩，林地6621亩，草地32459.79亩。经济以煤炭产业为主，2019年农民人均纯收入20800元。

【**二长渠村**】位于纳日松镇东部，与大西沟村相邻，东与老荒地接壤，西与阿贵庙村接壤，总面积39平方公里，辖13个村民小组。总人口644户1648人，其中少数民族102人。有耕地面积7089.99亩，林地8098亩，草地45903亩。二长渠村地理条件差，属山高、沟深丘陵地带，水土流失严重，水资源短缺，以种养殖业为主。境内有煤矿1座。2019年人均纯收入11100元。

【**奎洞沟村**】位于纳日松镇东南部，属于丘陵山区，东与陕西庙沟门镇沙梁村毗邻，南与乌拉素村搭界，西与羊市塔村相连，北与大西沟村和松树焉村接壤，总面积31平方公里，辖11个村民小组。总人口445户1144人，有少数民族22人。有耕地6773.25亩，林地3828亩，草地25072.99亩，荒地面积13415亩。全村经济以农牧业为主，2019年农民人均纯收入16000元。

【**纳林庙村**】位于纳日松镇东部，东与松树焉、南与羊市塔村、西与红进塔村、川掌村接壤，总面积56平方公里，辖12个村民小组。总人口728户2070人，其中少数民族229人。有耕地3257.44亩，林地10020亩，草地80429.24亩。全村经济以煤炭业和服务业为主，2019年农民人均纯收入27230元。

（撰稿 赵雪琴 编辑 韩耀光）

准格尔召镇

【**概况**】准格尔召镇位于准格尔旗西部，东与暖水乡、南与纳日松镇接壤，西与伊金霍洛旗、北与东胜区为邻，镇人民政府驻民和社区，东距准格尔旗府薛家湾镇125公里，西距鄂尔多斯市府康巴什区50公里。全镇总面积471.8平方公里，全镇辖1个社区，8个行政村、92个农业合作社。户籍人口5864户13381人，其中少数民族1259人（蒙古族1201人、藏族2人、其他56人）。有耕地56564亩，其中水浇地5562亩，壕塔地占20%，梁峁丘陵地占45%，流沙、半流沙地占35%，植被覆盖率达65%，林地19.7万亩，草原28万亩，大小畜存栏35881头只。全镇矿区面积达347.8平方公里。包府复线（包头至府谷）纵贯南北，包神铁路（包头至神木）侧西而过，准东铁路和呼东高速穿境而过，准格尔召旅游专线与鄂尔多斯市机场高速公路相接，地理位置十分优越，交通非常便利。2019年，全镇产销原煤4535.81万吨，与上年同比增长25.6%。

【债务化解】2019年，化解债务2742.86万元（民营企业账款2690.86万元）。截至年底，全镇债务余额411.75万元，其中地方政府性债务290.55、检测平台（民营企业账款）121.20万元。

【脱贫攻坚】2019年，通过政府开发就业岗位和推荐就业，新增就业5人。2019年医疗救助3人，资助贫困学生10人。对无劳动能力的巩固扶持户实施低保兜底，共将10户30人纳入低保兜底。2019年入库项目5项，完成2项，正在实施2项，取消1项，共使用扶贫资金213万元。清退易地搬迁指标13户35人，对4户超面积、超自筹易地搬迁户完成产权分割整改。

【污染防治】2019年，累计检查煤矿31座次，排查出各类问题67条。全面开展河湖“四乱”清理专项工作，累计开展巡查174次，整治“四乱”河道4处。

【乡村振兴】2019年，扶持四道柳犋牛川农牧业公司完成土地流转3000余亩，栽植苹果树200余亩，种植苜蓿1600亩，建成种牛、猪、鸵鸟等养殖棚圈约9000平方米，存栏肉牛100头。组建村级环卫队9支，聘请专业物业公司2家，对各村集中居住点、镇区及重点沿线开展环境整治及日常维护。镇区污水处理厂进入试运营阶段，全年累计完成户改厕232户，建成准格尔召村补龙壕至速迷壕2公里通村砂石路和准格尔召村18.5公里通社砂石路。镇区和旅游区分别配套建设解析炉和垃圾压缩站，准格尔召村新建小型污水处理设施3处。10多家单位和商户已入驻格尔召村山门商业一条街并挂牌经营，启用商铺面积1960平方米。新建日光温室大棚15栋，打造休闲农业体验田，推行订单农业。满世农牧业公司流转土地163亩规模种植草玉米。

【社会事业】2019年，完成全镇8个行政村清产核资工作，8个村核实资产总额为2805.35万元，其中经营性资产总额245.85万元，非经营性固定资产为2559.5万元 ；集体土地总面积是66.5万亩，其中农用地总面积是64.8万亩。协调上级主管部门对准格尔召宝堂寺进行修缮，按期举办“嘛尼会”“雅尼会”等宗教活动。组织开展专场文艺演出10余场、各类群众性文艺活30余次，筹办参加旗、镇消夏晚会、秧歌大赛、广场舞比赛等文化演出活动。

【社会管理】2019年，开展煤矿专项检查90次，下达整改通知书90份，排查出各类隐患问题210条；检查加油站38家次，排查出安全隐患12条；捣毁油品非法销售点1处，有力保障全镇安全生产形势持续平稳。累计调解各类民事纠纷案件96起，接待法律咨询17次。深入开展法治宣传教育。结合“3·15”消费者权益日、“6·26”全国禁毒日、“12·4”全国法制宣传日等重要节点组织开展法律宣传教育活动。对社会治安混乱的重点区域场所进行整治，全年共破获刑事案件3起，治安案件立案205起，协助外地公安成功抓获网逃人员5人。打击私挖盗采、私搭乱建等违法违规行为。查处违法用地案件42起（移交法院2起、公安局2起，国资委备案1起），处罚金额495.1万元；查处涉及私挖盗采案件2起，处罚金额4.7元；拆除违章建筑30余处、2.2万多平方米。开展食品药品安全专项整治行动，调解涉及食品药品安全投诉举报案件47起，挽回经济损失2.09万元；捣毁加工黑窝点4处；查处存储、销售危险化学品案件1起。

【准格尔召村】位于镇政府南部，由原西召村、奎洞沟村合并而成，总面积77.5平方公里，辖15个村民小组。全村总人口1206户2622人，其中常住人口475户1136人，少数民族214户385人。有耕地9560亩，水浇地492亩。有大小畜10004头（只）。境内有伊泰集团准格尔召发运站、伊泰集团准格尔召加油站等工矿企业。

【炭窑渠村】位于镇政府西部，由原准格尔召乡炭窑渠村和碾房塔村合并而成，总面积61平方公里，辖12个村民小组。总人口656户1723人，低保户42户84人，五保户33人。全村有耕地7800亩，水浇地1200亩。境内有乌兰渠煤矿等工矿企业。

【忽吉图村】位于准格尔召镇东南部，由原准格尔召乡也来色太村和忽沙图村、忽吉图村合并而成，总面积94平方公里，辖15个村民小组。总人口681户1677人，常住人口159户328人。有耕地面积5450亩，其中水浇地650亩。境内有经纬煤矿、富民煤矿、伊东忽沙图二矿、满世四道柳煤矿、诚意煤矿、中兴煤矿等工矿企业。

【沙蒿塔村】位于准格尔镇召东部，由原黑桥沟村与沙蒿塔村合并而成，总面积45.37平方公里，辖8个村民小组。总人口442户1059人，常住人口96户228人，少数民族30户54人，低保户16户45人，五保户13户13人。全村现有耕地面积7988亩，其中水浇地403亩，保灌面积239亩，有大小牲畜2237头（只）。

【四道柳村】位于准格尔召镇东南方向20公里处，东邻暖水乡，西邻忽吉图村，南邻纳日松镇，北邻铧尖村，总面积62平方公里，辖10个村民小组，属限制发展区。总人口501户1086人，常住人口106户248人，占总人口的22.8%。有少数民族44户93人。现有耕地6016.5亩，林地82852.7亩，草地245.9亩。

【铧尖村】位于准格尔召镇东部，由原公沟村和铧尖村合并而成，全村总面积54平方公里，辖12个村民小组。总人口676户1587人，常住人口136户285人，少数民族43户84人。耕地面积6300亩，人均耕地6亩。境内有敖家沟煤矿、永利煤矿、公沟煤矿等工矿企业。

【乌兰哈达村】位于准格尔召镇东北部，由乌兰哈达村和神山村合并而成，总面积59平方公里。总人口456户1218人，其中少数民族42户84人，低保户8户18人。有耕地5754亩，水浇地127亩，有大小畜1559头（只）。境内有宏鑫煤矿、孙三沟煤矿、乌兰哈达煤矿、营沙壕煤矿、高西沟煤矿、山鼎石厂煤矿、神华神山煤矿、永来石厂、石银砂厂等工矿企业。

【黄天棉图村】是准格尔召镇政府驻地，由原哈拉庆村和黄天棉图村合并而成，总面积50平方公里，辖9个村民小组。总人口584户1539人。有大小畜1367头（只）。境内有永智煤矿、宏测煤矿、龙泰煤矿、电力满都拉煤矿、闫家沟煤矿、和泰煤矿等工矿企业。

（撰稿 张磊　编辑 韩耀光）

龙口镇

【概况】龙口镇位于准格尔旗东南部，东与山西省偏关、河曲二县隔河相望，南与陕西省府谷县墙头乡毗邻，西与沙圪堵镇紧邻，北与薛家湾镇接壤，素有“鸡鸣三省”之称。全镇总面积315.73平方公里，辖11个村2个社区　。总人口30311人，常住人口约17467人，镇区常住人口约3870人，其中少数民族529人。有耕地面积72644.17亩，实际种植53000亩。境内有敬老院1处，幸福互助院4处，学校3个，医院1个，村卫生室13个，村文化室21个。境内公路总里程100.3公里，铁路总里程43公里。有煤矿4座，水泥厂1座，石场4座。有金融机构2家。

【重点项目建设】2019年，完成大龙高速龙口段全部工程，晋蒙黄河大桥顺利通行。协调投入118.25万元，解决铁路沿线28户村民遗留问题，搬迁安置2户村民，保证准朔铁路正常运行；全力推进珠江青春塔煤矿铁路专用线龙口段和集运站建设工程；完成汇能输变电高压线17座铁塔征拆任务，13座铁塔底座建设完工。重点保障了汇隆煤矿、锦泰碓臼沟煤矿、智能煤矿和巨能煤矿安全生产和在建工作。

【债务化解】 2019年，化解债务6152.41万元。截至年底，债务余额16497.66万元。

【脱贫攻坚】2019年，全镇276户678人建档立卡贫困户“两不愁三保障”和饮水安全问题全面解决。完成年度1户2人减贫任务。新建提升扶贫产业项目24个，实现“十项清零达标”。组织帮扶企业开展“百企帮百村”工作，促成16家帮扶企业投入帮扶物资近600万元。

【乡村振兴】2019年，根据立地条件和发展基础以及整体村社布局，启动11个村乡村振兴规划编制工作，初步形成“一带三区”产业发展模式（一带，即沿黄特色旅游观光带，依托特色小城镇、马栅特色小吃、红色教育、沿黄采摘、鸡鸣三省和莲花辿等旅游资源发展乡村旅游。三区，即东部梁峁绿色小杂粮种植加工区、西部特色林果种植销售区、矿区三产服务区）。

大口村成功打造红色文化旅游教育基地，年接待游客2000余人次，获利3.6万元；整合46户村民110亩土地种植藜麦，获利16万元。龙口社区依托帮扶单位和驻地企业种植猕猴桃12亩960株；麻地梁小杂粮加工厂与83户农户签订545亩绿色小杂粮种植协议，村集体年保底收入8万元，聘用技术指导员精心抚育385亩集体林果基地；大圐圙梁酒糟蛋白饲料加工厂获利2万元。红树梁成立准格尔旗汇森种养殖合作社，代售价值20万余元农副产品，新建80平方米冷鲜库，建成塑料大棚5栋，建成占地200平方米苹果基地林下养鸡场一处；沙坪梁冷鲜库投入运营，获利2万元，新种植果树355亩，抚育改造老旧果林1050亩；韩家塔村完成40亩葡萄园土地整合规划和培肥育种工作。台子梁成立准格尔旗富宏工贸有限责任公司与智能煤矿签订6年机械租赁合同，收益150万元；公盖梁分得煤矿股息10万元；沙也村环卫承包收入15万元；南窑梁村光伏发电项目于10月底并网发电。年内完成户改厕40户，建成1座旅游厕所、7座公厕，旅游驿站正在施工。签订门前房后“三包”协议，聘用两家专业环保公司对镇区、主要交通干线两侧进行全天候保洁，村社区集中垃圾日产日清。启动龙口镇污水处理厂建设，建成龙口镇垃圾转运站和解析炉；麻地梁日处理10吨小型污水处理设施建设完毕。投入14.5万元采购一辆自装卸式垃圾车。

【农田水利】2019年，全镇完成51624亩农作物播种面积统计工作，推广农业新品种17个12800亩，防治病虫害6000亩，科技培训20余场1600多人次。大力推广节水灌溉，完成2810亩水肥一体化项目建设。完成台子梁村410亩高效农田试点建设工程，完成全镇2313.94亩农田轮耕试点工作。

【生态环境整治】2019年，完成13条河道总长89.26公里的河长制名录与“一河一策”编制工作。落实镇村社三级河长巡河巡沟网格化制度，全面开展“清河行动”。开展驻地企业排污检查和执法工作，加大对水源地、生态湿地、农田耕地的保护力度。深入开展辖区违建别墅清查整治工作。完成农户房前屋后及集中绿化180亩，发放各类生态补偿款213.5万元，聘用森林草原管护员36名，灾后植被恢复67.2亩，义务植树86.4亩，开设防火隔离带66公里，维修防火道路20.40公里。

【产权制度改革】颁发土地草原承包经营权证书5892份，完成率92.5%；按要求完成全镇12个村社区集体流动资产5434.64万元和固定资产2715.06万元的清产核资工作。资源型资产清查登记集体土地43万亩，其中农用地42万亩，建设用地0.88万亩，未利用地0.069万亩。完成全镇12个村社区集体经济组织成员排查、汇总、公示工作，正在界定成员；查处各类违法用地43.3万平方米，拆除违建12处1400多平方米，完成全镇43万平方米违法用地立案查处工作。

【社会事业】2019年，投资16.8万元改造提升中蒙医馆和两处乡村卫生室，全镇11村乡村卫生室均能提供中医服务；开展健康宣传活动9次，举办健康知识讲座78期；开展65周岁以上老年人健康体检1162人，健康指导1973名高血压患者和355名糖尿病患者。协调驻地企业捐资25万元成立“庆祝新中国七十华诞、弘扬新时代尊师风尚”爱心助学基金；投入3.4万元表彰全镇优秀教师、优秀班主任、德育标兵、优秀德育工作者34名；投入2万元资助一名清华学子；完成12套教师周转房工程；龙口小学风雨操场正在招投标。完成465名目测残疾人换证工作，发放残疾人生活补贴211万元。签订失能半失能特困人员监护协议18户，累计发放70周岁以上老年人长寿补贴306.5万元。生存认证7500人次，办理因病致贫医疗救助150人次，定期按要求开展城乡居民低保评审工作。新增就业320人，认定就业困难人员20人。收缴办理农民工住房公积金131人，红十字会救助28人。累计协助5867户农户完成34034.6亩农作物参保工作，农业保险参加率达96.9%。完成44388.04亩农业支持保护补贴面积的核实录入工作。深入推进第四次全国经济普查工作，完成全镇157家商户、企业信息的录入上报任务。

【社会管理】2019年，受理信访案件46起，化解43起，3起正在处理中。第一批排查的10件历年信访积案全部化解。按期答复市长热线、旗长热线交办件289件、书记信箱交办件9件。全镇13个村社区村民说事室全覆盖，建立“周二说事”制度，成功调处矛盾纠纷120起。开展普法宣传“4·28”综治宣传、“6·26”国际禁毒日、“安全生产日”、“12·4”国家宪法日等宣传活动20余次，发放各类宣传资料6万余份，现场咨询500余人次。全年召开扫黑除恶专题部署会议16次，发放各类宣传资料4万余份，摸排线索81条。组织驻地企业召开安全生产会议4次，在人口聚集地及辖区企业发放安全生产宣传资料2000余份，狠抓安全风险防控和隐患排查治理，常态化对境内煤矿、非煤矿山、商贸市场、宾馆饭店、烟花爆竹经销店等生产经营企业进行安全大检查，全年未发生一起安全生产事故。查处偷牧、滥牧违法案件28起。受理住房申请23户，审批5户。先后设立2处非洲猪瘟疫情防控哨岗和2处鼠疫防控哨岗，实行24小时值班制。

【大口村】位于龙口镇西南部，因黄河古渡大辿渡得名。东与马栅村接壤，南与山西省忻州市河曲县文笔镇南元村、北元村隔河相望，西与陕西省榆林市府谷县墙头农业园区尧区村、麻地沟镇韭菜墕村为邻，北与沙坪梁村接壤。总面积47.65平方公里，辖16个村民小组。户籍总人口908户1996人，常住人口298户551人。有耕地9298亩，林地5860亩，草地55878亩，水域3675亩。经济来源以种植养殖主。

【大圐圙梁村】位于龙口镇中东部，因驻地而得名。东与南窑梁村相连，南与龙口社区接壤，西与公盖梁村毗邻，北与红树梁村和麻地梁村搭界。总面积20.1平方公里，辖7个村民小组。户籍总人口1091户2393人，常住人口391户1113人，少数民族31人。有耕地5800亩。经济来源以种植养殖为主。

【公盖梁村】位于龙口镇中部，东与大圐圙村接壤，南与马栅村、龙口社区连接，西与韩家塔村为邻，北与麻地梁村相邻。总面积33平方公里，辖21个村民小组。户籍总人口1333户3060人，有汉族、满族、苗族、蒙古族4个民族。有耕地7578.5亩，林地面积2765亩。境内有恒东集团汇隆煤矿、皖北智能集团麻地梁煤矿。村集体经济建成2座石料厂并对外承包经营。农作物以玉米、豆类及糜子等小杂粮为主。

【韩家塔村】位于龙口镇西北部，东与公盖梁毗邻，南与马栅村、沙坪梁村接壤，西与陕西省古城镇的五道河村、沙圪堵镇王家梁村为界，北与台子梁村山水相连。总面积30.43平方公里，辖12个村民小组。户籍总人口998户2296人，汉族为大多数，有蒙古、满、藏3个少数民族。有耕地7868亩，林地2380亩，其余均属天然草地和人工草地。境内大龙高速魏家峁青春塔自备铁路与准朔铁路接轨。站丰塔社为境内唯一拥有地下煤炭资源地区，属恒东集团汇隆煤矿采区。农牧业生产条件差，主要经济来源以种植养殖为主。

【红树梁村】因境内有大量海红果树而得名。位于龙口镇东北部，东邻范家峁村，南邻南窑梁村，西邻麻地梁村，北邻柏相公村。总面积12.4平方公里。辖6个村民小组。总人口780户1949人，常住人口193户373人，少数民族23人。有耕地7016亩，草原16314.6亩。红树梁村四面环山，地下有丰富的煤炭、石灰岩资源，境内有开滦红树梁煤矿和珠江集团青春塔煤矿。经济来源以种植养殖业为主。

【麻地梁村】位于龙口镇北部，东与红树梁村接壤，南与公盖梁村毗邻，西与台子梁村连接，北与魏家峁镇柏相公村相邻。面积21.25平方公里，辖12个村民小组。户籍人口878户2053人，常住人口538户1340人，少数民族15户29人。有耕地11650亩，林地3838亩、草地13387亩。麻地梁村属于典型的黄土高原地形地貌，海拔1100米，属龙口镇最高地。经济来源以种植养殖业为主。

【马栅村】位于龙口镇西南部，东邻龙口社区，西邻沙坪梁村，北邻韩家塔村，南靠黄河。总面积28.5平方公里，辖16个村民小组。总人口1236户2888人，常住户604户1437人，少数民族24户37人。有耕地7560亩，五荒地16500亩，水浇地为2570亩。境内有纳榆线、103省道、大龙高速，准朔铁路。气候适宜享有“花果之乡”的美称。

【南窑梁】因居民多居住土窑洞得名。位于龙口镇东北部，东与沙也村接壤，南与榆树湾相邻，西与大圐圙村相接，北界红树梁村。总面积12.7平方公里，辖4个村民小组。总人口713户1630人，常住人口209户481人，蒙古族14户23人。有耕地6200亩，撂荒地900亩。南窑梁村属典型的梁峁地带，经济来源以种植养殖业为主。

【沙坪梁村】位于龙口镇西部，东与马栅村接壤，南与大口村接壤，西与陕西省府谷县古城乡五道河村为邻，北与韩家塔村接壤。总面积27.25平方公里，辖16个村民小组。总人口841户1809人，常住人口315户705人。有耕地10074.5亩，林地4931.59亩，草地4231.25亩。属典型的干旱梁峁地区，农户均有林果种植经验，经济来源以种植养殖业为主。

【沙也村】因境内明沙流沙多而得名。位于龙口镇东部，东与山西省偏关县天峰坪镇、南与山西省河曲县刘家塔镇隔黄河相望，西与南窑梁村接壤，北与魏家峁镇范家峁村相邻。总面积22.6平方公里，辖16个村民小组和3个居民委员会。总人口3332人(农业人口2886人，非农业人口446人)，少数民族52人。有耕地10581亩，林草地10650亩。境内有丰富的煤炭、硫黄矿、石灰岩等矿产资源。交通便捷。经济来源以种植小杂粮，分散养殖为主。

【台子梁村】因保留有较完整的台子墩而得名。位于龙口镇北部，东与麻地梁村、魏家峁镇柏相公村接壤，南与韩家塔村相邻，西与陕西省府谷县隔河相望，北与薛家湾镇接壤。总面积47平方公里，辖11个村民小组。总人口892户2123人，常住人口357户718人，少数民族21户33人。有耕地面积10205.9亩，林地18069.2亩，草地21045.4亩。以种植玉米、糜子，养殖羊、猪、牛为主。

【龙口社区】位于龙口镇东中部，东至沙也村，南至黄河，西至马栅移民房，北至公盖梁村。总面积10.5平方公里，辖4个村民小组和5个居委会。总人口2224户3843人，常住人口602户1520人，少数民族35户54人。有耕地面积1183.2亩，草地面积1679.5亩，工业用地644.2亩。主要农作物有玉米、糜子、谷子、土豆等，居民收入以打工和种植小杂粮为主。

【祥和社区】位于龙口镇新市场，紧邻龙口镇政府，东与龙口社区相邻，西与马栅村相邻。总面积0.49平方公里。住户为小区居民和部分其他村村民，总人口1627户4881人，常住人口976户2440人。祥和社区有11个住宅小区。辖区内有驻地单位9个，小微企业26个，个体工商户98户。

（撰稿 高海燕 编辑 韩耀）

魏家峁镇

【概况】魏家峁镇位于内蒙古自治区鄂尔多斯市准格尔旗东南部，东与呼和浩特市清水河县老牛湾镇、山西省忻州市偏关县万家寨镇、天峰坪镇隔黄河相望，西与准格尔旗龙口镇、薛家湾镇接壤，属梁峁山区。总面积278.77平方公里，辖范家峁村、魏家峁村、双敖包村、郑峁梁村、井子沟村、杜家峁村、四分子村、柏相公村8个行政村94个村民小组和1个东升社区，户籍总人口6889户16079人，常住人口3946户11246人。设党政综合办公室、基层党的建设办公室、乡村振兴办公室、社会事务办公室、平安建设办公室、城市管理办公室6个党政机构，设党群服务中心、综合行政执法局、综合保障和技术推广中心3个事业单位。镇党委设1个机关党支部、1个社区支部、3个村党总支、5个村党支部，共有党员434名。

【重点项目】2019年，实行党政领导包联重点企业、重大项目制度，有效解决征拆问题和矛盾纠纷100余起，完成万家寨引黄供水工程征地，华能露天矿周家峁社征地外业调查，珠江青春塔煤矿1、2、3采面，包子塔旅游景区二期工程及旅游专线征拆工作。实行重大项目微信日调度、会议周调度，华厦朱家坪电厂及附属工程、珠江自备铁路、蒙西至晋中1000千伏特高压电、海子塔220千伏变电站、万家寨引黄供水工程、国电建投内蒙古能源有限公司长滩电厂2×660兆瓦机组工程等6个新建、续建项目顺利建设。

【基础建设】2019年，配合完成薛魏线公路维修改造，新建通村通社水泥路17.4公里，砂石路10.9公里。改造农网线路84公里。铺设自来水管路4.9公里。新建公共水冲厕所8个，实施户改厕224户。新建垃圾压缩转运站1处，实施建设污水处理厂1处。完成东升社区服务中心前期手续。

【乡村振兴】2019年，实施品牌化发展梁峁山区特色小杂粮种植，整合土地123亩，引进高标农田小杂粮种植；精品化发展牛羊养殖，扶持5户养殖大户为养殖业带头人，牛羊出栏6100头（只）；试点发展经济林、中药材种植，在杜家峁村、范家峁村种植苹果195亩、黄芩56亩。科学发展大棚种植，在郑峁梁村、井子沟村新增温室大棚12栋。村集体经济收益222万元，8个村集体经济收益全部超过5万元，其中双敖包村和柏相公村收益超过50万元。完成《魏家峁旅游发展规划》编制，杜家峁旅游服务项目顺利建设，周毛秃红色革命教育基地展厅建成并投入使用，逐步形成了红色革命教育、民宿窑洞体验、黄河风情观光相结合的旅游特色。

【社会事业】2019年，全面落实社会保障各项政策，完成低保评定、临时救助、孤困儿童救助、残疾人两项补贴、退伍军人慰问等各项工作，累计收缴医疗、养老保险401万元，发放各类救助、补贴、慰问资金408.78万元。坚持就业优先，开展各类专业技能培训5次，推荐就业50人。提高政务服务能力，建成便民服务代办点10个，增设“三务公开”等查询设备。推进教体、卫健、统计、科技等各项工作，支持教师周转房建设，实施泛海助学行动，完成全国第四次经济普查。

【魏家峁村】是魏家峁镇政府所在地，东与山西省偏关县隔黄河相望，南与范家峁村、柏相公村，西与郑峁梁村、双敖包村，北与四分子村相邻，总面积27平方公里，辖8个村民小组。总人口867户1850人，常住人口558户1121人，少数民族32户37人。以种植谷子、糜子、豆类、玉米、马铃薯等农作物和发展第二、三产业为主，2019年人均纯收入18240元。

【双敖包村】位于魏家峁镇西北部，东与魏家峁镇区、西与郑峁梁村、南与郑峁梁村、北与井子沟村相邻，总面积59平方公里，辖17个村民小组。总人口1080户2518人，常住人口240户809人，少数民族126户282人。以种植养殖业为主，2019年人均纯收入8600元。

【四分子村】位于魏家峁镇北部，东与山西省万家寨、南与魏家峁村、西与双敖包村、北与杜家峁村相邻，总面积24平方公里。辖7个村民小组，户籍人口527户1263人，常住人口134户290人，蒙古族3人，回族2人。经济上以种植养殖和旅游业为主，2019年人均纯收入8000元。

【郑峁梁村】位于魏家峁镇西部，东与双敖包村、魏家峁村，南与柏相公村，西与薛家湾镇哈拉敖包村，北与薛家湾镇红台子村相邻，总面积51平方公里，辖13个村民小组。总人口845户2026人，常住人口425户932人，少数民族31户67人。以种植养殖业为主，2019年人均纯收入8700元。

【杜家峁村】位于魏家峁镇东北部，北与井子沟村、西与双敖包村、南与四分子村接壤，东临黄河，总面积23平方公里，辖8个村民小组。总人口472户1080人，常住人口128户296人。以种植养殖业和旅游业为主，2019年人均纯收入13500元。

【范家峁村】位于魏家峁镇东南部，紧靠龙口水电站库区，南与龙口镇沙也村、西与龙口镇红树梁村、北与柏相公村相邻，东与山西省偏关县隔河相望，总面积47平方公里，辖15个村民小组。总人口979户2193人，常住人口139户286人。以种植养殖业为主，2019年人均纯收入10500元。

【柏相公村】位于魏家峁镇西南部，东与范家峁村、西与郑峁梁村、南与龙口镇麻地梁村、北与魏家峁村相邻，总面积47.8平方公里，辖17个村民小组。总人口1282户3265人，常住人口201户378人。以种植养殖业为主，2019年人均纯收入12500元。

【井子沟村】位于魏家峁镇最北端，东南与杜家峁村、南与双敖包村、西与薛家湾镇不连沟村、北与城坡村相邻，总面积34平方公里，辖9个村民小组。总人口619户1526人，常住人口224户667人。以种植养殖业为主，2019年人均纯收入8300元。

【东升社区】位于魏家峁镇镇区，总面积3.7平方公里，辖7个居民委员会。户籍非农业人口218户358人，常住居民1897户6467人。社区以“绿色引领、和谐共建、开放服务”为理念，深入推进基层党组织建设，积极构建绿色、文明、和谐的新型社区。

（撰稿 王 龙 编辑 韩耀光）

大路镇

【概况】大路镇位于准格尔旗东端，地处呼、包、鄂“金三角”和沿黄经济带核心区域，是呼包鄂协同发展战略中的核心地带。总面积733.9平方公里，辖12个行政村2个社区，112个村民小组。总人口10233户23207人，常住人口3203户7860人，少数民族1489户3386人。耕地面积8万亩，其中水浇地2.8万亩，森林覆盖率达33%，水面养殖3000亩，牲畜存栏10万余头（只）。全镇有个体工商户1182家。煤炭、砂石、水资源丰富，资源、环境、区位和交通优势突出。大路煤化工基地、煤电铝园区、煤基清洁能源基地位于镇内中西部地区；呼准铁路、103省道、阳吉线、沿黄一级公路、准兴重载高速公路、薛大快速干道、城大绕城公路穿境而过。

【**重点项目**】2019年，切实抓好征地拆迁等服务重点项目前期工作。助力唐家会煤矿煤炭地下气化技术工业化示范项目投产；实施呼准鄂快铁沿线4G信号线路、大路新区国家电投80万吨煤制烯烃及西工业园区工业灰渣场、内蒙古昶龙大路西物流配送园区等项目征地工作；推进大路新区市政区110千伏变电站及塔基项目征地协调工作。

【**债务化解**】2019年累计化解债务1.13亿元，化债率41.5%。

【**脱贫攻坚**】2019年，聚焦“两不愁三保障”及饮水安全达标、“十项清零达标”及易地搬迁“两超”等问题整改。动态调整后，全镇建档立卡贫困户87户220人中，稳定脱贫40户104人，正常脱贫47户116人。

【**乡村振兴**】2019年，开展5个村3万亩高标准农田改造设计工作，列入高标准农田项目库2.2万亩，完成节水灌溉工程2000亩。小滩子村500亩以上土地规模化经营项目达到5个，“稻田养蟹”试点项目喜获丰收。前房子村打造农户特色“庭院经济”95户。二旦桥村依托山杏种植优势，通过与高原杏仁露公司合作，带动全村增收20多万元。启动环境乱象整治“百日攻坚专项行动”，投放垃圾桶700个、小推车600辆，建成垃圾压缩中转站2处、污水处理设施2处，实施公共厕所10处、完成户改厕270户。农村人居环境大幅改善。大力推动村集体经济建设，7个村集体经济收入达到5万元以上。完善土地确权工作，耕地签订协议6.49万亩、制证3.92万亩，草地签订协议27.54万亩、制证1.4万亩。

【**生态环境整治**】2019年，全面落实河长制，适时开展防凌防汛工作，对13条河流巡查90余次，清除河道垃圾3000多吨。完成8处小型水利工程维修。开展环保巡查9次，配合旗直部门查处违法生产工厂1处。

【**社会事业**】2019年，累计发放各类补贴161万元，救助农村低保对象200户408人、城镇低保对象9户14人。落实卫生健康政策，推进全民参保计划，城乡居民医保参保率达到98.5%。放映数字电影91场。组织农牧民舞蹈队参加第九届准格尔旗元宵节秧歌大赛、“七一”文艺比赛和消夏文艺演出，组织干部职工参加“我爱你中国”庆祝新中国成立70周年合唱比赛，凝聚了干部群众干事创业的力量。

【**社会管理**】2019年，开展安全生产检查活动25次。深入开展扫黑除恶专项斗争，累计发放各类宣传品3000余份，办理涉黑涉恶线索案件16件，受理各类信访案件21件。组织开展土地执法和“两禁”执法巡查350余次，累计罚款200.15万元。开展非洲猪瘟疫情防控，依法查扣并无害化处理猪肉4700余千克。开展城壕遗址、马三窑子墓群项目保护及档案整理工作。配合上级开展“大棚房”问题和“别墅式”墓地专项整治工作，共拆除违法建房2100余平方米。办理个体工商户注册登记、食品经营许可及备案138户，完成个体户和农民专业合作社年报公示509户。开展全国第三次土地调查工作，完成4739个图斑的初次外业举证。

【**常树梁村**】位于大路镇西北部，总面积103平方公里，辖13个村民小组。全村总户数708户1476人，常住户153户307人。村民以种植养殖业为主，2019年人均纯收入13846元。

【**城壕村**】位于大路镇东北部，总面积约25平方公里，辖6个村民小组。总人口393户938人，常住人口258户663人。村民以种养殖业为主，2019年人均纯收入20470元。

【**大沟村**】位于大路煤化工基地西北部，总面积63平方公里，辖9个村民小组。总人口1107户2413人，常住人口404户928人。村民以种养殖业为主，2019年人均纯收入21016元。

【**东孔兑村**】位于大路镇西南部。总面积70平方公里，辖16个村民小组。总人口1390户3257人，常住户697户，1606人。村民以种植养殖业为主，2019年人均纯收入17200元。

【**尔圪气村**】位于大路镇西部，西与布尔陶亥苏木相邻，北与乌兰不浪接壤，南与常树梁村相接，东与大沟村相邻，总面积

104平方公里。总人口601户1415人，常住人口390户1050人。村民以种植养殖业为主，2019年人均纯收入15000元。

【二旦桥村】位于大路镇东南部，总面积37.9平方公里，辖10个村民小组。总人口672户1630人，常住人口155户366人。村民以种养殖业为主，2019年人均纯收入11270元。

【房子滩村】位于大路镇东部，总面积52平方公里，辖15个村民小组。总人口948户2287人，常住人口459户1220人。村民以种养殖业为主，2019年人均纯收入10994元。

【何家塔村】位于大路镇东北部，总面积83平方公里。总人口909户2246人，常住人口855户2138人。村民以种植养殖业为主，2019年人均纯收入17250元。

【老山沟村】老山沟村总面积42.8平方公里，下辖9个村民小组。总人口619户1364人，常住人口170户391人。村民以种植养殖业为主，2019年人均纯收入16100元。

【前房子村】位于大路镇东部，总面积12平方公里。总人口241户562人，常住人口88户270人。村民以种植养殖业和运输业为主，2019年人均纯收入20700元。

【乌兰不浪村】位于大路镇西北部，总面积67平方公里，辖5个村民小组。总人口600户1411人，常住人口298户744人。村民以种植养殖业为主，2019年人均纯收入17940元。

【小滩子村】位于大路镇北部，总面积27平方公里，总人口911户2213人，常住人口480户1548人。村民以农作物种植、水产养殖及农家乐、渔家乐经营为主，2019年人均纯收入16755元。

【杨四圪咀社区】位于大路镇西南部，东与二旦桥村相邻，西、北、南与东孔兑村相邻。总面积1.8平方公里，总人口483户744人，常住人口856户2780人。村民以运输、修理、餐饮服务等路边经济为主，2019年人均纯收入9959元。

（撰稿 郝震东　编辑 韩耀光）

2019年大路镇基本情况和主要经济指标一览表

表33

指标名称	计量单位	数量	指标名称	计量单位	数量
一、基本情况	—	—	四、农业	—	—
行政区域面积	公里	733.9	耕地面积	公顷	5408
居民委员会个数	个	2	设施农业占地面积	公顷	
村民委员会个数	个	12	有效灌溉面积	公顷	
其中：通公共交通的村	个	9	农作物总播种面积	公顷	
通宽带的村个数	个	13	其中：粮食播种面积	公顷	
通有线电视的村个数	个	7	农业技术服务机构个数	个	3
通自来水的村个数	个	9	农业技术服务机构从业人数	人	4
垃圾集中处理的村个数	个	9	农民合作社个数	个	0
污水集中处理的村个数	个	1	农民合作社成员	户	0
二、人口与就业	—	—	耕地面流转面积	公顷	0
常住户数	户	5263	种植大户数	户	0
常住人口	人	14011	畜禽养殖大户数	户	2
户籍人口	人	21956	五、工业及建筑业	—	—
其中：农业户籍人口	人	21212	工业企业单位个数	个	
第一产业从业人员	人	8451	其中：规模以上工业	个	
第二产业从业人员	人	3928	工业总产值	万元	
第三产业从业人员	人	2546	其中：规模以上工业	万元	
外来从业人员	人	6212	工业企业从业人员	人	
三、财政收支	—	—	建筑业企业单位数	个	0
公共财政收入	万元		建筑业总产值	万元	0
企业实交税金	万元		建筑业企业从业人员数	人	0
公共财政支出	万元		六、贸易及餐饮	—	—
年末债务总额	万元	0	社会消费品零售总额	万元	

续表 33

指标名称	计量单位	数量	指标名称	计量单位	数量
其中：限额以上社会消费品零售总额	万元		各种社会福利收养性单位闲位数	床	0
市场个数	个	2	各种社会福利收养性单位收养人数	人	0
50平方米以上的超市个数	个		新型农村合作医疗参保人数	人	14431
住宿餐饮业企业个数	个	0	新型农村社会养老保险参保人数	人	10486
七、教育、文化、卫生	—	—	农村居民最低生活保障人数	人	514
小学数	所	0	九、公用事业及环境	—	—
小学专任教师总数	人	0	自来水用水户数	户	954
小学在校学生数	人	0	燃气用气户数	户	0
幼儿园、托儿所个数	个	1	金融机构网点数	个	1
图书馆、文化站个数	个	1	公园及休闲健身广场个数	个	1
剧场、影剧院个数	个	0	十、城镇基本情况	—	—
体育场馆个数	个	1	城镇规划区面积	公顷	10
医疗卫生机构个数	所	2	城镇区建成区面积	公顷	5
医疗卫生机构床位数	床	138	城镇建成区总户数	户	560
执业（助理）医师数	人	18	城镇建成区总人口	人	860
八、居民收入及社会保障	—	—	城镇建成区绿化面积	公顷	5
各种社会福利收养性单位数	个	0			

十二连城乡

【**概况**】十二连城乡地处准格尔旗最北部，黄河南岸，库布齐沙漠北部边缘。地理坐标：北纬40°7′—40°20′，东经111°13′—110°37′。总面积695.85平方公里，其中一级台地30%、二级台地30%、沙漠地带40%。黄河过境长度64公里。下辖19个行政村1个社区，152个村民小组。总人口25361人，其中少数民族3109人。有耕地26.6万亩，林地37.6万亩，草地46.9万亩。牲畜存栏13.2万头（只）。有中心卫生院1个，标准化卫生室21个。中学1所，小学2所，幼儿园2所。建有村标准化文化活动室和活动广场各27个，村标准化卫生室21个。便民连锁超市40个，移动通信网站4处，联通通信网站2处，行政村信息化网络全部覆盖。全乡境内地势平阔，土质肥沃，水源充足，林草富集，有十二连城遗址等人文资源，是全旗重要的粮食生产基地。农民人均可支配收入达到16763元。

2019年，全乡农作物种植面积26.6万亩，粮食产量为17927.4万千克，其中玉米产量15145万千克，小麦产量60万千克，水稻产量760万千克。大小畜存栏18万头（只），水产养殖面积4200亩，投放鱼苗42万千克，产鱼252万千克，养鱼户人均收入达3万元。

【**基础建设**】2019年，十二连城乡改造高低压线路13.8公里，新增变压器25台。全年新修水泥路9.2公里，维修砂石路20公里。有扬水站27个，衬渠110公里，大型喷灌设备30台（套）。

【**脱贫攻坚**】2019年，争取自治区、市、旗配套专项资金和企业帮扶资金1174.5万元，实施村集体经济项目12个，已建成项目6个；实施易地扶贫2户8人。

【**生态环境整治**】2019年，实施绿化工程1300亩。严格落实河长制，建立一河一档信息，全年累计巡河27次，生态环境得到进一步治理。

【**乡村振兴**】2019年，全乡整合土地39块，推进“合作社+基地+农户”土地规模化经营46288亩，农业生产效率进一步提高。争取上级财政资金3000万元，建成高标准温室大棚358栋，设施农业规模累计达到3769栋。兴胜店村育苗中心建成投用。杨子华村活畜交易市场和三十顷地村农产品交易市场建成投用。西不拉村2000吨气调保鲜库项目前期工作稳步推进。深入推进人居环境整治，实施户改厕868户，建旅游公厕9处。购置垃圾桶950个，试运行4处生活垃圾解析炉，开工建设巨合滩垃圾压缩中转站1处，改扩建三十顷地110吨污水处理站1处，农村人居环境大幅改善。

【**社会事业**】2019年，发放城乡居民养老保险金3270万元，城乡居民低保金325万元，老年长寿补贴、“三民”补贴、优抚等各类定补400.3万元，残疾人补贴159.4万元。为121户农村独生子女发放奖励金9.68万元，为945名年满45—59周岁农村独生子女户、双女户代缴养老保险47.25万元，为6名年满49—59周岁城镇独生子女户代缴养老保险0.9万元，为52名年满60周岁独生子女户、双女户发放奖励扶助金7.5万元，为3户3人农村独生子女伤残死亡家庭发放特别扶助金2.4万元。举办“二月二”民俗文化节暨第九届秧歌大赛、第四届甜瓜节、第二届农民丰收节，评选巾帼致富标兵和孝老爱亲标兵等先进个人24人、人居环境示范户57户。

2019年4月9日，十二连城乡进行水稻流水线自动化育苗

【**社会管理**】2019年，处理信访矛盾纠纷25起，受理解决旗长热线交办件224件，书记信箱交办件3件。开展法律宣传8次，解答法律咨询635人次，调解纠纷43件，司法确认11件。摸排扫黑除恶问题线索59条，发现问题线索3条。设立“村民说事室”19处、“民德明理堂”1处，村民自治、法治、德治水平进一步提升，获得“全国乡村治理示范乡镇”荣誉称号。开展安全生产大检查4次，重点对建筑施工、道路交通、危险化学品、防凌防汛等领域进行排查和专项治理。开展食品药品安全检查15次，未发生安全生产事故。

【**柴登村**】位于十二连城乡中部，东邻黑圪涝湾村和巨合滩村，南邻大路镇乌兰不浪村，西邻蛮汉壕村，北邻二道拐、天顺圪梁村。总面积126平方公里，辖9个村民小组。总人口1789人，常住人1162人465户。有耕地26645.92亩，生态公益林29522.23亩。村民主要收入靠种植养殖业，2019年人均纯收入13003元。

【**东不拉村**】位于十二连城乡西部，东邻蓿亥图村，南邻广太昌村，西邻西不拉村，北至黄河。总面积26平方公里，辖7个村民小组。总人口639户1410人，常住人口212户690人。有耕地1.3万亩，生态公益林4800亩。村民主要收入靠种植养殖业，2019年人均纯收11803元。

【**董三尧村**】位于十二连城乡西部，东与五家尧村相邻，南与康布尔村接壤，西与兴胜店、三十顷地村相接，北至黄河。总面积14平方公里，辖6个村民小组。总人口556户1408人，常住人口350户855人。有耕地1.2万亩，生态公益林2700亩。村民主要收入靠种植养殖业，2019年人均纯收13003元。

【**二道拐村**】位于十二连城乡中北部，东邻脑包湾村，南邻柴登村，西邻召梁村，北至黄河。辖区总面积26平方公里，辖8个村民小组。总人口535户1195人，常住人口537户293人。有耕地18714亩，生态公益林2320亩。村民主要收入靠种植养殖业，2019年人均纯收11803元。

【**广太昌村**】位于十二连城乡中部，东邻蛮汉壕村，南邻布尔陶亥乡，西邻西柴登村，北邻蓿亥图、东不拉村。总面积99.37平方公里，辖9个村民小组。总人口551户1213人，常住人口273户829人。有耕地5430亩，生态公益林43510亩。村民主要收入靠种植养殖业，2019年人均纯收13003元。

【**黑圪劳湾村**】位于十二连城乡的东部，东与大路镇小滩子村相邻，南是库布齐沙漠，西邻巨合滩村，北至黄河。总面积38平方公里，辖5个村民小组。总人口440户1060人，常住人口320户730人。有耕地9358.53亩，生态公益林4260.28亩。村民主要收入种植养殖业，2019年人均纯收13303元。

【**巨合滩村**】位于十二连城乡东部沿河，东邻黄河，南邻黑圪涝湾村，西邻柴登村，北邻天顺圪梁村。总面积24平方公里，辖6个村民小组。总人口675户1498人，常住385户875人。有耕地6743亩，生态公益林2577亩。驻地企业有安畅加油站、中石油壕托加油站。村民主要收入靠种植养殖业，2019年人均纯收11503元。

【康布尔村】位于十二连城乡西部，东邻杨子华村，南邻西柴登村，西与达拉特旗接壤，北邻五家尧村。总面积22.5平方公里，辖8个村民小组。总人口582户1320人，常住人口240户618人。有耕地14500亩，林地6300亩，草牧场面积3500亩。村民主要收入靠种植养殖业，2019年人均纯收15703元。

【蛮汉壕村】位于十二连城乡西南部，东邻柴登村，南邻布尔陶亥苏木，西邻广太昌村，北邻召梁村。总面积40平方公里，辖10个村民小组。总人口401户942人，常住人口234户631人。有耕地12760亩，生态公益林36613亩。村民主要收入靠种植养殖业，2019年人均纯收8003元。

【脑包湾村】位于十二连城乡东北面，东邻天顺圪梁村，南邻柴登村，西邻二道拐村，北至黄河。总面积56平方公里，辖10个村民小组。总人口963户1916人，常住人口465户1562人。有耕地27000亩，生态公益林6663.88亩。村民主要收入靠种植养殖业，2019年人均纯收21003元。

【三十顷地村】位于是十二连城乡最西端，东邻兴胜店、董三尧村，南、西与达拉特旗吉格斯太镇接壤，北至黄河。总面积27平方公里，辖9个村民小组。总人口933户2214人，常住人口620户1150人。有耕地14007.60亩，林地2740.16亩。驻地企业有永胜加油站、三十顷地粮站。村民主要收入依种植养殖业为主，2019年人均纯收19003元。

【天顺圪梁村】位于十二连城乡北部，东邻巨合滩村，南邻柴登村，西邻脑包湾村，北接黄河。总面积18平方公里，辖5个村民小组，总人口430户953人，常住人口190户521人。有耕地面积14356亩，林地7650亩。村民主要收入靠种植养殖业，2019年人均纯收14003元。

【五家尧村】位于十二连城乡西部沿河，东邻杨子华村，南邻康布尔村，西邻董三尧村，北至黄河。总面积12平方公里，辖5个村民小组。全村485户1149人，常住人口315户896人。有耕地10500亩。驻地企业有蒙融农牧业开发有限责任公司、五家尧供暖站，驻地单位有五家尧信用社、五家尧幼儿园、供电所、五家尧小学。村民主要收入靠种植养殖业，2019年人均纯收13003元。

【西不拉村】位于十二连城乡中西部，东邻东不拉村，西邻杨子华村，南邻西柴登和广太昌村，北至黄河。总面积20平方公里，辖6个村民小组。总人口425户1056人，常住人口233户577人。有耕地10873亩，林地面积8670亩，其中生态公益林2000亩。兴巴高速、512国道穿境而过。驻地企业有鑫宇加油站。村民主要收入靠种植养殖业，2019年人均纯收16403元。

【西柴登村】位于十二连城乡西南部，东邻广太昌，南邻布尔陶亥苏木，西邻达旗吉格斯太，北邻康布尔村。总面积74.3平方千米,辖8个村民小组。总人口412户997人，常住303户610人。有耕地23000亩，生态公益林35000亩。村民主要收入靠种植养殖业，2019年人均纯收15003元。

【兴胜店村】位于十二连城乡西部，东邻董三尧子，南邻康布尔村，西邻三十顷地村，北至董三尧村。总面积13平方公里，辖4个村民小组。总人口375户1164人，常住240户781人。有耕地9800亩，生态公益林1337亩。2019年农民人均纯收入19603元。

【蓿亥图村】位于十二连城乡中北部，东邻召梁村，南邻掌盖营子村，西邻东不拉村，北至黄河。总面积28平方公里，辖9个村民小组。总人口964户2053人，常住人口357户845人。有耕地17225.21亩，生态公益林5852.09亩。有驻地企业益丰园农产品加工厂和驻地单位蓿亥图粮站。2019年农民人均纯收13873元。

【杨子华村】位于十二连城乡西北部，东邻董三尧村，南邻康布尔村，西邻三十顷地村，北邻董三尧村。总面积19平方公里，辖4个村民小组。总人口404户906人，常住人口183户376人。有耕地5650亩。2019年农民人均纯收13003元。

【召梁村】位于十二连城乡中部，东邻二道拐村，南邻蛮汉壕村，西邻蓿亥图村，北至黄河。总面积22平方公里，辖6个村民小组。全村309户672人，常住163户363人。有耕地10350亩，生态公益林1107.2亩。2019年农民人均纯收16803元。

（撰稿 刘瑞芳　编辑 韩耀光）

暖水乡

【概况】暖水乡位于准格尔旗西部，东邻沙圪堵镇，南接纳日松镇，西与准格尔召镇相邻，北与达拉特旗搭界，属砒砂岩严重裸露地区。总面积639平方公里，辖11个村1个社区。户籍总人口7009户14927人，常住人口4200人，少数民族1247人。有耕地面积10.9万亩、草地63.4万亩。有注册农业合作社52家，有养殖户259户。境内交通条件便利，四通八达，109国道、荣乌高速公路横贯东西，曹羊运煤专线、德萨公路纵贯南北。境内有丰富的石英砂、高岭土、煤炭等资源，现有煤炭企业12家，洗煤厂4家，煤炭集运站1处，矿泉水厂3家，水利部沙棘育苗研发中心及水保示范园区落户乡境。全乡在德胜有梁村建成千亩苹果园基地，种植苹果树1561亩约15万株，苹果品种有宁丰、寒富等12种之多。2019年苹果产量达34万千克、实现收入460万元。

从2007年开始，暖水乡实施禁止开发区农牧民转移， 2009年确定为整乡生态自然恢复区建设试点乡，完成生态移民4687户11516人，涉及10个村56个社，区域面积599.28平方公里，占全乡总面积的93.8%。在生态移民实施过程中，坚持“人口退出、生态跟进”原则，统筹推进生态建设。截至2019年底，全乡生态造林面积达68.82万亩，植被覆盖度达85%以上。

【脱贫攻坚】2019年，按要求开展扶贫对象动态管理调整，持续推进现有12户20人巩固帮扶工作。对照中央脱贫攻坚专项巡视，认领3个方面13个具体问题；对照自治区脱贫攻坚成效考核反馈问题，认领5个方面10个具体问题，制定整改方案，细化整改措施，按时完成整改。结合实际，上报扶贫项目库项目16个，涉及资金1726.3万元。实施扶贫项目4个，涉及资金330万元。

【债务化解】2019年累计化解债务1418.41万元。

【乡村振兴】2019年，结合实际制定11个村产业发展规划。德胜有梁村发展千亩苹果产业示范园建设，发展果农78户，种植苹果2030亩。苹果年产量达34万千克、实现收入460万元。成立绿苹林果产业合作社，完成产品质量有机认证。3家果农获评市级家庭林场。邀请洛川果树专家实地培训6次。资助果农防虫害灯10套，配备低毒少残留农药1.5吨。建成林果示范园气象观测站1座。发放经济林种植补贴29万余元。昌汉素村由帮扶企业出资1350万元，建成总占地230.4亩上水工程项目，通过为矿区洒水除尘提供水源来增加村集体收入；与中国农科院合作，种植优质牧草100亩，成立村集体劳务公司，购买大型拖拉机及配套机具1套。肯木肯村与北京艺丰佳禾农业科技有限公司合作，利用撂荒闲置的土地种植中科羊草300亩。圪秋沟村按照“党支部+合作组织+农户+企业”的发展模式，争取扶贫资金建成75千瓦光伏发电项目，于2019年11月20日并网发电。其他各村也通过种植小杂粮、开展劳务服务、商铺租赁收入等方式，村集体经济实现全部清零。

【生态环境整治】2019年，全面落实河长制，开展乡域河湖生态修复和环境治理工作。对18家企业开展督查检查16次，发现问题24处并完成整改。完成义务植树任务100亩，全年新增绿化面积1.1万亩，抚育各类林木0.45万亩，病虫害防治面积1.5万亩。完成公益林落界近10.9万亩。严厉打击毁林开荒等违法行为，完成森林卫片执法图斑整改108处。持续抓实禁牧禁垦工作，切实保护来之不易的生态建设成果。严防森林草原火灾，修建防火隔离带270公里，防火通道450公里。维修维护村社道路143公里。清理沿路沿线垃圾3000余吨，清除 “五堆”300余处。依法拆除102处违法违规户外广告牌匾、2处私搭乱建棚圈，整改不规范市场行为为29项。

【产权制度改革】2019年，完成11个村集体资产清产核资系统录入、成员身份认证，开展股权配置量化工作。按照自治区《关于深化苏木乡镇改革推进基层整合审批服务执法力量的实施意见》，完成3个事业单位和6个内设机构挂牌工作；对44个国土卫片监测图斑进行核查和判定，立案调查处理5起，结案4起。完成全国第三次国土调查外业图斑现场勘验1800余处。制止违建行为7起，拆除违法建筑7处，私搭乱建、私挖盗采等违法行为整体得到扼制。

【社会事业】2019年，累计发放各类救助补助补贴资金8805.4万元，受益1.3万余人次，实现“应保尽保、应扶尽扶”。为151户分散特困人员发放供养金114.8万元；为51名各类优抚对象发放优抚金27.48万元；为157户311人农村低保户发放保障金54.9万元；为5户6人城镇低保户发放保障金2.4万元；为670名因病、因灾、孩子上大学等原因，导致的生活困难家庭发放临时救助金25.6万元；为553名残疾人发放生活补贴110.8万元。组织开展适龄妇女“两癌”筛查、35 周岁以上成年人免费体检、心血管病高危人群筛查、65周岁以上老年人健康体检、70周岁以上老年人免费接种流感疫苗等惠民项目。收缴普通农牧民、生态移民及城镇养老保险共计3330人218.6万元；登记参保7663人，到龄领取养老保险2943人；参保率为76.4%，缴保率为87%。收缴医疗保险总人数9511人，缴费金额276.4万元；医疗报销人数1611人次，报销金额270.4万元。协调旗就业部门开展就业培训2次，参与培训人数180人次。开展文艺演出活动22场次。积极参与庆祝中华人民共和国成立70周年合唱比赛等各项重大文化节庆活动。

【社会管理】2019年，配合完成民族团结进步创建考核验收工作。争取少数民族发展资金10万元，定向投资建成德胜有梁村果窖1处。严格落实“三务”公开制度，提交审核公开事项5281项。积极开展“七五”普法工作，提高依法治理工作成效。对辖区18家重点工矿企业、272家个体工商户和外来流动人群进行专项摸底排查，移交公安部门涉黑涉恶线索1条，实现线索“清零”。完成中央、自治区反馈6个方面26项问题整改。

【昌汉不拉村】位于暖水乡北部，东邻沙圪堵镇寨子塔村，南邻圪秋沟村，北邻德胜西村，西邻肯木肯村。总面积69.5平方公里，辖5个村民小组。总人口515户1075人。2007年移民搬迁118户264人，2009年移民搬迁311户746人。村境内有加油站1家，收费站2家，村内有丰富的高岭土资源。植被覆盖率达到95.3%。

2019年2月28日，暖水乡传统古会热闹起唱

【昌汉素村】位于暖水乡东南部，总面积35.7平方公里，辖6个村民小组。总人口587户1363人，实施移民搬迁185户362人，常住人口92户195人。有林地5319.6亩，牧草地36167.8亩。有煤矿企业8座，水渠1处，洗煤厂3家。

【德胜西村】位于暖水乡东北部，东与布尔陶亥苏木交界，南与沙圪堵镇寨子塔村相邻，西接韩家塔村，北靠达拉特旗吉格斯太乡。总面积66.58平方公里，辖5个村民小组。总人口546户1094人，少数民族55户106人。2007年，实施生态移民56户142人，自建19户37人；2009年实施生态移民255户603人，自建132户231人；2012年底移民全部搬迁完毕。境内交通便利，南有109国道，西有德萨线公路，北有呼准鄂铁路。种植业主要以种植糜子、玉米、土豆和小杂粮为主，养殖业主要以养羊、牛、驴等为主。

【德胜有梁村】位于暖水乡东南部，东至沙镇忽昌梁村，南至沙镇哈拉沟村，西至哈必汉村，北至水泉沟村。总面积60.09平方公里，辖6个村民小组。总人口789户1600人，常住人口180户580人，少数民族60户130人。2009年开始实施整村生态移民614户1237人，9户20人未参加移民。有耕地306.7亩，林地74588.7亩，草地11692.4亩。集体经济收入来源有产业发展、洗煤厂入股分红、固定资产出租等。

圪秋沟村 位于暖水乡东部，总面积78.7平方公里，辖6个村民小组。总人口575户1195人，是一个传统的以农业种植为主的行政村。境内南有神华巴准铁路，北有109国道横贯东西。

【哈必汉村】位于暖水乡西南部，东与德胜有梁村及昌汉素村相接，南与纳日松镇二道柳村相接，西及西北与准格尔召镇张家圪台村相接，北邻暖水村。总面积59.4平方公里，辖4个村民小组。总人口481户1040人，少数民族95人。2009年整村实施生态移民374户760人，6户12人未参加。地貌属丘陵沟壑山区，主要矿产有少量煤炭、高岭土，主要物产有獾子、野兔、油松等。

【韩家塔村】地处暖水乡北部，东与德胜西村接壤，南与昌汉不拉村相邻，西与肯木肯村交界，北接达拉特旗。总面积69.5平方公里，辖5个村民小组。总人口514户1061人，少数民族103人。村内交通便利，德萨公路南北贯穿全村。以丘陵砒砂岩地貌为主，地下水资源匮乏。种植业主要以种植玉米、土豆为主，养殖业主要以养羊为主。

【肯木肯村】位于暖水乡北部，距离乡政府18公里，总面积67平方公里，辖7个村民小组。总人口642户1442人，常住人口52户108人，少数民族人口111人。2007年和2009年全村实行生态移民。有耕地11506.92亩。林地12482.2亩，牧草地78216亩。村民经济来源以种植养殖业为主。

【暖水村】位于暖水乡中部，东邻德胜有梁村，南靠哈必汉村，西邻榆树壕村，北靠水泉沟村，是暖水乡政府所在地。总面积51平方公里，辖7个村民小组。总人口971户1888人。2009年实施生态移民590户1542人，其中街社183户457人只享受生活补贴不享受搬迁补贴。村民收入来源主要靠劳务输出，发展餐饮、商贸、修理等第三产业以及规模化养殖业和种植业为主。

【水泉沟村】位于暖水乡东北部，东临圪秋沟村，南临德胜有梁村，西临榆树壕村，北与昌汉不拉村相邻。总面积73.5平方公里，辖7个村民小组。总人口630户1352人，少数民族73人。村境曹羊路运煤专线、109国道、荣乌高速、巴准铁路穿境而过，村民以发展路边经济为主。

【榆树壕村】地处暖水乡西北端，东与水泉沟村接壤，南与暖水村相邻，西与东胜区交界，北接达拉特旗。总面积59.6平方公里，辖7个村民小组。总人口702户1597人，少数民族78人。村内交通便利，曹羊线东西贯穿全村，109国道东西向穿过村北部。种植业主要以玉米、土豆、糜子为主，养殖业主要以猪、羊、鸡为主。

【聚心社区】位于暖水乡中心，属市级精品移民小区，总面积20公顷，建筑面积75749平方米，总投资约1.6亿元，于2009年8月动工，2010年6月建成投入使用，建有23栋经济适用房，入住530户1528人。社区服务中心总占地面积2.4万平方米，建筑总面积3373平方米，总投入745.8万元。按功能设置分为办公室、卫生室、图书室、健身房、棋牌室、大会议室、小会议室、客房、库房、文体活动中心。

（撰稿 黄磊 编辑 韩耀光 ）

布尔陶亥苏木

【概况】 布尔陶亥苏木位于准格尔旗西北部，属半农半牧地区，总面积654.41平方公里。地理位置北纬39°53′30″—40°06′24″、东经110°34′—111°01′30″。东至大路镇、薛家湾镇 ，西至达拉特旗吉克斯太镇，南至沙圪堵镇、暖水乡，北至十二连城乡。辖3个嘎查、6个村、1个社区。户籍人口5143户10367人，常住人口2210户4930人，少数民族1467户3088人。总耕地面积6.04万亩，林地面积47.1万亩，草地面积41.4万亩，植被覆盖率达95%以上,主要产业为农牧业和乡村旅游业。境内有国有治沙站、布尔陶亥民族小学、民族幼儿园、派出所、司法所、供电所、邮政所、卫生院、信用社、敬老院。苏木政府内设党政综合办、社会事业办、经济发展办3个职能机构，下设农牧水服务中心、计划生育服务中心、文化广电服务中心、财政所4个事业单位，现有在职职工110人。

布尔陶亥苏木是准格尔旗唯一的少数民族聚居区，这里曾是成吉思汗八白室之一的“准格尔伊金”供奉地，历来以水草丰美而闻名遐迩，也曾是成吉思汗溜圆白骏马群的放养地，具有典型的鄂尔多斯疏林沙地草原景观特点。境内有准格尔旗王爷府、点素敖包、鄂尔多斯水镜湖现代农业观光园等。呼准鄂、大马何铁路过境。

【农牧林产业】2019年，全苏木农作物播种面积4.85万亩，其中玉米4.24万亩，各类杂粮0.61万亩，社区支持农业模式蔬菜种植23亩，设施果蔬种植面积105亩；肉羊存栏5.35万只，建成敏盖绒山羊养殖基地1处，养殖敏盖绒山羊160只；生猪存栏6287头，1000只以上规模化养猪专业合作社2个。蒿召赖嘎查“小群体、大规模”生态猪养殖试点，培育50头以上生猪养殖大户4户，引进黑猪27头；养鸡专业合作社2个，散养鸡存栏2.48万只。由党员、农业大户、致富带头人成立合作社，在公益盖村3000余亩规模化种植面积的基础上，植机壕、孔兑沟、铧尖等嘎查村整合土地3000余亩。打造党员示范林基地300亩，完成绿化面积1000余亩；栽植各类果树7050亩，新增苹果170亩、文冠果100亩。

【**脱贫攻坚**】2019年，布尔陶亥苏木无新识别贫困户、无返贫户。2014年以来建档立卡贫困户100户232人，其中正常脱贫77户172人，稳定脱贫23户60人。集中培训扶贫政策3次。为3户贫困户重新维修了住房，为7户贫困户解决了饮水安全问题，为符合条件的7名贫困人员提供了就业岗位。为99名贫困人口补贴基本医疗保险1.54万元，为21名在校学生补贴伙食补助1.43万元。累计接收财政专项扶贫资金1488.13万元。

2019年，鄂尔多斯学研究会向布尔陶亥苏木人民政府赠送锦旗

【**生态环境整治**】2019年，完成水源地保护规范化建设，建立污染源台账，重点对大气、水及农业面源污染开展整治，对养殖业污染源排放进行整顿；完成镇区污水处理厂、垃圾解析炉前期手续办理、地勘等工作，污水处理厂工艺和结构施工图正在设计。境内19条河流（段）落实苏木、嘎查村两级河长制，各河长累计巡河34人次，重点整治乱挖乱倒等违法行为，累计排查河道乱堆、乱倒垃圾8处，清理垃圾29吨。

【**乡村振兴**】2019年，依托绿水青山优势资源和美丽乡村建设成果，在点素敖包—尔圪壕嘎查—王爷府—水镜湖景区沿线，培育农牧、文旅相结合的新兴农旅综合体产业，在尔圪壕建设集住宿、餐饮、休闲的特色精品民宿2处；对准格尔旗王爷府进行抢险加固修缮。举办“二月二”民俗文化活动、点力素敖包传统民俗祭祀活动、“我们的漫瀚情缘”主题文化活动和“准格尔婚礼”草原文化活动。深入开展村庄清洁行动，与嘎查村（居）民签订门前“三包”协议。发动农民群众投工投劳1435人次，清除农村生活垃圾494吨、淤泥33.5吨，清理水塘17个、沟渠92公里、残垣断壁17处，清理畜禽养殖粪污等农业生产废弃物476吨，公益盖村、尔圪壕嘎查已完成“三清一改”任务；建立健全村规民约，各嘎查村社区把人居环境整治工作与村规民约有机衔接，利用“奖惩制度”“红黑榜”等规范村民房前屋后的环境卫生。尔圪壕等嘎查村建立“文明超市”，利用人居环境整治积分兑换生活用品的规则，有效地激发农牧民的内生动力；深入推进“厕所革命”，续建公共厕所2处，户厕改造工程累计完成341户。

【**社会事业**】2019年，为34名考取大学本科的学生发放慰问金3.4万元；推进社保扩面提质，医疗保险、养老保险参合、参保率分别达到98.7%、90%以上；累计发放低保金62.16万元，特困人员救助金73.97万元，高龄补贴23.88万元，残疾人补贴51.84万元，计生奖励扶助资金7.12万元；审批临时救助对象458人，发放救助金34.5万元；为10名贫困妇女、10名困境儿童发放生活和学习用品，为18名贫困母亲申请中国妇女发展基金会一对一帮扶项目资金18万元，为20名贫困母亲发放了“母亲邮包”。

【**民族团结**】2019年，深化民族团结进步教育，表彰学习使用少数民族语言先进个人5名，民族团结进步先进个人5名。开展布尔陶亥苏木民族区域和历史文化专题讲座1次，全年完成少数民族项目3个，累计投入资金97.5万元。春节前为少数民族户准备蒙古文对联、哈达、砖茶等民族风俗年货进行慰问。

【**社会管理**】2019年，开展安全生产专项整治行动23次，排查整改隐患15处，深入开展安全宣传教育100余次，印发安全宣传单3500余份；扎实抓好防汛减灾、消防安全等工作，组织苏木、嘎查村干部深入村社向广大群众宣传防汛、防火等相关知识。针对农村自办宴席、辖区小饭馆等定期开展食品药品监督检查。制定印发《布尔陶亥苏木扫黑除恶专项斗争实施方案》；开展集中宣传7次，累计发放宣传资料1.56万份，签订扫黑除恶承诺书900余份，更换道旗220块、条幅135条、路边广告牌25块、展架15个；在各嘎查村专题宣讲50余次。发现并上报问题线索4条，查处4条，未发现存在涉黑涉恶问题。

【李家塔村】位于布尔陶亥苏木西部，东至铧尖村，西至达拉特旗马场壕村，南至达坝席利嘎查、腮五素村，北至十二连城乡西柴登村。面积为105.62平方公里。辖11个村民小组。户籍人口703户1487人，常住人口275户716人，少数民族180户416人。有耕地5600亩，其中水浇地2200亩。林草面积6.5万亩。境内呼准鄂铁路过境，有AAAA级旅游度假景区（水镜湖）1处。主要产业为农牧业、旅游业。

【植机壕村】位于布尔陶亥苏木东北部，东至大路镇尔圪气村，西至尔圪壕嘎查，南至孔兑沟村，北至十二连城乡蛮汉壕村。总面积106.43平方公里，辖12个村民小组。户籍人口578户1259人，常住人口235户573人，少数民族138户315人。有耕地面积9438亩，其中水浇地占2031亩，植被覆盖率达到84%。牲畜存栏8205头只。境内有自流井3眼，发展种植养殖业条件优越。东连大路煤电铝园区，为准旗新型产业发展区。呼准鄂高铁、壕托公路过境。全村主要经济收入已种养殖业为主

【尔圪壕嘎查】位于布尔陶亥苏木东北部，东至孔兑沟村、植机壕村，西至公益盖村，南至沙圪堵镇速机沟村，北至国有林场。总面积54.83平方公里，辖8个村民小组。户籍人口407户836人，常住人口218户392人，蒙古族185户379人。有耕地面积3500亩，其中水浇地2500亩，塘坝85座，有水面约1500亩。有林地面积5.3万亩，人工草场1万亩。有大小牲畜5000头，现有规模养殖户53户，肉羊存栏2060只。呼准鄂铁路过境，主要产业为农牧业、水产养殖业、乡村旅游业。

【腮五素村】位于布尔陶亥苏木南部，东至蒿召赖嘎查，西至达坝席利嘎查，南至沙圪堵镇纳林村，北至铧尖村。总面积72.02平方公里。辖11个村民小组。户籍人口520户1048人，常住194户462人，蒙古族47户112人。有耕地9850亩，人工草牧场3630亩，水浇地面积450亩。牲畜存栏共计12000多头，其中育肥猪300头、羊4500只、鸡7200只。全村地处梁峁地区，村民以发展散养鸡和药材黄芩种植为主。

【孔兑沟村】位于布尔陶亥苏木东南部，东至大路镇常树梁村，西至尔圪壕嘎查，南至薛家湾镇白大路村，北至植机壕村。总面积52.09平方公里，辖9个村民小组。户籍人口480户1001人，常住人口275户590人，少数民族106户219人。耕地面积4870亩，牲畜总头数约5810头只。村民经济收入以种植养殖业为主。

【公益盖村】位于布尔陶亥苏木中部，东至尔圪壕嘎查，西至铧尖村、蒿召赖嘎查，南至沙圪堵镇乌拉素村，北至国有林场。总面积35.54平方公里，辖6个村民小组。户籍人口858户1560人，常住人口415户928人，少数民族263户498人。有耕地5402亩，其中水浇地3075亩，林草面积4.5万亩。实施土地整理整合2330亩，建有塑料大棚20栋，有标准化棚圈208处，大小牲畜存栏4500多头（只），有优良人工牧草6500亩。境内有准格尔旗王爷府遗址。呼准鄂铁路过境，公益盖村地势平坦，土地集中连片，有种养殖专业合作社1个。主要产业为农牧业、餐饮服务业等。

【铧尖村】位于布尔陶亥苏木西北部，东至蒿召赖嘎查、公益盖村，西至李家塔村，南至腮五素村，北至十二连城乡广太昌村。总面积48.72平方公里，辖9个村民小组。户籍人口618户1221人，常住人口252户544人，蒙古族210户455人。耕地面积9600亩，其中水浇地3500亩。现有养殖户110户，其中养殖大户有23户，绒山羊5056只，生猪存栏834头。有建成运行的农民合作社2家，规模化养殖场1处，集体经济塑料编织袋厂1处。

【达坝席利嘎查】位于布尔陶亥苏木西南部，东至腮乌素村，西至达拉特旗马场壕村，南至暖水乡德胜西村，北至李家塔村。总面积76.57平方公里，辖12个村民小组。户籍人口552户1131人，其中常住184户384人，蒙古族158户339人。呼准鄂铁路过境，境内有伊金敖包。村民收入以种植业和养殖肉羊、散养鸡为主。

【蒿召赖嘎查】位于布尔陶亥苏木南部，东至尔圪壕嘎查、孔兑沟村，西至铧尖村，南至沙圪堵镇速机沟村，北至公益盖村。总面积52.17平方公里，辖8个村民小组。户籍人口427户824人，其中常住人口162户341人，蒙古族180户355人。有耕地面积5728亩，其中水浇地2200亩，林地4.04万亩，人工草地1.63万亩。有养殖小区3个，养殖户150户，肉羊存栏1600余只，绒山羊5700余只，生猪存栏1100余头。呼准鄂铁路过境。主要产业为种植养殖业。

【福泽社区】位于布尔陶亥苏木镇区驻地，辖区占地面积2平方公里，主要居住区有治沙站家属小区、园丁小区、粮站家属小区、危房改造小区、移民小区和小二楼别墅小区共6个居民小区，有居民423户962人，季节性流

动38户76人。社区办公地点设立在布尔陶亥苏木文化站，办公活动阵地1340平方米。设有便民服务大厅、多功能会议室、多功能文化活动室，健身房及排练室。

（撰稿 张炜 编辑 韩耀光）

兴隆街道

【概况】兴隆街道成立于2010年11月，因辖区原有兴隆社区得名。兴隆街道位于准格尔旗人民政府驻地中心地带，东至乌兰苏木图沟，南至塔哈拉川，西到薛家湾镇巴润哈岱村，北接大路镇老山沟村。总面积79.56平方公里，辖3个村、4个社区，有26个村民小组、20个居民小组。总人口3.97万人，其中常住人口2.7674万人，少数民族3483人。兴隆街道内设党政办公室、社会事务办公室（社会综合治理办公室）、城市管理办公室3个职能机构；下设计划生育服务中心、劳动保障服务中心、社区建设服务中心3个事业机构；有文化站、司法所2个上级派驻机构。2019年12月进行机构改革后，设置5个党政机构，分别为：党政综合办公室、基层党的建设办公室、社会事务办公室、平安建设办公室、城市管理办公室（挂乡村振兴办公室牌子）；设1个相当于副科级公益一类事业单位：党群服务中心（挂便民服务中心、退役军人服务站、新时代文明实践所牌子）。2019年新成立退役军人服务站。辖区有规模以上企业22家，私营及个体企业788个，个体工商户2981户；有商业步行街2条，大型商场6家，建成规模居住小区22个；有5所幼儿园，2所小学，1所中学，2所民营医院。有服务业单位 2144家，房地产单位2家，金融业单位16家。

【农村经济】结合乡村振兴战略，街道3个村分别建成了1个初具规模的自治区村集体经济扶持发展项目，落实项目资金828万元，其中帮郎色太村当年村集体经济收入5万元；成立扶贫互助合作社1个，吸纳成员118人、资金108万元。

【人居环境整治】清理生活建筑垃圾10305吨、投放更新垃圾箱64个、垃圾桶285个，雇用保洁员6人及垃圾清运车5辆，进行常态化保洁。在辖区各养殖场和河道安装玻璃钢化粪池14个，完成户改厕82户，建成标准化公共水冲厕所4座；对驻地企业、小作坊和城郊小沟壑的排污情况进行重点排查和监控。落实“河长制”，加固维修5座病险库坝，整修清理河道3条。义务植树40亩，栽植油松苗3000多株，绿化面积达320亩。

【基础建设】 完成王青塔村汇民采摘园区道路水泥硬化约0.6公里，帮郎色太村通社水泥道路硬化1.5公里，薛家湾村武家渠社通社道路沥青修补0.6公里。帮郎色太村矿区村民搬迁6个社210户，周家湾棚改片区拆迁493户。

【社会事业】本着“服务一个居民、温暖一个家庭、和谐一个社区”的服务理念，融合传统民俗节日文化、国内国际重要节日文化、地区特色节日文化创建“民俗节日主题文化活动”文化宣传品牌，全年举办主题文化活动150余场次，大型文体活动726场次，参与活动群众5.23万人，满足居民群众对美好文化生活的向往。社会事业稳步发展。上报12户城乡低收入家庭、113名70—74周岁老年人生活补贴，共计61900元；上报507名75周岁以上老年人生活补贴，366300元；上报10名70周岁以上老年人少数民族4000元；上报2175名60周岁以上交通补助435000元；城镇56户90人、农村15户30人享受低保；农村19人、城镇5人享受特困人员供养；188名残疾人享受两项补贴，82名肢体三级残疾人享受残疾人事业补贴。持续推动居民创业就业工作。按卫计部门要求认真开展了卫生计生服务。按照“两不愁三保障一高于”的标准对3村重点边缘户进行了再排查，未排查出建档立卡贫困户。2019年“八一”建军节期间，举办了一系列拥军活动，包括“晒军旅照忆军旅情”照片评比投票活动和“退役不褪色 学习先进典型”宣讲会。

【社会管理】层层签订安全生产责任状，监督安全生产单位建立了应急预案，认真落实食品药品安全目标责任书各项指标任务，兴隆市场消防安全改造工程稳步推进，已完成兴隆封闭市场改造工程。24小时排班值守制度持续执行，圆满完成年度安全生产目标管理任务；加强了食品药品行业日常安全监管力度，举办了“3·15”系列宣传活动，按要求开展了各类专项检查工作，保障了群众舌尖上的安全和用药安全。整治老旧小区环境卫生，修理维护小区内破损公共活动场地和设施，整顿小区楼栋门前、楼道杂物，施划消防线、消防通道，配置消防设施，清理小广告、卫生死角，规范整顿机动车乱停乱放现象。各个小区铺张硬化、绿化，零星维修，在辖区内安装电动车充电桩160个，创城成果进一步巩固提升。依法依规推进农村集体资产清产核资工作；农村集体产权制度改革人口基本信息摸底调查工作已完成；完成了全国第四次经济普查工作；稳步推进兴隆市场消防安全改造工程。

【薛家湾村】位于兴隆街道西北部，东与蓝天街道关地塔社区接壤，南与迎泽街道巴汉图村接壤，西与王青塔村接壤，北与帮郎色太村和蓝天街道阿岱沟村接壤，总面积9.485平方公里。总人口9233人，流动人口4710人，其中本村农业户籍人口226户577人，少数民族人口14人。有党员31人。全村有林草地7988.9亩。村集体固定资产约2000万元，银行存款余额1800余万元，村集体年收入120万元，2019年农民人均纯收入18000元以上。

【王青塔村】位于兴隆街道西南部，东与薛家湾村、帮郎色太村接壤，南与迎泽街道巴汉图村接壤，西与薛家湾镇巴润哈岱村接壤，北与大路镇老山沟村接壤。总面积46.928平方公里，辖14个农业生产合作社。有户籍人口768户，少数民族33户96人。2010年移民搬迁居民368户987人，现居住人口1776人，流动人口658人。有党员47人。有耕地8110.34亩，草地47182.82亩，林地15098.84亩，村内现有蔬菜温室大棚70多栋，养殖场3个、砖厂（预制场）2座，采摘观光园区4处。按照“依托城郊、服务城市、发展农村、致富农民”的总体思路，依托美丽乡村建设大力发展亲子采摘，休闲观光、农家乐等特色乡村旅游来增加村民收入壮大村集体经济。村民主要生产经营方式以种植业、养殖业、劳务输出为主，2019年农民人均纯收入9762元。

【帮郎色太村】位于兴隆街道西北部，东与蓝天街道阿岱沟村接壤，南与薛家湾村接壤，西与王青塔村接壤，北与大路镇老山沟村接壤。总面积19.256平方公里，辖9个农业生产合作社。户籍总人口439户1076人，少数民族44人，现居住人口172户345人，流动人口26人。现有党员28人。有耕地5839.25亩，林草地15511.87亩。村民主要生产经营方式以大棚蔬菜种植业和劳务输出为主。在红塔社集中打造休闲观光餐饮采摘垂钓田园综合体，用于发展村集体经济，发展乡村休闲观光旅游业，对外租赁每年产生5万元的经济效益。农民人均收入10000元。

【中心社区】成立于1998年，位于兴隆街道办事处中心地带，东至乌兰苏木图沟，南至塔哈拉川，西至开源路，北至大准铁路。总面积0.58平方公里，辖6个居民小组，居民住宅楼75栋，有住宅小区2个，单体独栋楼34个。总人口1738户6025人。辖区有行政事业单位28个，国企5家，民营经济单位26个，社会组织2家，个体工商户987户，有幼儿园、中学各1所。有党员33人，“两委”班子成员共有9人，其中支委成员5人，居委成员7人，交叉任职3人。社区工作人员总数9人，其中正式工3人，大学生村干部2人，协管员1人，专职工作人员2人，志愿者2人。按照“365”精细化服务原则社区划分6个居民服务网格，围绕居民需求开展服务。

2019年10月23日，旗委领导深入兴隆街道开展“不忘初心、牢记使命”主题教育专题调研

【鑫凯社区】成立于1998年，2011年划入兴隆街道办事处后由兴隆社区委员会更名为鑫凯社区。东至开源路，西至周家湾社，南起塔哈拉川，北至大准铁路。总面积约0.73平方公里，所辖5个居民小组。总人口3772户10100人，少数民族1145人，流动人口966人。社区党支部共有党员36人，社区居委会工作人员总数27人，其中书记1人，主任1人，社区工作人员14人，其中大学生村干部2人，“4050”工作人员

13人。鑫凯社区现有机关单位6家，非公有制经济组织14个，学校1家，医院2家，个体工商网点1027个。

【站北社区】成立于1998年，位于兴隆街道北部，东至腾飞桥，西至准能西货场，南至大准铁路，北至乌兰苏木图沟，总面积1.18平方公里，下辖4个居民小区，居民住宅楼52栋，总人口7957人，流动人口1097人,少数民族人口455人。辖区有个体工商户268户，幼儿园2所，社会组织1家。2017年10月搬迁现驻地（东源盛世华府小区）。2005年3月经上级批准成立站北社区党支部，现有支部党员42人，社区联合党组织辖企事业单位在职党员96名。社区下沉工作人员3名，社区工作人员9名，“公益性岗位”工作人员14名。社区与街道“去机关化”工作人员共同构建社区党组织“365精细化网格服务”，网格中二级网格人员9人，三级网格人员14人。

【周家湾社区】成立于2015年，位于薛家湾镇西北部，东至星河家园，南至塔哈拉川河，西至世纪嘉城西侧高速桥下，北至准东铁路与王青塔、薛家湾村接壤处。社区总面积1.4平方公里。社区党支部共有党员7名，支委会成员3人，居委会成员5人。社区总人口1206户4221人，流动人口77户269人，少数民族73户253人。周家湾社区现有非公有制经济组织2家，学校4家，个体工商网店223家。

（撰稿 鲁欣 编辑 韩耀光）

友谊街道

【概况】友谊街道设立于2010年11月，因辖区有友谊社区而得名。位于准格尔旗人民政府驻地薛家湾镇区东南部，东与薛家湾镇柳青梁村交界，南与薛家湾镇马家塔村、点岱沟村接壤，西与迎泽街道巴汉图村毗邻，北与蓝天街道阳光社区接壤。总面积94.5平方公里，辖3个村4个社区共30个村民小组26个居民小组，总人口14688户40644人，其中户籍人口5406户14359人。境内有3所幼儿园、3所小学、1所中学、1个卫生服务中心和3个卫生服务站。农民人均纯收入16136元。

【农村经济】2019年，有耕地31329.4亩、草地42441.46亩、林地12401.2亩。实现农作物总播种面积4779.82亩，粮食总产量1408.26吨，其中经济作物播种面积62.94亩，产量22.11吨。牲畜总头数15236头（只），实现肉类总产量121.3吨。

【工业经济】2019年，有大小企业694家，其中，规模以上煤矿2家、混凝土厂5家、电石厂6家、集装站3家、水泥厂1家、高岭土厂4家、制气厂2家、加气站3家、电厂2家、加油站18家、老年公寓2家、烟花爆竹2家、大型酒店3家。帮助国华二电解决2个村4个村民小组历史遗留问题，配合国源矿业公司完成房屋及其他附着物清点工作，协助亭子堰煤矿完成草场村的用地征地工作。

【基础建设】2019年，对御景社区东辰小区进行破损道路维修、太阳能路灯和监控设备安装，修通苏计沟村富源小区出口、小巴汉图社220米水泥道路，完成和泰社区景泰华府小区680米的道路修缮工程，实施和泰社区景泰华府小区32栋楼墙体脱落、污水管道建设及安全饮水管道维修和铺设工程。

【债务化解】2019年共化解债务4237.24万元。

【脱贫攻坚】2019年，草场村成立准格尔旗淼鑫益民劳务有限公司，承包亭子堰煤矿沙圪洞2.4公里运煤道路两侧卫生清扫工作，预计年收入3万元；长胜店村建设冷库7个共计200平方米，年收入1.8万元；唐公塔社区成立准格尔旗诚晟商贸有限责任公司，计划新建仓储中心1处，并为社区集体购买大诚贾家湾小区160平方米商业房；张家圪旦社区建设物流中转配送项目，帮扶企业出资380万元，社区自筹120万元。

【人居环境整治】2019年，开展农村户用卫生厕所建设和改造，完成“户改厕”49户。对辖区50余家重点企业和72.5公里沿线主干道路、通村公路、乡村小路以及水源地每月进行排查清理。在御景社区东方御景二区进行垃圾分类试点工作。新增垃圾桶（箱）870个，新建垃圾中转站6处，清理农村生活垃圾、沟渠垃圾和畜禽养殖粪污等生产生活建筑废弃物共计3060余吨。

【污染防治】2019年，将辖区10条27.9公里河道流域农村垃圾和污水整治纳入河长制管理，清理沟渠50.8公里。

【社会事业】2019年，发放公益林效益补偿资金8.5274万元、退耕还林补贴资金0.77万元、地力保护补贴资金30.566万元、玉米补贴资金15.2206万元、大豆补贴资金15.9548万元，发放农机具购置补贴8人次19.04万元。评出农村低保户50户108人、城镇低保户42户74人，发放低保金89.5886万元。新增城镇就业325人，其中新增大学生就业75人、申请就业困难人员3人、申请“4050”就业困难人员享受社会保险补贴7人。开展残疾人康复指导员培训班1期，对375户残疾人进行入户调查，为2名残疾人子女争取“泛海助学行动”资金1万元。发放“三无”、“三民”、孤儿、五保、残疾人、退职老弱残、长寿、交通、遗属、临时救助及其他民政补贴款共计124.3万元。为9户农牧民和无业居民独生子女发放奖励0.72万元，为7人发放国家级奖励扶助0.7万元。完善全员人口在线信息系统，加大流动人口的服务管理。继续开展适龄妇女“两癌”筛查工作，加强爱国卫生与健康促进工作，推进慢性病综合防控示范区建设，做好防控鼠传疾病工作。新增图书2400余册，组织电影放映140场次，街道推出的秧歌舞《欢腾盛世》荣获全旗第九届秧歌舞大赛银奖，器乐合奏《走进新时代》荣获全旗职工文艺会演综合类节目三等奖，蒙古舞《激情草原》荣获全旗第四届广场舞大赛铜奖。

2019年1月11日，友谊街道和泰社区与共建单位开展“您交物业费·我送电影票”联谊活动

【社会管理】2019年，成立村（居）民说事室7个，畅通民意表达渠道。共接收信访案件13件，办事处办理答复12件，退回1件；接收办理信访局转办中央扫黑除恶第15督导组移交信访事项6件；接收自治区党委第十三巡视组转办信访案件12件，办事处办理答复10件，退回1件，由旗能源局牵头正在办理1件；接收办理旗长热线交办件35件、市长热线交办件91件、书记信箱交办件3件；配合相关部门正在办理信访案件2件。全年集中开展6次扫黑除恶大型宣传动员活动，在农村、居民小区等人流量密集地段悬挂宣传横幅121条、发放宣传单2.7万份、宣传折叠页3.1万份、宣传手提袋1700个、宣传纸杯2000个，张贴通告、宣传漫画和海报共240张，制作宣传展架10块、宣传展板9块，集中宣传7次。重视森林草原防火工作，邀请专家对护林人员进行技能培训4次，发放《森林防火知识宣传手册》2000余册，与企事业单位和重点人群签订《防火公约》580余份，实施防火隔离带20公里，维修防火公路20公里，举行防火演练2次。

【苏计沟村】位于友谊街道南部，东邻张家圪旦社区，南邻薛家湾镇点岱沟村，西邻迎泽街道巴汉图村，北邻长胜店村。总面积17平方公里，辖6个村民小组。总人口1996户5989人，常住人口534户1335人，少数民族29户101人。有耕地7135.67亩，草地12412.3亩。农业以种植玉米、马铃薯、糜子等杂粮为主，养殖以养猪、羊、鸡为主；第三产业以房地产租赁、运输服务、餐饮服务、商品零售业等为主。胡马家卜社的蒙家敖包关帝庙，是民国时期人们举行祭祀活动的历史遗存。农民人均纯收入15998元。

【长胜店村】位于友谊街道中部，东与柳青梁村交界，南与苏计沟村、张家圪旦居委和湖西社区交界，西于巴汉图村毗邻，北与唐公塔村、南山社区和曙光社区接壤。总面积6.6平方公里，辖3个村民小组。总人口4005户12016人，其中常住人口9663人，户籍人口429户1269人。有耕地1350亩，林草地面积7960亩。属城郊接合和流动人口聚集地。2019年农民人均纯收入17100元。

【草场村】位于友谊街道北部，东邻薛家湾镇牛光圪旦村、亭子墕村，南邻唐公塔社区，西邻蓝天街道阿岱沟村，北邻薛家湾镇阳塔村。总面积28平方公里，辖7个村民小组。总人口759户2073人，其中常住人口573户1588人，少数民族8户21人。有耕地6620亩，林地约19506亩，荒地、草地约14022亩，属典型的丘陵沟壑地区，农作物主要以玉米、大豆、马铃薯、糜子等耐旱作物。辖区煤炭资源丰富，70%面积属于采区范围，已开采运营煤矿1座。有玻璃圪旦幼儿园1所、玻璃圪旦小学1所。村民多从事种植业、养殖业、交通运输业，以发展路边经济为主。2019年农民人均纯收入15500元。

【唐公塔社区】位于友谊街道东部，东与薛家湾牛光圪旦村、永胜壕村相邻，南邻张家圪旦社区、长胜店村，北邻草场村，西邻蓝天街道阿岱沟村。总面积25平方公里，辖10个村民小组。总人口834户2453人，其中常住人口538户1630人，流动人口296户823人，少数民族55人。有耕地7600余亩，林草地17000余亩。103省道贯穿南北，绕城公路、大准铁路经过社区，交通便利、资源丰富。辖区80%面积属于采区范围，已开采运营煤矿2座、集装站2个，有效解决了失地农民就业问题。村民从事种植业、养殖业、交通运输业和服务业。

【张家圪旦社区】位于友谊街道东南部，东邻薛家湾镇柳青梁村，南邻薛家湾镇马家塔村，西邻薛家湾镇点岱沟村，北邻唐公塔社区、长胜店村。总面积13平方公里，辖5个居民小组、4个村民小组。因准格尔煤田黑岱沟露天矿开发建设，建有6处集中居民点，实行统一规划、统一设计、统一供水供电。总人口1526户3453人，其中常住人口1036户2292人，流动人口464户1161人，少数民族26户74人。境内先后有驻地企业9家，109国道、荣乌高速公路横穿而过，交通四通八达。

【和泰社区】位于友谊街道中部，东与御景社区相邻，南与苏计沟村相接，西与长胜店村相邻，北与109国道相接。总面积2平方公里，辖景泰华府1个居民小区、1个居民小组。总人口3396户8928人，其中常住人口2761户7210人，流动人口635户1718人。社区构建“以区域化党组织为核心，立足社区治理，整合辖区在职党员单位、企业和社会组织资源，服务联动、区域共建、成果共享”的服务模式，打造“友谊共建·和景共享”的共建品牌，形成社区党组织核心引领、企业大力支持、社会组织与在职党员单位积极参与的良好共建格局。

【御景社区】位于友谊街道东部，东与张家圪旦社区相邻，南与唐公塔社区相接，西与和泰社区相邻，北与关地塔居委相接。总面积2.9平方公里，辖6个居民区20个居民小组，总人口2172户5732人，其中常住人口1366户3637人，流动人口806户2095人，少数民族118户305人。有1所公立小学，1所公立幼儿园，1所早教中心，个体工商户245家。社区以“文化凝集民心、自治实现和谐”为服务目标，增强党组织的创造力、凝聚力和战斗力，确定“真切关注民声、倾情服务居民”的服务理念，以“主题党日+传统节日”为载体，丰富居民文化生活，鼓励居民积极参与社区建设，不断增强居民安全感、获得感、幸福感。

（撰稿 高飞　编辑 韩耀光）

蓝天街道

【概况】蓝天街道成立于2010年11月，因辖区有蓝天社区而命名。位于准格尔旗人民政府驻地薛家湾镇区东部，总面积27.48平方公里，辖阿岱沟1个村和白云、阳光、铁北、贾家湾、张家塔、关地塔6个社区。总人口16709户48294人，流动人口19887人，少数民族3521人。辖区有耕地6763.29亩，林地6100亩，草牧场7617.18亩，大小牲畜存栏1317头（只），蔬菜大棚78栋。境内有唐家会、玻璃沟2家煤矿井田，呼准运煤专线铁路穿境而过。薛家湾至大路新区快速通道、103省道纵贯南北，沿公路运输服务业、餐饮服务业聚集。辖区有学校10所，医院1所，机关企事业单位255个，个体商业网点1295个。2019年，农民人均纯收入约11500元，城镇居民人均纯收入约33000元。

【农村经济】阿岱沟村属梁峁山区，农业以种植玉米、糜子、土豆、蔬菜和养殖羊、牛、鸡、猪为主。阿岱沟村距薛家湾镇区不足5公里，是蓝天街道城乡接合部的种植养殖基地，“半城郊型”经济稳步发展，丛林烧烤、农家乐、农家体验农场等项目使农民的收入逐年提高。

【基础建设】借助准能"三供一业"分离移交工作，计划投入1800万元对准能公司职工生活区闲置的13处废旧车棚进行改造，建成后用作党群服务中心、文化活动中心和日间照料中心等用房，项目正在进行立项和勘察设计。投入20万元对阳光社区的文化活动阵地进行维修改造。投入120万元对贾家湾平房区地下管网（146米）进行维修改造。投入170万元对亿鑫小区及学府花园自来水、污水管网进行维修改造。贾家湾棚户区改造任务532户，2019年完成审核486户，与383户签订协议，已交房299户。

【人居环境整治】2019年在阿岱沟村新建公共厕所1处，完成"户改厕"33户。

【社会事业】 2019年累计发放低保金87.4万元，收缴养老保险256.4万元，收缴医疗保险105.7万元。新增低保户20户44人，取消低保户28户54人。

【阿岱沟村】位于蓝天街道北部，东与友谊街道唐公塔村接壤，南与兴隆街道薛家湾村接壤，西与兴隆街道帮郎色太村接壤，北与大路镇东孔兑村接壤。总面积18.17平方公里，辖6个村民小组。总人口448户1229人，常住人口155户395人。境内有个体商业网点15个。

【白云社区】位于蓝天街道东南部，总面积1.42平方公里，辖5个居民小区。总人口2806户7884人，常住人口6690人。社区有企业5家，学校2所，医院1个，个体商业网点70个。

【阳光社区】位于蓝天街道东南部，总面积0.5平方公里，辖5个居民小区。总人口3073户8213人，常住人口7978人。境内有学校2个，幼儿园2个，企业5家，卫生服务站1个，有个体商业网点322个。

【铁北社区】位于蓝天街道中部，总面积1.2平方公里，辖6个居民小区。总人口2111户6515人，其中常住人口5625人。境内有幼儿园1个，企业7家，行政单位2个。有个体商业网点98个。

【贾家湾社区】位于蓝天街道东北部，总面积2.1平方公里，辖10个网格小区。总人口2860户8395人，常住人口1232户3452人。社区有个体商业网点96个。

【张家塔社区】位于蓝天街道东北部，总面积1平方公里，辖7个（含平房区）居民小区。总人口2605户7352人，常住人口4431人。社区有学校2个，幼儿园1个，个体商业网点262个。

【关地塔社区】位于蓝天街道东北部，总面积3.09平方公里，辖5个居民小区。总人口2806户8706人，常住人口2056人。社区有单位6个，企业229家，个体商业网点432个。

（撰稿 吴二红　编辑 韩耀光）

迎泽街道

【概况】迎泽街道设立于2010年12月，因辖区内原迎泽社区得名，总面积47.1平方公里。辖1个村6个社区，辖区总人口26323户69748人，其中少数民族1661户5265人。街道内设党政办公室、社会事务办公室、城市管理办公室3个职能机构；下设计划生育服务中心、劳动保障服务中心、社区建设服务中心3个事业机构；有司法所、文化站、统计站、市场监督管理所4个派驻机构。有正式职工55名，大学生村干部8名，社区工作者19名，嘎查村服务人员1名，社区民生志愿者2名，临时协管员5名。辖区内有高级中学1所，初级中学1所，小学4所，公立幼儿园8所，旗级医院1家。2019年，城镇居民人均可支配收入5.1122万元，农村居民人均可支配收入1.9814万元。

【农村经济】2019年，迎泽街道农业种植面积103.8公顷，粮食作物以玉米、糜子、土豆为主，生产粮食133.2吨。2019年末，畜禽存栏数为：猪625头，牛57头，羊1135只，活家禽512羽。

【工业经济】2019年，内蒙古生力民爆股份有限公司生产炸药14.59万吨，销售炸药14.61万吨，销量与销售收入均进入全国民爆行业前10名，在2019年自治区百强民营企业中位列第93位。2019—2020年采暖期，内蒙古准格尔热力有限责任公司建成换热站71个，总供热面积775.63万平方米（其中公司热电厂热源自供140万平方米，向准格尔国华电厂外购热源负荷630万平方米），热水供热管道总长度88.36公里，供热用户60390户，其中居民用户52849户，非居民用户7541户。

【第三产业】2019年，辖区共有法人单位1476家，个体经营户3200家，其中住宿餐饮企业12家，金融网点17个；有大型购物中心2处，即生力购物中心和都市生活广场；有大型集贸市场3处，即万通菜市场、银泽市场和湖西便民市场；有大型建材市场3处，即鸿鑫建材城、佳和家美建材城和居然之家准格尔旗店；有大型酒店5家，生力国际饭店、凯旋门假日酒店、天泽岛锦都酒店、大诚朗景和晶晶宴会城。

【基础建设】2019年，在巴汉图村委会新建商业用房700余平方米，维修村内道路25公里；对南山社区阵地屋顶防水进行翻修，对南山公园南门道路、政务大厅南侧路面进行修补；对湖西社区阵地进行提升改造，新建功能展厅3个，改造大厅1处，湖西小区40号楼前新增停车位15个；对南苑社区阵地屋顶防水进行维修，万通花园A区文化活动室进行翻修。

【脱贫攻坚】2019年，巴汉图村与生力集团建立长效帮扶机制，生力集团承诺2018—2020年每年帮扶巴汉图村20万元，2019年帮扶资金20万元到账。占地面积6000平方米的巴汉图村农业创业园项目主体竣工。

【社会事业】2019年，录入完成单位与灵活就业321人，完成城镇就业困难认证21人，组织就业培训130人，享受就业困难人员社保补贴共计32人36项；累计发放城镇低保资金49.9764万元、农村低保资金3.3912万元；发放75周岁以上老年人高龄津贴22.67万元。为辖区内17户残疾人家庭进行无障碍改造，发放残疾人康复辅助器具25种，发放肢体三级残疾人事业补贴3万元，发放重度残疾人护理补贴29.175万元，发放困难残疾人生活补贴3.27万元。发放精简退职老弱残职工救济金2.454万元；发放孤儿育养补助5.22万元；发放城镇“三无”人员分散供养补助10.584万元；发放农村社会救济五保户分散供养补助2.91万元；发放城镇“三民”定期定量补助5.388万元；发放临时救助128人，13.75万元。发放少数民族寄宿生生活补助5.44万元，发放少数民族大学生惠民补贴35.8万元。收缴2020年度城乡居民医疗保险84.698万元，办理新生儿医疗保险0.282万元，其中72人免缴只作登记；办理城乡居民养老保险共588人，98.52万元。

【社会管理】2019年，街道组织专题法律宣传，开展送法进校园、进社区、进企业活动7场，发放宣传资料3800余册，解答法律咨询42人次。排查矛盾纠纷7起，调处7起。召开扫黑除恶专题会议21次，制作宣传展板标语225个，发放宣传资料（品）25200余份（册），协助核查涉黑案件1件。对150件市长旗长热线、7件书记信箱反映问题进行梳理解决。开展安全月宣传咨询活动及消防知识进社区活动4次，对鸿鑫建材市场进行专项整顿1次，针对酒店、热力公司、购物中心开展专项大检查行动1次，张贴横幅标语20条，发放安全宣传册、宣传页1000余份。迎泽市场监督管理所新办理食品经营许可证492户，变更88户；受理投诉举报10件，调解10件，挽回经济损失1.56万元；立案67件，结案67件；在重要节点针对学校食堂、特种设备等开展专项检查13次，出动执法人员156人次，下达责令改正通知书30份。

【巴汉图村】位于迎泽街道西南部，东至友谊街道长胜店村，南至薛家湾镇大饭铺村，西至薛家湾镇巴润哈岱村，北至兴隆街道王青塔村，总面积为31平方公里。辖巴汉图社、李家房子社、肯克沟社、陆家渠社、霍家墕子社、圪柳沟社6个村民小组。总人口174户404人，其中常住人口119户256人，少数民族37户89人。有耕地面积2735亩，人均占有耕地3亩。辖区内有个体工商户25家，其他法人和产业活动单位28家。主要产业是种植业、养殖业，村集体经济达10万元，2019年农牧民人均纯收入达0.96万元。

【曙光社区】位于迎泽街道北部，东与南山社区相接，南临湖西社区，西至巴汉图

2019年5月7日，旗委书记乔允利（前排中）在迎泽街道湖西社区调研党建工作

村，北与兴隆街道鑫凯社区和薛家湾村以塔哈拉川为界，辖区总面积为3.5平方公里。辖和硕雅园、和谐花园、和谐小区、恒裕小区、汇通小区、金汇源小区、金源小区、丽泰小区、绿色馨园、满世花园、明泰阳光、热力小区、银钻小区、天泽岛附属楼、移动家属楼、迎泽回迁楼16个居民小区，共有住宅楼133栋，居住居民4028户14097人，其中少数民族488户1708人。辖区内有个体工商户1064家，其他法人和产业活动单位571家，其中中学2所、小学2所、幼儿园3所（包括1家私立幼儿园）、旗级医院1家、行政事业单位22家。

【湖西社区】位于迎泽街道南部，东至南二环，西接大巴汉图沟，南邻湖东社区，北至曙光社区，辖区总面积为0.75平方公里。辖湖西小区、康和小区、桃园胜景、熙泰小区4个居民小区，共有住宅楼127栋，居住居民5995户14115人，其中少数民族308户960人；生态移民2352户5644人；廉租房户1108户2603人。辖区内有个体工商户126家，其他法人和产业活动单位99家，其中行政事业单位4家。

【南山社区】位于迎泽街道东南部，东与友谊街道接壤，南至103省道，西以天骄华府与南山宾苑之间道路为界，北至滨河南路，辖区总面积为1.3平方公里。辖旭景园、科建AB座、天骄华府、丽安小区、金力和、南山公馆、九泰祥瑞、大诚祥瑞、大城小区、欣荣小区、水岸明珠、欣园B区、鸿峰单体楼13个居民小区，共有住宅楼98栋，居住居民4121户11163人，其中少数民族270户807人。辖区内有个体工商户980家，其他法人和产业活动单位320家，其中公立幼儿园1所、私立幼儿园2所、私立医院1家、行政事业单位4家。

【南苑社区】位于迎泽街道南部，东以南苑小区与金融商务区之间道路为界，南至103省道，西至南二环，北至万通街，管辖区总面积0.65平方公里。辖大诚祥云、长胜店回迁楼、南苑小区、万通A区、万通B区、万通C区、生力2号、生力2号6号楼8个居民小区，共有住宅楼99栋，居住人口5871户14915人，其中少数民族288户1012人。辖区内有个体工商户335家，其他法人和产业活动单位181家，其中幼儿园3所、行政事业单位7家。

【湖东社区】位于迎泽街道南部，东邻南苑社区，南至103省道，西接巴汉图村，北与湖西社区隔湖相望，总面积0.98平方公里。辖金岸国际、湖东小区、运管小区、万通D区、都市雅园、丰和日丽和大天汽贸平房区6个居民小区和1个平房区，共有住宅楼73栋，居住人口4268户10671人，其中少数民族258户647人。辖区内有个体工商户430家；其他法人和产业活动单位271家，其中小学1所、幼儿园1所。

【广和社区】位于迎泽街道西南部，东邻湖西社区，西邻巴汉图村，南至友谊街道苏计沟村，北至友谊街道长胜店村，总面积为1.1平方公里。辖广泽小区、和泽小区2个居民小区，共有住宅楼20栋，居住人口1866户4383人，其中少数民族12户42人。辖区内有个体工商户5家；其他法人和产业活动单位6家，其中小学1所、幼儿园1所。

（撰稿 贺静 编辑 韩耀光）

附录

准格尔旗2019年国民经济和社会发展统计公报

2019年是新中国成立70周年，是决胜全面建成小康社会的关键之年。一年来，全旗上下在旗委、政府的正确领导下，坚持以习近平新时代中国特色社会主义思想为指导，深入贯彻习近平总书记对内蒙古工作的重要讲话、重要指示批示精神，坚持稳中求进工作总基调，积极践行新发展理念，加快落实高质量发展要求，推动稳增长、促改革、调结构、惠民生、防风险各项工作，全旗经济持续健康向好，社会事业不断进步，人民生活持续改善，综合竞争力进一步提升。

一、综合

2019年末全旗常住人口为37.7万人，其中，城镇人口26.16万人，乡村人口11.54万人，城镇化率69.39%。全年出生人口为0.31万人，出生率为8.23‰；死亡人口为0.18万人，死亡率为4.78‰；自然增长率为3.45‰。年末户籍总人口为33.24万人，比上年末增加0.17万人。

初步核算，2019年全旗地区生产总值（GDP）820.05亿元，居全市首位，按第四次全国经济普查修订数据后的同口径可比价计算，比上年增长3.1%。分三次产业看，第一产业实现增加值11.51亿元，增长1.2%；第二产业实现增加值562.92亿元，增长2.8%，其中工业增加值完成541.64亿元，增长2.3%，建筑业增加值完成21.28亿元，增长18.7%；第三产业实现增加值245.62亿元，增长4.0%。经济结构比例为1.4∶68.6∶30。

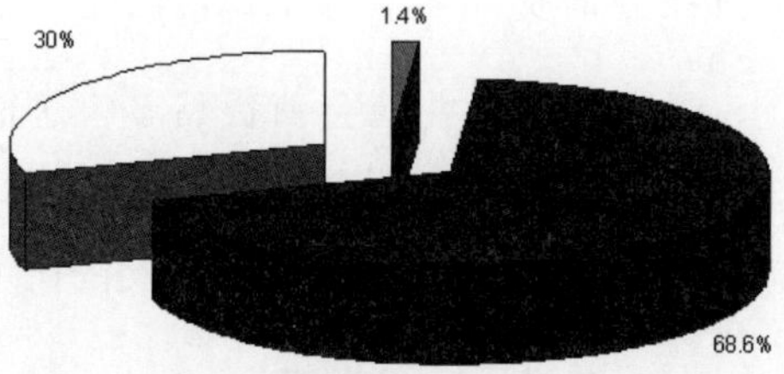

2019年地区生产总值构成图

全旗财政总收入达到287.41亿元，增长16.7%。其中：上划中央收入95.94亿元，增长13.7%；上划自治区收入70.6亿元，增长33.5%；上划市级收入38.28亿元，增长22.1%；一般公共预算收入82.6亿元，增长6.3%。全年一般公共预算支出90.18亿元，增长2.1%。

全旗城镇实现新增就业4535人，其中准旗籍大学生实现就业1429人，失业人员实现再就业539人，就业困难人员就业442人，城镇登记失业率2.24%。全旗失业保险参保人数为44744人，征缴失业保险费4406.15万元。

二、农牧业

全年现价农林牧渔及服务业总产值19.36亿元。其中，农业产值11.02亿元；林业产值0.95亿元；牧业产值6.5亿元；渔业产值0.36亿元；农林牧渔服务业产值0.52亿元。

2019年牧业年度全旗牲畜总数达到71.26万头（只），较上年增加16.92万头（只），其中：羊的总数为64.6万只，较上年增加16.83万只；牛0.87万头，较上年增加0.39万头；猪5.55万头，较上年减少0.33万头。

全旗完成农作物播种面积49665.3公顷。其中：粮食作物播种面积44749公顷，油料作物播种面积623.68公顷，蔬菜及食用菌种植面积1239.85公顷，瓜果类种植面积812.97公顷，青饲料播种面积367.57公顷。全年粮食总产量21.94万吨，同比增长48.6%。

三、工业

年末规模以上工业企业119家，累计完成规模以上工业总产值809.23亿元，同比增长8.2%；累计完成销售产值805.35亿元，同比增长9.7%；工业产品产销率99.5%。

2019年主要工业品产量

附表 1

产品名称	单位	产量	增速（%）
原煤	万吨	29764	-2.4
发电量	亿吨	326.79	4.8
其中：火电	亿吨	293.7	1.3
水电	亿吨	33.09	52.6
甲醇	万吨	241.1	-2.2
油品	万吨	21.51	10.8
多晶硅	吨	4805	-10.9

全年规模以上工业增加值按可比价比上年增长2.1%。按经济类型分，国有企业增长1.4%，集体企业下降44.8%，股份制企业增长2.6%，外商及港澳台投资企业下降3.2%，其他经济类型工业企业下降4.8%。

全年规模以上工业企业实现主营业务收入884.64亿元，同比下降5.3%；利润总额235.22亿元，同比增长12.2%；亏损企业37户，比上年增加21户；亏损企业亏损额15.48亿元，同比增长122.7%。主要产品产量完成：产销原煤29764万吨，下降2.4%；全年发电326.79亿千瓦时，增长4.8%，其中：火电293.7亿千瓦时,增长1.3%，水电33.09亿千瓦时，增长52.6%；生产甲醇241.1万吨，下降2.2%；生产各类油品21.51万吨，增长10.8%；生产多晶硅4805吨，下降10.9%。

全旗用电量为98.75亿千瓦时，下降6.5%，其中工业用电90.6亿千瓦时，下降7.4%。全年规模以上工业企业综合能源消费量为1242.85万吨标准煤，同比增长5.7%。

四、建筑业

年末全旗具有资质等级的建筑施工企业12个，全年总承包和专业承包建筑业总产值14.99亿元，同比增长27.8%，竣工产值7.44亿元，同比增长2.5%。建筑业企业房屋建筑施工面积0.88万平方米，同比下降95.8%；竣工面积1.01万平方米，同比下降74.5%。

五、固定资产投资

全旗500万元以上固定资产投资同比增长16.1%。其中民间投资同比增长24.1%，民间投资占总投资比重82.5%，较去年同期提高5.2个百分点。全旗亿元以上开工项目39个，比上年增加6个，亿元以上项目投资比上年增长18.5%。

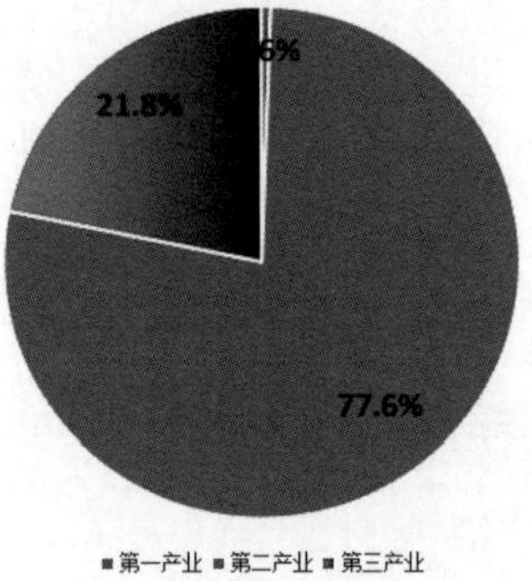

2019 年固定资产投资一、二、三产比重示意图

分三次产业投资看：第一产业投资同比增长162.9%，第二产业投资同比增长14.9%，第三产业投资同比增长18.4%。主要工业行业投资中，制造业投资同比下降79.8%；采矿业投资同比增长442.2%；电力、燃气及水的生产和供应业投资同比增长131.2%。第三产业投资中，房地产投资同比增长106.5%；水利、环境和公共设施管理业投资同比增长540.9%；教育投资同比下降7.1%。

六、国内贸易

全年全旗实现社会消费品零售总额128.46亿元，增长3.4%。其中：城镇社会消费品零售额97.13亿元，增长3.3%；乡村社会消费品零售额31.33亿元，增长3.7%。

限额以上企业社会消费品零售总额同比增长1.8%。按商品类值分，粮油、食品类完成零售额同比增长11.8%；饮料类同比增长92%；家用电器和音像器材类同比增长43.1%；汽车类同比增长73.8%。

七、交通运输和旅游业

2019年，全旗实施续建项目4个，建设总里程70.441公里；实施新建项目2个，建设总里程97.216公里。全旗公路通车里程4458.7公里，其中高速公路里程229.1公里。铁路通车里程达673公里。

全旗国家4A级旅游景区4个，旅行社5家，其中具有出境经营权的旅行社1家。全旗接待游客155万人次，实现旅游收入21.6亿元，入选2019中国最美县域榜单。

八、金融和保险业

年末全旗金融机构总数达到21家，各类营业网点105个；各项存款余额621.59亿元，增长11.8%，其中：城乡居民储蓄存款余额404.48亿元，增长12.6%；各项贷款余额402.28亿元，增长15.5%。

全年全旗保险业实现保费收入89508万元，增长8.4%。其中财产险保费收入31079万元，人寿险保费收入58429万元。全年保险赔付总额18385万元，下降12%。其中，财产险赔付11342万元，人寿险赔付7043万元。

九、教育和科技

2019年，新建特殊教育学校1所。公开招聘教师359名。全旗普通高中高考报名人数为1722人，文理科本科上线共计1422人，本科上线率82.6%。职业高中参加高考978人，本科上线218人，本科上线率为22.3%。

2019年末，全旗共有各类学校和幼儿园95所，在校学生及幼儿59800人，教职工5829人，其中专任教师5037人。其中：幼儿园55所，在园幼儿13653人，教职工1637人，其中专任教师1387人；小学25所，在校学生27500人，教职工2031人，其中专任教师1849人；初级中学11所，在校学生11130人，教职工1112人，其中专任教师1022人；普通高中2所，在校学生4765人，教职工783人，其中专任教师533人；职业高中1所，在校学生2752人，教职工256人，其中专任教师237人；特殊教育学校1所，在校学生0人，教职工10人，其中专任教师9人。

全旗有效期内高新技术企业14家，自治区级企业研发中心8家，自治区级工程技术研究中心3家，入选全国科技创新百强县（市）。

十、文化、卫生和体育

全旗拥有文化馆1个，乡镇文化站14个，公共图书馆2个，博物馆1个，艺术表演团体1个。围绕新中国成立70周年、乡村振兴等主题，新创大型晚会3台，剧（节）目34件。开展送戏下乡演出120场次、文艺辅导38次，惠及群众12.8万人次。

全旗共有公立医院4家，妇幼保健机构1个，疾病预防控制机构1个，苏木乡镇卫生院13个，社区卫生服务中心6个，社区卫生服务站6个，固定村卫生室118个。全旗卫生机构床位数1610张，卫生技术人员2498人。

全旗共有各类体育场地902块（片、间），体育场地总面积965467平方米，其中室内场地318个，总面积64827平方米；室外场地221个，总面积900640平方米。全民健身场地363块（个），其中全民健身中心1个，健身房22个，全民健身路径325条，健康步道15个，总长38113米。

年末全旗累计建设地面数字电视发射基站23个，“户户通”用户达5.11万户，广播“村村响”159套。全旗广播、电视综合覆盖率分别达到了99.4%和99.12%。

十一、城乡建设、生态建设和环境保护

全旗建成区面积26.77平方公里，道路面积477.83万平方米。全旗燃气普及率达60.06%，污水处理率达97.1%，生活垃圾无害化处理率达98.42%。全旗建成区绿地率达40.67%，人均公园绿地面积达18.98平方米。

2019年完成水土治理面积20.5万亩，其中水保工程完成4.84万亩。全旗全年优良天数为322天，优良率达到89.9%，比去年提高8.6%。

十二、人民生活和社会保障

抽样调查资料显示，全旗全体居民人均可支配收入40669元，增长7.1%。城镇常住居民人均可支配收入51122元，增长6.0%；农村牧区常住居民人均可支配收入19814元，增长8.6%。全旗全体居民人均消费性支出26126元，增长3.8%。城镇常住居民人均消费性支出31003元，增长3.3%；农村牧区常住居民人均消费性支出15336元，增长4.5%。

全旗参加城乡居民养老保险123688人；参加职工基本养老保险75548人；参加城乡居民医疗保险245508人；参加工伤保险51957人；参加生育保险38114人。为全旗12899名企业离退休（遗属）人员累计发放待遇38657万元；为全旗5850名行政事业离退休（遗属）人员累计发放工资43442万元；为全旗47024人发放城乡居民养老金及支付其他待遇28407万元。

年末全旗享受城镇最低生活保障851

人，享受农村最低生活保障6346人。城镇最低生活保障标准提高到675元/人·月，农村最低生活保障标准提高到514元/人·月。全旗公办社会福利机构2家，床位640张；民办社会福利机构3家，床位794张。

注释：

1. 本公报部分数据为初步统计数。

2. 地区生产总值、三次产业及相关行业增加值绝对数按现价计算，增长速度按不变价格计算。根据第四次全国经济普查结果，对地区生产总值、三次产业及相关行业增加值等相关指标的历史数据进行了修订。

3. 规模以上工业企业是指年主营业务收入2000万元及以上的全部法人工业企业。

4. 牧业年度牲畜头数、粮食产量和经济作物播种面积都为上报数。

5. 部分数据因四舍五入的原因，存在与分项合计不等的情况。

（资料来源：准格尔旗统计局）

准格尔旗组织机构与领导名录

中国共产党准格尔旗委员会

中国共产党准格尔旗委员会

书　　记　乔允利
副 书 记　王　枫（蒙古族）
　　　　　万世斌（2019年1月离任）
　　　　　鲁占清（2019年4月任）
旗委常委　王建华（2019年6月任）
　　　　　张银银（女，蒙古族）
　　　　　查干东（蒙古族，2019年4月离任）
　　　　　白　雁（蒙古族）
　　　　　宋　彦（蒙古族）
　　　　　赵晨霞（女）
　　　　　希　尼（蒙古族，2019年4月任）
　　　　　汪永志
　　　　　尹占义（2019年4月离任）
　　　　　张志远（2019年4月任）

中共准格尔旗委员会办公室

主　　任　尹占义（2019年4月离任）
　　　　　希　尼（蒙古族，2019年4月任）
常务副主任　郝占兵（2019年10月任）
副 主 任　付雄义（2019年10月离任）
　　　　　郝培华

中共准格尔旗委员会组织部

部　　长　查干东（蒙古族，2019年4月离任）
　　　　　张志远（2019年4月任）
常务副部长　杨改岐（2019年10月任，兼老干部局局长）
副 部 长　王　权（2019年1月离任）
　　　　　张美科（2019年10月兼公务员局局长）
　　　　　张春林（2019年10月任，兼非公经济和社会组织党工委书记）
　　　　　乔凤忠（2019年10月任）

直属机关工作委员会

书　　记　鲁宝利
副 书 记　张春林（2019年10月离任）

企业工作委员会

副 书 记　韩淑华（女，蒙古族，2019年10月离任）

党代表联络办公室

主　　任　乔凤忠

派驻组织部纪检组

组　　长　王增荣

中共准格尔旗宣传部

部　　长　赵晨霞（女）
副 部 长　韩　燕（女，兼精神文明建设委员会办公室主任）
　　　　　苏永江（2019年10月离任）
　　　　　杨盛炜（2019年10月离任）
　　　　　任艳华（女，2019年10月任）

准格尔旗互联网信息办公室

主　　任　张晓丽（女）
副 主 任　越　超（2019年10月任）
　　　　　栗治国（2019年10月任）
　　　　　梅国梁（2019年10月任）

准格尔旗精神文明建设委员会办公室

副 主 任　孙广厚

准格尔旗融媒体中心

主　　任　张　明（2019年10月任）
副 主 任　武文杰（2019年10月任）
　　　　　潘爱斌（2019年10月任）

中共准格尔旗委员会统战部

部　　长　宋　彦（蒙古族）
副 部 长　高世兴
　　　　　郝向梅（女）
　　　　　杨秀兰（女，蒙古族，2019年1月离任）
　　　　　魏林忠（2019年5月任）
　　　　　梁星翔（2019年10月任）

中共准格尔旗委员会政法委员会

书　　记　万世斌（2019年2月离任）
　　　　　鲁占清（2019年3月任）
常务副书记　路荣厚（2019年2月任）
副 书 记　张建华（2019年2月离任）
　　　　　郝建斌（2019年4月离任）
　　　　　李建刚
　　　　　赵海军（2019年1月任）
　　　　　樊永欣（2019年10月任）

综治办

主　　任　赵海军（2019年1月离任）
副 主 任　武树林（2019年1月离任）

维稳办
副　主　任　樊永欣（2019年1月离任）
准格尔旗机构编制委员会办公室
主　　任　贺　琼（兼事业单位登记管理局局长，2019年10月离任）
　　　　　杨盛炜（兼事业单位登记管理局局长，2019年10月任）
副 主 任　王翠澜（女）
　　　　　任秀锄（2019年10月任）
　　　　　菅乃兰（女，2019年10月任）
事业单位登记管理局
副 局 长　任秀锄（2019年10月离任）
准格尔旗机构编制委员会办公室综合保障中心
主　　任　菅乃兰（女，2019年10月离任）
　　　　　张天一（2019年10月任）
准格尔旗委巡察工作领导小组
组　　长　白　雁（蒙古族，兼）
副 组 长　查干东（蒙古族，兼，2019年4月离任）
　　　　　张志远（兼，2019年4月任）
成　　员　鲁攀林（兼）
　　　　　王　权（兼，2019年2月离任）
　　　　　张美科（兼，2019年3月任）
　　　　　寇　东（蒙古族，兼）
准格尔旗委巡察办
主　　任　寇　东（蒙古族）
副 主 任　杨海燕
　　　　　刘　江（2019年5月任）
准格尔旗委巡察一组
组　　长　郭　军（2019年2月任）
副 组 长　万　瑞
准格尔旗委巡察二组
组　　长　王　坚
副 组 长　胡瑞芬（女）
中共准格尔旗委员会党校
校　　长　杨凤林（蒙古族，兼党支部书记）
副 校 长　韩瑞君（女）
　　　　　韦国艳（女）
　　　　　刘　陶（女，2019年10月任）
准格尔旗档案局（馆）
局　　长　乔利平
副 局 长　淡　勇（2019年10月离任）
副 馆 长　贾焕中（2019年10月任）
准格尔旗史志编纂委员会办公室
主　任　杨玉铭
副主任　朱彦沣

准格尔旗人民代表大会

准格尔旗人民代表大会常务委员会
主　　任　李银成
副 主 任　董五半
　　　　　陈　杰
　　　　　夏美斌
　　　　　安　霞（女，蒙古族）
人大常委会办公室
主　　任　苏开成
副 主 任　杨永平（2019年10月离任）
　　　　　张美荣（女，2019年10月任）
财政经济工作委员会
主　　任　鲁宝玉（2019年2月离任）
　　　　　越　峰（蒙古族，2019年2月任）
副 主 任　杨胜强
选举任免联络工作委员会
主　　任　王二师
副 主 任　王　瑛（女，蒙古族，2019年10月离任）
　　　　　张攀峰（2019年10月任）
民族法制工作委员会
主　　任　白　霏（蒙古族）
副 主 任　王　红（女）
科教文卫工作委员会
主　　任　郝　红（女，蒙古族）
副 主 任　高俊峰
社会建设工作委员会（2019年10月成立）
主　　任　杨永平（2019年10月任）
副 主 任　冯建光（2019年10月任）
派驻人大机关纪检监察组
组　　长　侯宇峰

准格尔旗人民政府

准格尔旗人民政府
旗　　长　王　枫（蒙古族，1月至3月代理，2019年3月任）
副 旗 长　鲁占清（2019年3月离任）
　　　　　王建华（2019年6月任）
　　　　　张银银（女，蒙古族）
　　　　　贾广华
　　　　　吉日木图（蒙古族，2019年3月离任）
　　　　　刘光明
　　　　　屈树清
　　　　　尹占义（2019年3月任）

准格尔旗人民政府办公室
主　　任　任志远（2019年2月任）
副 主 任　聂宏斌
　　　　　李彦聪（2019年10月离任）
　　　　　赵海龙
　　　　　王　伟
　　　　　吕　虎（2019年10月任）

准格尔旗政务服务局
局　　长　杨海鹿（蒙古族，2019年2月任）
副 局 长　宋军勇（2019年2月任）
　　　　　高丽娟（女，2019年7月任）

准格尔旗政务服务中心
主　　任　王少雄
副 主 任　吕　军
　　　　　陈美珍（女）
　　　　　李东旭（2019年10月任）

准格尔旗信访局
党组书记　任栋林（2019年2月任）
局　　长　张　东（2019年2月任）
副 局 长　史瑞明
　　　　　奇文英（女，蒙古族）

鄂尔多斯市准格尔旗公共资源交易中心
主　　任　苏永利
副 主 任　刘水泉
　　　　　王勇刚
　　　　　敖宏伟

准格尔旗接待办公室
主　　任　李　坪
副 主 任　赵　耿

准格尔旗机关事务管理局
局　　长　赵永胜
副 局 长　董红霞（女，蒙古族）
　　　　　李文高
　　　　　乔雪梅（女）

政协准格尔旗委员会

政协准格尔旗第十四届委员会
主　　席　王　源(蒙古族)
副 主 席　赵永君
　　　　　王俊凤(女)
　　　　　万明盖(蒙古族)
　　　　　李　栓

办公室
主　　任　张建华（2019年2月任）
副 主 任　秦三元（2019年10月离任）
　　　　　刘继春（2019年10月任）

经济提案委员会
主　　任　贾宝琴(女)
副 主 任　安星明(蒙古族)

科教文史委员会
主　　任　王建中
副 主 任　骆采芬(女)

资源环境委员会
主　　任　韩来福（蒙古族，2019年10月离任）
　　　　　秦三元（2019年10月任）

派驻纪检监察组
组　　长　杨拥军

纪检·监察

中国共产党准格尔旗纪律检查委员会
书　　记　白　雁(蒙古族)
副 书 记　鲁攀林
　　　　　赵慧敏
纪委常委　王建荣（蒙古族）
　　　　　赵晓慧
　　　　　刘　丽（女）
　　　　　郭　军（2019年2月离任）

准格尔旗监察委员会
主　　任　白　雁(蒙古族，兼)
副 主 任　鲁攀林（兼）
　　　　　赵慧敏（兼）
监委委员　王建荣（蒙古族，兼）
　　　　　张鹏云（蒙古族）
　　　　　赵晓慧（兼）
　　　　　张新明

办公室
主　　任　郭　军（2019年2月离任）
　　　　　杜学锋（2019年10月任）

组织部（纪检监察干部监督室）
部　　长　刘　芳（女，2019年10月离任）
　　　　　甄月亮（2019年10月任）

宣传部
部　　长　鄢　晖（女）

党风政风监督室
负 责 人　鲁金豹

信访室
主　　任　徐少茹（女，2019年2月离任）
　　　　　徐　涛（2019年2月任）

案件监督管理室
主　　任　廉正洋（2019年2月任）

案件审理室
主　　任　白　娜（女，2019年2月任）

第一纪检监察室
主　　任　刘　丽（女）
第二纪检监察室
主　　任　祁恒元
第三纪检监察室
负 责 人　蔺玉福
第四纪检监察室
主　　任　孟金海（2019年10月任）
第五纪检监察室
主　　任　王惠峰（2019年10月任）
第六纪检监察室
负 责 人　高　飞
廉政教育管理中心
主　　任　杜学锋（2019年10月离任）
　　　　　高　飞（2019年10月任）

法　治

准格尔旗公安局
局　　长　刘光明（兼党委书记）
政　　委　贺玉林（蒙古族，2019年2月任）
副 局 长　吕锋钢
副 政 委　刘　义
　　　　　高三外
党委委员　乔礼军
　　　　　王凤山
派驻纪检监察组
组　　长　张建宽（蒙古族）
政工监督室
主　　任　刘继先（兼机关党委书记）
鄂尔多斯市公安局交通运输治安分局
局　　长　呼智祥
政　　委　杨谦毅
副 局 长　刘文秀
　　　　　云文善(蒙古族)
　　　　　赵永祥
　　　　　郭玉平
　　　　　郭继春
纪检书记　柴凤萃（女，2019年10月离任）
鄂尔多斯市公安局交通管理支队准格尔旗大队
大 队 长　孙　斌
教 导 员　郭巨斌
副大队长　杨　明
　　　　　刘治平
　　　　　杨永宽
　　　　　乔志军
准格尔旗人民检察院
检 察 长　恩克吉日格勒(蒙古族)
党组副书记　侯晓林
副 检 察 长　刘　强（蒙古族）
　　　　　赵慧芳（女）
　　　　　陈文涛（2019年7月任）
检委会专职委员　贺全喜（2019年2月任）
　　　　　赵飞雄（2019年7月任）
派驻纪检监察组
组　　长　奇福泉（蒙古族）
政治部
负 责 人　王尚翠（女，2019年10月任）
第一检察部
主　　任　王慧娟（女，2019年4月任）
副 主 任　冯艳霞（女，2019年4月任）
　　　　　李　爽（女，2019年4月任）
第二检察部
主　　任　赵飞雄（2019年4月兼）
第三检察部
主　　任　韩　敏（女，蒙古族，2019年4月任）
副 主 任　王　岚（女，2019年4月任）
司法警察大队
大 队 长　章　敏（女，2019年4月任）
教 导 员　郑　杰（2019年4月任）
副大队长　武　军（2019年4月任）
办公室
主　　任　卢红梅（女，2019年4月任）
准格尔旗人民法院
院　　长　张海龙
副 院 长　杨凤英（女，蒙古族）
　　　　　郝辰熹（蒙古族）
　　　　　于亚平
党组成员　刘建礼
　　　　　王　君
审委会专职委员　谢　耿
　　　　　刘贵荣
立案庭
庭　　长　王　珍（女）
办公室
主　　任　贾　涛（女）
政治部
主　　任　王　丽（女）
法警队
队　　长　骆慧英（女）
监察科
科　　长　庞瑞红（女）
刑事审判庭
庭　　长　马桂英（女）
民事审判第一庭
庭　　长　张雁英（女）

民事审判第二庭
庭　　长　吕春林
行政审判庭
庭　　长　马立兴
审判管理办公室
主　　任　张秀炳
执行局
局　　长　赵　硕
巡回审判庭
庭　　长　李丽琴（女）
沙圪堵人民法庭
庭　　长　斯　琴（女，蒙古族）
交通事故专业法庭
庭　　长　陈建荣
龙口人民法庭
庭　　长　郝建中
柴登人民法庭
庭　　长　房路明
纳日松人民法庭
庭　　长　郭彦军
薛家湾人民法庭
庭　　长　索　雅（女，蒙古族）
准格尔旗司法局
局　　长　杨介钧
副 局 长　魏林田
　　　　　李　忠

群众团体

准格尔旗总工会
主　　席　越永清（蒙古族，兼党组书记，2019年2月离任）
常务副主席　辛　飞（兼党组书记，2019年2月任）
副 主 席　李玉成
　　　　　杜俊莲（女）
共青团准格尔旗委员会
书　　记　闫琦浩（2019年2月离任）
　　　　　韩　茜（女，2019年10月任）
副 书 记　冀莎莎（女）
　　　　　韩　茜（女，2019年2月任，10月离任）
准格尔旗妇女联合会
主　　席　王美美（女，2019年2月任）
副 主 席　弓凤莲（女）
准格尔旗工商业联合会
党组书记　高世兴
副 主 席　薛　梅（女）
准格尔旗文学艺术界联合会
主　　席　孙俊良（2019年10月离任）
　　　　　韩淑华（女，蒙古族，2019年10月任）
副 主 席　辛菊红（女）
　　　　　张永飞（2019年10月任）
准格尔旗残疾人联合会
理 事 长　陈全乐（2019年10月离任）
　　　　　刘生荣（2019年10月任）
副理事长　付　军（2019年10月离任）
　　　　　黄文华（2019年10月任）
准格尔旗科学技术协会
主　　席　刘生荣（2019年10月离任）
　　　　　张玉清（2019年10月任）
副 主 席　张宇萍（女）
　　　　　潘慧子（女）
准格尔旗红十字会
会　　长　张银银（女，蒙古族，兼）
常务副会长　张玉清（2019年10月离任）
　　　　　陈全乐（2019年10月任）
副 会 长　李六金
　　　　　刘凤清

经济管理

准格尔旗发展和改革委员会
主　　任　张秉智（兼党组书记、粮食和物资储备局局长）
副 主 任　任成业
　　　　　吴兴清
　　　　　马　跃
　　　　　杨美莲(女，蒙古族)
派驻纪检监察组
组　　长　李军琴(女)
准格尔旗审计局
局　　长　高外荣(兼党组书记)
副 局 长　王来德
　　　　　孙志勇
　　　　　刘　剑
总审计师　武金梅(女，蒙古族)
准格尔旗统计局
局　　长　李建文(兼党组书记，2019年2月离任)
　　　　　付国强(兼党组书记，2019年2月任)
副 局 长　张恒嘉
　　　　　杨凤英(女，2019年11月任)
准格尔旗应急管理局
局　　长　栗建斌

副 局 长　贾永清
　　　　　赵俊林
　　　　　杨义民
安全生产监管综合执法局
局　　长　田利勇
准格尔旗消防大队
大 队 长　张银文
教 导 员　冯　捷

财政·税务

准格尔旗财政局
局　　长　杨　智
副 局 长　郎文胜
　　　　　袁　强（蒙古族）
　　　　　王培荣
派驻纪检监察组
组　　长　杨　中
非税收入管理局
局　　长　刘新平
副 局 长　王丽英（女）
　　　　　蔺培英（女）
政府采购管理办公室
主　　任　祁存海
国家税务总局鄂尔多斯大路煤化工基地税务局
局　　长　戴永明
副 局 长　田广平
　　　　　段建军
　　　　　邬占元
纪检组长　卢国良
国家税务总局内蒙古准格尔经济开发区税务局
局　　长　张　举
副 局 长　王存良
　　　　　刘　选
　　　　　苗　东
　　　　　张　杰
　　　　　康永亮
　　　　　乔盛清
　　　　　王利民
纪检组长　王　星
内蒙古准格尔国有资本投资控股集团有限公司
董 事 长　刘昆巍
总 经 理　陈　强(2019年11月离任)
副 经 理　苏玉文(2019年11月离任)
　　　　　崔莲蓉(女)
　　　　　麻瑞萍(女，2019年11月离任)
监事会主席　赵　波（2019年11月离任）

农　业

准格尔旗农牧局
局　　长　王　权
副 局 长　王　勇
　　　　　吴　杰
　　　　　王鹏飞
准格尔旗兽医局
局　　长　刘建峰
副 局 长　赵　川
　　　　　李永军
准格尔现代农牧业开发有限公司
董 事 长　闫治华(2019年12月离任)
总 经 理　甄福兴(2019年12月离任)
监 事 长　张永成(2019年12月离任)
副 经 理　吴占宽(2019年12月离任)
　　　　　刘　旭(2019年12月离任)
　　　　　李建国
　　　　　秦瑞军(2019年12月离任)
准格尔旗农牧业产业化服务中心
主　　任　白二海(蒙古族)
　　　　　张有良
副 主 任　李献忠
　　　　　李建荣
　　　　　吕　勇
准格尔旗农牧业机械化管理局
局　　长　乔　治
副 局 长　王　军
　　　　　黄永胜(蒙古族)
准格尔旗林业和草原局
局　　长　于忠芳
副 局 长　杨建荣
　　　　　李志云
　　　　　高平生
准格尔旗森林公安局
局　　长　潘占全
准格尔旗水务局
局　　长　蔺建铭(2019年2月任)
副 局 长　武志强(2019年2月任)
　　　　　张瑞军(2019年2月任)
　　　　　郝荣在(2019年2月任)
　　　　　陈永乐(2019年2月任)
　　　　　牛新年(蒙古族，2019年2月任)
　　　　　耿　波(2019年2月任)
准格尔旗水土保持工作站
站　　长　刘　军

准格尔旗水土保持监测站
站　　长　祁　宽

工　业

准格尔旗工信和科技局
局　　长　张富春（兼党组书记，2019年2月任）
副 局 长　高晓东（兼党组成员，2019年2月任）
　　　　　靳剑飞（兼党组成员，2019年2月任）
　　　　　乔国华（2019年2月任）
　　　　　刘瑞英(女，2019年2月任)
　　　　　闫　枫(女，兼商务局局长，2019年2月任)

准格尔旗能源局
局　　长　王　军（兼党组书记）
副 局 长　乔杰华
　　　　　刘　田
　　　　　任建勇

准格尔旗煤炭销售管理总站
站　　长　贾世雄
副 站 长　赵　白
　　　　　刘　永

准格尔旗煤炭安全生产监管综合执法局
局　　长　刘静波
党支部书记　庄满仓
副 书 记　张建军
副 局 长　胡瑞军
　　　　　崔　炯
　　　　　邬　军

薛家湾供电局
局　　长　杨旭东(兼党委副书记)
党委书记　辛　勇(兼副局长)
副 局 长　刘剑峰
　　　　　武永峰
　　　　　张洪波（2019年12月离任）
　　　　　温志毅
　　　　　胡　新
纪委书记　张　志
工会主席　郝永刚

国家能源集团准能集团有限责任公司
董 事 长　杨荣明(兼党委书记)
总 经 理　张铁毅(兼党委副书记)
副总经理　孙　彬(党委委员)
　　　　　黄建军(党委委员)
　　　　　欧阳蒙夫(党委委员)
党委副书记　秦　泰(兼纪委书记,工会主席)
副总经理　陈来源(兼财务总监,党委委员)
　　　　　张　勇(兼总工程师，党委委员)
　　　　　宋　日

开发区

准格尔经济开发区
书　　记　杨　勇
主　　任　李富生（兼党委副书记）
副 主 任　侯相君
　　　　　王晓铃（女）
　　　　　武耀华（2019年11月挂职）
　　　　　何培荣（2019年11月挂职）
党委委员　王利民
　　　　　秦欢裕（2019年7月任）
　　　　　胡瑞军（2019年7月任）

党政办公室
主　　任　胡瑞军（兼党支部书记、信息中心主任）
副 主 任　宋军勇（2019年11月离任）
　　　　　田培丰（2019年12月离任）
　　　　　石巧荣（2019年11月任）

机关后勤服务中心
主　　任　田文应（2019年11月离任）
　　　　　张　恒（2019年11月任）

旗纪委派驻开发区纪检组
组　　长　秦欢裕
副 组 长　赵　计（2019年11月离任）
　　　　　白　波（2019年11月任）

党群工作部（人力资源和社会保障局、工会联合会）
部　　长　王利民（兼党支部书记）
副 部 长　陈　波
　　　　　裴永耀

工会联合会
主　　席　刘丽芳（女）

经济发展局（招商局）
局　　长　奇玉龙（兼党支部书记）
副 局 长　贺粉艳（女）
　　　　　侯建华（2019年11月任）

财政局
局　　长　武耀华(兼党支部书记)
副 局 长　樊政峰
　　　　　郭　飞（女）

建设局
局　　长　胡瑞华（兼党支部书记）
副 局 长　贺　电（蒙古族）
　　　　　辛珍义

环境保护局
局　　长　刘良智(兼党支部书记)
副 局 长　赵　娜（女）
　　　　　杨建荣
社会事业发展局
局　　长　千卫明（兼党支部书记）
副 局 长　王亚军
国土资源管理分局
局　　长　高经纬（兼党支部书记）
副 局 长　李景恒
　　　　　弓晓江（蒙古族）
安全生产监督管理分局
局　　长　刘永清（兼党支部书记）
副 局 长　郁　飞（蒙古族）
安委办副主任　田文应（2019年11月任）
公共事务管理局
局　　长　田谷丰（兼党支部书记）
副 局 长　牛二白（蒙古族）
　　　　　周　慧
园林环卫局
局　　长　卢　希（兼党支部书记）
鄂尔多斯大路煤化工基地
党工委书记　韩　涛（兼管委会主任）
管委会副主任　吕建军
　　　　　杨永军
　　　　　杨福森
　　　　　靳　峰（2019年11月挂职）
　　　　　贺　琼（2019年11月挂职）
党政办公室(机关事务中心)
主　　任　尚　波（蒙古族，2019年2月离任）
　　　　　刘　喜（2019年11月任）
副 主 任　白叶挺（2019年11月代理）
机关事务中心副主任　冯志瑞
派驻纪检监察组
组　　长　魏永华
副 组 长　乔维林
党群工作部
部　　长　史永旺
副 部 长　崔瑞春
　　　　　秦向宇（2019年10月离任）
发展局
局　　长　贾英俊（2019年11月离任）
　　　　　付飞雄（2019年11月任）
副 局 长　吕　虎（2019年11月离任）
　　　　　王俊贤（女）
　　　　　阿拉坦花(女，蒙古族)
财政局
局　　长　靳　峰
副 局 长　李建军
　　　　　张喜媛(女)
建设局
局　　长　张　华（2019年11月离任）
　　　　　贾英俊（2019年11月任）
副 局 长　胡二军
　　　　　奇　亮（蒙古族，2019年11月离任）
环保局
局　　长　杜　林
副 局 长　李洪占
　　　　　韩云清（女，蒙古族）
安监局
局　　长　刘　喜（2019年11月离任）
　　　　　杨义民（2019年11月任）
副 局 长　刘凤明
　　　　　张忠山
社会事业局
局　　长　吕俊峰
副 局 长　付飞雄（2019年11月离任）
　　　　　王　悦（2019年11月离任）
环卫园林绿化局
局　　长　秦建国
副 局 长　云雪峰(蒙古族)
　　　　　白叶挺
综合行政执法局
局　　长　贾建波
副 局 长　陈文斌(蒙古族)
国土分局
局　　长　杨小龙
副 局 长　辛　敏
　　　　　白文亮
　　　　　侯志峰
政务服务中心
主　　任　王忠魁（2019年11月离任）
副 主 任　魏　丽(女)
准格尔旗大路兴业煤化有限公司
董 事 长　张子俊
总 经 理　郝俊伟（2019年11月离任）
　　　　　奇　亮（蒙古族，2019年11月任）
副 经 理　苏振江（2019年11月任）
内蒙古大路煤化工基地发展有限公司
董 事 长　高志明
总 经 理　路继宽

城乡建设

准格尔旗住房和城乡建设局
局　　长　杨宏宇
副 局 长　侯小虎
　　　　　刘剑峰
　　　　　刘卫东
　　　　　刘军柱
　　　　　付强民
　　　　　韩　明
准格尔旗政府投资基本建设项目服务中心
主　　任　李　锐
副 主 任　任建军
　　　　　银彦飞
　　　　　吕润良
　　　　　刘　瑞(女)
准格尔旗城市管理行政执法局
局　　长　张志虎（兼党支部书记）
副 局 长　王志贤
　　　　　王忠亮
纪检组长　郝桂花（女，蒙古族）
城乡建设管理综合执法大队
大 队 长　马东志
准格尔旗城市房屋拆迁管理办公室
主　　任　马义升
副 主 任　王　印
　　　　　祁世峰
　　　　　赵伟伟（女）
准格尔旗保障性住房和房产交易管理中心
主　　任　杨玉和
副 主 任　郑　翀
　　　　　贺子超（2019年11月任）
　　　　　白星辰（2019年11月任）
鄂尔多斯市住房公积金管理中心准格尔旗管理部
主　　任　魏　民
副 主 任　许建明
准格尔旗园林绿化事业局
局　　长　陈　强
副 局 长　弓建国(蒙古族)
　　　　　王振国
　　　　　刘海燕(女)
准格尔旗环境卫生事业局
局　　长　刘云祥
党支部书记　温鹏飞
副 局 长　魏　荣
　　　　　周晨光
　　　　　张海兵
准格尔经济开发区园林环卫局
局　　长　卢　希
副 局 长　杨　瑞
　　　　　周　利
大路新区环卫园林绿化局
局　　长　秦建国
副 局 长　云雪峰
　　　　　白叶挺
准格尔旗国立房地产开发有限责任公司
董 事 长　任建国
总 经 理　刘向东
监事会主席　路玉厚
副 经 理　程　磊
准格尔旗城市基础设施建设投资有限公司
董 事 长　潘新胜
总 经 理　王　伟
副总经理　白永东
　　　　　王二忠
内蒙古科源水务有限公司
董 事 长　吴仲科（兼总经理）
副总经理　贺瑞强
　　　　　任春明
　　　　　孙春学
内蒙古天河水务有限公司
董 事 长　魏长志
总 经 理　李登振
副总经理　费吉军
　　　　　王建军
　　　　　杨　帆
准格尔旗泰禹水务有限责任公司
董 事 长　孙海荣(2019年11月离任)
总 经 理　张杰斌
副总经理　李　军(2019年11月离任)
　　　　　张建国(2019年11月离任)
准格尔旗国资燃气热力有限责任公司
董 事 长　张凤义
总 经 理　燕永飞
副 经 理　卢玉雄
　　　　　邬昱霖
内蒙古准格尔热力有限责任公司
总 经 理　刘志强
副总经理　张万德
准格尔旗矿区发展协调服务中心
副 主 任　贺　华(主持工作)
　　　　　吴君科
　　　　　杨勤克(蒙古族)
准格尔旗征地移民办公室
主　　任　樊增寿
副 主 任　任争光

苗德胜

资源·环境

准格尔旗国土资源局
局　　长　李树林(兼党组书记)
副 局 长　张金玺
　　　　　侯贵权
　　　　　刘少杰
　　　　　常志刚
纪检书记　贺　良
矿区恢复治理中心
主　　任　刘　峰
不动产登记中心
主　　任　刘彦珍
准格尔旗环境保护局
局　　长　赵胜利
副 局 长　刘茂泉
　　　　　刘珑华
准格尔经济开发区环境保护局
局　　长　刘良智
副 局 长　赵　娜(女)
　　　　　杨建荣
鄂尔多斯大路煤化工基地环境保护局
局　　长　杜　林
副 局 长　李洪占
　　　　　韩云清
准格尔旗禁牧禁垦工作领导小组办公室
主　　任　吕守连
准格尔旗矿区环境恢复治理中心
主　　任　刘　峰
副 主 任　王维忠
　　　　　付　强
准格尔旗农牧和水务综合执法局
局　　长　段来义
副 局 长　辛美霞(女)
　　　　　满冬梅(女，蒙古族)
　　　　　鲁飞翔

交通·邮政

准格尔旗交通运输局
局　　长　杨　报（兼党组书记）
副 局 长　奇旭晖（蒙古族，2019年11月离任）
　　　　　赵惠文
　　　　　李　欣
　　　　　刘　欢（2019年11月任）
纪检组长　赵　福(党组成员)
交通运输综合执法局
局　　长　周玺荣(党组成员)
副 局 长　王学民
　　　　　贾　瑞
　　　　　王　敏
农村公路养护管理所
所　　长　赵占军
副 所 长　樊培清
　　　　　冯占林
准格尔旗准通交通投资运营有限责任公司
董 事 长　冯占泉（2019年11月离任）
总 经 理　董玉平(2019年11月离任)
监事会主席　白二海(2019年11月离任)
副 经 理　石建军
准格尔旗公路管理工区
主　　任　庄二栓
党支部书记　张锁柱
副 主 任　崔　焕(2019年5月离任)
　　　　　那　顺（蒙古族）
　　　　　赵志如（2019年11月任）
鄂尔多斯市道路运输管理局准格尔旗第一分局
局　　长　高　强
副 局 长　周贵斌
　　　　　杨建锋
纪检组组长　鲁三东
鄂尔多斯市道路运输管理局准格尔旗第二分局
局　　长　石庆君(兼党支部书记)
副 局 长　牛　军
党支部副书记　高永飞
准格尔旗铁路民航项目建设服务中心
主　　任　郭宇飞
副 主 任　吕　慧（女）
　　　　　张国俊
　　　　　王　博
中国邮政集团公司准格尔旗分公司
局　　长　杨　瑞
副 局 长　王飞明

中国邮政集团公司准格尔经济开发区分公司
局　　长　吕爱民
副 局 长　张秀峰

信息业

准格尔旗大数据中心
主　　任　范春慧(女)
副 主 任　霍瑞强
中国移动通信集团内蒙古有限公司准格尔旗分公司
总 经 理　胡喜贵
副总经理　刘长青
　　　　　张旭芳(女)
中国移动通信集团内蒙古有限公司沙圪堵分公司
总 经 理　李欣荣
副总经理　皇甫雅琨(女，2019年4月离任)
　　　　　呼青平
中国联合网络通信有限公司准格尔旗分公司
副总经理　姚　东
　　　　　郝晓龙
中国联合网络通信有限公司沙圪堵分局
总 经 理　张勍哲(2019年1月任)
副总经理　鲁恩雄
中国电信股份有限公司准格尔分公司
总 经 理　杨 原
副总经理　张海龙
　　　　　王红霞(女)
中国电信股份有限公司沙圪堵分公司
总 经 理　黄国君
副总经理　王　磊
经理助理　王　翠(女)
内蒙古广播电视网络有限公司准格尔分公司
经　　理　郝　平
副 经 理　张　洁(2019年5月任)
　　　　　乔利晓

商贸流通

准格尔旗市场监督管理局
局　　长　刘玉成
副 局 长　张文辉
　　　　　安世荣(蒙古族)
　　　　　刘林通
　　　　　牛海亮
　　　　　王瑞生
　　　　　邬　平(蒙古族)
　　　　　鲁建光
准格尔旗市场监督管理局准格尔经济开发区分局
局　　长　赵永峰(2019年11月任)
副 局 长　乔海东(2019年12月任)
　　　　　高奋飞(2019年12月任)
　　　　　库锁平(2019年12月任)
准格尔旗市场监管综合执法局
局　　长　白宝山
副 局 长　郝海荣
　　　　　王金山
　　　　　杨　军(蒙古族)
准格尔旗推进现代服务业发展中心
主　　任　刘尚峰
副　主任　刘海菠
　　　　　李彩凤(女)
　　　　　乔　鹏
准格尔旗供销合作联合社
主　　任　赵士海(蒙古族)
副 主 任　杨文化
准格尔旗粮食流通服务中心
主　　任　任永斌(2019年10月离任)
　　　　　苏永江(2019年10月任)
副 主 任　卢　河(2019年10月离任)
　　　　　张　永(2019年10月任)
　　　　　郝军民(2019年10月任)
中国石油内蒙古鄂尔多斯市销售分公司准格尔旗经营部
经　　理　柴　磊
书　　记　李栋梁
副 经 理　秦立明 (2019年2月任)
中国石油内蒙古鄂尔多斯市销售分公司沙圪堵经营部
经　　理　宝　玉(蒙古族)
副 经 理　张　浩(2019年1月任)
　　　　　白瑜平(2019年1月任)
准格尔旗盐务管理局(鄂尔多斯盐业公司准格尔旗支公司)
局　　长　袁立冬(兼经理)
内蒙古自治区准格尔旗烟草专卖局
局　　长　高永胜(兼经理)
副 局 长　郝栓柱(2019年4月任)
副 经 理　张大治(2019年1月任)
鄂尔多斯市烟草专卖局准格尔经济开发区直属分局
局　　长　纪永忠(兼经理、党支部书记)
副 局 长　亚　飞(蒙古族，2019年5月任)
副 经 理　康有权(2019年5月任)

金　融

人民银行准格尔旗支行
行　　长　官豹山
副 行 长　马中和
　　　　　李　平
纪检组长　金　昊
准格尔旗金融工作中心
主　　任　贾　益
副 主 任　康　瑞(女)
　　　　　康永伟(2019年11月任)
　　　　　王日飞(2019年11月任)
中国建设银行准格尔分行
行　　长　甄达海(兼党委书记)
副 行 长　栗建国(兼党委委员)
　　　　　王永山
纪检组长　李香兰(女，兼党委委员，2019年9月任)
合 规 官　王　钧
中国工商银行鄂尔多斯准格尔煤田矿区支行
行　　长　张　邦
副 行 长　闫祝龙(兼党支部副书记)
　　　　　石　莹(蒙古族)
纪 检 员　冯建霞(女)
行长助理　宋京磊(女，2019年3月任)
工商银行准格尔支行
行　　长　樊爱霞(女)
副 行 长　贺燕萍(女)
　　　　　许晓红(女)
纪 检 员　胡喜顺
中国农业银行股份有限公司准格尔旗支行
行　　长　张国华(兼党委书记)
副 行 长　郝尚荣(蒙古族，兼纪委书记)
　　　　　王文光
　　　　　麻美芳(女，兼工会主席)
　　　　　马伊娜(女)
中国农业发展银行准格尔旗支行
行　　长　曹春梅(女，兼党支部书记)
副 行 长　刘媛媛(女，2019年1月任)
　　　　　朱　凯(2019年1月任)
交通银行股份有限公司准格尔旗支行
行　　长　郭　勇(兼党支部书记)
副 行 长　张雪峰
华夏银行准格尔支行
行　　长　王　刚
副 行 长　包乌云娜(女，蒙古族)
中国光大银行准格尔支行
行　　长　吕卫民
副 行 长　张立娇
中信银行准格尔支行
行　　长　解晓雨
副 行 长　李爱萍(女)
包商银行准格尔支行
行　　长　董　惠
行长助理　梁　雪(女)
乌海银行股份有限公司鄂尔多斯分行准格尔支行
行　　长　尹　飞
中国邮政储蓄银行准格尔旗景泰华府支行
行　　长　吴永胜
理财经理　关小燕（女）
客户经理　拓翠荣（女）
　　　　　郭丽霞（女）
鄂尔多斯银行沙圪堵支行
行　　长　田　雨
准格尔旗包商村镇银行
董 事 长　李建华
鄂尔多斯银行股份有限公司准格尔旗支行
行　　长　胡亦佳
副 行 长　袁世梅（女）
　　　　　刘　波
　　　　　刘瑞霞（女）
　　　　　郝润娥（女）
　　　　　郝　飞
　　　　　韩俊峰
鄂尔多斯农商银行薛家湾支行
行　　长　赵喜乐
准格尔煤田农村信用合作联社
主　　任　许宏祥(兼党委副书记，2019年8月离任)
　　　　　白建军(兼党委副书记，2019年8月任)
理 事 长　许宏祥(兼党委书记，2019年12月任)
监 事 长　冯建军(兼纪委书记，2019年8月离任)
　　　　　淡永峰(兼纪委书记，2019年8月任)
副 主 任　邬晨霞(女，2019年8月离任)
　　　　　李丽萍(女)
主任助理　刘文莲(女)
准格尔旗农村信用合作联社
主　　任　格日勒图(蒙古族，兼党委副书记，2019年6月离任)
理 事 长　王　芳(女，兼党委书记，2019年6月离任)
　　　　　李玉厚(兼党委书记，2019年8月任)
监 事 长　李玉厚(兼纪委书记，2019年8月

离任)
刘换平(兼纪委书记，2019年8月任)
副主任　李　梅(女,2019年8月任)
主任助理　田　波

中国人寿保险股份有限公司准格尔旗支公司
经　理　王海平(兼党支部书记)
协　理　宋建春

中国人寿保险股份有限公司鄂尔多斯市准格尔煤田支公司
经　理　刘　通（兼党支部书记）
副经理　周牡丹（女）

中国人民财产保险股份有限公司准格尔旗支公司
经　理　武　宁
副经理　郭建国

中国人民财产保险股份有限公司准煤支公司
经　理　冯　钊
综合内勤　于　琳

新华人寿保险股份有限公司准格尔旗支公司
经　理　陈建军
副经理　卢淑娟(女)

安华农业保险股份有限公司鄂尔多斯市准格尔旗支公司
经　理　张　磊

华夏人寿保险股份有限公司鄂尔多斯中心支公司准格尔支公司
经　理　王文飞

中国太平洋财产保险股份有限公司沙圪堵支公司
经　理　赵　伟
综合内勤　侯　霞(女)

恒泰证券薛家湾营业部
总经理　黄海宽（蒙古族）
合规专员　王志忠

旅游业

准格尔旗文化旅游投资有限公司
董事长　张纯僖(2019年11月离任)
总经理　闫　云(2019年11月离任)
李彦聪(2019年11月任)
副经理　钟拥军
王　伟
杨晓婷(女,2019年11月离任)
陈　平(2019年11月离任)

科　技

准格尔旗气象局
局　长　郝向伟
副局长　孙　敏
纪检书记　丁春喜

准格尔旗砒砂岩生态治理研究中心
主　任　杨爱民
副主任　何　萍(女)
卢　渊
周　佳(女)

鄂尔多斯大路煤化工研究所
主　任　王建国

教育·体育

准格尔旗教育体育局
局　长　靳斐云(党组书记)
副局长　康　铭
徐有荣（蒙古族）
邬建斌
安晓红(女，蒙古族)

体育事业发展中心
主　任　刘志军
副主任　李　猛

教育教学研究中心
主　任　杨树青

内蒙古工业大学矿业学院
院　长　郝东升
副院长　薛振宙（兼党总支副书记）
闫长旺
麻文效
党总支副书记　邬　鑫

准格尔旗世纪中学
校　长　郝媚晓
党总支书记　乔　龙

准格尔旗第一中学
校　长　赵春益（兼党总支书记）

准格尔旗职业高级中学
校　长　陈宝生(兼党总支书记)

准格尔旗民族中学
校　长　李永贵

文　化

准格尔旗文化和旅游局（文化旅游广电局）
局　长　张　钧
副局长　李源源(女)

何贵军(锡伯族)
薛海英(女)
杨文广

准格尔旗漫瀚调艺术展演中心
队　　长　李源源（女，兼）
指 导 员　王伟业
副 队 长　刘虎全

准格尔旗融媒体中心
主　　任　张明
副 主 任　武文杰
潘爱斌

准格尔旗广播电视台
台　　长　张　明
副 台 长　张　宏(女)
潘爱斌
梁　卉(女)
总工程师　吕文义

准格尔报社
社　　长　武文杰(兼总编辑)
副 社 长　周　勋

内蒙古鄂尔多斯市新华书店有限公司准格尔旗分公司
经　　理　刘　丹

医疗卫生

准格尔旗卫生健康委员会
主　　任　王根厚
书　　记　常挨厚
副 主 任　李永乐
陈守华
张奋荣(女，蒙古族)
刘二成
任　锐
纪检组长　杨利军

准格尔旗中心医院
院　　长　王文全(兼党总支书记)
副 院 长　任国军
黄益凡(蒙古族)
刘天祥
杨文献
高政江
总会计师　陈　迪(女)

准格尔旗中蒙医医院
院　　长　刘二亮(兼党支部书记)
副 院 长　李雪瑞
弓赛文格(蒙古族)
赵永清
田　军

王彩霞(女)

准格尔旗人民医院
院　　长　王国瑞
副 院 长　王海军
刘万君
张忠东
魏　云
总 会 计 师　郧瑞强

准格尔旗大路医院
院　　长　乌　恩（蒙古族）
党支部书记　白锐钢（蒙古族）
副 院 长　王晓东
刘玺良
张　华
王朝华
总 会 计 师　周晓荣

准格尔旗疾病预防控制中心
主　　任　李炳实
副 主 任　王庚来

准格尔旗医疗保险服务中心
主　　任　周俊萍（女）
副 主 任　梁云飞
吴永刚（2019年6月离任）
斯　琴（女，蒙古族，2019年6月任）

社会管理

准格尔旗人力资源和社会保障局
局　　长　鲁晓瑞
副 局 长　刘　涛
郝玉金
淡　勇

准格尔旗就业服务局
局　　长　刘四秉(兼党支部书记)

准格尔旗社会保险事业管理局
局　　长　陈笑芹(女，2019年5月退休)
祁　智(2019年5月任)
党 委 书 记　李建军
副 局 长　李　瑶(女)

准格尔旗民政局
局　　长　吴文科(2019年1月任)
副 局 长　许润青
马灵芝(女)
赵　明

准格尔旗退役军人事务局
局　　长　周蔚东（2019年2月任）
副 局 长　王保成（2019年2月任）

路　强（2019年2月任）

准格尔旗城乡居民最低生活保障办公室

主　　任　胡永明
副 主 任　周　扬
　　　　　赵飞云

准格尔旗扶贫开发中心

主　　任　王丽萍（女）
副 主 任　高志平
　　　　　燕俊平

准格尔旗民族宗教事务委员会

主　　任　杨秀兰(女，蒙古族)
副 主 任　王永军
　　　　　哈申图雅(女，蒙古族)

乡镇·苏木·街道

薛家湾镇

党委书记　郭剑亮（2019年5月离任）
　　　　　杜国华（2019年10月任）
人大主席　杨国君（2019年10月离任）
　　　　　杜宝良（2019年10月任）
政府镇长　郭　睿（女，兼党委副书记）
党委副书记　伊拉勒图（蒙古族，2019年10月离任）
　　　　　王铁柱（2019年10月任）
纪检书记　刘满仓
副 镇 长　王铁柱（2019年10月离任）
　　　　　刘治伟（兼武装部长）
　　　　　付　军（2019年10月任）
　　　　　杨　慧（女）
　　　　　王勇智
组织委员　王皓璐（女，兼统战委员）
宣传委员　贺莉芹（女）

综合行政执法局

局　　长　王　鑫（2019年10月离任）
　　　　　乔升宇（2019年10月任）
教 导 员　甄晓晴（女，2019年10月离任）
　　　　　刘　亮（2019年10月任）

沙圪堵镇

党委书记　辛　飞（2019年1月离任）
　　　　　李建文（2019年1月任）
人大主席　薛欣波
政府镇长　王根厚（兼党委副书记，2019年1月离任）
　　　　　闫琦浩（兼党委副书记，2019年1月任）
党委副书记　李　波
纪检书记　白　波（2019年10月离任）
　　　　　鲁中山（2019年10月任）
副 镇 长　王海龙（蒙古族）
　　　　　周彩良
　　　　　刘丽萍（女）
　　　　　苏树荣
宣传委员　王二慧（女）
组织委员　张占伟

综合行政执法局

局　　长　李　树
教 导 员　刘继春（2019年10月离任）
　　　　　周益韬（2019年10月任）

纳日松镇

党委书记　尹占义（2019年2月离任）
　　　　　王　敏（2019年2月任）
人大主席　郭　萍（女，2019年2月任）
政府镇长　郭永林（兼党委副书记，2019年2月离任）
　　　　　付　裕（兼党委副书记，2019年2月任）
党委副书记　郭　萍（女，2019年2月离任）
　　　　　武　云（2019年2月任）
纪检书记　马银明
副 镇 长　武　云（2019年2月离任）
　　　　　闫文明
　　　　　侯先明（兼武装部长，2019年10月任）
组织委员　程　鹏（藏族）
宣传委员　李飞小

准格尔召镇

党委书记　任二虎
人大主席　赵　雷
政府镇长　杨沁宗（兼党委副书记）
党委副书记　路财厚
纪检书记　王海军
副 镇 长　唐永胜（蒙古族）
　　　　　魏林忠（2019年5月离任）
　　　　　刘振林（兼武装部长，2019年10月任）
　　　　　张志坤（2019年10月任）
组织委员　张慧君（女，兼统战委员）
宣传委员　梁　欣（女）

综合执法局

局　　长　赵晓飞
教 导 员　张美荣（2019年10月离任）
　　　　　陈双俊（2019年10月任）

龙口镇

党委书记　刘彦平
人大主席　苏兆瑞

政府镇长　郝　强（兼党委副书记）
党委副书记　高向东
纪检书记　吕万义
副镇长　李振华
　　赵　廷
　　武俊峰
　　魏　亮
　　杨　军
　　武艺高（挂职）

魏家峁镇

党委书记　杨　宝
人大主席　陈三俊
政府镇长　邬文亮（兼党委副书记）
党委副书记　魏海军
纪委书记　丁　宁
副镇长　马文君（兼武装部部长）
　　吕满贵
　　白银莲（女）
宣传委员　杨　富（蒙古族）

大路镇

党委书记　闫　飞（2019年10月任）
人大主席　鲁宇奇
政府镇长　朱存良（兼党委副书记，2019年10月任）
党委副书记　吕向春
纪检书记　郝晓明
副镇长　李　彬
　　曾　佳（女）
　　黄　帅
组织委员　斯小丽（女）
宣传委员　裴　永（2019年10月任）

综合执法局

局长　梁宏伟
教导员　辛利军（2019年10月任）

十二连城乡

党委书记　杨　峰（2019年4月离任）
　　付雄义（2019年11月任）
人大主席　高喜荣
政府乡长　刘　舟（兼党委副书记，2019年11月离任）
　　王　澜（兼党委副书记，2019年11月任）
党委副书记　王贺涛（2019年11月离任）
　　刘二军（2019年11月任）
纪检书记　许向荣
副乡长　张攀峰（2019年11月离任）
　　刘二军（2019年11月离任）
　　曹　慧（女）
　　贾二云
组织委员　白如冰
宣传委员　杨卓娅（女）

综合执法局

局长　张瑞峰
教导员　赵　勇

暖水乡

党委书记　高润华
人大主席　刘　平
政府乡长　肖　建（兼党委副书记）
党委副书记　丁占强
纪检书记　赵永良（2019年11月任）
副乡长　康文忠（兼武装部长）
　　杨开智
　　张　瑞
宣传委员　高丽娟（女，2019年4月离任）
　　韦　宏（2019年11月任）
组织委员　杨树森

综合执法局

局长　庞　明
教导员　韦　宏（2019年11月离任）

布尔陶亥苏木

党委书记　杨伟民（蒙古族，2019年2月离任）
　　郭永林（2019年2月任）
人大主席　薛贵恒
政府苏木长　周蔚东（兼党委副书记，2019年2月离任）
　　尚　波（蒙古族，兼党委副书记，2019年2月任）
党委副书记　刘雅娜（女）
纪检书记　张文清（2019年10月离任）
　　赵　计（2019年10月任）
副苏木长　任向东（兼武装部长）
　　王建梅（女，2019年10月离任）
　　靳广华
组织委员　赵宏宽
宣传委员　杜明宝

综合执法局

局长　韩登云
教导员　魏　超（蒙古族）

兴隆街道

党工委书记　秦贵斌
人大工委主任　李五根
办事处主任　董雪峰（兼党工委副书记）
党工委副书记　杨　军（兼政法书记）
纪工委书记　兰　阳
办事处副主任　郝　剑（兼武装部部长）
　　安塔娜（女，蒙古族）
　　越之晗（女，蒙古族）

宣 传 委 员　边丽萍（女）

友谊街道

党 工 委 书 记　王　敏（2019年2月离任）
　　　　　　　赵树理（2019年2月任）
人大工委主任　王　澜（2019年10月离任）
　　　　　　　王贺涛（2019年10月任）
办 事 处 主 任　崔　钧（兼党工委副书记）
党工委副书记　钟　瑞（女，兼政法书记，2019年10月离任）
　　　　　　　王建梅（女，兼政法书记，2019年10月任）
纪 工 委 书 记　赵春光
办事处副主任　王校植（兼武装部部长）
　　　　　　　史建军（蒙古族）
　　　　　　　王　伟（2019年10月任）
宣 传 委 员　李　杰

蓝天街道

党 工 委 书 记　何培荣（2019年10月离任）
　　　　　　　刘　舟（2019年10月任）
人大工委主任　王耿昀（2019年2月离任）
　　　　　　　鲁建国（2019年2月任）
办 事 处 主 任　马福升（兼党工委副书记）
党工委副书记　孙海鹰（女，兼政法书记）
纪 工 委 书 记　田小青
办事处副主任　祁　应（兼宣传委员）
　　　　　　　刘　陶（女，兼武装部部长，2019年10月离任）
　　　　　　　杨彩英（女，蒙古族）
　　　　　　　范春慧（女，2019年10月离任）

迎泽街道

党 工 委 书 记　奇金泉（蒙古族）
人 大 工 委　刘尚旭
办 事 处 主 任　李文权（兼党工委副书记）
党工委副书记　郝亚民（兼政法书记）
纪 工 委 书 记　杜瑞军
办事处副主任　倪国柱（兼武装部部长）
　　　　　　　杜彩梅（女）
　　　　　　　聂丽霞（女）
宣 传 委 员　武　丽（女）

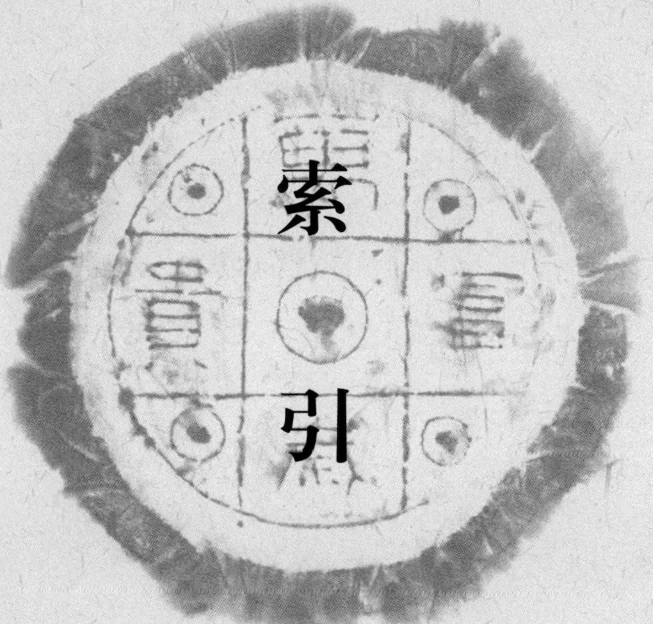

索引

说　明

一、本索引由分目、条目的主题词组成。索引名称按汉语拼音音序排列，首字相同则按第二字音序排列，依次类推；同一音序中，首字同声依笔画顺序排列；以英文字母打头的主题词依序列于音序之首。

二、主题词后的数字表示该题材所在的页码，英文字母a、b分别表示在左栏、右栏。索引中分目字体加粗，只写页码。

三、本书的《特载》《大事记》《旗情概览》《附录》等栏目内容，以及重复三次以上的分目、条目名称不在索引范围内。另外，苏木·乡·镇·街道部分只列分目，条目不入索引。

K

T

W

X